Schult

Segler-Wörterbuch

Joachim Schult

Segler-Wörterbuch

Deutsch–Englisch
Englisch–Deutsch

Deutsch–Französisch
Französisch–Deutsch

Klasing & Co GmbH

Folgende im Delius Klasing Verlag erschienenen Bücher von
Joachim Schult sind noch lieferbar:
Das ist Segeln · Segeln mit Rollreffanlagen · Auf Blauwasserfahrt · Notfälle an Bord
Richtig ankern · Segeln mit dem 7. Sinn · Bootspflege selbst gemacht
Bootsreparaturen selbst gemacht · Segeltechnik leicht gemacht · Segler-Lexikon
So arbeitet das Segel · Mittelmeerküste (Führer für Sportschiffer) · Nachtfahrt
Seglerquiz · Bootsurlaub im Mittelmeer · Yachtpiraten – Kriminalfälle auf See
Festkommen und Abbringen, Stranden und Bergen
Seglerwörterbuch Deutsch–Englisch–Französisch

Die Deutsche Bibliothek – CIP-Einheitsaufnahme

Schult, Joachim:
Segler-Wörterbuch: Deutsch–Englisch, Englisch–Deutsch;
Deutsch–Französisch, Französisch–Deutsch / Joachim Schult. –
Bielefeld: Klasing, 1993
(Yacht-Bücherei; Bd. 103)
ISBN 3-87412-144-5
NE: HST; GT

1. Auflage
ISBN 3-87412-144-5

Umschlag: Ekkehard Schonart
Printed in Germany 1993
Gesamtherstellung: Kunst- und Werbedruck, Bad Oeynhausen

Inhaltsverzeichnis

Zum Umgang mit 25 000 Stichwörtern 6

Wörterverzeichnis Deutsch–Englisch 9
Vocabulary English–German 113

Wörterverzeichnis Deutsch–Französisch 217
Vocabulaire Français–Allemand 333

Zum Umgang mit 25 000 Stichwörtern

Obwohl die weltweit anerkannte Schiffahrtssprache Englisch ist, wird in vielen Teilbereichen auch Französisch als zweite, gleichberechtigte Weltsprache sowohl in den offiziellen Publikationen als auch in der mündlichen Verständigung benutzt. Darüber hinaus gibt es viele Länder, die rund um die Welt an den Kurslinien der Fahrtensegler liegen, in denen Französisch die offizielle Landessprache ist. Erfahrungsgemäß sind es besonders hier (sowie ganz selbstverständlich in Frankreich und seinen überseeischen Provinzen selbst) die Menschen an ihren Arbeitsplätzen, mit denen wir Segler mit unseren Booten in Berührung kommen, die entweder keine Fremdsprache verstehen oder sich nur in ihrer französischen Muttersprache verständigen wollen.

Es war der Wunsch des Verlages, das vom Autor vorgeschlagene Segler-Wörterbuch Englisch–Deutsch und Deutsch–Englisch aus diesem Grunde auch mit seinem Pendant Französisch–Deutsch und Deutsch–Französisch herauszugeben und dieses mehrsprachige Segler-Wörterbuch in einem Band zu vereinigen. Wer zum Beispiel im Mittelmeer nicht nur im französischen Sprachraum segelt, sondern auch andere Küsten anläuft, oder wer in der Karibik mit dem Boot zwischen Staaten mit englischer und französischer Landessprache pendelt, wird für diese Zusammenfassung der wichtigsten Seglerbegriffe in beiden Weltsprachen dankbar sein.

Besonders mit dem Französisch–Deutschen und Deutsch–Französischen Teil wurde publizistisches Neuland betreten. Denn es gibt kein einschlägiges Fachwörterbuch für Segler, das diesen Sprachschatz schon einmal erfaßt und verbreitet hat. Insoweit war die Sammlung der relevanten Begriffe nicht nur schwierig, auch die Art der Auswahl sollte ja mit den Fachwörtern übereinstimmen, die parallel im gleichen Buch aus dem sehr viel umfangreicher erfaßten englischen Sprachwortschatz ausgewählt wurden.

Das vorliegende Segler-Wörterbuch wurde als Handwörterbuch gestaltet, in dem jeder gesuchte Begriff einfach, direkt und ohne langes Nachsuchen in

Wortfamilien und Wortverbindungen aufgeschlagen und abgelesen werden kann. Bei Begriffen, die aus mehreren Worten zusammengesetzt sind, ist jeweils die erste und somit natürliche sprachliche Gemeinsamkeit in der alphabetischen Reihenfolge berücksichtigt worden, zum Beispiel unter A „abschüssige Küste“, die im Englischen als „abrupt shore, step shore“ und im Französischen als „côte accore, côte escarpée“ verzeichnet ist. So heißt es denn auch, unter den entsprechenden Anfangsbuchstaben, **elektrische** Winsch, **selbstlenzende** Plicht und **unterbrochenes** Feuer oder **verlassenes** Schiff, weil es sich hier um eigenständige Fachbegriffe handelt, die ihre exakten sprachlichen Gegenstücke auch sinngemäß in Englisch und Französisch haben.

In die strenge alphabetische Reihenfolge der Begriffe wurden auch Wortverbindungen mit Präpositionen einbezogen. Ebenfalls hier gibt der erste Buchstabe die Einordnung in ihren mehrsprachigen Teilen an, zum Beispiel:

an Bord – aboard – à bord
unter Deck – below deck – sur le pont
auf demselben Bug – on the same tack – sur la même amure
in Lee (von) – in the lee (of) – sous le vent (de)
vor Anker – at anchor – au mouillage.

Der Autor sieht demgegenüber eine Einordnung wie beispielsweise

Anker, vor ... – anchor, at .... – mouillage, au ...

als unsinnig und erschwerend an.

In ähnlicher Weise wurde bei Begriffen verfahren, die aus Substantiven und Adjektiven oder Partizipien bestehen, zum Beispiel

laufendes Gut – running rigging – gréement courant
selbstlenzende Plicht – selfdraining cockpit – cockpit autovideur
schralender Wind – heading wind – vent qui refuse
unklarer Anker – foul anchor – ancre engagée.

Sinngemäß ist bei Begriffen, die aus zwei Substantiven bestehen, das erste bestimmende Hauptwort auch alphabetisch eingeordnet worden, zum Beispiel „Auge eines Orkans“ und nicht „Orkan, Auge eines“. Im Englischen heißt es analog hierzu „eye of a hurricane“, im Französischen „oeil d'un ouragan“.

Demgegenüber ist im Deutschen der bestimmte oder unbestimmte Artikel, sofern er zum sprachlichen Verständnis eines Begriffes gehört, aus Gründen der alphabetischen Einordnung seines Substantivs, so weit es ging, weggelassen worden. Falls erforderlich, wurden „der“, „ein“ usw. an die zweite Positi-

on und in Klammern gesetzt. Dies gilt zum Beispiel auch dann, wenn die Einzahl zu betonen war, wie in „Segel (ein) trimmen“ anstelle von „ein Segel trimmen“ oder „Gang (einen) einlegen“ anstelle von „einen Gang einlegen“.
Als Handwörterbuch für den Bordgebrauch wurden vorrangig Begriffe aus jenen Fachbereichen ausgewählt, mit denen es ein Segler insbesondere zu tun hat, wenn er Auslandsreisen macht, fremdsprachige Publikationen aller Art vom Prospekt bis zum Fachbuch liest, sich für Bootsbau oder Bootskauf interessiert, ein Boot chartern will, Reparaturen in Auftrag geben muß, sich mit Hafenverwaltungen, Polizei, Zoll und anderen Behörden beim Ein- und Ausklarieren, in Havarie- oder Notfällen verständigt oder seinen Seefunkverkehr mit ausländischen Küstenfunkstellen abwickeln muß.
Es wurden aber nicht nur Begriffe zusammengestellt, die den Fahrtensegler interessieren, sondern auch jene fremdsprachigen Begriffe der internationalen Wettsegelbestimmungen aufgenommen, die für einen Regattasegler beim Start in ausländischen Revieren wichtig und in der offiziellen Fassung der jeweiligen Sprachen unverzichtbar sind.
Der Autor konnte sich nicht entschließen, im Englischen entweder nur der herkömmlichen kontinentalen oder allein der modernen amerikanischen Schreibweise den Vorzug zu geben. So wird der Leser also gelegentlich friedlich nebeneinander harbour und harbor, fibre und fiber, centre und center, colour und color vorfinden. Die Variation basiert ganz einfach auf der Tatsache und dem Prinzip, wo die Ursprünge der Fachwörter liegen bzw. welche Schreibweise heute international überwiegt, weil sie beispielsweise in der NATO, in den neu entwickelten Techniken des Bootsbaus und der Segelherstellung, in internationalen Normen der Elektronik und anderswo anzutreffen ist.
Verlag und Autor sind überzeugt, daß mit diesem dreisprachigen Segler-Wörterbuch ein wichtiger Anfang gemacht worden ist, der auch der besseren Verständigung der deutschen Segler mit ihren Bootsnachbarn überall in der Welt dient. Wenn darüber hinaus die Leser selbst durch Ergänzungen oder Verbesserungen, die hiermit ausdrücklich erbeten werden, zur publizistischen Weiterentwicklung beitragen können, wird dieses Handwörterbuch für den Bordgebrauch in der Zukunft zu einem regelmäßig verbesserten und sorgfältig aktualisierten ständigen Begleiter auf allen deutschen Yachten werden können, die ihre Kurse zu fremden Küsten segeln.

März 1993 *Joachim Schult*

A

Ab Backbord! Away port!
abbauen, abtakeln to unship
abbrechen (eine Wettfahrt) to abandon (a race)
abbringen vom Grund to refloat
abbringen, ein Boot wieder flottmachen to heave off a boat
Abbringen, Flottmachen heaving off
Abbruch einer Wettfahrt (nach dem Startsignal) abandonment (of a race)
Abbruch- und Wiederholungssignal abandonment and re-sail signal
Abbruchsignal abandonment signal
Abdecken (durch eine Kappe) capping
Abdichten, Kalfatern, Vergießen von Nähten caulking
abdrehen to head off
Abdrift leeway
abenteuerlicher Fahrtensegler gunkholer
Abfahrtssignal, Blauer Peter Blue Peter
abfallen (vom Wind), ablaufen to bear away
abfallen, nachlassen to fall off
abfendern to fend off
abflauen, nachlassen, sich beruhigen to becalm, to drop, to abate, to calm down
Abflughafen airport of departure
Abflußrohr discharge piping
abgebrochene Wettfahrt abandoned race
abgekürzte Bahn beenden to finish a shortened course
abgestagter Mast guyed mast
abgetrennte Toilette separate head
abhalten to hold off, to keep away
Abkürzung abbreviation
Abladeplatz, Anlegestelle zum Löschen (Ausladen) unloading dock
ablandig, von der Küste ab offshore
ablandiger Wind, Landwind offshore wind
Ablaufbahn launching slip
Ablaufbahn-Ende ways-end
Ablaufloch drain hole
Ablaßkante trailing edge
Ablaßhahn drain tap, bleeding tap
Ablaßventil, Bodenpfropfen bleeder
Ablaßschraube drain plug
Ablaßstopfen drain cork
ablegen von einer Boje to leave a mooring
ablegen, Leinen loswerfen to cast off, to cast off moorings
Ablufthaube exhaust cowl
Abmessungen dimensions
Abmessungen der Bauteile, Materialbesteck scantlings
Abmessungen voll ausgenutzt full sized
abnehmen, entgegennehmen to accept
abnehmender Mond waning moon
abnutzen, tragen to wear
abschäkeln, losschäkeln to unshakle
abschrägen, abkanten to chamfer
abschrauben, losschrauben to unscrew
abschüssige Küste steep shore, abrupt shore
absegeln to sail out
Absegeln der Regattabahn to sail the course
absegeln, auslaufen, Fahrt aufnehmen to get under way
Absperrhahn, Sperrventil shutoff cock

Absperrventil, Schieber stopcock
Abstand distance
Abstandsring spacer
abstehen von, seewärts halten von, entfernt sein von to stand off
Abstimmen, Trimmen des Riggs tuning of the rigging
abstoßen, absetzen, freihalten to bear off
abtakeln to unrig
abtreiben to drift away
abtreiben nach See to drive out to sea
Abtrift drift, leeway
Abtriftwinkel leeway angle, drift angle
Abwaschbecken sink
Abweichung, Deklination declination
abwettern (einen Sturm) to weather (a storm)
Aceton acetone
Acetylen acetylene gas
Achse, Welle spindle
achteraus fahren to go astern
achteraus hieven (mit der Winsch), winden to heave astern
achteraus sacken to drop astern
achteraus schleppen to tow astern
achteraus verholen to haul astern
achteraus, rückwärts (Bewegung) abaft, aft, astern, sternward(s)(motion)
Achterdeck after deck
Achterdeck, Kajütdeck poop deck
Achterdeck, Schanz(e) quarter deck
Achterducht afterthwart
achtere Querleine quarter breast, quarter fast
achterer Bootsboden after swim
achterer Dwarsfestmacher after breast rope
Achterholer (des Spinnakers) afterguy
Achterholer (eines Spinnaker-Baumes) brace (of a spinnaker pole)
Achterkajüte aftcabin, aftercabin
Achterkastell aftercastle
Achterleine, Heckspring after spring (line), afterline
achterlich abaft
achterlich vom Mast, zwischen Mast und Heck abaft the mast
achterliche See following sea
achterlicher als querab, achterlicher als dwars abaft the beam
achterlicher Wind wind aft, wind astern
achterlichst, ganz achtern aftermost
Achterliek leech, leach, after leech
Achterlieksrundung roach
Achterliektau, Außenliektau after leech rope
Achterluke after hatch
Achtermast after mast
achtern aft
achtern überkommende See pooped sea
achtern, achteraus (Position) abaft, aft, astern (position)
achtern, hinten, achteraus, rückwärts astern
Achterpiek after peak
Achterplicht aftcockpit, aftercockpit
Achterschiff after ship, after body
Achterschiff, Heck, Spiegel stern
Achterspring after quarter spring (line), quarter spring, back spring
Achterstag backstay, standing backstay
Achterstagspanner mit Drehgriff wheel-type backstay adjuster
Achterstagspanner mit Handradbedienung wheel adjuster
Achterstagtalje backstay tackle
Achtersteven sternpost
achtförmig figure eight

achtförmig aufgeschossenes (ausgelegtes) Tauwerk figure of eight fake
Achtknoten figure eight knot
adiabatisch, ohne Wärmeaustausch mit der Umgebung adiabatic
adiabatische Ausdehnung adiabatic expansion
Admiral admiral
Admiralität admiralty
Admiralitätsanker, Stockanker admiralty pattern anchor
Adresse postlagernd address poste restante
afrikanisches Teak african teak
Ahle, Sticker, Pricker pricker
Ahoi! Ahoy!
Akkumulatoren-Batterie, Sammlerbatterie accumulator battery, storage battery
Akkumulatorzelle, Batteriezelle accumulator cell
Aktionsradius, Fahrradius action radius, cruising range
aktives Antwortfeuer active responder beacon
Aktivruder active rudder, power balanced rudder
akustisch, hörbar, verständlich audible
akustisches Nebelsignal audible fog signal
akustisches, hörfrequentes Signal audible signal
Alhidade mit Fernrohr alidade with telescope
Alhidade, Peillineal alidade
alle Bahnmarken an Backbord lassen to leave all marks to port
alle Leinen werden aus der Plicht bedient lines are led aft to the cockpit
alle Mann all hands
Alle Mann an Bord! All aboard!
Alle Mann an Deck! All hands on deck!
alles stehend, seemännisch voll ausgerüstet all standing
allgemeine Wetterlage inference
allgemeiner Rückruf (Rennen) general recall
Allzwecköl, Schmierstoff all purpose oil
alter Seebär old sea dog
Altweiberknoten granny's bend, lubber's knot
Aluminium aluminium, aluminum
Aluminiumguß aluminium casting
Aluminiumlegierung aluminum alloy
am Ruder at the helm
am Wind auf Backbordbug close-hauled on starboard tack
am Wind auf Steuerbordbug close-hauled on port tack
am Wind, beim Wind close-hauled
Amateur-Bootsbauer, Selbstbauer amateur boatbuilder
amerikanische Nationalflagge Union Jack
amerikanisches Seehandbuch US sailing directions
Amplituden-Modulation amplitude modulation (AM)
Amwind-Leistungsfähigkeit windward performance
Amwindkurs close-hauled course
Amwindkurs, Segel voll und bei close-hauled full and by
An alle Funkstellen! All stations!
an Bord aboard
An Bord alles wohl! All's well!
an Bord bringen, verladen to ship
an Bord eines Schiffes aboard a vessel
an Bord gehen, sich einschiffen to board

an Bord klettern to climb aboard
an Bord kommen to come aboard
an Bord leben to live aboard
an Bord nehmen to take aboard
an Bord unterbringen to accommodate
an Deck on deck
an Deck kommen, hochsteigen to climb above
an Deck schlafen to sleep on the deck
an die Boje gehen, Fangleine aufnehmen to pick-up a mooring
an einer Leeküste on a lee shore
an Land gehen to go ashore
an Land treiben to drive ashore
an Land, am Ufer ashore
andrehen, anluven to head up
Anerkenntnis, Bestätigung acknowledgement
Anfänger beginner
Anfangsstabilität initial stability
Angebot, Anzeigenangebot bargain
angerufene Funkstelle station called
angerufene, angepreite Yacht hailed yacht
angespült, angetrieben (an die Küste) washed ashore
angestoßen, eingebeult dented
angrenzender Küstenstaat adjoining coastal state
anheben, liften, steigen to lift
anholen, etwas nach oben ziehen to bowse
Anker abschäkeln, einen Anker abschlagen to unbend an anchor
Anker auf! Up anchor!
Anker aufgeben to abandon an anchor
Anker aus dem Grund brechen to weigh anchor
Anker ausbrechen to break out an anchor
Anker ausfahren to run out the anchor
Anker beobachten to watch the anchor
Anker fallen lassen to let go the anchor
Anker hält the anchor holds
Anker ist aus dem Grund! Anchor aweigh! Anchor atrip!
Anker klarieren to clear an anchor
Anker lichten to weigh anchor
Anker ist los! Anchor aweigh!
Anker mit massivem Schaft solid shank anchor
Anker schliert (schleppt) the anchor draggs, the anchor drives
Anker schlippen to slip the anchor
Anker verkatten to back an anchor
Anker(kette) auf und nieder up and down anchor
Anker(reit)gewicht kellet
Anker(verbindungs)schäkel bending shackle
ankerauf gehen to weigh anchor
Ankeraufgehen (das) weighing (of) the anchor
Ankerauge anchor eye
Ankerboje anchor buoy
Ankerflunkenhand(fläche) anchor fluke palm
Ankergebühren anchorage fees
Ankergeschirr anchoring gear
Ankerhals anchor throat
Ankerhalterung an Deck anchor bed
Ankerhalterung an Deck (Schweinsrücken) anchor chock
Ankerhalterung, Art der ... anchor stowage device
Ankerkasten anchor locker
Ankerkette anchor chain
Ankerkette anschäkeln to bend the chain cable
Ankerkette auf und nieder! Anchor apeak!
Ankerkette, enge Ringkette chain cable

Ankerkettenverbindungsschäkel
anchor link
Ankerkettenverwindung
elbow in the hawse
Ankerkreuz anchor crown
Ankerlaterne anchor lantern
Ankerleine (auf kleinen Seekreuzern)
anchor cablet, anchor line
Ankerlicht anchor light, riding light
Ankermanöver anchoring manoeuvre
ankern to drop the anchor
Ankern (Verankerung) mit Bug- und Heckanker fore-and-aft mooring
ankern, verankern (ein Boot)
to anchor (a boat)
ankern, vor Anker gehen
to cast anchor
Ankerplatz
anchorage, anchoring berth, berth (at anchor)
Ankerplatz auf offener Reede
open berth
Ankerplatz im Quarantänehafen
quarantine anchorage
Ankerschaft anchor shaft
Ankerschäkel
anchor shackle jew's harp
Ankerschäkel, Verbindungsschäkel
bending shackle (on an anchor)
Ankerspill (aufrechtstehende Welle)
anchor capstan, vertical windlass
Ankerstock anchor stock
Ankerstocksplint anchor key
Ankertrosse anchor warp
Ankerwache anchor watch
Ankerwinde (liegende Welle) windlass
Ankündigung im Sprechfunk
announcement by voice
Ankündigungssignal warning signal
Ankunft arrival
Ankunftsort place of arrival
anlaminieren an den Rumpf (einen Beschlag)
to glass to the hull (a fitting)
Anlaufen einer Pier, Anlegen
docking
Anlaufen eines Hafens, Zwischenstopp
call
Anlaufhafen port of call
Anlegebrücke, Bootssteg jetty
anlegen am Kai
to come alongside a dock
anlegen, festmachen (ein Boot)
to berth (a boat)
anliegen nach (Kurs), zulaufen auf
to head for
anluven, in den Wind kommen
to come up (into the wind)
Annahmeverweigerungsklausel
waiver clause
annehmen, einführen to adopt
Annullierung, Widerruf einer (Seefunk-)Meldung
cancellation of message
anpeilen (ein Objekt)
to take a bearing of
anpieken (eine Spiere)
to peak (a spar)
anrufen (im Seefunk) to call
Ansaugen suction
Ansaugrohr suction pipe
anschäkeln to shackle (on)
anschlagen (ein Segel an einer Spiere)
to bend on (to a spar)
Anschlagtafel, Schwarzes Brett
billboard
Anschlußzone adjacent zone
anschrägen, abkanten to bevel
Ansichtsverhältnis (Höhe zu Breite)
aspect ratio
anstecken (eines Segels an ein Stag)
to bend on (to a stay)

anstecken, anhängen to hang, to hang on, to hank, to hank on
anstecken, festmachen, biegen to bend
Anstellwinkel, Anströmwinkel angle of attack
Ansteuerungsmauer (einer Schleuse) approach wall (of a lock)
Ansteuerungstonne landfall buoy, outer buoy
Anstrich, Überzug coating
Anströmkante, Windanschnittskante leading edge
Antenne antenna, aerial
Antennenanpassung aerial-impedance matching
Antennenisolator aerial insulator, antenna insulator
Antennenleistung aerial capacitance
Antennenmast aerial mast, antenna tower
Antennenstrom aerial current, antenna current
Antrieb drive
Antriebswelle driving shaft
Antwort, Rückmeldung replying
Antwortsender, Antwortbake transponder
Antwortwimpel answering pennant
Anwalt lawyer
Anwalt, Richter im Seerecht admiralty lawyer
Anzahl number
Anzahl der Kojen (in einem Boot) number of berths (in a boat)
Anzahl der Liegeplätze (in einem Hafen) number of berths (in a harbour)
Anzahl der Schlafplätze number of sleeping accomodations
Anzeichenwerkstatt, Schnürboden mould loft
Anzeige (in einer Zeitung) advertisement
Anzeigegerät in der Plicht, Tochtergerät cockpit repeater
Anzeigenschluß (Datum) copydeadline (date)
Äquatorialregen equatorial rain
äquinoktial, Tag- und Nachtgleiche betreffend equinoctial
Äquinoktialtide equinoctial tide
arbeiten, wirken, Dienst tun to work
Arbeiter workman, worker, labourer
Arbeitsanker, Hauptanker working anchor
Arbeitsbelastung working load
Arbeitsfock working jib
Arbeitslast, Arbeitskraft einer Talje capacity of a tackle
Arbeitssegel, Fahrtensegel working sails
Arbeitstalje, Handtalje luff tackle
Arbeitsvorgang, Betrieb operation
arktische Luftmassen arctic air mass
Arm (eines Ankers) arm (of an anchor)
astronomische Beobachtung celestial sight
astronomische Navigation celestial navigation
astronomischer Standort celestial fix
astronomisches Besteck astronomical fix
Atempause, Verschnaufer (des Windes) breather
Atlantikregatta, Weltregatta distance racing
auf Deck, über der Wasserlinie topside
auf dem anderen Bug, gewendet about
auf dem Strom liegen to ride to the tide
auf dem Wasser (nicht an Land) afloat

auf dem Wasser schwimmend, flott waterborne
auf dem Wind liegen to ride to the wind
auf demselben Bug on the same tack
auf den Strand holen, ziehen beaching
auf den Wellenkämmen surfen (Seekreuzer) to surf on the crests (sailing yacht)
auf der freien See bleiben to keep the offing
auf der Höhe von, querab (von) abreast, off
auf ebenem Kiel sein, gleichlastig to be on an even keel
auf einem Bug on a tack
auf entgegengesetzten Bugen on opposite tacks
auf hoher See on the high seas
auf Raumschotskurs on a reach
auf Steuerbordbug laufen to run on port tack
auf Strand getrieben werden to be driven ashore, to be driven on shore
auf Strand setzen to beach
auf und nieder apeak
auf Vorwindkurs on the run
auf, über above
Aufbauten, Decksaufbau superstructure
aufblasbar inflatable
aufblasbare Rettungsinsel inflatable life raft
aufblasbares Floß inflatable raft
aufblasbares Rettungsfloß, Rettungsinsel inflatable survival raft
aufbohren, ausbohren to bore out
aufdrehen (von Tauwerk) to fag, to unlay
Aufentern! Enter auf! Away aloft!
Auffangleine für Segel, Faulenzer lazy jack
auffrischender Wind freshening wind
Aufgabe eines (sinkenden, treibenden) Fahrzeugs abandon, abandonment
aufgeben, verlassen to abandon
aufgedrehter, aufgescheuerter Tampen frayed rope end
aufgegebenes Schiff abandoned ship
aufgelaufen, festgekommen, auf Grund aground
Aufhebung (einer Wettfahrt) cancellation (of a race)
Aufhebungssignal (einer Wettfahrt) cancellation signal
aufhellen, blank machen to brighten
aufhieven (den Anker) to heave up the anchor
Aufkimmung deadrise
aufklaren, aufheitern des Wetters to clear up
aufkommen to come to
aufkommen (mit dem Ruder) to ease the helm
Auflagerplatte bed plate
auflandiger Wind, Seewind onshore wind
auflaufen, auf Grund geraten, festkommen to touch bottom, to run aground
Auflaufen, Stranden (freiwillig) grounding (volontary)
Auflaufen, Stranden (unfreiwillig) grounding (involontary)
auflaufendes Wasser, Flut rising tide
auflegen, abtakeln, einwintern to lay up
Aufmaße, Schnürbodenaufmaße offsets
aufrechter Schotblock stand-up sheet block

aufreißen, platzen, bersten to crack
aufrichten to right
aufrichtendes Kräftepaar
righting couple
aufrichtendes Moment
righting moment
Aufrichtmanöver righting manoeuver
aufriggen, auftakeln to rig
aufschießen (eine Leine)
to coil (a rope), to fake (a rope)
aufschießen in flachen Buchten
to fake down
aufschießen in langen Buchten
to coil in wide fakes
aufschwimmen, (wieder) flottmachen
to float
Auftragsbuch order book
Auftrieb, Auftriebskraft buoyancy
Auftriebskörper, Kenterschlauch
buoyancy bag
Auftriebstank, Auftriebskammer
buoyancy compartment
aufziehen, aufschleppen to draw up
Augbändsel, Herzbändsel
throat seizing
Augbolzen eye bolt
Auge eye
Auge eines Hurrikans (Wirbelsturms)
eye of a hurricane
Auge eines Sturms (Orkans)
eye of a storm
Auge, Öse eye
Augenhöhe height of eye
Augplatte eye plate, lug pad
Augspleiß eye splice
Augstropp eye strap
Augterminal
eye terminal, eyelet terminal
aus dem Grund, los aweigh
aus dem Wasser holen, aufslippen
to haul out
aus massivem Teak gefertigt
made of solid teak
ausbaggern to dredge
ausbaken, bebaken to beacon
Ausbaken, Bebakung
beaconage, beaconing
ausbauchen (eines Segels),
bauchig werden to belly
Ausblick, Aussicht, Übersicht outlook
ausbooten, an Land gehen (setzen)
to disembark
ausbringen (eine Leine)
to run-out (a line)
ausfallender Vorsteven raking stem
Ausführung, Bearbeitung
workmanship
ausgebaggerter Liegeplatz
dredged berth
ausgebaumte Fock poled-out jib
ausgebaumte Segel (zu beiden Seiten)
wing and wing
ausgefranste Tampen fag ends
ausgehöhlter Propeller, eingekerbter
Propeller cupped propeller
ausgerüstet für Hochseeregatten
outfitted for offshore racing
ausgerüstet für Langzeit-Bordleben
fitted (outfitted) for living on board
ausgerüstet für Tagesfahrten
outfitted for daysailing
ausgerüstet zum Fahrtensegeln
outfitted for cruising
ausgeschäumter Kunststoff
foamed plastic
ausgezackt, gekerbt jagged
Ausgleich, Vorgabe, Handicap
handicap
Ausgleichsrennen handicap racing
Ausguck halten to lookout
Ausguck mit Augen und Ohren
lookout by sight and hearing

Ausguck(posten) lookout
aushaken to unhook
ausholen nach Luv (ein Segel) to clew out to windward (a sail)
Ausholer outhaul
Ausholerklampe outhaul cleat
ausklarieren to clear outwards
Ausklarierung outward clearance, clearing outwards
ausladen, ausschiffen to unship
auslaufen to sail out
auslaufen mit Ebbe (Ebbstrom) to tide out
auslaufen unter Segeln to sail out
auslaufen, in See gehen to put to sea
Ausleger (eines Auslegerbootes) outrigger
Auslegerbaum, Luvbaum outrigger
Auslegerbrücke cantilever bridge
Auslegerkanu outrigger canoe
ausmeißeln, aushöhlen to gouge
ausösen, ausschöpfen to bail
Ausösen, Lenzen der Bilge drying-out of the bilge
Auspufföffnung, Auspuffschlitz exhaust port
Auspuffrohr exhaust pipe
Auspumpen der Bordtoilette flushing of marine toilet
ausreffen, ein Reff ausschütten to shake out a reef
Ausreise outward voyage
Ausreiten hiking
ausreiten (eine Jolle) to hike
Ausreitgurt hiking strap, toe strap
Ausreithaltestab zur Ruderpinne hiking stick
ausrüsten to fit out
Ausrüsten fitting out, outfitting
ausrüsten zum Hochseesegeln to fit out for offshore cruising
Ausrüster, Takler outfitter
Ausrüstungs-Kostenanschlag outfitting estimate
Ausschalter, Unterbrecher breaker
Ausschaltstellung (elektrisch) off position (electrical)
Ausschärfung, Verblattung scarphing
Ausscheidungswettfahrten selection trials
ausscheren, eine Leine aus einem Block ausscheren to unreeve
Ausschreibung einer Regatta notice of race
Aussichten outlook
Ausstellungsprogramm exposition schedule
auswehen lassen (ein Fall, unbeabsichtigt) to go flying
ausweichen, klar halten to keep clear
ausweichpflichtiges Fahrzeug give-way vessel
ausweichpflichtiges Schiff oder Boot burdened ship or boat
Ausweichregeln rules of the road
ausziehbar telescopic
Ausziehriemen, zusammensteckbarer Riemen collapsible oar
Autodachträger car roof rack, car topping rack
Autodachtransport car topping
automatische Frequenzregelung automatic frequency control
automatische Steueranlage automatic steering
außen angehängtes Ruder outboard rudder
Außenbeplankung outside planking
Außenborder-Halterung motor bracket
außenbords outboard
Außenhafen outer harbour

Außenklüver, Jager outer jib
äußeres Hafenbecken outer dock
äußeres Stampfstag outer martingale stay
außenliegende Yacht (im Rennen) outside yacht (race)
außer Betrieb, außer Dienst out of commission
außer Dienst stellen to put out of commission
Außerdienststellung decommissioning
außergewöhnlich gute Sicht (Stgr. 9) excellent visibility
außergewöhnlich schwere See (Seeg. 9) phenomenal sea
Avisoboot advice boat
Azimut azimuth
Azorenhoch azores high

B

Babystag baby stay
back aback
Back (auf Segelschiff) forecastle (on sailing ship)
Backbord port
Backbord querab on the port beam
Backbordbug (Steuerbordhalsen) starboard tack
Backbordhalsen port tack
Backbordseite port side
Backdecker, mit Backdeck flush decked
backgeschotet sheeted aback
backhalten (ein Segel) to backwind
backholen, backschoten to haul aback
backnehmen, backsetzen to take aback
backschoten (ein Segel), backholen to back (a sail)
Backskiste in der Plicht cockpit seat locker
Backstag (Yachten) running backstay
Backstag, Priwenter preventer
Backstagsbrise wind on the quarter
Backstagspanner backstay guy, backstay tensioner
backstehen, (ungewollt) backgekommen to be taken aback
Badeleiter boarding ladder
Bagger dredger
Baggerarbeiten dredging works
Baggern dredging
Bahnmarke (eine) überlaufen to sail above the course to a mark
Bahnmarke anliegen, holen to fetch a mark
Bahnmarke erreichen, runden to fetch a mark
Bahnmarke für den Raumschotskurs reaching mark

Bahnmarke passieren, vorbeisegeln to pass a mark
Bahnmarke, Marke course mark, mark
Bahnmarkensignal mark signal
Bajonettfassung (einer Lampe) bayonet cap
Bake beacon
Bake mit Toppzeichen topmark tower beacon, topmark beacon
Bake, landfestes Seezeichen beacon
Bakentonne pillar buoy
Bakentonne mit Toppzeichen topmark beacon
Balance-Luggersegel balance lugsail
Balanceruder balanced rudder
Balkenbucht beam camber
Balkenende, Balkenkopf beam end
Balkenstek timber hitch
Balkweger beam clamp, shelf
Ballast ballast
Ballast ausladen, Ballast löschen to unballast a boat, to unship the ballast
Ballasteisen, Eisenballast kentledge
ballasten, mit Ballast beschweren to ballast
Ballastkiel ballast keel
Ballastkiel, Schiffskiel, Kielflosse keel
Ballastschwert ballasted centreboard
Ballbeschlag zum Ankuppeln (eines Trailers) hitch ball (of a trailer)
Ballonfock, Ballonsegel, leichtes Raumschotssegel balloon jib, balloon sail
Ballterminal ball terminal
Balsaholz balsa
Bambusrohr bamboo
Banana-Boot banana boat
Bandsäge bandsaw
Bändsel earing
Bändsel, Taljereep lanyard
Bändselgut seizing stuff
Bändselleine, geschlagen hambroline
Bank, Ruderbank bank
Bank, Sitzbank, Werkbank bench
Bankschraubstock bench vice
bar zahlen to pay in cash, to cash down
Bargeld ready money
Bark, Dreimaster bark
Barkasse launch, longboat
Barometer barometer
barometrisch barometric
Barre (eine) überqueren to cross a bar
Barre, Sandbarre bar (of sand)
Bastler, Praktiker, Mann für alles handyman
Batterie, Akku battery
Batterie-Säuredichtemesser battery hydrometer
Batteriefüllkolben battery filler bulb
Batteriekabel battery cable
Batteriekasten battery box
Batterieklemme battery terminal
Batterieladegerät battery charger
Batteriepolklemmen battery-cable pliers, battery-cable clamps
Batteriezellenprüfgerät battery-cell tester
Bauch eines Segels belly of a sail
Bauch, Ausbuchtung, Segelwölbung camber
Baujahr year of construction
Baum boom
Baumaterial construction material
Baumaufhänger boom hanger, boom strap
Baumauflager, Baumgalgen boom gallows
Baumbügel boom bail
Baumfock club-footed jib
baumloses Segel boomless sail
Baumniederholer, Baumniederhalter kicking strap, boom vang

Baumniederholtalje kicking strap tackle
Baumstütze, Baumschere boom crutch
Baumvorsegel, ausgebaumtes Vorsegel boomed headsail
Baumwolle cotton
Beanstandung, Reklamation, Schadensforderung claim
Beaufortskala Beaufort scale
Becher mug
Becken, Hafenbecken basin
bedeckt overcast
Bedienung der Achtersegel, des Hintergeschirrs after sales service
Bedingung der Seeuntüchtigkeit eines Bootes unseaworthy condition of a boat, unseaworthiness
Befestigung (Art der ...) fastening
Befestigungspunkt fastening point
Begleitfahrzeug, Mitfahrer accompanying vessel
Begrenzungsmarke der Ziellinie finishing mark
Behälter, Tank, Auftriebstank tank
behelfsmäßig jury
behelfsmäßig getakelt, mit Notrigg jury rigged
beibehalten (Kurs), festhalten, durchhalten to hold on
Beiboot einer Segelyacht sailing yacht-dinghy
Beiboot mit Segeln sailing dinghy
Beiboot, Dingi dinghy, tender
Beidrehen heaving to
Beidrehen (Segelschiffsausdruck) hulling
beidrehen, beiliegen to heave to
Beifangen, Anreihen frapping
beigedreht hove-to
beigedreht liegen, beiliegen to lie-to
beigedreht sein, beigedreht liegen to be hove-to
beiholen (ein Segel), Schot weiter zuholen to haul in (a sail)
beiliegen to lie atry
beiliegen unter Sturmsegel lying to under storm sail
bekleiden, marlen to marl
bekleiden, schmarten to parcel
bekleidetes Stahltau, Fasertau mit Drahtseele fiber clad rope
bekneifen, festklemmen to jam
Belege! (Widerruf einer Anweisung) Belay!
belegen, eine Leine, eine Klampe belegen to cleat (a rope)
belegen, festmachen, vertäuen to make fast
Belegklampe belaying cleat
Belegnagel, Koffeynagel belaying pin, jack pin
bemessen, schätzen, klassifizieren to rate
bemusen, sichern (einen Haken) to mouse a hook
benetzte Oberfläche wetted surface
Benzin petrol
Benzinkanister petrol can
beobachtete Breite latitude by observation
beobachtete Höhe observed altitude
beobachtete Länge longitude by observation
beobachteter Kurs über Grund (KüGb) true track (TT), course made good
beobachteter Kurs über Grund (KüGb) course made good, true track (CMG)
beobachteter Ort (Ob) fix (Fix)
Beobachtung, Wetterbeobachtung observation
Beobachtungsuhr, Navigationsuhr hack watch
Beplankung planking

Berater, Kaufberater expert
Beratung advisory
Bergelohn salvage award
bergen to salve
Bergering für unklare Anker grommet to slip a chain
Berghölzer bends
Bergung salvage
Bermuda-Großsegel bermudian mainsail
Bermudarigg, Hochtakelung bermudian rig
Bermudasegel, Hochsegel bermudian sail
Berufungsinstanz (Rennsegeln) jury
beruhigen, erleichtern, ermatten to ease off (the wind)
Besan(segel)(Ketsch) mizzen
Besan, Briggsegel spanker
Besanmast (Ketsch) mizzen mast
Besanmast (Yawl) jigger mast
Besanstagsegel mizzen staysail
Besatzung crew
Besatzungsmitglied, Mitsegler(in) crew member, crew
Besatzungsmitglied sein to crew, to be crew
Besatzungsmitglied, aktiver Mitsegler hand (person)
Bescheinigung certificate, attestation
Beschickung für Strom (BS) correction for current
Beschickung für Wind (BW) leeway correction
Beschlag fitting
Beschlagleine (geflochten) sea gasket, furling line
Beschlagleine, -bändsel furling rope
Beschlagnahme (eines Schiffes) restrait
beschlagnahmen (ein Schiff) to lay an embargo on a vessel
Beschlagzeising sail tie, gasket
Beschlagzeising mit Auge und Knebel eye and toggle sail tie
Beschleunigung acceleration
beschränkt gültiges Sprechfunkzeugnis restricted radiotelephone operator's certificate
Beschwerde claim, complaint
besegeltes Yachtbeiboot sailing yacht-dinghy
Besichtigungsschein, Schiffspatent certificate of survey
Besonderheiten details
besonders biegsam extra flexible
besonders flach extra-flat
Bestätigen Sie bitte! (Seefunk) Confirm!
Bestätigen Sie den Empfang! Acknowledge!
Bestätigen! Verify!
Bestätigung affirmation
Bestätigung des Empfangs acknowledgement of receipt
Besteck nehmen to take a fix
Besuch auf See gamming
betakeltes Ende whipped end
betonnt buoyed
Betriebsdruck working pressure
Bettbezug, Deckenbezug case
Bettlaken sheet
bevorzugte Seite (einer Startlinie) favored end (of starting line)
bewachen to watch
bewachte Bootswerft watched boatyard
bewachter Liegeplatz, Bootslagerplatz watched boat storage
bewachtes Feuer watched light
bewegen, zu-, abhalten to bear
Bewertung der Verständlichkeit (Seefunk) readability scale (radio)
bewölkt cloudy

Bewuchs am Unterwasserschiff groyne
bewuchshemmende Unterwasserfarbe antifouling paint
Bezugslinie, Bezugsebene datum
Bezugsstoff für Sitzpolster seat cover
biegen, sich verziehen (eine Oberfläche) to warp (a surface)
biegsames Metallrohr flexible metal pipe
Biegung, Krümmung (im Fahrwasser) bend
Bilge bilge
Bilge lenzen bis zum Lenzschlagen to pump the hold dry
Bilgenpumpe, Lenzpumpe bilge pump
Bilgenwasser bilge water
Bimini-Verdeck, Sonnen-Klappverdeck bimini top
Bindereffeinrichtung, Schlappreff, Schnellreff jiffy reefing gear
binnenbords inboard
binnenbords holen, an Bord holen to haul inboard
Binnenbordshalterung ohne Bordwanddurchbruch in-hull mounting without thru-hull
Binnengewässer inland waters
Binnenhafen, Innenhafen inner harbour
Binnenklüver inner jib
Binnenmeer, Inlandsee inland sea
Binnenschiff river ship, canal boat
Binnenschiffahrt inland navigation
Binnensegeln inland sailing
Binnenvorsteven apron
Bitte kommen! Ich höre jetzt! (Seefunk) Over! (radio)
blank, strahlend, glänzend bright
Blase (im Gelcoat) blister
blasen, stark wehen to blow
blaues Wasser, hohe See blue water
Blech sheet metal
Blechkanister canister, tin can
Blechschraube sheet metal screw
Blei lead
Blende (am Sextanten) index shade (of a sextant)
Blick des Rudergängers von der üblichen Pos. querab sighting abeam from his normal station
blinde Klippen, Wellenbrecher breakers
blinde Rah, Braßbaum (auf Rahseglern) boomkin (on a square rigger)
blinder Roller, über Felsen nicht brechende See, Welle blind rollers, blind seas
Blink, Aufblitzen flash
blinkendes, strahlendes Edelstahl gleaming stainless steel
Blinkfeuer (Blk.) long flashing light (LFl)
Blitz (meteorol.) lightning
Blitz (Leuchtfeuer) quick flashing
Blitzfeuer quick flashing light
Blitzfeuer mit Einzelblitzen (Blz.) single flashing light (Fl)
Blitzfeuer mit Gruppen von Blitzen (Blz. [3]) group flashing light (Fl [3])
Block (einen) ausschäkeln to unbend a block
Block für zwei Schoten two-sheet block
Block mit nur einer Wange, an Mast oder Spiere cheek block
Block mit Schotklemme camcleat block
Block mit Wirbelauge block with swivel eye
Block, Scheibe, Rolle pulley
Blöcke und Taljen blocks and tackles
Blockhaken, Takelhaken tackle hook
Blockherd, Blockverschlußstück breech

blockiert, verklemmt jammed
Blockstropp, Blockbügel block binding
Blooper (Raumballon) blooper
Bö, Windstoß gust
Boden, Fußboden, Bodenwrange floor
Bodenbeschichtung, Wurmhaut bottom sheating
Bodenwrange floor timber
bohren, ausbohren to drill
Bohrung bore
Bohrung-Hub-Verhältnis bore-stroke ratio
böig gusty
böig werden to gust
Böigkeit gustiness
Bojenleine buoy rope
Bojenliegeplatz mit Grundgeschirr permanent mooring
Bojenreep trip line
Bojenreep zum Anker ausbringen to set a trip line to an anchor
Bojenstander mooring pendant
Bolzen bolt
Bolzenschneider bolt cutter
Bolzenterminal key terminal
Bonnet, Zusatzsegel, Segelverlängerung bonnet
Boot (längsschiffs) trimmen to trim a boat
Boot (wieder) aufrichten to right a boat
Boot auf dem Autodach transportieren to car top a boat
Boot auf Strand ziehen, setzen to beach
Boot ausösen to bail out (a boat)
Boot chartern, mieten to charter a boat
Boot festmachen to tie-up a boat
Boot gehorcht dem Ruder nicht mehr the boat is no longer answering the helm
Boot in Dienst stellen to commission a boat
Boot in Seenot boat in distress
Boot ohne Mannschaft bareboat
Boot segeln, ein Segelboot steuern to sail
Boot verchartern, vermieten to charter a boat
Boot zum Kentern bringen, umschlagen to turtle a boat
Boot zur Reinigung auf die Seite legen to heave down for careening
Boot, Fahrzeug, Wasserfahrzeug boat
Bootsbauer boatbuilder, boatwright
Bootsbauer-Firmenzeichen boatbuilder's mark
Bootsbauhandwerker yachtbuilder, boatbuilder
Bootsbausperrholz marine plywood
Bootsbegleiter boat convoyer
Bootsbeschläge, Eisenwaren marine hardware
Bootsbock, Bootswagen cradle
Bootsboden mit tiefem V deep-V bottom
Bootsboden, Unterwasserschiff bottom
Bootsdavit boat davit
Bootsfarbe marine paint
Bootsführer, Bootsmann boater
Bootshafen boat harbour
Bootshaken boathook
Bootshaken, Enterhaken grapple
Bootshakenspitze boat hook head, boat hook bill
Bootshaus boathouse
Bootslagerplatz boatyard
Bootsmann bos'n (abbr. for bosun, boatswain)
Bootsmann (auf einem Segelschiff) boatswain (on a sailing ship)
Bootsmannshellegatt bosun's locker, boatswain's chest
Bootsmannsstuhl bosun's chair, boatswain's chair
Bootspersenning boat cover

Bootssportler, Bootsfahrer boatman
Bootsrückruf boat's recall
Bootsschleppleine, Bootsfangleine boat painter
Bootssport boating, nautical sports
Bootssteg dock
Bootstrailer boat trailer
Bootswerft, Bauwerft boatyard
Bootswettfahrt, Regatta boat race
Bootswiderstand im Verhältnis zur Vortriebskraft lift-drag-ratio
Bootswinterlager winter boat storage
Bootszelt, Spritzkappe canopy
Bord an Bord schleppen to tow abreast
Bordcomputer (für Zeit-Fahrt-Distanz) time-speed-distance computer
Bordjacke, Matrosenjacke pea jacket
Bordkamerad, Arbeitskamerad, Matrose shipmate
Bordleben life aboard
Bordleiste wale
Bordmesserbändsel knife lanyard
Bordrand, Bord, Brett board
Bordwind, scheinbarer Wind relative wind
Brackwasser brackish water
Bramsegel topgallant (sail)
Bramstenge topgallant mast
branden, brechen (einer See) to break, to wallow, to surge
Brandung breach, surf, surge
Brandungszone surf zone
Brasse (einer Rah) brace (of a square sail)
Bratpfanne frying pan
brechen (eine Welle) to break (a wave)
Brecher, Brandung, Sturzsee breaker(s)
Brechstange, Kuhfuß crowbar
breit, sehr breit beamy
breit, voll, steil bluff
Breitbeil, Schiffbaueraxt adze
Breite beam
Breite in der Wasserlinie beam waterline (BWL)
Breite über alles extreme breadth
Breite, größte Breite breadth
Breite, Schiffsbreite beam
breiter Bug bluff bowed
breitseits festmachen, sich breitseits festmachen to moor broadside
Bremse, Bremsvorrichtung brake
brennbar inflammable
Brenner (eines Kochers) burner
Brennstofftank fuel tank
Brigg brig
Brise, leichter Segelwind breeze
Britany-Anker, schwerer Plattenanker Britany-anchor
britische Nationalflagge Union Jack
Bronze bronze
Brot(schneide)brett breadboard
Bruch, Beschädigung breakage
Bruchfestigkeit, Knickfestigkeit breaking strength
brüchig, spröde, zerbrechlich brittle
Bruchlast, Reißfestigkeit breaking load
bruchsicher, unzerbrechlich unbreakable
Brückendeck bridgedeck
Brückengeld bridge toll
Brüllende Vierziger roaring forties
Bruttovermessung, Bruttotonnengehalt gross tonnage
Buchhaltung, Buchführung accounting, bookkeeping
Buchse bush
Buchstabiertafel, phonetisches Alphabet phonetic spelling alphabet
Bucht eines Taus, Taubucht bight
Bucht, Bai, Meeresbucht bay
Bucht, Tauwindung, Kettenbucht fake

Bug bow
Bug voran anlegen to dock bow-to
Bug voran auf den Strand ziehen beaching bow first
Bug wechseln, kreuzen to change tack
Bug, Spitze, Nase nose
Buganker bower anchor
Bugauge bow eye
Bügel, Haken clevis
Bugfender bow fender, noseband
Bugflagge jack
Bugflaggenstock, Flaggenstock jackstaff
Bugkopf mit Schneckenrundungen fiddle-head
Bugkorb pulpit, bow pulpit
Buglicht, Dampferlicht bow light (white)
Bugplatte bow plate
Bugpropeller, Bugstrahlruder bowthruster, bow propeller
Bugrolle bow roller
Bugrolle für den Anker anchor stemhead roller
Bugschutzplatte, Buglippe bow chock
Bugsee, Bugwelle bow wave
bugsieren to tow
Bugsprit bowsprit
Bullauge porthole
Bullauge, rundes Seitenfenster bull's eye
bündig montiert flush mounted
bündiges Gefüge, Karweelbauweise flush joint

C

Charterboot mit bezahlter Besatzung crewed charter boat
Charterboot, gechartertes Boot charter, chartered boat
Charterer, Mitglied einer Charterbesatzung charter member
Chartern eines Bootes ohne Mannschaft bareboating, bareboat charter
Chartern mit Schiffsführer captained charter
Chartern, Charterung charter
Charterpartie, Chartervertrag charter party
Chemiefaser(segel)tuch synthetic fiber (sail) cloth
Chrom chromium
Clip, Klemme clip
Clubhaus club house
Clubstander, Yachtclubstander club burgee, yacht club burgee
Containerschiff container-ship
Cunningham-Geschirr, ...-Strecker Cunningham gear
Cunningham-Kausch Cunningham hole

D

Dalben, Dückdalben dolphin
Damm, Deich dam
Dämmerung, Zwielicht twilight
Dammriff, Riffbarre barrier reef
Dampfer, Dampfschiff steamer, steamship
Dampfername steamer's name
Danforth-Anker Danforth anchor
das eigene Schiff versenken to scuttle one's ship
Das ist richtig! That is correct!
Dauerton continuous sound
Daumkraft, Wagenheber jack screw
Davit, beweglicher Bootskran davit
Davits davits
Deck deck
Deckbeschlag deck fitting
Decke, Schlafdecke, Bedeckung blanket
Deckenbeleuchtung dome light
Deckenkompaß, Hängekompaß telltale compass
Deckenverkleidung, Decke ceiling
Deckfeger (für Vorsegel-Unterliek) decksweeper
Deckpeilung leading line
Decksauge deck eye
Decksausstattung deck layout
Decksbalken beam
Decksbeschläge deck fittings
Decksglas, Oberlicht deck light
Deckshandwerksmaterial deck hardware
Deckshaus deckhouse
Deckslog, Patentlog taffrail log
Decksmann deck hand
Decksplan deck plan
Deckstrak deck line, beam line, sheer line
Deckswölbung, Decksbalkenbucht camber of beam
delaminieren, sich in Schichten lösen to delaminate
Delphin dolphin
destilliertes Wasser distilled water
Deviation, Ablenkung deviation
Deviationsbestimmung compass swinging, swinging ship
Deviationstabelle, Steuertafel deviation table
Devisenkurs rate of exchange
Diagonalnaht miter seam
Diagonalschnitt, Segel mit Diagonalschnitt miter-cut sail
Diamantsaling diamond crosstree
Diamantspreize diamond strut
Diamantstag diamond stay
Diamantwant diamond shroud
dicht gerefft close reefed
dichter Nebel fog
Dichtigkeitsmesser, Hydrometer hydrometer
Dichtung gasket
Dichtungsmasse caulking compound
Dichtungsmasse, Spachtelmasse putty
Dichtungsring washer
dicker Nebel (Stgr. 0) dense fog
dickes, unsichtiges Wetter thick weather
Diebstahlsgefahr risk of theft
Dienststunden office hours
Dienstzeit rund um die Uhr continuous service
Dieselkraftstoff, Dieselöl diesel fuel, diesel oil
Dieselkanister diesel fuel can
Dieselmechaniker diesel mechanic

Dieselmotor diesel engine
diesig (Stgr. 4) very poor visibility
Digitalanzeige digital readout
Dinette, Eß- und Sitzraum dinette
Diolen Terylene, Dacron
dippen (der Flagge) to dip the ensign
dippendes, fierbares Luggersegel dipping lugsail
Dirk topping lift
Dirk anholen, Toppnant anholen to bowse the topping lift
Distanz ablaufen und messen to log (distance)
Distanz in nördlicher Richtung northing
Distanzbestimmung determination of distance
Divergenz, (meteorol.) Abweichung divergence
Docht wick
Docken, Eindocken docking
Dockhafen dock harbour
Dollbord, Rundselbord thole board
Dolle, Riemengabel, Ruderpflock thole pin
Doppel-T-Gleitschiene I-beam track
Doppel-T-Profil double-T-section
Doppelbett, Doppelkoje double berth
Doppelblock double block
Doppelender (Boot) double-ender (boat)
doppelfarbige Laterne combined lantern
Doppelglas, Nachtglas binocular, binnacles
Doppelkabine twin cabin
Doppelkammer, Zweibettkammer double cabin
Doppelkiel, Kimmkiel (am Seekreuzer) bilge keel
Doppelkieler twinkeeler
Doppelklappentisch double leaf table
Doppelkoje in V-Form double V-berth
Doppelpeilung, abgestumpfte Doppelpeilung running fix
Doppelpoller double-head bitt
Doppelschrauben, Zwillingsschrauben, zwei Schrauben twin srcews
Doppelstag, Zwillingsstag twin-stay
Doppelstander, schwalbenschwanzartiger Wimpel swallow-tailcd burgcc
doppelt geplankter Rumpf double-planked hull
doppelte Vorsegel, Zwillingsvorsegel twin headsails
doppelter Palstek bowline on a bight
doppelter Schotstek double sheet bend
doppeltwirkende Pumpe double-acting pump
Doppelung, Verdopp(e)lung tabling
Doppelvorsegelrigg, Kutterrigg double headsail rig
Doppelwinkelmesser, Dreiarmtransporteur three-arm protractor
Dopplungen (Stoßlappen) auf ein Segel setzen to table a sail
Dopplungsplatte doubler plate
Dorade-Lüfter dorade ventilator
Dorn punch
Dose tin
Dosenöffner tin opener
Draggen, Suchanker grapnel (anchor)
Draht wire
Drahtbürste hand wire brush
drahten, telegraphieren to wire
Drahtgewebe wire gauze
Drahtgitter wire netting
Drahtklemme wire clamp
Drahtkneifer wire nippers
Drahtrolle, Leinenrolle wire reel
Drahtschere wire cutters
Drahtseilschneider wire cutter
Drahtseilstropp wire sling

Drahtstopper wire stopper
Drahttau wire rope
Drahtvorliek luff wire, wire luff
Drahtzange pliers
draußen auf See out at sea
drehbar, schwenkbar swiveled
Drehbrücke, Zugbrücke swing-bridge, draw-bridge
Drehen des Windes shifting of the wind
Drehen des Windes rechtdrehend (im Uhrzeigersinn) veering wind
Drehen des Windes rückdrehend (gegen den Uhrzeiger) backing wind
Drehfeuer revolving light
Drehkreis turning circle, turning radius
Drehmoment torque
Drehmoment-Schraubenschlüssel torque wrench
Drehzahlmesser, Umdrehungsanzeiger tachometer
Drehzapfenschnappschäkel trunnion snap shackle, combination
Dreiecksregatta around the buoys racing
Dreiecksregattasegler round-the-buoys racer
Dreieckszerlegung triangulation
Dreifarben-Masttopplaterne single-function mast top lantern
Dreifarbentopplaterne tricolor masthead light
Dreimann-Besatzung three-man crew
Dreimast-Stagsegelschoner three-masted staysail schooner
Dreimast-Toppsegelschoner three-masted topsail schooner
dreischäftiges Tauwerk three stranded rope
Dreivierteltonner three-quarter ton (boat)
Dreiwegehahn three-way cock
Drift, Driftströmung current drift, drift current
driften, abtreiben to drift
Drifter (Leichtwetter-Vorsegel) drifter
Dringlichkeitsverkehr urgency communication
Dringlichkeitszeichen („Pan Pan“) urgency signal
dritter Hilfsstander third substitute
Drosselschieber, Reglerventil throttle valve
Druck pressure
Druck-Zug-Schalter push-pull switch
Druckdosenbarometer aneroid barometer
drücken, einziehen to swage
Druckgefälle, Luftdruckunterschied pressure gradient
Druckkocher pressure stove
Drucklager, Schublager thrust bearing
Drucklüfter cowl ventilator, ventilating cowl
Druckmittelpunkt, Segeldruckpunkt, Segelschwerpunkt center of effort
Druckwasseranlage water pressure system
Dschunkenrigg Chinese lug rig
Dschunkensegel Chinese lug
Dübel, Pfropfen dowel pin
Ducht, Ruderbank thwart
Dückdalben mooring pile, mooring dolphin
dümpeln to surge
Düne, Sanddüne dune
dünner Nebel (Stgr. 3) moderate fog
Dunst, dünner Nebel haze
Dünung swell
durch das Deck (gebolzter Beschlag) through-deck (fitting)
durch den Rumpf (gebolzter Beschlag) through-hull (fitting)
durch Schlechtwetter aufgehalten kept back by bad weather

durch Untiefen gefährliches Wasser shoaling waters
durchbiegen (nach unten), durchsacken to sag
Durchbiegung nach oben, Aufbuchtung hogging
Durchfahrtshöhe einer Bücke clearance of a bridge
Durchfahrtshöhe unter einer Brücke bridge vertical clearance
Durchgang, Meridiandurchgang transit
Durchgehen, Blindschlagen des Propellers propeller racing
durchgehende Befestigung through-bolting
durchgehender Bolzen through-bolted
durchgescheuertes Kardeel frayed out strand
durchschleusen to lock through
Durchsteckbolzen through-bolt
Dusche, Duschbad shower
Düse, Mundstück nozzle
Düsennadel jet needle
dwars, querab abreast, on the beam
Dwarslinie abreast formation
Dwarswind, halber Wind beam wind
Dwarswindsegeln, Segeln mit halbem Wind beam reaching
Dweil mop

E

Ebbanker ebb anchor
Ebbe ebb
Ebbe und Flut ebb tide and flood tide, ebb and flow
Ebbe, ablaufendes Wasser falling tide
ebben, abströmen to ebb
Ebbstrom ebb tide, ebb stream, ebb current
Ebbzeit, während der Ebbe on the ebb
Ebenholz ebony
Echolot echo-sounder, depth sounder
Echolotung acoustical depth sounding
effektive Pferdestärke effective horsepower
Eiche, Eichenholz oak
eigene Rettungsweste personal flotation device
Eigentum property
Eigentümer, Eigner owner
Eigentumsnachweis (Bescheinigung) certificate of ownership
Eigentumsnachweis (Beweis) ownership proof
Eimer, Wassereimer, Pütz pail, bucket
Ein-Ausschalter on-off switch
Einbau in der Mittschiffslinie, in Kielrichtung centerline installation
Einbau von Elektronikgeräten installation of electronic systems
Einbaum, Kanu dugout canoe

Einbaumotor inboard, inboard motor
eindecken, mit einem Deck (Verdeck) versehen to deck
einfach auf den Strand zu ziehen easy to beach
einfacher Takling common whipping
Einfahrt, Bucht, Förde inlet
Einfallswinkel, Anströmwinkel angle of incidence, incidence angle
Einfuhrbestimmungen import regulations
einführen to import
Einfuhrerlaubnis(schein) import permit
Einfuhrzoll import duty
Eingang, Zugang admittance
eingebaute Auftriebskörper built-in buoyancy
eingebauter Hilfsmotor inboard auxiliary
eingebauter Kraftstofftank (Außenborder) integral fuel tank (outboard)
eingedeckt decked
eingeeist, in Eisnot befindlich ice bound
eingegrabener Anker burying anchor
eingelassener Rollenkasten internal sheave box
eingeweht, von ungünstigen Winden aufgehalten wind bound
eingezogen, eingewalzt swaged
einhand segeln to sail singlehanded
Einhand-Navigation singlehanded navigation
Einhandsegeln singlehanded sailing
Einhandseglerin woman singlehander
Einheitsklasse one-design-class
einhieven (eine Leine) nach dem Loswerfen to heave a line
Einholeleine (eines Seeankers), Tripleine trip line (of a sea anchor)
Einholeleine (Trippleine) scheren to set a trip line
Einholer, Einholleine inhaul
Einkauf purchase
einklarieren (ein Schiff) to clear inwards
Einklarierung clearance inwards
einkommendes Schiff inbound ship
einlagern, aufspeichern to warehouse
einlaufen in einen Hafen to put in a port, to come into port
einlaufen in einen Nothafen to call at a port of distress (or refuge)
einlaufen mit Flut(strom) to tide in
einlaufen, einlaufen lassen (einen Motor) to run-in (a motor)
Einlaßventil admission valve, intake valve
Einlaßöffnung, Ansaugrohr intake port, admission port
Einlegefenster, Decksglas deadlight
einlotsen to pilot in
einmastig single-masted
einreffen, ein Segel reffen to take in a reef
einrichten, einsetzen to install
Einrichtung, Niederlassung, Anstalt establishment
Einrichtung, Unterbringung accommodation
Einrichtungen, Wohnräume accommadations
Einrichtungsplan accommodation plan
Einrollen der Fock jib furling
Einschaltstellung, „An"-Stellung on position
einscheibiger Block bullet block
einschiffen, sich einschiffen, an Bord nehmen to embark
Einschiffung embarkation
Einschleppen hauling in
einschließen in eine Bucht, eingeschlossen sein to embay, to be embayed

einschmieren to grave
Einseitenband single side-band
Einspritzdüse injector
Einspritzung, Spritze injection
einstellbar adjustable
einstellen, regulieren to adjust
Einstellungsfehler (beim Sextanten) collimation error (of sextant)
Einstellvorrichtung, Einstellung adjustment
einteiliger Segelanzug sailing suit, one piece
Eintragung im Logbuch log book entry
einwintern (einen Motor) to winterize (a motor)
einzel gefertigt, nach Wunsch des Kunden custom built
Einzelbau custom building
Einzelkammer, Einbettkammer single cabin
Einzelkoje single berth
Eisbrecher ice-breaker
Eisen iron
Eisenbahnfähre railway ferry
Eisenbeton ferro-cement
Eisfeld ice field
Eisgang embacle
Eisgefahr ice risk
Eisscholle ice floe
Eisscholle, kleine Eisscholle ice cake
Eissegeln ice sailing, ice boating
Ekliptik, scheinbare Sonnenbahn ecliptic
elektrisch angetriebene Winsch electrically-driven winch
elektrische Ankerwinde electric-powered windlass
elektrische Bilgepumpe electric-powered bilge pump
elektrische Taschenlampe electric torch
elektrische Winsch electric winch
elektrischer Kran electrical crane
elektrisches Rettungslicht electric distress light
elektro-hydraulische Winsch electro-hydraulic winch
elektrolytische Korrosion electrolytic corrosion
Elektromagnet solenoid
Elmsfeuer Elmo's fire
eloxieren to anodize
Emaille, Schmelz enamel
Emaillefarbe, Emaillelack enamel paint, enamel varnish
empfangen (Funk), erheben to raise
Empfänger, Hörer receiver
Endbeschlag, Endstück terminal
Ende! Beendigung! (Seefunk) Out! (radio)
endlos geschorener Klappläufer endless whip
Endschott, Abschlußschott end bulkhead
Energieanlage, Bootsenergiebox energy pack
englische Marineflagge white ensign (GB)
englische Meile statute mile
englische Wache english watch
Entenmuscheln, Seepocken barnacles
entern, borden (Polizei und Marine) to board (police, military)
Entfernung distance
Entfernungsmesser rangefinder
entlasten, die Belastung nehmen to take the strain of
entlasten, leichtern, lockern to ease up
Entleeren (eines Bordtankes) pump-out
entleeren, auspumpen (eine Bordtoilette) to empty (a marine toilet)
Entleerungsstelle (für Fäkalientank) pump-out station

Entlüftungsschraube bleeder screw
entmasten to dismast
entriegeln, einen Bolzen lösen to unbolt
Entwarnung (Aufhebung einer Sturmwarnung) cancellation
entwässern (einen Tank) to drain (a tank)
Entwässerungshahn drain cock
entwerfen, zeichnen (eines Fahrzeuges) to design a vessel
Entwurf des Rumpfes hull design
Ephemeriden, Nautisches Jahrbuch Ephemerides
EPIRB - Seenotfunkboje EPIRB - abbr. emergency position indicator radio beacon
Epoxid epoxy
Epoxidharz epoxy resin
Epoxidleim, Epoxiddichtungsmasse epoxy glue
Epoxidverarbeitung epoxyfication
erden (elektrisch) to ground (electrical)
Erdplatte, Plattenerder (elektr.) ground plate (electr.)
Erdschatten (am Mond) earth light, earthshine
Erdung (des Riggs) zum Kiel vornehmen to ground to the keel
Erdung, Erdschluß (elektr.) grounding (electr.)
Erdung, Masse (elektrisch) ground (electrical)
erhöhter Kajütaufbau 'raised deck cabin
erhöhtes Deck raised deck
Erkennungssignal identification signal
Erlaubnisschein permit
erloschenes Feuer extinguished light
Erprobung, Prüfung testing
errechnete Höhe calculated altitude
Ersatz(teil), Reserve(teil) spare
Ersatzteile spare parts
Ersatzteilkasten repair kit
Ersatzteillager spare parts store
Erstanstrich, Grundierung primer
erster Hilfsstander first substitute
Erster Offizier first mate
extra, zusätzlich, besonders extra

F

Fabrikationsfehler, Mängel building defect
Fabrikationsmarke eines Segels sailmaker's mark
Fabrikmarke trade-mark
Fachzeitschrift professional magazine
Faden, Faser, Garn (zur Seilfertigung) filament
Faden, Tiefenmaß 1,83 m fathom
Fähranleger ferry wharf
Fährboot ferryboat
Fährbootverkehr ferryboat traffic
Fähre ferry
Fahren Sie fort! (Seefunk) Go ahead! (radio)
fahren, laufen, steuern to run
Fahrensmann seafaring man
Fahrerlaubnis navigation permit
Fahrgast passenger
Fahrlässigkeitsklausel negligence clause
Fährmann ferryman
Fahrradius, Aktionsradius cruising range, action radius
Fahrrinne, Fahrwasser, Schiffahrtsstraße channel
Fahrt aufnehmen, in Fahrt kommen to gather way
Fahrt bekommen, Fahrt voraus aufnehmen to fetch headway
Fahrt machen making way
Fahrten- und Regattayacht cruiser-racer
Fahrtenkreuzer cruising sailboat
Fahrtenkreuzer für Tagesfahrten daycruiser
Fahrtensegeln mit der Familie family cruising
fahrtensegeln, kreuzen to cruise
Fahrtensegler(in) cruising sailor
Fahrtenyacht cruiser
Fahrtmesser (in Knoten), Yachtlog knotmeter
Fahrtrichtung ändern, Kurs ändern to alter the heading
Fahrtrichtung, Steuerkurs am Kompaß compass heading
Fahrtrichtungsänderung, Kursänderung alteration of heading
Fahrwasser navigable waters
Fahrwasser, Fahrrinne fairway
Fahrwassertonne fairway buoy
Fahrwasserverbindung junction
Fahrzeug vessel
Fahrzeug in Fahrt vessel underway
Fahrzeug mit Fahrt durchs Wasser vessel making way
Fahrzeug vor Anker vessel at anchor
Fahrzeug, Schiff craft
Fahrzeuge in Sicht voneinander vessels in sight one of another
faires Segeln fair sailing
Fall halyard
Fallaustritt am Mast halyard mast exit
Fallreep boarding ladder, accommodation ladder
Fallreepsknoten manrope knot
Fallschirmlicht parachute flare
Fallschirmrakete (Notsignal) rocket parachute flare
Fallstromvergaser downdraught carburettor
Fallwinsch halyard winch
falschen Schlag segeln to make a false tack

Faltboot folding boat
Faltboot, Boot aus Segeltuch canvas boat
Faltboot, faltbares Beiboot collapsible dinghy
Faltdraggen folding grapnel
Faltpropeller folding propeller
Familienboot ohne Kajüte family sailboat
familiengerechter Fahrtenkreuzer mit Hilfsmotor family coast-cruising auxiliary sailboat
farbiger Wasserpaß coloured boot-top
Farbzeichen dye marker
Faser fiber, fibre
Faser, Faden, Gewindegang thread
Faserseil, Fasertau fiber rope
Fasertautampen eines Falls halyard rope tail
fassen, beißen (des Ankers) to bite (of an anchor)
Fassungsvermögen von Frischwasser water tankage
Fassungsvermögen von Kraftstoff fuel tankage
Fassungsvermögen, Rauminhalt eines Behälters capacity (of a container)
fauler Boden, schlechter Ankergrund foul bottom
Fäulnis rot, rottenness
Faßtonne barrel buoy
Faß, Tonne drum
Feder spring
Federring spring washer
Federring, Unterlegscheibe lock washer
Federwolke, Cirrus cirrus
Fehlerdreieck cocked hat
fehlerhafte Navigation improper navigation
Fehlersuche, Störungsbeseitigung troubleshooting
Fehlweisung (Fw) compass error (CE)
fehlzünden, eine Fehlzündung haben to misfire
Feiertag holiday
Feile file
Feinabstimmung, Nachstimmung (eines Funkgerätes) fine tuning (radio)
Feineinstellung des Riggs fine tuning of rigging
feinkörnig fine-grained
Feinschicht (aus Kunstharz) auftragen to gelcoat
Feinschicht, Gelcoat gelcoat
felsige, schroffe Küste cliffy coast
Fender fender
Fenderbrett fenderboard
Fenderpfahl, Reibepfahl fender pile
Fenster window
Fensterblende, Seebeschlagblende deadlight
Fernbetätigung, Fernsteuerung remote control
Ferngespräch trunk call
Fernwirkung action at a distance
Fertigungsstand, Stadium der Vollendung completion stage, stage of completion
Fest! Stop! Aufhören! Avast!
feste Flosse fin keel (fixed keel)
fester Kiel fixed keel
Festfeuer fixed light
Festfeuer (F) fixed light (F)
festgemachtes Fahrzeug vessel made fast to the shore
Festhalten! Hold on!
festkommen, auf Grund geraten, auflaufen to run aground
Festmachen tying-up
festmachen (eines Bootes) an seinem Liegeplatz to berth a boat

festmachen an einem Kai to tie-up to a dock
Festmachen längsseits eines Kais mooring alongside
festmachen zu vier Seiten, in Vierkant-Vertäuung to tie-up on all fours
Festmachen, Heck zur Pier und Bug zu Muringleine mooring stern to dock and bow to buoy
festmachen, im Hafen anlegen to dock
Festmachepoller mooring bitt
Festmacher(leine), Landfeste fast
Festmacher einholen to heave in the lines
Festmacherklampe mooring chock
Festmacherleine docking line
Festmachertonne, Muringboje mooring buoy
Feststellschraube clamp screw
Fett grease
Fettbüchse, Schmiergefäß grease cup
Fettspritze, Schmierpresse grease gun
feucht damp, moist
feuchter Nebel damp haze
Feuchtigkeit dampness
Feuer (Brand) fire
Feuer in Deckung (Leuchtfeuer) alignment of lights
Feuer in Linie (Leuchtfeuer) lights in line
Feueranzünder, Gasanzünder spark lighter
Feuergefahr risk of fire
feuergefährlich inflammable
Feuerhöhe elevation
Feuerlöschboot fireboat
Feuerlöscheimer fire bucket
Feuerlöscher fire extinguisher
Feuerschiff (F-Sch.) lightship, light vessel (Lt. V.)
Fier die Schoten! Slack the sheets!
fieren to veer
fieren und holen to veer and haul
Filtern (von Flüssigkeiten) filtering (of fluids)
Fingerling, aufrechter Zapfen pintle
Fingerpier finger dock
Fingerzugöffnung (in Tür oder Klappe) finger-pull hole (in a door)
Finnsegler Finn sailor
Firmensitz, Werftbüro headquarters
fischendes Fahrzeug vessel engaged in fishing
Fischereizone fishing zone
Fischerknoten fisherman's knot
Fischerlicht fishing light
Fischermann-Stagsegel fisherman's staysail
Fischerstagsegel fisherman (sail)
Fischerstek, Roringstek fisherman's bend
flach (schneckenförmig) aufgeschossenes Tauwerk flat spiral coil, Flemish coil
flach auf das Wasser gelegt knockdowned flat
flache Gewässer, Flachwasser shoal waters
flache Innenleuchte ceiling lamp
flache Küste flat coast
flacher Bootsboden flat bottom
Flachs flax
Flachstelle, Furt (zum Durchwaten) ford
Flachwasser shoaling waters
Flackerfeuer, Notfeuer flare-up light
Flagge (deutsche) führen, unter dtsch. Flagge segeln to sail under the German flag
Flagge (eine) entfalten to break a flag
Flagge (eine) entrollen, entfalten to unfurl a flag

Flagge einholen to take-in a flag
Flagge einrollen to furl a flag
Flagge führen, Flagge setzen to fly a flag
Flagge halbstocks flag at the dip
Flagge niederholen to lower the flag
Flagge setzen, heißen to hoist the flag
Flagge streichen to strike the flag
Flagge, Fahne flag, banner
Flaggen flags
flaggen über die Toppen to dress a ship
Flaggenbreite flag hoist, hoist of a flag
Flaggenclip, Brummelhaken Inglefield clip
Flaggenführung set of flags
Flaggengala (angelegt) dressed full
Flaggengala, über die Toppen flaggen to dress ship
Flaggengruß dipping of the flag, flag salute
Flaggenkiste, Flaggenrack flag chest
Flaggenlänge, auswehender Teil flag fly, fly of a flag
Flaggenmast (an Land) flagpole (on land)
Flaggenstock flagstaff
Flaggenstock am Heck ensign staff
Flaggenwerkstatt flag loft
Flaggleine, Flaggenfall flag halyard
Flammenschutz, Flammensicherung flame arrestor
Flammpunkt flash point
Flansch collar
Flansch, Krempe flange
Flanschanschluß, angeflanscht flange mounted
Flanschverbindung flange joint
Flasche bottle
flattern (des Segels) to flutter
Fleischhaken meathook
flexibler Mast bending mast
fliegend gesetztes Segel sail flying set
fliegend setzen to set flying
Flieger flying jib, Yankee foresail
Flosse fin
Flosse mit großem Tiefgang fin keel (deep keel)
Flossenkiel, Kielflosse fin keel
Flossenkiel-Version fin keel model
Flossenkieler mit Leitkopfruder fin and skeg boat
flott, schwimmend afloat
Flottille flotilla
Flottillencharter fleet charter
Flottillenchartern, gecharterte Flottille chartered fleet
flottmachen, wieder flottmachen to refloat
Flügel, Windfahne vane
Flügelmutter butterfly nut, thumbnut
Flügelmutter wing nut
Flügelpumpe semi-rotary pump, vane pump
Flügelschraube thumbscrew
Flugfunkfeuer aerial beacon
Flunken flukes
Flüstertüte, Sprachrohr megaphone
Flut und Ebbe flood and ebb
Flut, steigendes Wasser flood tide
Flutbecken, Fluthafen wet dock
Flutbecken, Schleusendock wet basin
Fluten, Sturmflut, Brandung surges
Flutlinie, Flutmarke high water line mark
Flutschleuse, Schleusenkammer tide lock
Flutstrom flood current
Flutwelle (heftig, plötzlich) eagre
Flutwelle, Sturmflut, Tsunami tidal wave (tsunami)

flußabwärts down-stream
Flußhafen river port
Flußschiffahrt river navigation
Flußmündung, Revier estuary
flußaufwärts up-stream
flying bridge, sehr hoher Steuerstand flying bridge
Fock anstecken to hang the jib
Fock mit Stagreitern abschlagen to unhank a jib
Fock wegnehmen to take-in the jib
Fock, Focksegel (auf Rahschiff) forecourse
Fock, Klüver jib
Fock, Stagfock, Vorsegel nahe am Mast jib , fore staysail
Fock-Ausbaumer whisker pole
Fockbaum jib club
Fockhals jib tack
Fockhalsniederholer, -strecker jib tack downhaul
Fockniederholer jib downhaul, jib dowser
Fockschot jib sheet
Fockschotbeiholer barber-hauler
Fockschotschiene jib sheet track
Fockstag jibstay
Fockstag (bei Kuttertakelung) forestay
Fockstagreiter jib hank
Föhre, Tanne fir
Form des Unterwasserschiffes underbody configuration
Form, Gestalt, Umriß shape
Formschwerpunkt, Verdrängungsschwerpunkt center of buoyancy
Formstabilität form stability
formverleimtes Sperrholz moulded plywood
Fracht, Ladung cargo
Frachtdampfer cargo steamer
französische Flagge führen to fly the French flag
französisches Kanalschiff French canal barge
Fregatte frigate
Freibord freeboard
Freibordmarken, Lademarken load lines marks
freies Wasser clear water
freifliegendes Segel (mit losem Vorliek) loose-luffed sail
freiholen, flottmachen, abschleppen to haul off
freikreuzen nach Luv, sich freikreuzen to claw off
freikreuzen von einer Leeküste to claw off a lee shore
freilegen, aufdecken to uncover
Freiraum über einem Mast(topp) clearance of a mast
freiwillige, gewollte Strandung voluntary stranding
Freizeitboot pleasure craft
Freizeitschiffahrt pleasure boating
frische Brise (Bft 5) fresh breeze
Frischluftzuführung fresh air duct
Frischwasser fresh water
Frischwasser-, Trinkwasserpumpe fresh water pump
Frischwassertank fresh water tank
Frittbohrer gimlet
Front front
Frostregatta, Wettfahrt im Winter frostbite race
Frostschutzmittel antifreeze
Frühjahrsinstandsetzung spring refitting
Frühlings-Tag- und Nachtgleiche vernal equinox
Frühlingspunkt first point of aries
Frühnebel fog at dawn
Fühlmeßlehre, Tastnadel feeler-gauge

führende Yacht (im Rennen) leading yacht
Füllen Sie bitte die Gasflasche! Fill her up with gas!
füllen, auffüllen, voll machen to fill-up
Füllstoff, Füllmasse filler
Füllung, Einschuß (z.B. Sandwich-Segel) filling (e.g. sandwiched sail cloth)
Funkazimut (FuAz) true bearing (TB)
Funkelfeuer mit dauerndem Funkeln (Fkl.) continuous quick light (Q)
Funkelfeuer mit Gruppen von Funkeln (Fkl. [3]) group quick light (Q[3])
Funkfeuer radio beacon
Funkgerät reparieren to fix up a radio
Funknotsignal radio distress signal
Funkpeilempfänger automatic direction finder
Funkpeiler radio direction finder
Funkpeilkompaß radio compass
Funkpeilstandort radio direction fix
Funkpeilung radio-direction bearing, radio bearing, wireless bearing
Funkrufsignal call signal, radio call signal
Funkrufzeichen, Rufname call sign
Funksprechzeugnis, Seefunksprechzeugnis radiotelephone operator certificate
Funkspruch radiogram
Funkstandort wireless position
Funkstille halten bei Funknotsignal! Silence mayday!
Funkstille halten im Seenotfunkverkehr! Silence distress!
Funkstille, Schweigen (Funk) silence period
Funkstörung, Peilstörung jamming
Funktagebuch radio log
Funktionär, Vorstandsmitglied executive
Funkübertragung, Sendung transmission
Funkwache radio watch
Funkzeitsignal, Zeitzeichen über Funk radio time signal
Futter, Laufbuchse lining
Fußknie, Hinterstevenknie heel knee
Fußrah (eines Vorsegels) club
Fußrah eines Gaffeltoppsegels gaff topsail club
Fußreling aus Metall mit Durchlaßöffnungen slotted metallic toe-rail
Fußreling, Fußleiste toerail
Fußblock foot block
Fußbodenbelag flooring
Fußpumpe foot pump
Fußliek, Fußtau foot rope
Fußpumpenhebel foot-pump pedal

G

Gabel, Gabelung fork
Gaffel gaff
Gaffel-Toppsegel gaff topsail
gaffelgetakelt gaff-rigged
gaffelgetakelte Yawl gaff-rigged yawl
Gaffelklau gaff jaw, gaff throat
Gaffelklaufall, Klaufall gaff throat halyard
Gaffelpiekfall, Piekfall gaff peak halyard
Gaffelschuner gaff-rigged schooner
Gaffelsegel gaff sail
Gaffeltakelung gaff rig
Gaffeltreisegel gaff trysail
Galeere galley
Galion, Galionsfigur beakhead
Galionsfigur, Bugfigur figurehead
Galionsknie head knee, knee of the head
Gallone (England, 4,543 l) gallon (imperial)
Gallone (USA, 3,785 l) gallon (american)
galvanische Korrosion galvanic corrosion
galvanisieren, verzinken to galvanise
ganz dichtholen, stark spannen to stretch taut
ganz langsam dead slow
Garantie warranty
Garantie für Teile und Funktionsfähigkeit parts and service guarantee
Gardinenstange curtain slide, curtain track
Garn (ein) spinnen to spin a yarn
Garn, Faser yarn
Garn, Segelgarn twine
Gasbehälter gasbin
Gasdrossel, Drosselventil throttle
Gasflasche cylinder
Gashebel throttle lever
Gaskocher, Gasofen gas stove
Gastflagge, Gästeflagge guest flag
Gastlandflagge courtesy flag, courtesy ensign
Gattchen, Segelöse eyelet
gebauter (verleimter) Mast built mast, mast built
Gebot der Funkstille imposition of silence
Gebrauchsanweisung direction for use
gebrauchte Segelyacht zu verkaufen used yacht for sale
gebrauchtes Boot used boat
Gefahrengebiet danger zone
Gefahrenpeilung danger bearing
Gefahrenwinkel danger angle
Gefahrenzone zone of danger
geflochten braided
gegen den Schlag (beim Spleißen) against the lay
gegen die Sonne, linksdrehend, rückdrehend against the sun
Gegenkurs reciprocal course
Gegenmutter check nut, lock nut
Gegenrichtung end-for-end
Gegensee, Bugsee head sea
gegenseitig (sich) auf See besuchen to gam
Gegenstrom backstream, counter-current
Gegenströmung, Unterströmung underset
Gegenwind, vorlicher Wind head wind, wind ahead
gegißter Schiffsort, gegißtes Besteck estimated position

Gehäuse (eines Gerätes) housing (of an instrument)
geklinkert clinker, clinker-built
gekoppelte, gegißte Breite latitude by dead reckoning
gekoppelte, gegißte Länge longitude by dead reckoning
gekoppelten Schiffsort einzeichnen to plot a dead reckoning position
gekoppelter, gegißter Schiffsort dead reckoning position
Gelcoat, Feinschicht gel coat
Geldstrafe fine, penalty
gelichtet, aus dem Grund gehoben(er Anker) atrip
gelotete Wassertiefe aussingen to call the lead
genau querab broad on the beam
genau Süd due south
Genauigkeit accuracy
Genauigkeit des Bestecks accuracy of ship's position
Genickstag, Stengestag triatic stay
Genua genoa
Genua zum Einrollen furling genoa
Genuaschot genoa sheet
geographische Breite latitude
geographische Koordinaten eines Senders geographical co-ordinates of the transmitter
geographische Länge longitude
geographische Position (eines Gestirns), Bildpunkt geographical position
Gepäck luggage, baggage
gerader Steven straight stem
Gerät, Getriebe, Geschirr gear
Geräumigkeit roominess
gerefftes Segel shortened sail
geringe Verdrängung, Leichtdeplacement light displacement
Geröllvorland shingle foreshore
Gesamtentfernung, Generaldistanz distance made good
Geschirr zum Mastlegen mast lowering gear
geschlagen (Tauwerk) laid
geschlagenes Tauwerk laid rope
geschlepptes Fahrzeug towed vessel
geschlossene Klampe closed chock
geschlossenzelliger Aufbau (von Schaumstoff) closed-cell construction (of foamy material)
geschobenes Fahrzeug vessel pushed ahead
geschützter Ankerplatz sheltered anchorage
Geschwadersegeln veranstalten, „mackern" to sail in company
geschweißter Rumpf welded hull
geschweißtes Knie welded knee
Geschwindigkeit des Kielwassers wake speed
gesegelte Zeit, abgelaufene Zeit elapsed time
gesprochene Zahlzeichen (im Seefunkverkehr) spoken numeral
Gestirn, Stern, Himmelskörper celestial body
gestopftes Loch (im Segel) darn
gestrandet stranded
geteertes Tauwerk, schwarze Leine tarred rope
Getriebe auf Leerlauf geschaltet out of gear
Getriebe auf rückwärts geschaltet in reverse gear
Getriebe auf vorwärts geschaltet in forward gear
Getriebe eingerückt gear, in gear
Getriebe einrücken to put in gear
Getriebe einrücken, einen Gang einlegen to put in a gear

Getriebe umkehren, umsteuern to reverse gear
Getriebe(um)schaltung gear shift
Getriebekasten gearcase
gewebt, geflochten woven
gewellt corrugated
Gewicht weight
Gewichtsschwerpunkt, Massenschwerpunkt center of gravity
Gewindebohrer bottoming tap
Gewindebohren tapping
Gewindebolzen tap bolt
Gewindeterminal threaded terminal
gewinnen über ein Leck to gain on a leak
Gewitter thunderstorm
gewölbtes Deck cambered deck
gewürfelt, schachbrettartig checkered
Gezeit tide
Gezeitenpegel, Tidenpegel tide gauge
Gezeitentafel, Tidenkalender tide tables
Gezeitenwechsel, Tidenkenterung change of tide
gieren, ausscheren to yaw
Gieren, Gierbewegung yaw, yawing
Gillung. Gilling counter
Gillungsspant, Kantspant cant frame
Glanzteile (aus Metall) brightwork (metal)
Glas glass
Glasfaser fiber glass
Glasfasermaterial auflegen to glass
Glasfasermatte glass cloth
Glasfasermatte, Glasseidenmatte glass mat
Glasfaserschichten von Hand auflegen to glass by hand
Glasfaserstrang chopped fiber
glasfaserverstärkter Kunststoff (GFK) fiberglass reinforced polyester
glasfaserverstärkter Polyester-Kunststoff (GFK) glass reinforced polyester (GRP)
Glasharzarbeiten, Kunststoffarbeiten glassworks, fiberglass works
Glasseidengewebe fiberglass cloth
Glasseidenmatte chopped strand mat, fiberglass mat
glatt gedeckt, mit Glattdeck flush decked
Glattdeck flush deck
Glattdecker, ohne Kajütaufbau flush decked
glätten (eine Oberfläche) to fair (a surface)
gleicher Bug same tack
gleichlastig, auf ebenem Kiel on an even keel
Gleichtaktfeuer (Glt.) isophase light (Iso)
gleiten to plane
Gleiten (eines Rumpfes) planing (of a hull)
Gleitschiene (an einer Spiere) track
Glocke bell
Glockensteert (am Klöppel) bell rope
Glockentonne (Gl-Tn.) bell buoy
Glühlampenfassung lamp bulb socket
gnomonisch gnomonic
Golf, Haff, Meerbusen gulf
Golf, Seegebiet mit Küstenlinie bay
Gondel gondola
Gongtonne gong buoy
Goniometer, Funkpeiler goniometer
Gradientwind gradient wind
Gräting, Gitterrost grating
Graupel soft hail
Greenwicher Stundenwinkel Greenwich hour angle
greifen, packen (eines Propellers) to bite (of a propeller)

Grenze frontier
Griff, Vorfuß (eines Bootes) gripe
Griffelmutter, Flügelmutter thumb nut
Griffschiene, Griffstange grabrail
grobe Fahrlässigkeit severe negligence
grobe See (Seeg. 5) rough sea
grobes Sandpapier coarse-grained sandpaper
grobkörnig coarse-grained
Großbramsegel main topgallant (sail)
Größe in aufgeblasenem Zustand inflated size
große Verdrängung heavy displacement
Großhandel wholesale
Großkreis great circle
Großkreiskurs great circle track
Großkreissegeln great circle sailing
Großmast main mast
Großschot main sheet
Großschotleitschiene mainsheet horse
Großschotleuwagen mainsheet horse
Großschotwagen, Travellerläufer traveller car
Großsegel mainsail
Großsegelmastliekstopper mainsail stop
Großsegel bergen, herunternehmen to take-down a mainsail
Großsegel mit 3 Reffreihen mainsail with 3 reef bands
Großsegel mit losem Unterliek loose-footed mainsail
Großsegler tall ship
Großstagsegel main staysail
Großtoppsegel main topsail
größte Breite main beam
größte erlaubte Zuladung maximum load allowed
Grund berühren, auf Grund laufen to ground, to touch the ground
Grund mit dem Draggen absuchen to drag the bottom
Grund, Boden, Ankergrund ground
Grund, Tiefe, Seegrund, Unterwasserschiff bottom
Grundgeschirr, Ankergeschirr, Bojengeschirr ground tackle
Grundregel basic rule
Grundsee ground swell
gültige Klassenvorschriften approved class rules
Gummispanner, Spanngummi spring snubber
Gummistroppspanner tautening shock-cord
günstiges Wetter fair weather
Gunter-Takelung sliding gunter rig
Gurt, Gürtel, Halteband brace
Gurtmaß (eines Segels) girth
Gurtstropp, Gurtschlinge web sling
gut ausgerüstet well found
gut geschützter Hafen snug harbour
gute Kreuzeigenschaften good upwind performance
gute Sicht (Stgr. 7) good visibility
Guten Wind! Fair winds!
guter Ankergrund, reiner Grund good holding ground
guter Segeltrimm good sail trim
Gußeisen cast iron
Gußstück, Abguß casting

H

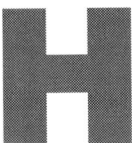

Haben Sie etwas Zollpflichtiges? Have you anything to declare?
Hafen, Hafenbereich harbour = harbor
Hafen anlaufen to call at a port
Hafen ohne Einrichtungen, Kleinboothafen haven
Hafen, Hafenstadt mit allen Einrichtungen port
Hafenamt harbour master's office
Hafenanker, Muringanker mooring anchor
Hafenbarkasse harbour launch
Hafenbecken dock
Hafenbehörde port authority
Hafendamm, Kai pier
Hafendamm, Wellenbrecher breakwater
Hafeneinfahrt entrance to harbour, entrance of a port
Hafeneinrichtungen harbour installations, port facilities, port equipment
Hafenfeuer harbour light
Hafengebräuche, Gewohnheitsrecht custom of the port
Hafengebühren, Hafenabgabe harbour dues, port charges
Hafenliegeplatz docking space
Hafenmanöver, Manöver im Hafen in-harbour manoeuvers
Hafenmeister harbour master, dockmaster
Hafenpolizei port police, harbour police
Hafenschlepper harbour tug
Hafenverwaltung port administration
Haftpflicht liability, rcsponsibility
Haftpflichtversicherung liability insurance, third party indemnity
Hagel hail
Hahn, Seehahn, Schieber cock
Hahnepot crowfoot, crow's foot
Haken mit Kausche thimble hook
Haken, Riegel, Band hook
Hakenschlag blackwall hitch
halber Schlag half-hitch
halber Wind wind abeam, wind on the beam
halbgedeckt half-decked
halbmast, halbstocks at half-mast
halbmast, halbstocks flaggen to half-staff a flag
halbstocks half-mast, half-staff
Halbtonner half tonner, half ton yacht
Halo (Hof um Sonne oder Mond) halo
Hals (eines Segels) tack
Hals eines Segels anschlagen to tack, to fasten the tack of a sail
Hals(horn) eines Segels tack (of a sail)
Halsbändsel tack earing
Halse jibe, gybe
Halsen jibing, gybing, wearing
halsen to jibe, to gybe, to wear
halsen, schiften to gybe
Halshaken tack hook
Halskausch, Halslegel tack cringle
Halsöse, Halsgattchen tack eyelet
Halsschäkel tack shackle
Halsstrecker tack downhaul
Haltebügel, Wandhalterung bracket
Haltefähigkeit des Ankerplatzes holding of an anchorage
Haltefähigkeit des Grundes holding of the bottom
Haltekraft (eines Ankers) holding power, hold, holding (of an anchor)
halten, fassen, festhalten to hold

Hammer hammer
Hand-über-Hand holen to haul hand-over-hand
Handankerwinde windlass with manual operation
handaufgelegte Glasfaserarmierung hand-laid glass construction
handaufgelegtes Glasfasererzeugnis hand-laid fiberglass
Handauftragen von Polyesterharz hand-laying of polyester
Handbilgepumpe bilge pump with manual operation
Handbohrer und Bohreinsatz hand drill and bits
Handbohrer, Handbohrmaschine hand drill
Handbuch zum Fahrtensegeln cruising guide
Handelsmarine merchant navy
Handelsschiffskapitän merchant vessel captain
Handfackel hand flare
Handfläche (einer Ankerflunke) palm (of anchor fluke)
Handlauf hand rail
Händlernetz (einer Firma) network of dealers
Handlog, Brettlog chiplog
Handlogleine chiplog line
Handlot hand lead
Handlot auswerfen to arm a hand lead
Handpeilkompaß azimuth compass
Handpumpe handpump
Handscheinwerfer aldis lamp
Handtuch towel
Handwerkskunst, Handwerksarbeit craftsmanship
Handwerkszeug tools
Handwinde hand winch
Hanf hemp
Hängematte hammock
Hanger, Gehänge, Stander pendant
hart werden, verhärten (von Harz) to cure (of resin)
hart, schwerfällig auf dem Ruder stiff on the tiller
Härter (für Harz) hardener (for resin)
Härter, Katalysator catalyst
Harz resin
Haufen, Anzahl von Teilen batch
Hauptruder main rudder
Hauptschalter main switch
Hauptspant main frame
Hauptwasserleitung water main
Hausboot house-boat
Hausflagge house-flag
Hauszeitschrift house magazine
Havarie average
Havarie erleiden to suffer damage
Havarie-Kommissar average adjuster
Havarie-Rundumlichter not under command lights
Hebebock jack
Hebel lever
Heck stern
Heck tiefer trimmen to squat the stern dawn
Heck voran anlegen to dock stern-to
Heck, hintere Schiffsrundung, Schnitt (im Linienriß) buttock
Heckanker stern anchor
Heckankerleine stern anchor cablet
Heckausleger (bei Zweimastern) boomkin (on stern of a ketch or yawl)
Heckbalken transom beam
Heckkorb stern pulpit, pushpit
hecklastig, achterlastig trimmed by the stern
Hecklicht stern light
Heckreling taffrail
Heckruder stern rudder

Heckschot, Baumnockschotführung end-of-boom sheeting
Heckspant (beim Holzschiff) after timber
Heckspiegel transom stern
Heimathafen hailing port, port of registry, home port
Heimreise, auf Heimatkurs, auf dem Rückweg homebound, homeward bound
Heizung heating
heißen, aufheißen, hissen to hoist
Heiß auf! Hoist away!
Heiß einer Flagge (Breite am Stock) hoist of a flag
Hellegat store room
Helligkeit, Glanz brightness
Helling building slip
Hennegatt, Öffnung am Ruderkoker helm port
Herausforderer (im Rennsegeln) challenger
Heringsfischerboot herring boat
herkömmlich, traditionell traditional
Herzkausch heart-shaped thimble
Heultonne (Hl-Tn.) whistle buoy
Hier ist! This is!
Hiev rund! Hiev auf! Heave-ho!
Hilf mir! Bear a hand!
Himmelshorizont celestial horizon
Himmelsmeridian celestial meridian
Himmelspol celestial pole
Himmelsraum, Himmelskugel celestial sphere
hinauskreuzen (aus dem Hafen) to beat out
Hindernis (beim Rennsegeln) obstruction
hinter, achter aft, after
Hitzewelle heat wave
Hobel plane
hoch am Wind close-hauled
hoch am Wind segeln to sail close to the wind, to sail close-hauled
hoch und trocken high and dry
Hoch, Hochdruckgebiet anticyclone
hochbelastbar, überstark heavy duty
Hochdruckkeil wedge
hochgehen, branden, wogen to surge
Hochkeil ridge of high
hochklappbare Pinne lifting tiller
Hochseefahrtensegeln, Transozeansegeln blue water cruising
Hochseenavigation, Langstreckennavigation long range navigation
Hochseerennsegler offshore-racing sailor
Hochseerennyacht ocean racer
Hochseeschiff ocean-going ship
Hochseeschlepper ocean-going tug, ocean tug
Hochseesegeln, Blauwassersegeln blue water sailing
Hochseesegler, Blauwassersegler blue water sailor
Hochseeyacht, Langfahrtyacht offshore yacht
Hochsegel jib-headed sail
Höchstbesatzung crew capacity
Hochtakelung jib-headed rig
Hochwasser (H.W.), Flut high water
Hochwasser (stand) high tide
Hochwassermarke high water mark
Hochwasserstillstand high water stand
hochwertiger Stahl, hochbelastbarer Stahl high tensile steel
hochwinden, die Winsch drehen to winch
Höhe altitude
Höhe (einer Landmarke) nehmen, in Luv vorbeisegeln to weather

Höhe laufen, kneifen, knüppeln to point high
hohe See (Seeg. 7) high sea
hohe See, hochgehende See heavy sea
hohe Tourenzahl, bei hoher Tourenzahl at high revs
Höhe über dem Meeresspiegel, Höhe über NN absolute altitude
Höhe über Normalnull, Höhe über dem Meeresspiegel altitude, absolute altitude
hohe Wolken high cloud
höher als der richtige Kurs (segeln) above a proper course
höhere Gewalt act of god
höheres Hochwasser higher high water
hohes Ansichtsverhältnis high aspect ratio
Hohlkehle für ein Tauliek rope luff groove
Hohlmeißel gouge
Hol dicht! Hol durch! Haul taut!
holen, ziehen to haul
holende Part (einer Talje) hauling part (of a tackle)
holende Part, laufende Part running part
Holzbohrer auger
Holzpfropfen wooden dowel
Holzteile (die gepflegt werden müssen) brightwork (wood)
Holzwerk, Holzbearbeitung woodwork
Hörfrequenz audio frequency
Horizont absuchen, abtasten (mit Radar) to scan the horizon
Horizontalknie bosom knee
Hubbrücke lift bridge
Hufeisen-Rettungsring horseshoe ring, horseshoe preserver
Hulk, Speicherschiff, abgetakelter Rumpf hulk
Hummerboot lobster boat
Hundekoje quarter berth
Hundewache dog watch
Hundstage dog-days
Hüsing, linksgeschlagen, dreischäftig houseline
Hutmutter, Überwurfmutter cap nut
Hütte, Heck (eines Großseglers) poop
Hydrauliköl hydraulic fluid
hydraulische Steuereinrichtung hydraulic steering gear
hydraulischer Achterstagspanner hydraulic backstay adjuster
hydraulisches Achterstag hydraulic backstay
Hydrographie, Meereskunde hydrography

Ich wende! I tack!
Ich wiederhole! (Seefunk) I say again! (radio)
im Ausland befindlich, auswärts abroad
im Schlepp sein to be in tow
im Strom mit Leebug laufen to underbow the tidal current
im Wantschlag geschlagenes Tauwerk shroud-laid rope
im Wind liegenbleiben, beim Wenden versagen to cast in irons
in das Logbuch eintragen to log
in den Wind head to wind
in den Wind drehen to head into the wind
in der Höhe (der Atmosphäre) aloft
in Fahrt sein to have way on
in Fahrt, aber ohne Fahrt durchs Wasser (über Grund) underway, but making no way
in Lee von in the lee of
in Lee von, im Schutz von under the lee of
in Ordnung bringen to clear (ropes, deck etc.)
in Quarantäne legen to put into quarantine, under quarantine
in Rufweite, in Hörweite within hail
in Schlepptau nehmen to take in tow
in See gehen to go to sea, to put to sea
in Sicht kommen to come in sight, to heave in sight
in Stagrichtung, auf und nieder astay
in Transit nach (für) in transit for (in bonds for)
in Z-Richtung verseilt, Leine rechtsgeschlagen right-handed rope
Indexfehler (eines Sextanten) index error (of a sextant)
Indexspiegel index glass, index mirror
Indienststellung commissioning
indifferentes Gleichgewicht neutral equilibrium
innen inboard
Innenhafen inner harbour
Innenkiel rabbet plank
Innenklüver middle jib
innenlaufendes Fall internal halyard
Innenleuchte (mit Knie) bracket lamp
Innenleuchte mit kardanischer Aufhängung gimballed lamp
innenliegende Genua-Schotschiene inboard genoa track
innenliegende Yacht inside yacht
Innensteven inner post
Innenteil des Bootsbodens bottom
innere Strömungslinie inner rabbet line
inneres Hafenbecken inner dock
inneres Stampfstag inner martingale stay
Insel erreichen, auf eine Insel zulaufen to fetch an island
Inselchen islet
Inselsockel insular shelf
Instandhaltung, Wartung maintenance
Instrumentenbrett control panel, instrument panel
internationale Einheitsklasse international class one-design
internationale Signalflagge international code flag
Internationale Wettsegelbestimmungen International Racing Rules

Internationales Hydrographisches Büro (Monaco) international hydrographic bureau
Internationales Signalbuch International Code of Signals
IOR-Formel (Vermessungsregeln) International Offshore Rule
Isobare, Linie gleichen Luftdrucks isobar
Isolierband electrical tape, insulating tape
Isolierung gegen Kälte insulation from cold

J

Ja, Skipper! Verstanden! Aye aye Sir!
Jacke, Weste, Mantel jacket
jährliche Änderung der Mißweisung annual change of variation
Jakobsleiter, Seefallreep jack ladder
Jockeybaum, Ausleger für Spi-Achterholer jockey-pole
Jolle, Segeljolle dinghy, sailing dinghy, jolly boat
Jollenregatta dinghy racing
Jollensegelsport dinghy sailing
Jolltau mit Mantel whip and runner
Jumpstag jumper stay
Jumpstagspreize jumper strut, jumpstay spreader
Jungfer, Jungfernblock deadeye
Jungfernfahrt (eines Seekreuzers) maiden voyage
Jungfernfahrt (mit einer Segelyacht) maiden sail
Jungfernreise (eines Schiffes) maiden trip

K

kabbelige See, kurze, rauhe See choppy sea
Kabbelsee, kurze rauhe Wellen chop
Kabelgarn, grobes Garn rope yarn
Kabellampe cable lamp
Kabellänge (185 m, 0,1 sm) cable (185 m, 608 feet)
Kabelleger cable layer, cable vessel
Kabelschlag (Verseilstufe von Tauwerk) cable-laid rope, cable
Kaffeemühle, starke Zweihandwinsch coffee-grinder
Kahn, Kleinboot skiff
Kahn, Lastkahn lighter boat
Kahnschiffer bargee
Kai, Hafenanlage dock
Kai, Uferstraße quay
Kaigeld, Liegegeld wharfage
Kaike (Küstensegler der Ägäis) caique
Kajütaufbau cabin trunk
Kajütbeleuchtung cabin lighting
Kajütdecksüll coachroof coaming
Kajüte, Messe, Kabine cabin, saloon
Kajüteinrichtung nach eigener Wahl customized accomodations
Kajütfußboden cabin sole, cabin floor
Kajütkompaß cabin compass
Kajütkompaß, Hängekompaß hanging compass
Kajütkreuzer, Kreuzer cabin cruiser
Kajütluk-Schiebekappe sliding companionway hatch cover
Kajütsalon, Salon saloon
Kajütsegelboot, Kajütkreuzer trunk cabin sailboat
Kajütyacht cabin yacht
Kalandern (Qualitätsverbesserung von Segeltuch) calendering
Kalben (eines Eisbergs) calving
Kalenderjahr calendar year
Kalfat(er)hammer caulking mallet
Kalfateisen caulking iron, caulking chisel
Kalfaterarbeit caulker's work
Kalfaterer calker, caulker
kalfatern to calk, caulk
Kalmengürtel des Krebses, Roßbreiten Calms of Cancer
Kalmengürtel des Steinbocks, arktische Roßbreiten Calms of Capricorn
Kalmengürtel, Mallungen calm belt
kalt verformtes Mahagonisperrholz cold mold mahogany
Kaltfront cold front
Kanal (Seefunk), Sprechweg, Frequenzband channel
Kanalabgaben canal dues
Kanalschleuse canal lock
Kanalschleusentor canal lock gate
Kanalstrecke zwischen zwei Schleusen canal section between two locks
Kanister canister
Kante, Rand, Schneide edge
Kanu mit einem Ausleger single-outrigger canoe
Kanu mit zwei Auslegern twin-outrigger canoe
Kanu, Paddelboot canoe
Kanuheck canoe stern
Kap, Huk, Landspitze cape
Kapazität einer Batterie capacity of a battery
Kaperschiff corsair

Kapitän, Kommandant, Schiffsführer captain
Kapok (Fruchtwolle als Auftriebsmaterial) kapok
Kapokschwimmweste kapok lifejacket
Kappe, Kompaßhaube cap
kardanisch aufgehängt gimballed
kardanisch aufhängen to gimbal
kardanisch gehalterter Kocher gimballed stove
kardanisch gehalterter Ofen gimballed oven
kardanische Aufhängung gimballed bracket mount, gimbals
kardanische Aufhängung eingebaut internally gimballed
Kardanringe, kardanische Aufhängung gimbals
Kardinalsystem cardinal system
Kardinalsystem der Betonnung cardinal buoyage system
Kartenarbeit, Arbeit in der Seekarte chartwork
Kartenkurs (KaK) track (TR)
Kartennull, Bezugslinie der (ausgeloteten) Wassertiefe chart datum, datum of soundings
Kartentisch chart table
Kartentisch für große Seekarten (110 cm x 75 cm) full-size chart table (110 cm x 75 cm)
Kartentisch für Sportschiffahrtskarte (55 cm x 75 cm) half-size chart table (55 cm x 75 cm)
Kartenwassertiefe charted depth
karweel, kraweel carvel
Karweelbeplankung carvel planking
karweelgebaut carvel built
Kaskoversicherung hull insurance
Kastell, Achterschiff castle
Kat, Katamaran cat, catamaran
Katamaran mit Yawltakelung cat yawl
Katamaran-Transportwagen cat dolly
Katboot, einmastiges Boot ohne Vorsegel catboat
Kattakelung, Rigg ohne Vorsegel cat rig, catboat rig
Kattanker back anchor
Katzenpfoten, leichte weiße Wellenkämme cat's paw
Kauf eines Bootes buying a boat
Kaufangebot für Motorboote motorboats for sale
Kaufangebot für Segelboote sailboats for sale
Kaufbrief, Kaufvertrag bill of sale
Kaufpreis purchase price
Kaufvertrag contract of sale
Kausch, Muffe thimble
Kaution security, guaranty
Kavitation (Hohlsog am Propeller) cavitation
Keep, Nut, Hohlkehle groove
Keil, Klotz chock
Keil, spitzer Keil wedge
Keil, Splint, Vorstecker peg
Kennfaden (in einer Leine) rogue's yarn
Kenterlage, Lage quer zur See broaching to
Kentermoment upsetting moment
Kentermoment, Kippmoment capsizing moment
kentern, umschlagen, kippen to capsize
Kenterschäkel, Doppelhaken sister hook
Kenterung capsize
Kern (in Glasharz), Formträger web (in fiberglass)
Kern, Seele inner core
Kernmaterial von Kunststoff-Sandwich core of sandwich fiberglass

Ketsch ketch
Ketsch mit Hochtakelung bermudian ketch
ketschgetakelt ketch rigged
Ketschtakelung ketch rig
Kette (Segeltuch), Kettfaden warp
Kettenfähre, Seilfähre cable ferry
Kettenglied, Kettenschäkel chain-link, link
Kettenkasten chain locker
Kettenkastenauge, Schlipphaken im Kettenkasten cable clench plate
Kettenklüse navel pipe
Kettennuß, Kettenmitnehmer wildcat
Kettennuß, Kettenscheibe (auf Winsch oder Spill) gipsy, cable wheel, cable lifter
Kettenpinne chain-tiller
Kettenrohr, Kettendurchlauf chain-pipe
Kettenspleiß (Tau an Kette) chain-splice
Kettenstich, Knoten im Kettenkasten cable clinch, cable clench
Kettenstopper, Leinenklemme cable nipper
Kettenumfang, Spantumfang girth
Kettenwirbel chain-swivel
Kettfaden warp thread
Kevlar kevlar
Kiefer, Kiefernholz pine
Kiel, Kielplanke keel
Kielbolzen keel bolt
Kielboot keel boat
Kielerdung (elektr.) keel grounding (electr.)
Kielflosse, Flossenkiel fin keel
Kielgang garboard strake
Kielgeld, Hafengeld keelage
kielholen to careen
kielholen zur Bodenreinigung to heave down for careening
Kiellinie, Mittschiffslinie keel line
kieloben kentern to keel over, to turn turtle
Kielpalle, Kielstapelklotz keel block
Kielreling (am Rettungsboot) keel rail (on a lifeboat)
Kielschwein keelson
Kielschwert keel-centreboard
Kielschwert, Hubkiel drop keel
Kielschwertboot keel-centreboard sailboat
Kielschwerter mit Ballastschwert ballasted centreboard
Kieltank keel tank
Kielwasser, Wellenschlag wash
Kies, Schotter gravel
Kieselgrund pebble
Kieselsteine, Felsbrocken boulder
Killen eines Segels luffing of a sail
killen, flappen (eines Segels) to luff
Kimm, Kimmknick chine
Kimm, natürlicher Horizont, Seehorizont visible horizon
Kimmkiel bilge keel
Kimmkieler bilge keel sailboat
Kimmkielschwein bilge keelson
Kimmplanke bilge plank
Kimmrundung turn of the bilge
Kimmtiefe dip (of the horizon), horizon dip
Kimmweger, Kimmknickleiste chinelog
Kink (in einer Leine) kink (in a rope)
kinkenfreie Leine, unvertörnte Leine kink-free rope
Kinnbackenblock, Fußblock, Klappblock snatch block
kippbarer Außenbordmotor tilting outboard motor
kippen, umschlagen, kentern, umstürzen to overturn

Kipphebel, Wippe rocker
Kippvorrichtung (des Außenborders) motor lift aid
Klampe zum Abschleppen cleat allowing towing
Klampe, Belegklampe cleat
Klampe, Klammer, Knebel clamp
klappbar (mit Scharnier oder Gelenk) hinged
klappbares Ruder tip-up rudder
Klappbrücke bascule bridge
Klappkoje, Rohrkoje pipe cot
Klappmast tabernacle (stepped) mast, hinged mast
Klappmast (einen) abnehmen to unstep the mast
Klappstufe am Mast hinged mast step
Klapptisch, Kajüttisch mit klappbaren Seitenteilen drop-leaf table
Klapptisch, zusammenklappbarer Tisch folding table
Klappventil flap valve
Klappverdeck folding dodger
klar achteraus clear astern
klar Deck, klares Deck clear deck
klar voraus clear ahead
Klar zum Fallen des Ankers!, Klar zum Ankern! Stand by to drop anchor!
klar zum Laufen (einer Leine) clear for running (of a rope)
Klar zum Wenden! Ready about!
klar, anständig, angemessen fair
klar, fertig, in Ordnung clear
klarer Anker clear anchor
Klarierung (eines Schiffes) (Zoll) clearance
Klasse, Bootsklasse class
Klassenboot, Einheitsklassenboot class boat (one-design-boat)
Klassenflagge (in einer Regatta) class flag
Klassenorganisation class association
Klassenregatta class racing
Klassenrückruf (Rennen) class recall
Klassenzeichen (im Segel) class emblem (in a sail)
Klau, Klauohr, Klauhorn throat
Klaue, Maul jaw
Klaufall throat halyard
Klauhorn, Klauohr (des Gaffelsegels) neck, throat
Klausel „Zahlung nur im Erfolgsfall“ clause “no cure no pay”
Klebeband, Leukoplast adhesive tape
klebrig tacky
Klebstoff adhesive substance
Kleiden, Bekleiden (von Tauwerk) serving
Kleidkeule, Kleedkeule serving mallet
Kleinanzeige line add
kleine Bucht creek
kleine Handtalje handy-billy
kleine Welle wavelet
kleiner Poller dolly
Kleinfahrzeug small craft
Klemme, Stecker connector
Klemmfassung mounting clip
Klemmklampe, Schotklemme, Curry-Klemme camcleat
Klemmschraube binding screw
Klinkerbauweise clinker construction
Klinkerbeplankung lapstrake planking, clinker planking
Klippe cliff
Klipperbug clipper bow
Klipperbug, ausladender Vorsteven raked stem
Klüse, Ankerklüse hawse hole
Klüsendeckel blind buckler, hawse plug
Klüsenrohr hawse pipe
Klüver jib, foresail, headsail
Klüverbaum jib boom

knallen, schlagen (eines Segels) to flog
Knarrblock ratchet block
Knarrenschlüssel ratchet wrench
Knebel mit Auge und Gabel eye and jaw toggle
Knebel mit zwei Augen eye and eye toggle
Knebel, Drehknüppel woolder
Knebel, Knieverbindung toggle
kneifen, zu hoch am Wind segeln to pinch the wind
Kneifklampe, Schotklemme jamming cleat
Kneifzange, Drahtzange pliers
Knick, Kink (in einer Leine, vor einem Block) nip (at the sheave of a line)
Knickspant hard chine
Knickspantboot V-bottomed boat
Knie, Kniestück knee
Knieholz timber knee
Knoten (seemännisch und nautisch) knot
Knoten abstecken, lösen to unbend a knot
Knoten aufmachen to untie a knot
Knoten und Steke bends and hitches
Knoten, Stek knot, bend, hitch
Knotenblech gusset
Koch, Smutje cook
Kochgehilfe cook's mate
Kochtopf, Schmortopf saucepan
Kofferkajüte, Kajüte im Decksaufbau trunk cabin
Kohlenbürste carbon brush
Kohlenstoffaser, Carbonfaser carbon fiber
Koje berth
Koje für Erwachsene full length berth
Koje in der Achterkajüte aftcabin berth
Koje mit Polster cushioned berth
Koje, Schlafkoje bunk
Kojenbrett, Kojensegel leeboard, lee cloth
Kojenpolster berth cushion
Kokos coir
Kolben piston, plunger
Kolbenpumpe, Verdrängerpumpe piston pump, positiv displacement pump
Kolbenring piston ring
Kolbenring, Spaltring split ring
Kollisions(verhütungs)regeln collision regulations
Kollisionsgefahr risk of collision
Kollisionskurs collision course
Kombüse galley
Komfort unter Deck (der Kajüteinrichtung) below decks comfort
Kommandobrücke navigation bridge, command bridge
Kommen Sie in Rufweite! Come within hail!
Kommodore (eines Clubs) commodore (of a yacht club)
Kommodore (Marinedienstgrad) commodore
Kommodoredoppelstander commodore burgee
kommunaler Hafen public harbour
Kompaß compass
Kompaß kompensieren to adjust the compass
Kompaßrose compass rose
Kompaßhaus, Nachthaus binnacle
Kompaßdiopter, Azimutspiegel azimuth mirror
Kompaßrose compass card
Kompaßpeilung compass bearing
Kompaßfehler, Fehlweisung compass error

Kompaßrose mit Frontablesung front reading compass card
Kompaß kompensieren to compensate a compass
Kompaßstrich compass point
Kompaß mit Kehrbild, Deckenkompaß inverted compass
Kompensierung des Kompasses adjustment of compass
Kompensierungszertifikat deviation card
Konserven, Dosenproviant canned goods
Konsole, Pult console
Konstrukteur, Entwerfer designer
Konstruktion, Entwurf design
Konstruktionsspanten body sections
Konstruktionswasserlinie, KWL, CWL designed waterline, load waterline, LWL
Kontermutter, Sicherungsmutter locknut
Kontroll-Liste check list
Kontrollampe (am Instrumentenbrett) pilot lamp (on instrument panel)
Kontrolle, Überprüfung check
kontrollierte Mastbiegung controlled mast bending
Kontrollöffnung, Schauloch inspection hatch, inspection port
konvexe Krümmung des Decks camber
Koordinate coordinate
Kopf (eines Segels) head
Kopfhöhe, Deckenhöhe (unter dem Aufbau) full headroom
Kopfhörer headphones
Kopfkissen pillow
kopflastig trimmed by the head
Kopfplatte, Kopfbrett headboard
Kopfschlag, Törn um einen Poller bitter
Koppelkurs über Grund (KüGk) course to make good, course of advance (COA)
Koppeln dead reckoning
Koppeln (eines Kurses) course plotting
Koppelnavigation dead reckoning navigation
Koppelort, Loggeort (Ol, Ok) dead reckoning position (DR-Pos)
Koppeltafel, Koppeltabelle, Grad- und Strichtafel traverse table
Koralle coral
Koralleninsel key
Kork cork
Korken, Stöpsel cork
Korkenzieher corkscrew
Körner (Werkzeug) center punch
Korrektor (eines Kompasses) corrector (of a compass)
korrespondierende Höhen equal altitudes
korrodieren, rosten to corrode
Korrosion, Rostbildung corrosion
Korrosionswirkung corrosiveness
korrosiv, ätzend corrosive
Korvette corvette
Kosten charges, expenses
kostenfrei free of charges
kostenlos free (of charge)
kostenlose Anzeige free advertising
Kraft, Leistungsfähigkeit horsepower
kräftig Lose geben to ease right off
Kraftstoff, Treibstoff fuel
Kraftstoffkanister fuel can, jerrycan
Kraftstoffpumpe fuel pump
Kraftstofftrichter fuel filler
Kraftstoffuhr fuel gauge
Kraftstoffverbrauch fuel consumption
Kraftstoffverbrauch pro Stunde hourly fuel consumption
Kraftstoffverbrauchsmessung fuel metering

Kraftstoffvorrat fuel capacity
Kraftwirkung action of a force
Krähennest crow's nest
Kran crane
Kranausleger jib of a crane
Kranführer crane operator
Krangebühren craning fees
Krangeld cranage, crane charge
krängen, überliegen to heel
Krängungsfaktor heeling factor
Krängungsfehler heeling error
Krängungsmesser clinometer
Krängungspendel, Neigungsmesser inclinometer
Krängungswinkel angle of heel, heel angle
Kräuselung, kleine Wellen ripple
Kraut, Verkrautung weeds
Krebs (Tierkreiszeichen) Cancer
Kreisel impeller
Kreiselkompaß gyro-compass
Kreiselpumpe centrifugal pump, vortex pump
Kreisstandlinie, Kreisstandhöhe circle of position
Kreuzbramsegel mizzen topgallant (sail)
kreuzen to beat, to tack
kreuzen abseits üblicher Wege to gunkhole
Kreuzen vor dem Wind downwind tacking
kreuzen, aufkreuzen to fetch about
Kreuzen, Kreuzkurs beating
Kreuzfahrer, Fahrtensegler cruiser (person)
Kreuzfahrt mit einer Yacht yachting cruise
Kreuzfahrt, Seereise, Fahrt über See cruise
Kreuzknoten crown knot
Kreuzkurs close-hauled beat
Kreuzpeilung cross bearing
Kreuzpoller cross bitt
Kreuzschlag, Amwindstrecke tack, leg
Kreuzschlag, Kurs auf einer Dreiecksfahrt leg of a course
Kreuzsee cross sea
Kreuztonne junction buoy
Kreuzzurring racking seizing
Kriegseinwirkung act of war
Kriegsgefahr war risk
Kriegshafen naval port
Kriegsmarine, Flotte navy
Krimpen (des wahren Windes) backing
krimpen, rückdrehen (des wahren Windes) to back
Kronenmutter castle nut
krümmen (eines Bootes) wie ein Katzenrücken to hog
Krümmung, Verwerfung warping
Kubikfuß (0,028 m^3) cubic foot
Kugelgelenk, Drehgelenk ball and socket joint
Kugellager ball bearing
Kugeltonne spherical buoy
Kühlbox mit Öffnung oben top-loading icebox
Kühlbox, Eisschrank icebox
Kühler, Kühleinrichtung (des Motors) cooling device, cooler
Kühlmittel coolant
Kühlschrank refrigerator
Kühlschrank mit Seitentür side-loading icebox
Kühlsystem cooling system
künstlicher Horizont artificial horizon
Kunststoffboot plastic boat
Kupfer copper
Kupferdraht copper wire
Kuppel cupola
Kurbel crank

Kurbelbohrer mit Bohreinsätzen brace and bits
Kurbelgehäuse crankcase
Kurbelwelle crankshaft
Kurs (den) zeichnen to plot the course
Kurs absetzen (durch Einzeichnen in die Seekarte) to plot a course
Kurs ändern to alter course, to change course
Kurs durchs Wasser (KdW) course to steer, course steered (C)
Kurs eines Schiffes kreuzen to cross a ship
Kurs halten to hold the course
Kurs halten auf eine Bahnmarke to lay a mark
Kurs halten, Weg erreichen to fetch a course
Kurs platt vor dem Wind dead run
Kurs über Grund (KüG) course over ground (COG)
Kurs über Grund, wahrer Kurs track
Kurs zum Wind point of sailing
Kurs, Weg, Lauf course
Kursänderung alteration of course
Kurslinie (in der Karte eingezeichneter geplanter Weg) course line
Kursschreiber, Kurszeichengerät course plotter
Kurssignal course signal
kurze Schläge zu einer Marke machen to take short tacks to a mark
kurze Trompete, Verkürzungsstek cat's paw
kurzer (Signal) Ton short blast
kurzer Schlag short tack
kürzeste Entfernung shortest distance
Kurzschluß short circuit
Kurzspleiß short splice
kurzstag hieven to heave short
Kurzwelle (Funk) short wave (radio)
Küste, Strand, Ufer shore
Küstendampfer, Kümo coasting steamer, coasting vessel
küsteneinwärts, unter Land inshore
Küstenfahrt coasting
Küstenfahrt, kleine Fahrt cabotage
Küstenfunkstelle coast station
Küstenkreuzer, kleine Rennyacht sailer-racer
Küstenlinie coastline
Küstenlinie, Meeresküste seaboard
Küstenmerkmale coast features
Küstennavigation coastwise navigation
Küstenschiffahrtsweg inshore traffic lane
Küstenvorfeld inshore waters
Küstenwachstation coastguard station
Küstenwacht coastguard
Kutter (mit zwei Vorsegeln) cutter
Kutter mit Gaffeltakelung gaff cutter
Kutter mit Hochtakelung masthead cutter
Kutterrigg cutter rig, double head rig
Kutteryacht trawler
KWL, CWL (Abk. für Konstruktionswasserlinie) LWL (abbr. for load waterline)

L

Ladehafenbecken loading dock
Ladewasserlinie loaded waterline
Lager, Lagerung, Wellenlager bearing
Lager, Speicher warehouse
Lagerverwalter warehouseman
Lagune lagoon
laminare Strömung laminar flow
laminieren to laminate
Lampenhalterung mit Bajonett-verschluß bayonet lamp holder
Land an Steuerbord! Land on starboard!
Land ansteuern mit Koppelkurs to land by dead reckoning
land(ein)wärts landward
landen, anlegen to land
Landenge isthmus
Landfall landfall
Landfall machen to make a landfall
Landfall nach gegißtem Besteck dead reckoning landfall
Landgangstreppe, Fallreepstreppe gangway ladder
Landliegeplatz (in der Saison), Boots-parkplatz drysailing area
Landmarke land mark
Landratte (Bez. für Nichtsegler) landlubber
Landspitze point of land
landumschlossen landlocked
Landungsbrücke, senkrecht zum Ufer pier
Landwind off-shore wind, land wind
Landzunge, Landspitze headland
Länge der Schwimmwasserlinie length of waterline (LWL)
Länge in der Wasserlinie length at waterline (LWL)
Länge über alles, größte Länge extreme length
Länge über alles (Lüa) length overall (LOA)
langen Pull hieven to heave a long pull
langer (Signal) Ton long blast
langer Blink long flash
langer Kiel full keel
langer Kreuzschlag, langer Schlag long stretch
langer Morsestrich long dash
langer Schlag, auf Amwindkurs long-legged beat
langer Schlag, Streckbug long tack, long board
langer Ton long blast
langer Ton, langes Sirenensignal prolonged blast
langfristige Wettervorhersage long range forecast
Langkiel keel long
Langkiel(er) full length keel, long keel
Langsam zurück! Easy astern!
Langsam! Easy!
Langschaft (eines Außenborders) long shaft
Längsdruck, Schub thrust
Langspleiß long splice
Längsschiffskoje fore-and-aft berth
Längsschiffssitz(bank) fore-and-aft seat
Längsschott fore-and-aft bulkhead
längsseits anlegen to dock alongside
längsseits festmachen to tie-up alongside
längsseits kommen to come alongside
längsseits liegen to lie alongside
längsseits schleppen to tow alongside

längsseits, Bord an Bord alongside
Langwelle (Funk) long wave (radio)
Langwimpel, Wimpel, Windfaden streamer
Langzeitsegler, Aussteiger live-aboards
laschen, verlaschen to scarph, to scarf
Laschenschnitt (eines Segels) diagonal cut
Laschenverbindung, Verlaschung scarph joint
Laschung, Holzverbindung scarph, scarf
Lastkahn barge
Lastkahn mit Eigenantrieb self-propelled barge
Lateinrah, Rute lateen yard
Lateinsegel lateen sail
Lateralschwerpunkt center of lateral resistance
Lateralsystem lateral system
Laterne lantern
Latte, Segellatte batten
Lattentasche batten pocket
laufen, auslaufen, schießen lassen to let go
laufen, segeln, fahren to sail
Laufen, Treiben vor dem Sturm scudding
laufen, vor dem Wind segeln to run
laufende Part running part
laufender Pahlstek running bowline
laufendes Gut running rigging
Läufer, Leine einer Talje fall
Laufgang (über Seitendeck) walkway
Laufgang, Betriebsgang alleyway
Laufplanke, „Katzensteg“ catwalk
Laufplanke, Gangway, Stelling gangway, gangboard, gangplank
Laufrad, Impeller impeller
Laufrolle, Rolle roller
Lauftau fall rope
Lautsprecher loudspeaker
Laß laufen! Let go! Way enough!
Leck stopfen to fother a leak
Leck über der Wasserlinie leak above waterline
Leck unter der Wasserlinie leak below the waterline
leck, undicht leaky
Leckage leakage
lecken, leckspringen to spring a leak
Leckschraube, Ablaßschraube, Ablaßhahn bleed cock
Leder leather
Leebrett (an der Koje) leeboard inside cabin
Leebug (Strom gegen die Leeseite) leebowing
leegierig lee helm
leegierig sein to carry lee helm
Leeküste lee shore
Leemarke leeward mark
leer empty
Leereling unter Wasser lee rail awash
Leesegel (an der Koje) lee cloth (inside cabin)
Leesegel (auf einem Rahsegler) studding sail
Leeseite leeward side
Leespinnaker, Big Boy big boy
leewärtig, in Lee leeward
leewärtige Bahnmarke leeward mark
leewärts leeward
leewärts absacken, vom Wind abfallen to fall to leeward
leewärts, in Lee, nach Lee alee
Legel, Lögel cringle
Legierung alloy
Lehm, Ton clay
Lehmgrund clay bottom
Lehnstuhlsegler, Theoretiker armchair sailor

leicht auf dem Ruder (liegt ein Boot) easy on the tiller, easy on the helm
leicht bewegte See (Seeg. 3) slight sea
leichte Brise (Bft 2) light breeze
leichte Handhabung ease of handling
leichter Luftstoß, Windstoß puff of wind
Leichtwasserlinie light waterline
Leichtwetter, leiser Zug light air
Leichtwetter-Spinnaker light spinnaker
Leichtwetterfock light air jib
Leichtwettergenua light air genoa
Leichtwindspinnaker floater
Leim, Klebstoff adhesive
Leine abrollen, eine Leine abwickeln to uncoil a rope
Leine an einer Klampe belegen to belay a line to a cleat
Leine aufknoten to untie a rope
Leine belegen to belay a line
Leine in Gegenrichtung legen to turn end-for-end (a line)
Leine in S-Richtung verseilt, linksgeschlagen left handed rope
Leine in Schneckenform flach an Deck auslegen to cheese a rope
Leine klarieren, zum Einsatz klarmachen to clear a rope
Leine losmachen to unbend a rope
Leine nachschleppen to trail a warp
Leine schricken to surge a rope
Leinen los! Cast off!
Leinenverbindung eines Bootes lösen to unmoor a boat
Leinöl, Leinölfirniß linseed oil
Leinpfad, Treidelweg tow path
leiser Zug (Bft 1) light air
Leistung (eines Gerätes) performance
Leistung, Kraft power
Leistungsverbesserung, Vorsprung, Nutzen advantage (power gain of a tackle)
Leistungsvermögen (z. B. einer Pumpe) capacity
Leiter ladder
Leitfeuer direction light, directional light
Leitkopfruder skeg rudder
Leitstrahlsektor equisignal zone
Leitung conduit
Leitungsnetz wiring
Leitungswasser, Trinkwasser tap water
Leitwagen horse
Leitwinkel (der Schot) lead angle of sheet
lenzen (vor dem Sturm) to scud (before the weather)
Lenzen in (vor) achterlicher See scudding in a following sea
lenzen, auspumpen, entleeren to pump-out, to drain
Lenzer (wasserschöpfendes Crewmitglied) bailer (person)
Leuchtbake light beacon
Leuchtfeuergeld light dues
Leuchtfeuerkennung, Kennung light description, class of light
Leuchtfeuerverzeichnis list of lights
Leuchtkugel, Feuersignal flare
Leuchtpistole flare gun
Leuchtpistole als Taschenstift pen-shaped flare gun
Leuchtsignalpistole Very pistol
Leuchttonne lighted buoy, light buoy
Leuchtturm (Lcht-Tm.) light house (Lt. Ho.)
Leuchtweite, Tragweite eines Leuchtfeuers luminous range

Lichtstrahl, Ausstrahlung eines Leuchtfeuers lighthouse beam
Liegegeld, Hafengeld quayage, demurrage
Liegegeld, Kaigebühr berth charge, berthage fees
Liegen mit Bug zur Pier und Heckanker bow-to mooring, mooring with stern anchor
Liegen mit Heck zur Pier und Buganker stern-to mooring
liegenbleiben wegen Kraftstoffmangels to run out of gas
Liegeplatz (am Steg, Kai) berth (alongside a dock)
Liegeplatz an einer Muring mooring
Liegeplatz an einer Muringboje buoy mooring
Liegeplatz, Anlegeplatz berth, mooring(s), landing (place)
Liegeplatzgebühren, Hafengeld docking fees
lieken, einlieken to rope
Liekgarn roping twine
Liektau bolt rope
Limbus limb
Linie der Tag- und Nachtgleiche equinoctial line
Linie gleicher Mißweisung isogonic line
Linie gleicher Temperatur isotherm
Linie übersegeln to cross the line
Linienschiff, Routenschiff liner
linksdrehend, linksgängig anticlockwise
linksgeschlagen, in S-Richtung verseilt laid left handed
linksgeschlagenes Garn left hand thread
Lippe, Führung, Verholklampe fairlead
Lippklampe mit zwei Rollen roller fairlead
Litze lace
Litze, Tauwerkstrang strand
Locheisen zur Ösenfertigung grommet punch
Löffel spoon
Löffelbug spoon bow
Log (für Fahrt und Distanz) log (for speed and distance)
Logbuch, Schiffstagebuch log book
Logbuch-Auszug abstract of log book
loggen, die Fahrt messen to log (speed)
Logglas log glass
Logleine log line
Logscheit log ship (chip)
losarbeiten (sich) to work loose
lose loose
Lose durchholen to take-in the slack, to haul in the slack
lose geben, langsam fieren, Druck wegnehmen to ease off (a rope)
loses Unterliek loose-footed
losmachen, loslaschen to unlash
loswerfen, losmachen to cast off, to cast loose
Lot lead
loten to heave the lead
Loten, Lotung, Peilen (mit Lot) sounding
Lotkörper lead pig
Lotleine lead line
Lotse pilot
lotsen to pilot
Lotsen, Navigation nach Sicht piloting
Lotsenboot pilot boat
Lotsenfahrzeug pilot vessel
Lotsenflagge pilot flag
Lotsenkoje pilot berth
Lotsenleiter, Jakobsleiter jumping ladder
Lotstandlinie line of soundings

Lotungen ausrufen, Lotungen „aussingen“ to call the soundings
Lotwurf, Lotung cast of the lead
Loxodrome loxodromic line, loxodromy, rhumb line
loxodromische Navigation loxodromic navigation
LP-Maß (Abkürzung für Luff-Perpendicular) LP (Luff-Perpendicular)
Lüa, Länge über alles LOA, length over all
Lücke, Spalte gap
Luftabzug air vent
luftdicht, luftundurchlässig air tight
Luftdruck pressure
Lufteinlaß air intake
Lüfter, Lüftungsgebläse air blower
Lüfter, Ventilator ventilator, fan
Lüftersüll ventilator coaming
Luftfahrtfeuer aero light, air light
Luftkanal air duct
Luftkissenfahrzeug hovercraft
Luftmasse air mass
Luftpumpe, Blasebalg bellow pump
Luftwirbel, Wirbel eddy (in air)
Luggersegel lugsail
Luggertakelung lugsail rig
Luk hatch
Luken verschalken to batten down the hatches
Lukendeckel hatch cover
Lukengräting grated hatch cover
Lukenöffnung hatchway
Lukenquersüll headledge
Lukensüll hatchway coaming
Lümmel, Hakenbeschlag am Baum boom gooseneck
Luv abschneiden, Luv gewinnen to eat to windward
Luv gewinnen to gain to windward
Luv halten, möglichst hoch am Wind to keep the luff
Luvanker weather anchor
luven über einen Amwindkurs hinaus to luff above a close-hauled course
luven, anluven to luff
Luven, Anluven (eines Bootes) luffing
luvgierig sein to carry weather helm
luvgierig, stark luvgierig sein to gripe
Luvgierigkeit weather helm, ardency
Luvgierigkeit, starke Luvgierigkeit (eines Bootes) griping (of a boat)
Luvküste weather shore
Luvliek luff
Luvliektau luff rope
Luvmarke (Rennen) weather mark
Luvschot weather sheet
Luvseite windward side
Luvtide weather tide
luvwärtige Bahnmarke windward mark
luvwärts windward, aweather
luvwärts krängen to heel to windward
luvwärts querab on the weather beam
luvwärts von windward of
luvwärts, nach Luv aloof
LWL (Abk. für Länge in der (Schwimm-)Wasserlinie) LWL (abbr. for length at waterline)

M

Magnet, Magnetstab magnet
Magnetkompaßpeilung (MgP) magnetic bearing
Magnetkompaß-Nord (MgN) compass north (CN)
Magnetkompaßfehlweisung (MgFw) compass error (correction) (CE)
Magnetkompaßablenkung (Abl) deviation (Dev)
Magnetkompaßdeviation (Abl) deviation (Dev)
Magnetkompaßkurs (Istkurs) compass heading
Magnetkompaßkurs (Sollkurs) (MgK) compass course (CC)
Mahagoni-Holz mahogany wood
mallende, unstetige, umspringende Winde baffling winds
Mallungen, Kalmengürtel doldrums
mangelhaft durch schlechte Verarbeitung defective through faulty workmanship
Manila-Hanf manila hemp
Manila-Tauwerk manila rope
Mann über Bord! Man overboard!
Mann-über-Bord-Schwimmflagge man overboard pole, dan buoy
Mannloch manhole
Mannschaftsraum, Logis crew's quarter
Mannschaftsregatta team racing
Manntau, Strecktau, Greifleine life line
Manometer pressure gauge
Manöver mit begrenztem Raum close quarter manoeuvers
manövrierbehindertes Fahrzeug vessel restricted in her ability to manoeuver
manövrierunfähig not under command
manovrierunfähiges Fahrzeug vessel not under command
Manschette, Muffe cuff
Marineleim, Vergußmasse, Decksverguß marine glue
Markenname (eines Produktes) brand name
Markierungsboje watch buoy
Marlleine marline
Marlleine beim Bindereff reef lacing
Marlschlag marling hitch
Marlspieker marling spike, marline spike
Marlspieker aus Holz, Fid splicing fid
Marlspieker, Ahle awl
Marlspiekerknoten, Marlspiekerschlag marline spike hitch
Mars top
Marsch, Vorland marsh
Marssegel square topsail, topsail
Maschinenfahrzeug power-driven vessel
Maschinenfahrzeug in Fahrt power-driven vessel underway
Maschinenfahrzeug, Motorfahrzeug power-driven craft
Maschinenschraube machine screw
massige See, schwere See lumpy sea
Mast mast
Mast abnehmen, entmasten to unstep the mast
Mast abstagen to stay a mast
Mast abtakeln to unrig the mast
Mast biegen to bend the mast
Mast erden to ground the mast

Mast herausnehmen to unship thc mast
Mast im Maststuhl, Klappmast tabernacle stepped mast
Mast krümmen, biegen to bend a mast
Mast querab! Mast abeam!
Mast setzen to step the mast
Mastbacken hounds
Mastbacken tabernacle cheeks
Mastbiegung bending of the mast
Mastbruch, Mastverlust dismasting
Mastfall mast rake
Mastfall nach achtern aft rake
Mastfall, Mastneigung rake of mast, mast rake
Mastfischung partners
Mastfuß mast foot, mast heel
Mastkeil mast wedge
Mastkoker mast trunk
Mastkragen mast collar, mast coat
Mastkurve masting arch
Mastleiter, am Fall geheißt halyard-hoisted mast climbing ladder
Mastlicht mast light
Mastlicht, weiß white mast light
Mastloch mast hole
Mastnut, Mastschlitz mast slot
Mastring (beim Gaffelrigg) mast hoop (on gaff rig)
Mastschiene mast track
Mastspitze, Mastkopf mast truck
Mastspur mast step
Mastspurhaltebolzen mast step locking pin
Maststuhl, Mastkoker mast tabernacle
Masttopp, Topp mast head
Masttoppbeschlag masthead fitting
Materialstärke, Profil scantlings
Matratze mattress
Matratzenbezug mattress covering
Matrosenlogis, Unterkünfte der Crew crew quarters
Matte, Glasseidenmatte mat
Mayday relay! Mayday relay!
Mayday! Mayday!
mäßig bewegte See (Seeg. 4) moderate sea
mäßige Brise (Bft 4) moderate breeze
mäßige Sicht (Stgr. 6) moderate visibility
mäßiger Nebel (Stgr. 2) fog
Maßstab, Meßgerät gauge
Maßangabe in Yards yardage
Meerenge, enge Durchfahrt, schmale Fahrrinne narrows
Meeresgrund, Seegrund sea bed, bottom of the sea
Meerstrudel, Wasserwirbel whirlpool
Megaphon, Sprachrohr loud hailer
Meilenzähler distance log, recording log
Meißel chisel
Membranpumpe diaphragm pump
Mercatorprojektion Mercator projection
Mercatorsegeln, loxodromisches Segeln, Segeln nach vergrößerter Breite Mercator sailing
Meridian meridian
Meridiandurchgang meridian passage
Messer knife
Messerbändsel knife lanyard
Messing brass
Messing, Gelbmetall yellow metal
Messingdraht brass wire
Metall metal
Metalldübel metal dowel
Metallsäge hacksaw
metazentrisch metacentric
Metazentrum metacentre
metrische Tonne metric ton
Meßbrief (für Rennyacht) measurement certificate
Meßmarke, Umfangsmarke girth station

miefige, ungelüftete Kajüte stuffy cabin
Mini-Seekreuzer pocket cruiser
Minute, Bogenminute minute of arc
Minute, Zeitminute minute of time
Mischfeuer: Festfeuer mit Blitzen (Mi.) fixed and flashing light (FFl)
mit Auge, Kausch, Öse with eye
mit Dwarswind segeln, mit halbem Wind segeln to sail on the beam reach
mit einem Band umwickeln to tape
mit guter Seemannschaft with good seamanship
mit Kosten with charges
mit Leebug im Strom segeln to leebow the current
mit Rahen getakelt square rigged
mit raum-achterlichem Wind segeln to broad reach
mit raum-seitlichem Wind segeln to beam reach
mit raum-vorlichem Wind segeln to close reach
mit raumem Wind segeln to sail off the wind, to reach
mit schlagenden Segeln, im Wind liegend all in the wind
mit Steuerbordhalsen, auf Backbordbug segeln to sail on starboard tack
mit Transistoren ausgerüstet transistorized
mit Windstärke 4 with wind force 4
Miteigner joint owner
Mitglied (in einem Yachtclub) member in full standing (in a yacht club)
Mitglieder eines Clubs (Gesamtheit) members collectively
Mitgliedsbeitrag membership fee
Mitgliedschaft membership
Mitgliedskarte membership card
Mitkoppeln auf der Karte plotting on the chart
Mitkoppeln von Kursen plotting
Mitsegler crewman
Mitsegler für Vordecksarbeiten foredeck hand
Mitsegler, erfahren und seefest seasoned yachtsman
Mitseglerin crew woman
Mittagsbesteck noon fix
Mittagshöhe, Meridianhöhe meridian altitude
Mittagsstandort noon position
Mitte Schiff, Mittschiffslinie center line
mittelhohe Wolken middle cloud
Mittelkielschwein center keelson
Mittellängsschott centerline bulkhead
Mittellinie, Mittschiffslinie fore-and-aft line
Mittelplicht center cockpit
Mittelschot(führung) center-boom sheeting (mid-boom sheeting)
Mittelwasser half-tide
mittlere Meereshöhe, Normalnull mean sea level (MSL)
mittlerer Nipptidenstieg mean neap rise (MNR)
mittlerer Springtidenstieg mean spring rise (MSR)
mittleres Hochwasser mean high water (MHW)
mittschiffs midship, midships
mittschiffs, in Kielrichtung, in der Mitte des Schiffes amidships
Mittschiffsfestmacher waist breast line
mißweisend magnetic
mißweisend Nord (mwN) magnetic north (MN)
mißweisende Peilung (mwP) magnetic bearing

mißweisender Kurs (mwK) magnetic course (MC)
Mißweisung (Mw) variation (Var), magnetic declination
Mißweisungsrose (in der Seekarte) magnetic rose (sea chart)
Mole mole
Molenkopf mole head
Mondumlauf, Mondmonat lunation
Monstersee, Riesenwelle freak wave
Monsun monsoon
Morgendämmerung dawn
Morsealphabet Morse code
Morsefeuer Morse code light
Morsefeuer, Buchstabe K (Mo. [K]) Morse code light, letter K (Mo[K])
Morselaterne Morse lamp
Morsestrich, Strich dash
Motor anlassen to start the engine
Motor auskuppeln to throw out of gear
Motor einkuppeln to throw into gear
Motor, Maschine engine
Motorbarkasse motor launch
Motorbefestigung an einem Beiboot dinghy outboard motor mount
Motorbeiboot motor dinghy
Motorboot motorboat
Motorboot (mit Innenborder) runabout
Motorbootfahrer motorboater
Motorbootsport motorboating
motoren, mit Motor fahren to motor
Motorenfundament engine bed
Motorenraum engine room
Motorenunterbau engine bedding
Motorhaube (Außenbordmotoren) motor cowl (outboard)
Motorkahn motor barge
Motorkajütboot cabin motorboat
Motorkreuzer cruiser
Motorkreuzer mit Einbaumotor inboard cruiser
Motorkreuzer mit Hilfsbesegelung cruising auxiliary
Motorkurbel motor crank
Motorpumpe power-driven pump
Motorsegler motor sailer
Motorsegler, 50 : 50 (halb und halb) fifty-fifty, motorsailer
Motorwartung revision of (ship) motors
Motoryacht motor yacht
Möwe gull
Mülleimer, Papierkorb waste basket
Multiknickspant multi-chine
Mundnebelhorn mouth foghorn
Muring, Ankerplatz mooring anchorage
Muringleine aufnehmen to pick up a mooring
Muringschäkel mooring shackle
Musing, Bändselung mousing
Muskeule commander
Mutter, Schraubenmutter nut
Mylar mylar
Mylar-Sandwich (-Segel) temperkote

N

N über C (Notsignal in Flaggen) N over C (distress signal)
nach auswärts bestimmt, auf der Ausreise outward bound
nach Backbord aport
nach Backbord drehen to alter to port
nach innen, nach mittschiffs inboard
nach Kundenwunsch gefertigt custom made
nach Lee to leeward
nach Luv kentern to capsize to windward
nach Steuerbord to starboard
nach Steuerbord drehen to come to starboard
nachlassen, abflauen to abate, to drop
Nachmittag afternoon, p.m.
Nachmittagswache afternoon watch
Nachnahme, Zahlung bei Lieferung cash on delivery
Nachricht telegraphieren to cable a message
Nachrichten für Seefahrer notices to mariners
nachschleppen, (längsseits) mitschleifen to drag along
nachschleppen, schleifen, dreggen to drag
Nachstromziffer wake coefficient, wake fraction
Nachtwache night watch
nackter Rumpf bare hull
Nadellager needle bearing
Nadelventil needle valve
Nagel nail
Nagelbank fife-rail, pin rail, pin rack
Nagelbohrer bradawl
Nähen im Fischgrätenstil herring-boning
Nahrungsmittel foodstuff, provisions
Naht, Ritze, Fuge seam
Nahtspantenbauweise batten-seam construction
Namensschild am Heck eines Schiffes escutcheon
Namensverzeichnis record of names
Nationale Einheitsklasse national one-design class
Nationalflagge national ensign, colours, national flag, ensign
Nationalflagge niederholen to haul down the colours
Nationalflagge setzen to hoist the colours
Nationalitätenkennzeichen (im Segel) national letter (on mainsail)
Nautiker, Seemann mariner
nautisch, seemännisch nautical
nautische Astronomie nautical astronomy
nautische Meile, Seemeile nautical mile
nautischer Fachausdruck nautical term
Nautisches Jahrbuch nautical almanac
nautisches Lexikon nautical lexicon
Navigation nach Lotung contour navigation
Navigation, Orientierung, Steuermannskunst navigation
Navigationsfehler error in navigation
Navigationshilfsmittel aid to navigation
Navigator, erfahren und seefest seasoned navigator

Navigator, Steuermann, Navigationsoffizier navigator
navigieren, segeln, steuern to navigate
Naßschleifpapier liquid sandpaper
Naßthermometer wet-bulb thermometer
Nebel (meteorologisch) fog
Nebel, Dunst, Nieselregen mist
Nebelhorn foghorn
nebelig, trübe foggy
Nebelnässen evaporation fog
Nebelsignalanlage (luft- oder wasserbetätigt) nautophon
Nebelsignale fog signals
Nebelsuchfeuer, Sichtweitenmeßgerät fog detector light
nebeneinander angeordnete Motorinstrumente column mounted engine control
Nebenmeridianbreite ex-meridian latitude
Nebenmeridianhöhe ex-meridian altitude
Nebenwassergang, Innenwassergang inner waterway
neblig, dunstig misty
Neerstrom back eddy
negativer Spiegel, einfallender Spiegel reverse transom
negativer Sprung reverse sheer
Nehrung, Landzunge spit
Neigung, Schräglage tilt
Nennleistung nominal power
Nenntragweite (eines Feuers) nominal range (of a light)
Neoprenanzug wet suit
Netto-Registertonne, NRT net registered tonnage
Netto-Vermessung, Netto-Tonnengehalt net tonnage
Netz, Netzwerk net
Neu für Alt (im Versicherungswesen) new for old
Neuausrüstung recommissionning, refitting
neues Boot new boat
nicht mittiger Einbau, außermittiger Einbau off centerline installation
Nickel nickel
Nieder das Ruder! (Pinne nach Lee!) Helm down!
Niedergang companionway
Niedergangskappe companionway hatch cover
Niedergangsluke companionway hatch
Niedergangslukendeckel companionway hatch cover
Niedergangsschiebekappe companionway sliding hatch cover
Niedergangsstufen companionway steps
niederholen to haul down
Niederholer downhaul
Niederschlag (atmosphärisch) precipitation
Niederschlag bis zur Kenterlage knockdown
niedrige Tourenzahl, bei n. T. at low revs
niedrige Wolken low cloud
niedrigeres Hochwasser lower high water
niedrigstes Niedrigwasser lowest low water
Niedrigwasser low water
Niedrigwasser(stand) low tide
Niedrigwasserlinie, Ebbemarke low water line, low water mark
nieseln to drizzle
Nieselregen drizzle
Niet, Niete rivet
nieten, vernieten to rivet
Nimbostratus, Regenschichtwolke nimbo-stratus

Nimbuswolke, Regenwolke nimbus
Nippel nipple
Nippniedrigwasser neap low water
Nipptide neap tide
Nipptidenhub neap range
Nockenwelle, Steuerwelle cam shaft
Nonius vernier
Nordatlantikströmung North Atlantic drift
nördlicher Wind northerly wind
Nordlicht northern lights
Nordpol North Pole
Nordstern, Polarstern polaris
Nordwest-Passage northwest passage
Nordweststurm nor'wester
Normalnull tidal datum
Notanker, Behelfsanker jury anchor
Nothafen port of refuge, port of distress
Notlage, Notfall auf See emergency at sea
Notmast jury mast
Notpinne emergency tiller
Notrigg errichten to jury rig a mast
Notruder jury rudder
Notruf, Mayday-Ruf distress call
Notsender emergency transmitter
Nottakelung jury rig
Nullachse, Nullinie zero
Nulleinstellung, Nullpunkteinstellung zero adjustment
Nullmarke, Nullstrich zero mark
Nullstellung zero
Nüstergatt(en) limber holes, limbers
Nüstergatt, Wasserlaufloch in Bodenwrange limber hole
Nutzeffekt (eines Gerätes) efficiency
Nutzfahrzeug, Gebrauchsboot utility boat
Nutzlast useful load
Nutzleistung active power
Nylon, Perlon nylon

O

oben, über Kopf, darüber overhead
Oberbramsegel upper topgallant (sail)
obere Koje upper berth
Oberfeuer (hinteres Feuer) rear light, upper light
Oberfläche beschädigen to mar a surface
Oberflächenwind surface wind
oberhalb above
Oberlicht skylight
Oberlichtsüll skylight coaming
Obermarssegel upper topsail
Oberwant, Toppwant upper shroud
offen, nicht eingedeckt open
offen, offenes Boot, nicht eingedeckt undecked
offene Klampe open cleat
offene Reede open roadstead
offene See open sea, main sea
offener Ankerplatz open anchorage
offener Liegeplatz open berth
offenes Boot für Tagesfahrten dayboat
offenes, nicht eingedecktes Boot open boat
Öffnung, Pforte, Durchlaß port
ohne Kraftstoff, leere Tanks out of gas
ohnmachtsichere Schwimmweste self-righting lifejacket
Okklusion occlusion, occluded front
Oktant octant
Okular, Augenmuschel eyepiece
Ölkanne oil can
Öllampe oil lamp
Ölmaß oil measurer
Öltanker, Tanker oil tanker
olympische Einheitsklasse olympic class one-design
Ölzeug, Ölkleidung oilskin, oilskins
optimale Einstellung der Segel fine trimming of sails
Orkan (Bft 12) hurricane
orkanartiger Sturm (Bft 11) violent storm
Orkanwache, Hurrikanwache hurricane watch
Orkanwarnung hurricane warning
Orthodrome, Großkreis(bogen) orthodrome
orthodromische Navigation orthodromic navigation
Öse, Ring loop, ring, tab, ear
Ösfaß, Schöpfeimer bailer
Osten east
östliche Mißweisung easterly variation

P

Packeis ice pack
Packzettel, Prüfliste check list
Paddel, Stechpaddel paddle
Pall pawl
Pallkranz (am Spill) pawl ring
Palstek (einfacher) bowline knot, bowline
Panne, Motorversagen motor breakdown
Parallele, Parallelstück parallel
Pardune backstay
Parteneigentum, geteiltes Eigentum shared ownership

Passat trade winds, trades
Passatgürtel easterly belt
Passatwinde easterlies
Patenthalse chinese gybe
Patenthalse, unfreiwillige Halse accidental gybe
Patentlog towing log, patent log, screw log
Pause! Funkstille! Unterbrechung! Break!
Pechtanne pitchpine
Pegelstand level of the water-mark
peilen, eine Peilung nehmen to take a bearing
peilen, sich in einer Richtung (zu) befinden to bear
Peilkompaß bearing compass
Peilscheibe, Peildiopter pelorus
Peilstab (zum Ölstand messen) dipstick
Peilstock sounding pole
Peilung bearing
Peilung vom Boot aus, Seitenwinkel relative bearing
Pelikan-Spannschraube pelican turnbuckle
Pelikanhaken, Sliphaken pelican hook
Persenning tarpaulin
Personalausweis identity card
Personenzahl an Bord number of persons on board
Petroleum, Paraffinöl paraffin oil
Petroleumkanister paraffin can
Petroleumkocher petroleum burner, ... cooker
Petroleumlampe paraffin lamp
Petroleumtank petroleum tank
Pfahl, Haufen, Stapel pile
Pfahlmastrigg (ohne Stengen) bald-headed rig
Pfeffer pepper
Pferdestärke (PS) horsepower (HP)
Pflichten (in den Wegerechtsregeln) obligations
Pflugscharanker CQR anchor, plough anchor
Piek peak
Piek (eines Gaffelsegels) peak
Piekfall peak halyard
Pier (Kai senkrecht zum Ufer) pier
Pier, Landungsbrücke, Kai wharf
Pilzkopflüfter mushroom ventilator, mushroom vent
Pinne festgesetzt tiller lashed
Pinne hart auf! Hard up!
Pinne hart nach Backbord! Hard aport!
Pinne hart nach Lee! Hard alee!
Pinne hart nach Luv! Hard aweather!
Pinne hart nach Steuerbord! Hard to starboard!
Pinne hart über! Hard over!
Pinne nach Lee! Pinne nach unten! Helm alee! Helm down!
Pinne nach Luv! Pinne nach oben! Helm up!
Pinne, Ruderpinne tiller
Pinnenverlängerung tiller extension
Piratenflagge Jolly-Roger
Plan (auf einer Seekarte) inset (on a chart)
Planke plank
Plankenstoß butted plank
platt vor dem Wind on a dead run, dead before the wind
platt vor dem Wind segeln to sail dead downwind
Plattbodenboot flat bottom boat
Plattgattheck, Spiegelheck transom stern
Platz für Überholungsarbeiten, Reparaturbecken graving slip
Platz zum Sonnenbaden (an Deck) sunbathing space (on deck)

Pleuelstange, Kolbenstange connection rod, con rod
Pleuelstange, Schubstange connecting rod
Plexiglas-Windschutzscheibe plexiglass windshield
Plicht cockpit
Plicht mit Zeltdach cuddy cabin
Plichtboden cockpit sole
Plichteingang, Plichtdurchlaß cockpit gate
Plichtentwässerung cockpit drain
Plichtpersenning cockpit cover
Plichtpolster cockpit cushion
Plichtsüll cockpit coaming
Plichtzelt cockpit awning
Polardiagramm polar diagram
polieren, glanzschleifen to buff
Poller bitt
Poller belegen, eine Leine an einem Poller festmachen to bitt a line
Poller, Belegpoller bollard
Poller, Beting bitt
Poller, Doppelpoller timber head
Polster, Kissen cushion
Polsterauflage seat cushion
Polyester polyester
Polyesterfaser (Trevira, Diolen) terylene (dacron)
Polyesterharz mit Glasfaserverstärkung fiberglass reinforced resin
Ponton-Brücke pontoon bridge
Popniet, Dornniet pop rivet
Position „Mast querab" herstellen to establish mast abeam
Position nach dem Kardinalsystem cardinal point
Positionslicht running light
Positionslichter running lights, navigation lights
Pottwal cachalot
Prahm, Ponton pontoon
Prallblech, Umlenkblech, Schallwand baffle
Preis segelklar sailaway price
Preisgabe, Abtretung eines Schiffes abandonment
Preisnachlaß, Diskonto discount
Preisvorstellung asking price
Preßluftnebelhorn pressure foghorn
Preßluftsirene, Heuler diaphone
Privathafen private harbour
Priwenter preventer backstay
Probefahrt, Jungfernfahrt shake-down voyage
Probefahrt, Versuchsfahrt trial trip
Profilstag stream-stay
Profiltiefe, Sehnentiefe chord depth
Profilvorstag headfoil
Prop (Abk. Propeller) prop (abbr. propeller)
Propangaskocher propane stove, gas stove
Propeller mit schartigen Flügeln chipped propeller
Propeller mit verstellbarer Steigung, Umkehrpropeller reversible pitch propeller
Propellerflügel propeller blade
Propellerschlupf, Propellerschlip propeller slip
Propellerschub propeller thrust
Propellersteigung propeller pitch
Propellerwelle, Schraubenwelle, Schwanzwelle propeller shaft
Propellerwellenträger, Propellerwellenstütze propeller shaft strut
Protest (in einer Regatta) protest
Protest einlegen to lodge a protest
Protestentscheidungen decision of protests
Protestflagge protest flag

Protestgegner (Rennsegeln) protested yacht
protestierende Yacht protesting yacht
protestierender Skipper protesting skipper
Protestverhandlung hearing of protest
Prüfstand test bench
Prüftank, Schlepptank testing tank
Pumpe mit großer Förderleistung high-output pump
Pumpen (verbotene Segelbewegung im Rennen) pumping (racing)
Punktgleichheit (im Rennen) tie (racing)
Punktsystem scoring system
Pütting mit Innenbefestigung am Querschott bulkhead-mounted inboard chainplate
Pütting, Rüsteisen chain plate
Pütz bucket
Pütz aus Kunststoff plastic bucket

Q

Quadrant (Spiegelinstrument zur Winkelmessung) quadrant
Quadrant, Ruderquadrant quadrant
Quadratfuß square foot
Quadratmeter square meter
Qualität eines Produktes quality of the product
Qualle jellyfish
Quarantäne quarantine
Quarantäneflagge, Flagge „Quebec“, gelbe Flagge yellow flag
quer vorm Bug across the bow
quer zur Tide, quer zum Strom athwarth the tide
quer, querab, dwars on the beam, off, abreast
querab, querschiffs abeam, athwart
Querbalken cross beam
Querkeil cotter
Querleine, Dwarsfestmacher, Beiholer breast line
querschiffs athwart, abeam
querschiffs (verlaufend) athwartship, athwartships
querschiffs eingebaute Küche athwartship galley
querschiffs gelegene Koje athwartship berth
querschiffs, dwars (gerichtet) thwartships, thwartship
querschlagen, sich breitseits legen to broach to
Querschnitt cross section
Querspring cross spring
Quersüll end coaming

R

Rack, fierbares Rack parrel
Radarantenne radar scanner, radar aerial
Radarantwortbake racon
Radarbake radar beacon
Radarhaube, Radarkuppel radar dome, radome
Radarreflektor radar reflector
Radarseitenpeilung (RaSP) relative radar bearing (RRB)
Radarwache radar watch
Radius, Halbmesser semi-diameter
Radsteuerung wheel steering
Rah yard
Rahkran yard crane
Rahmen(antenne) loop
Rahmen, Fassung frame
Rahmenspant web frame
Rahnock yard arm
Rahsegel square sail
Rahsegler, Rahschiff square rigged vessel, square rigger
Rahtakelung square rig
Rakete rocket
rammen (ein Schiff) to ram (another ship)
Rampe ramp, launching ramp
Rampe mit Winsch launching ramp with winch
Rampe, Helling launching ramp
rank, kopflastig top-heavy
rank, weich tender
rankes Schiff crank ship
Raspel rasp
Ratsche, Sperrklinke ratchet
Ratschläge für Kleinfahrzeuge small craft advisory
Rattenschwanz (Tauwerk) rat tail
Rattern, Zittern (bei Werkzeugbenutzung) chatter
Rauchsignal smoke signal
Rauhreif white frost
Raum geben to give room
Raum zum Schwojen swinging room
Raum! (Rennsegeln) Water! (racing)
Raum, Laderaum, Last hold
Raum, Stauraum stowage space
raum-achterlich(er Wind) broad reaching
raum-achterlicher Kurs broad reach
raum-seitlich(er Wind) beam reaching
raum-seitlicher Kurs beam reach
raum-vorlich(er Wind) close reaching
raum-vorlicher Kurs close reach
raumachterlich segeln to broad reach downwind
raume See, seitliche Hecksee quartering sea
raumen (des Windes) to veer aft, to veer back
raumender Wind freeing wind
raumer Wind free wind, large wind
Raumgehalt capacity
Rauminhalt volume
raumschots reaching
raumschots (raumachterlich) segeln to broad reach
raumschots (raumseitlich) segeln to beam reach
raumschots (raumvorlich) segeln to close reach
Raumschotskurs reach
Raumschotsstrecke reaching leg
Raumtiefe (eines Rumpfes) depth of a hull

Raumtonne ton measurement
Rechnung bill, invoice, account
recht achteraus right astern
recht achteraus, vierkant von achtern dead astern
recht voraus, recht von vorn dead ahead
Recht(s)drehung des Windes clocking of the wind, clockwise shift of wind
rechtdrehen (des Windes), ausschießen to veer
rechtsgängig, im Uhrzeigersinn clockwise
rechtsgängiger Propeller right-hand propeller
rechtsgeschlagen, in Z-Richtung verseilt laid right handed
Rechtvorausrichtung (rv) dead ahead
rechtweisend true
rechtweisend Nord (rwN) true north (TN)
rechtweisende Fahrtrichtung true heading
rechtweisende Funkpeilung (rwFuP) true bearing (P)
rechtweisende Peilung (rwP) true bearing
rechtweisender Kurs (Istkurs) (rwK) true heading (TH)
rechtweisender Kurs (Sollkurs) (rwK) true course (TC)
Reckbelastung tensile stress
recken (von Tauwerk), sich recken to give (of a rope)
recken, kreuzzurren to rack
Ree! Lee-o! About ship!
Reede roads, roadstead
Reff reef
Reff einbinden (mit Bindereff, Schlappreff) to jiffy-reef
Reffpunkt, Reffbändsel reef point
Reffbändsel reef earing
reffen (ein Segel) to reef (a sail)
Reffen mit Bindereff, Schlappreff, Schnellreff jiffy-reefing
Reffhaken (am Baum) furling hook
Reffkausch reef cringle
Reffklampe (am Baum) reefing cleat
Reffknoten, Kreuzknoten reef knot
Reffleine reefing line
Reffleine am Segelhals tack reefing line
Reffleine, Reihleine jackrope
Reffleinenknoten reeving line bend
Reffleiste für Bindereff reef band
Reffstander für Schmeerreep reefing pendant
Refftalje reefing tackle
Regatta boat race
Regeln für Mannschaftsregatta team racing rules
Regelverletzung (beim Rennsegeln) rule infringement
Regen rain
Regenbogen rainbow
Regenfall, Regenschauer, Niederschlag rainfall
Regenschauer shower
Regenschichtwolke, Nimbostratus nimbo-stratus
Regenwolke, Nimbuswolke nimbus
Registertonne, Raumtonne register ton, ton
regulierbares Achterstag adjustable backstay
Regulierleine im Achterliek leech line
Regulierschraube adjusting screw
Reibung friction
Reibungswert, Reibungskoeffizient friction component
Reichweite range
Reif hoar frost
Reihleine lacing

Reihleine losmachen to unbend a lacing
Reise, Langfahrt unter Segeln sail
Reisegeschwindigkeit, Marschfahrt cruising speed
Reisepaß passport
Reißfestigkeit tensile strength
Reißverschluß-Befestigung zip fastening
Reißverschluß zipper
Reling railing, rail
Relingsdraht life line
Relingslog taffrail log
Relingstütze stanchion
Relingstütze, Schanzkleidstütze bulwark stanchion
Relingstützenfassung stanchion socket
Rennflagge racing flag
Rennjolle racing dinghy
Rennkielboot racing keelboat
Rennsegelsport yacht racing
Rennsegler yacht racer, racer
Rennwertregelung rating rule
Rennyacht racing yacht, racer
Rennyacht, „Rennschlitten" racing machine
Reparaturarbeiten (außen) am Boot repair activities on the yacht
Reparaturwerft repair yard
Reservebuganker second bow anchor
Residenz, offizielle Anschrift headquarters
retten to rescue
Rettung (einer Person) recovery
Rettungs(schwimm)körper preserver
Rettungsboje life buoy
Rettungsboje U-förmig mit Licht horseshoe lifebuoy and automatic light
Rettungsboot survival craft
Rettungsfloß (-insel) life raft
Rettungsgürtel life belt
Rettungsinsel survival raft
Rettungsring life ring, ring buoy
Rettungsweste life vest, life jacket
Rhombus diamond shape
Richtbaken leading marks
Richtfeuer leading lights
Richtig! Ja! bejahend Affirmative!
richtiger Kurs (im Rennen) proper course
Riemen, Bootsriemen oar
Riemenblatt oar blade, wash
Riemendolle, Dolle rowlock
Riemendolle, Riemengabel oarlock
Riemendollenbuchse oarlock socket
Riemenscheibe pulley
Riff reef
Rigg mit (weiter) innenliegenden Püttings inboard rig
Rindfleisch in Dosen canned corned beef, canned willie
Ring ring
Ritzel, Triebrad pinion
Riß, Reißen tear
Riß, Sprung, Spalt crack
Roheisen pig iron
Rohrbogen, Krümmung (in einem Rohr) bend
Rohrklemme tubing clamp
rollen, schlingern to wallow
Rollenlager roller bearing
Rollfock furling jib
Rollfockeinrichtung jib furling gear
Rollreffanlage furling gear
Rollreffgenua furling genoa, roller-furled jenny
Rollreffkurbel roller reefing handle
Rollwinkel angle of roll
Roring, Ankerring anchor ring
Roringstek anchor bend, fisherman's bend
Rost rust
rosten to rust

rostfreier Stahl, Nirosta, Niro stainless steel (abbr. SS)
Rostgefahr risk of rust
rostschützend(er Anstrich) antirust
Rotguß gunmetal
Roßbreiten, Mallungen horse latitudes
Ruck, Stoß jerk
ruckartig (eine Leine) stoppen to snub a line
ruckartig (mit Ankerhilfe) die Fahrt abstoppen to snub a boat under way
Ruckbelastung eines Festmachers dämpfen to snub (a mooring line)
Ruckbremse, Stoßdämpfer, Ruckgummi rubber snubber
Rücken, Kamm ridge
Rückruf (Rennen) recall
Rückschlagventil non-return valve
Rückseite eines Tiefs, Rückseitenwetter rear of depression
Rückspleiß, spanischer Takling back splice
Rückwärts! Fahrt achteraus! Go astern!
Ruder rudder, helm
Ruder (dem) gehorchen to answer the helm
Ruder mittschiffs legen to right the helm
Ruder mittschiffs! Helm amidships!
Ruder nach Steuerbord legen to starboard the helm
Ruder übernehmen to take the tiller
Ruder(lage)anzeiger helm indicator
Ruderanlage, Rudergeschirr steering gear
Ruderblatt rudder blade
Ruderboot vessel under oars
Ruderer, Bootsgast oarsman
Rudergänger, Bootssteuerer helmsman
Rudergängerin helmswoman
Rudergängersitz helmsman's seat, helm seat
Rudergräting wheel grating
Ruderhaus wheelhouse
Ruderjoch yoke
Ruderkoker rudder trunk
Ruderkokeröffnung helm hole
Ruderkopf rudder head
Ruderleine, Steuerleine tiller rope
Ruderleitflosse, Skeg rudder skeg
rudern mit Riemen to row with oars
Ruderpinne tiller, rudder tiller
Ruderquadrant rudder quadrant
Ruderschaft rudder stock
Ruderstopfbuchse rudder stuffing box
Ruderwache, Dienst am Ruder trick at the wheel
Ruderwange rudder cheek
Ruf, Anruf, Signal call
rufen, zurufen, anpreien to hail
rufende Funkstelle station calling
rufende, preiende Yacht hailing yacht
Rufzeichen call signal, call letters
ruhige See smooth sea, calm sea
ruhige, gekräuselte See (Seeg. 1) calm-rippled sea
ruhige, spiegelglatte See (Seeg. 0) calm-glassy sea
Rumpf hull
Rumpf mit Seitenausfall flared hull
Rumpf mit Seiteneinfall hull with tumblehome
Rumpffahrt, Rumpfgeschwindigkeit hull speed
runde Kimm easy bilge
Runde, Rundung round
runden (eine Bahnmarke) to round (a mark)
Rundgattheck rounded stern
Rundkausch cringle
Rundspant round bilge, round frame, round chine
Rundtörn round turn

Rundtörn mit zwei halben Schlägen round turn and two half hitches
Rundumlicht, rundumscheinendes Feuer all around light
Rutscherschiene, Mastrutscher sail slide
rutschfeste Schuhsohle gripping sole
rütteln, stauchen to jolt

S

S-Spant full keel
Säge saw
Sägeblatt hacksaw blade
Saling crosstree, spreader
Salingsockel, Salingbuchse spreader socket
Salon, Hauptkajüte main cabin
Salz salt
Salzbuckel, alter Seemann old salt
Salzwasser salt water
Sammelanruf an alle Funkstellen call to all stations
Sammlerbatterie, Akkumulatoren-batterie storage battery
Sandbarre sand bar
Sandpapierbelag, grobkörnig sandpaper grit
Sandstrahler sand blaster
Sandstrahlen sandblasting
Sanduhr sand glass
sanitäre Einrichtung an Bord marine sanitary device
Sanitäreinrichtung sanitary device
Satellitenstandort, Schiffsort von einem Satelliten satellite fix
Satz von Trockenbatteriezellen set of dry cells
Saugkorb pump strainer, strum box
Säule, Sockel pedestal
Säuremesser acidimeter
Schaber, Ziehklinke scraper
Schablone template
Schaden damage
Schadenersatz compensation of damage
Schadenersatzanspruch geltend machen to lodge a claim for damage against
Schadensfall case of damage
Schadensfeststellung assessment of damage
Schäfchenwolken, Cirrocumulus cirrocumulus
Schäkel shackle, clevis
Schäkelbolzen shackle pin, clevis pin
Schale bowl
Schalldichtigkeit der Kajüte sound-proofing of cabin
Schallwelle, akustische Welle acoustic wave
Schaltertafel (der Bordelektrik), Schalttafel switch panel
Schalthebel, Gashebel gear shift lever
Schaltplan, Netzplan wiring diagram
Schamfil(blech)platte chafing plate

Schamfilen chafing
schamfilen an den Wanten to chafe against the shrouds
schamfilen, scheuern to chafe
Schamfillatten chafing batten
Schamfilleiste, Scheuerdopplung (auf dem Segel) chafing piece
Schamfilmatte chafing mate
Schamfilschutz (z. B. Tausendbein) chafing gear
Schandeck gunwale, covering board
Schandeckel plank sheer
Schandeckleiste sheer rail
Schanzkleid bulwark
Schapp, Schrank, Schubfach locker
Scharnier, Gelenk hinge
Schauer shower
Schauermannsknoten wall knot
Schauerwetter showery
Schaumbildung (auf einer See) froth (on a wave)
Schaumstoff, Kernmaterial foam material
Scheibe und Scheibenbolzen sheave and pin
Scheibe, Rolle sheave
Scheibengatt, in Mast und Baum eingelassene Scheibe sheave box (internal in mast, boom)
scheinbare Höhe, Kimmabstand apparent altitude
scheinbarer Horizont, scheinbare Kimm sensible horizon
scheinbarer Wind apparent wind
Scheitelpunkt zenith point
scheren, einscheren, eine Leine scheren to reeve, to reeve a line
Scherenkran, Kranbock, Jütt shearlegs
Schergang sheer strake
Scherleine reeving line
Scherstift (eines Propellers) shear pin (of a propeller)
Scheuerleiste rubbing strake, belting
Schiebeluk sliding hatch
Schiebeluk, Niedergangsluke, Lukendeckel booby hatch
Schiebeluke, Schiebekappe sliding hatch cover
Schiebelukensüll hatchcover coaming
Schieblehre, Feinmeßlehre feeler gauge
Schiemannsgarn, Takelgarn spunyarn
Schiene, Fußrelingsschiene mit Schlitzen rail
Schiff ship
Schiff (ein) aufgeben to abandon a vessel
Schiff in Bergfahrt upstream going ship
Schiff mit Kieldurchbuchtung sagging ship
Schiff mit ordnungsgemäßen Papieren certified vessel
Schiff unter Segeln ship under sail
Schiff versenken (durch Öffnen der Seeventile) to scuttle a ship
Schiff voll Wasser, aber noch schwimmend waterlogged ship
Schiff voraus! Ship ahead!
Schiffahrtsbuchhandlung nautical bookstore
Schiffahrtsgutachten marine survey
Schiffahrtsgutachter marine surveyor
Schiffahrtslexikon maritime dictionary
Schiffahrtsrecht maritime law
Schiffahrtsregeln navigation laws
Schiffahrtssachverständiger, Gutachter marine surveyor
Schiffahrtssprache, Seemannssprache marine language

Schiffahrtsweg traffic lane
Schiffahrtsweg (einem) folgen to follow a traffic lane
schiffbar navigable
schiffbarer Halbkreis (einer Sturmbahn) navigable semi-circle
Schiffbarkeit, Befahrbarkeit navigability
Schiffbaukunst naval architecture
Schiffbruch erleiden to be shipwrecked
Schiffbruch, Strandungsfall shipwreck
schiffbrüchig sein, verschlagen sein to be cast away
Schiffbrüchiger castaway
Schiffsbedarfsfachgeschäft shipchandlery
Schiffsbohrwurm teredo ship worm
Schiffseigentümer ship owner
Schiffseigner owner of ship
Schiffsexperte, Sachverständiger marine surveyor
Schiffsglocke ship's bell
Schiffsglocke anschlagen to strike the bell
Schiffshändler ship chandler
schiffsmäßig in bester Ordnung shipshape and bristol fashion
Schiffsmeßbrief (für Yachten) certificate of tonnage
Schiffsmeßbrief mit Netto-Raumgehalt certificate of net registered tonnage
Schiffsmodellbau ship modelling
Schiffsort auf hoher See ohne Landsicht offshore fix
Schiffsort aus Kreuzpeilungen fix from cross bearings
Schiffsort durch zwei Standlinien fix by two lines of position
Schiffsort nach Landsicht inshore fix
Schiffsort, Standort position
Schiffspapiere ship's papers, documents of a vessel
Schiffsregister ship's register
Schiffsregisterbrief certificate of registry
Schiffsreparatur repair of ships
Schiffstyp type of ship/boat
Schiffsuhr, Borduhr ship's timepiece
Schiffsunfälle marine casualties
Schiffsuntergang ohne Überlebende lost with all hands
Schiffswerft shipbuilding yard
Schiffszertifikat certificate of registry
Schiffszertifikat mit Tonnagevermessung certificate of registered tonnage
Schiffszubehör-Händler shipchandler
Schirmanker, Pilzanker mushroom anchor
Schlafplatz im Vorschiff nehmen to berth forward
Schlafplätze, Anzahl der S. number of berths
Schlafsack sleeping bag
Schlag (Drehrichtung) von Tauwerk lay
Schlag, Kreuzschlag, Amwindkurs beat
Schlagseite list
Schlagseite haben to have a list
Schlamm, Schlick, Mudd mud
Schlammbank muddy bank
Schlammgrund muddy bottom
schlammig muddy
schlammiges, getrübtes Wasser muddy water
Schlappreff, Bindereff bag reef
Schlauch hose
Schlauchboot, aufblasbares Dingi inflatable dinghy
Schlauchklemme hose clamp
Schlaufe, Schleife noose

schlecht(er Empfang) bad (readability)
schlechter Ankergrund, unreiner Grund bad holding ground
schlechter werden, sich verschlechtern to worsen
Schlechtwetterausrüstung (allg.), Ölzeug foul weather gear
Schlechtwetterhose foul weather pants
Schlechtwetterjacke, -mantel foul weather jacket
Schlechtwetterkleidung foul weather clothes
Schleierwolke, Cirrostratus cirrostratus
Schleifmittel abrasive
Schleppanker, Dragganker, Bremsanker drag anchor
Schleppen und Schieben towing and pushing
schleppen, in Schlepp nehmen to tow
Schleppen, Schlepphilfe towage, towing
schleppendes Schiff, Schlepper towing vessel
Schlepper, Schleppboot tug, tug boat
Schleppgeschwindigkeit trolling speed
Schleppkahn (ohne Motor) dummy barge
Schlepplichter towing lights
Schlepplohn towage dues
Schleppnetz trawl
Schleppnetzfischer, Trawler trawler
Schleppnetzfischerei trawling
Schleppoller towing bitt
Schleppring towing ring
Schlepptrosse tow, towrope
Schleppversuchsbecken model basin
Schleppwiderstand (Reibungs- und Restwiderstand) towrope resistance
Schleppzug, Schleppanhang tow
Schleuse, Dockschleuse lock
Schleusenkammer lock chamber
Schleusenmauer lock chamber wall
Schleusenmeister lock master
Schleusentor lock gate
Schleusenwärter lock keeper
Schlickhafenbett mud berth
Schlickvorland mud foreshore
Schlinge, Balkenschlinge, Kielschwein carlin, carling, carline
Schlingenknie carling knee
Schlingerdämpfungsflosse roll-damping fin
Schlingerkiel (an Motoryacht) bilge keel (on motoryacht)
Schlingerleiste eines Tisches fiddle, fiddle guard
Schlingertisch fiddle table
Schlippanlage slipway
Schlippwagen, Schlippanlage slip
Schloß, Verschluß, Riegel lock
Schloßschraube mit Vierkantkopf square head bolt
Schlüssel, Splint, Vorstecker key
Schlüsselloch key hole
Schlüssellochdeckplatte keyhole plate
Schlüsselschäkel key-pin shackle
schmale Fahrrinne, enge Durchfahrt, Meerenge narrows
schmales Tief col
Schmarting parceling, parcelling
Schmiedeeisen wrought iron
Schmiedestahl wrought steel
Schmiege, Anschrägung bevel
Schmieröl engine oil
Schmierstelle lubrication point
Schmirgelpapier emery paper
Schmuggel smuggling
Schmuggelwaren contraband goods
Schmuggler smuggler
Schmugglerschiff adventurer ship

Schmutzwassertank, Fäkalientank holding tank
Schnäpper, Drücker trigger snap
Schnappschäkel, Patentschäkel snap shackle
Schnappschloß, Klinkschloß snap
Schneckengetriebe worm gear
Schneckenwelle worm shaft
Schnee snow
Schneesturm blizzard
Schneide, Spitze (einer Ankerflunke) bill (of an anchor fluke)
schnell fieren, einfach fallenlassen to dowse, to douse a sail
schnelles Fallen und Steigen des Wasserstandes surge
Schnelles Funkelfeuer mit dauerndem Funkeln (SFkl.) continuous very quick light (VQ)
Schnelles Funkelfeuer mit Gruppen von Funkeln (SFkl.[3]) group very quick light (VQ[3])
Schnellkochtopf pressure cooker
Schnitt, Schnittfläche, Abschnitt cut
Schnittholz, Gerümpel lumber
Schnittwinkel von (zwei) Standlinien angle of cut
Schnürboden mould loft
Schoner, siehe Schuner schooner
Schot sheet
Schot anholen, einholen to haul in the sheet
Schot aufstecken, lose geben to give her sheet
Schot dichtholen to harden in a sheet
Schot mit der Winsch bedienen to winch the sheet
Schot schricken to ease a sheet
schoten nach Luv to sheet to windward
Schotenstopper sheet stopper
Schothorn clew
Schothorn, stumpfwinklig, bei einer Fock obtuse clew angle jib
Schothornaufholer clew line
Schothornbändsel clew earing
Schotklemme, Kneifklampe jam cleat, clamcleat
Schotklemme, röhrenförmig tubular jamming cleat
Schotschiene sheet slide
Schotstek, Schotenstek becket bend
Schotstopper, Seilsperrung durch unrunde Scheiben cam sheet stopper
Schott bulkhead
Schott mit Glasharzverbindung zum Bootsrumpf bulkhead fibreglassed to hull
Schotwinsch sheet winch
schräglegen, kippen (den Außenborder) to tilt the outboard
schrale Winddrehung heading wind shift
Schralen (des scheinbaren Windes) backing
schralen (des scheinbaren Windes) to back
schralen, nach vorn holen (des Bordwindes) to haul (of apparent wind)
schralender Wind heading wind
Schraler (des Windes) header
Schrank locker
Schratsegel fore-and-aft sail, longitudinal sail
Schrattakelung fore-and-aft rig
Schraube, Schiffsschraube screw
Schrauben (aller Art) screws
Schraubenregulierung adjustment by screw
Schraubenschlüssel wrench
Schraubenstrom, Hecksee backwash
Schraubenwasser, Schraubenstrom propeller wash

Schraubenzieher, Schraubendreher screwdriver
Schraubstock, Schraubzwinge vice
Schraubstockbank vicegrip, visegrip
Schraubzwinge, C-förmig C-clamp
schricken, bremsen, kontrollieren (eine Leine) to check (a line)
Schricktau, Törntau check rope
schroffer Felsen jagged rock
Schrubber scrubbing brush
Schubfahrzeug pushing vessel
Schulschiff training ship
Schuner schooner
Schuner, Gaffelschuner fore-and-after
Schunerbark, Barkentine barkentine
Schunerketsch, Zweieinhalbmaster schooner ketch
Schunersegel gaff foresail, schooner sail, boom foresail
Schunertakelung schooner rig
Schuneryacht fore-and-aft schooner
Schute lighter, open barge
Schutzkappe, Spritzverdeck spray hood
Schutzkleid, Spritzkappe dodger
Schußfaden (eines Gewebes) weft, fill
Schußfaden, Schußgarn fill thread
Schuß(faden)streckung fill elongation
Schwabber, Deckschwabber swab
schwach bewegte See (Seeg. 2) smooth wavelets sea
schwach diesig (Stgr. 5) poor visibility
schwache Brise (Bft 3) gentle breeze
Schwanenhals swan neck
Schwanenhalslampe gooseneck lamp
Schwanzwelle, Propellerwelle tail shaft
schwarzer Ball und Viereckflagge (Notsignal) black ball and square (distress signal)
schwarzer Ball, Signalball, Ankerball black ball
Schweberuder, Spatenruder spade rudder
Schweinsrücken, Deckshalterung des Ankers chock
schweißen to weld
Schweißflansch welded flanges
schweißbar weldable
Schweißbarkeit weldability
Schweißen, Schweißung (Arbeit) welding (action)
Schweißnaht welded seam
Schweißstahl welded steel
Schwenkhahn (für Waschtisch) swiveling tap
schwerer Sturm (Bft 10) storm
schwerer Verdränger heavy displacement boat
schweres Wetter heavy weather
Schwert centerboard, centreboard
Schwert fieren! Schwert runter! Centerboard down!
Schwert hoch! Board up! Centerboard up!
Schwert, Metallschwert centerplate
Schwert, Seitenschwert leeboard
Schwertkasten centerboard trunk, centerboard casing, centerboard well
Schwertwal, Killerwal killer whale
Schwerwetter, Sturmwetter foul weather
Schwimmbalkensperre, Treibbalken (Hafenabsperrung) boom
Schwimmdock floating dock
Schwimmebene water plane area
schwimmen, auf dem Wasser treiben to float
schwimmende Wurfleine buoyant heaving line
schwimmender Feuerträger floating light

schwimmendes Fackelfeuer floating flare
schwimmendes Rauchsignal floating smoke flare
Schwimmer (einer Vorrichtung) float
Schwimmergehäuse (eines Vergasers) float chamber (of a carburettor)
Schwimmfähigkeit floatation, bouyancy
Schwimmkran floating crane
Schwimmpier, Schwimmdock floating dock
Schwimmsteg dock, float
Schwimmwasserlinie, Konstruktionswasserlinie load water line
Schwimmweste (mit viel Auftrieb) buoyancy vest
Schwingungsweite einer Welle, Wellenamplitude amplitude of a wave
Schwojen vor Anker swinging at anchor
schwojen vor Anker to swing at anchor
Schwungrad flywheel
Sechskantbolzen, Bolzen mit Sechskantkopf hex head bolt
Sechskantmutter hex(agon) nut
Sechzig-Vierziger (übermotorisiert, untertakelt) sixty-forty (overpowered, undercanvassed)
Sécurité! (wörtl. „Sicherheitsgefühl!") Security!
See von vorn head to sea
Seeamt admiralty court
Seeanker, Treibanker sea anchor, drag anchor
Seebeine haben to have sea legs
Seedeich, Hafendamm, Mole sea wall
seefähig seaworthy
Seefähigkeit, Seetüchtigkeit weatherly qualities
seefahrend, zur Seefahrt gehörend marine, maritime
Seefahrer seafarer
Seefunkfrequenz marine band radio
Seefunksprechzeugnis, Funkzeugnis operator's certificate
Seefunkstelle (Fachwort für Bordstation) ship station
Seegang (Seeg.) state of sea, seaway
Seegerichtsbarkeit admiralty jurisdiction
Seegesetz, Schiffahrtsrecht admiralty law
Seegras, Seetang seaweed
Seehahn, Seeventil seacock
Seehandbuch, Segelhandbuch pilot book, sailing directory book, sailing directions
Seekarte, Karte, Admiralitätskarte chart, nautical chart, admiralty chart
Seekartenmaßstab chart scale
Seekartenverkaufsstelle hydrographic chart distributor
Seekoje sea berth
Seekreuzer cruiser
Seekreuzer mit Einbaumotor inboard auxiliary
Seekreuzer mit Hilfsmotor cruising auxiliary
Seekreuzer mit Kimmkielen bilge keeler
Seele, Kern von Tauwerk core of rope
Seemann, Fährmann, Kahnschiffer waterman
seemännisch seamanlike
seemännisch richtig arbeiten, entscheiden to act with good seamanship
seemännische Fachsprache maritime terminology
seemännische Handarbeit marline spike seamanship

seemännischer Ausdruck, nautisches Fachwort nautical term
seemännisches Fachwörterverzeichnis nautical vocabulary
Seemannschaft mit Knoten und Spleißen marlinspike seamanship
Seemannsleben seafaring life
Seemannslied, Shanty chanty
Seemannssprache nautical terminology
Seemeile nautical mile
Seemöwe seagull
Seenebel sea fog
Seenot(funk)verkehr distress-communication
Seenotrettungsausrüstung life-saving equipment
Seenotrettungsstation life-saving station
Seenotsignal distress signal
Seenotfeuerwerk, Seenotraketen distress flares
Seenotfunkboje (EPIRB) emergency postion indicating radio beacon (EPIRB)
Seenotrakete rocket flare
Seenotrettungsboot lifeboat
Seepferd sea horse
Seeraum sea room
Seereling lifeline, guardrail
Seereling, Schutzgeländer guardrail
Seesack boat's bag, chantey bag, duffel bag
Seestiefel sea boot
Seetang, Seegras, Kelp kelp
seetüchtig im Seegang seakindly
seetüchtiges Schiff seagoing ship
seetüchtiges, seefähiges Boot seaworthy boat
seeuntüchtig werden to become unseaworthy
seeuntüchtig, nicht seetüchtig unseaworthy
Seeuntüchtigkeit unseaworthyness
Seeventil stop cock
Seeventile an allen Bordwanddurchbrüchen seacocks on all thru-hulls
Seevermessung, hydrographische Vermessung hydrographic survey
Seeversicherer, Versicherungsgesellschaft marine insurer, marine underwriter
Seeversicherung marine insurance
Seeversicherungspolice marine insurance policy
Seevogel sea bird
Seewache sea watch
seewärts seaward
seewärts, nach See zu, auf See hinaus steuern to head to sea
Seewasser sea water
Seeweg, Schiffahrtslinie seaway
Seewind on-shore wind
Seewurf, ins Meer geworfener Unrat jettison
Seezeichen mit Radarreflektor radar reflector buoy
Seezeichen nach dem Kardinalsystem cardinal mark
Segel sail
Segel abdecken, den Wind wegnehmen to blanket a sail
Segel abschlagen to unbend a sail, to unship a sail
Segel anholen to sheet home a sail
Segel aus vertikalen Bahnen, parallel zum Achterliek vertical-cut sail
Segel ausbringen to break out a sail
Segel ausholen to haul out a sail
Segel bauchiger machen to belly out the sail

Segel bergen to drop sails
Segel bergen und zurren to dowse, to douse a sail
Segel beschlagen (...bergen) to furl a sail
Segel entfalten, auswehen lassen to unfurl a sail
Segel entrollen to break a sail
Segel fieren to lower a sail
Segel für einen Einzelbau custom sails
Segel kürzen, Segelfläche verkleinern to reduce canvas
Segel lösen to untie a sail
Segel losmachen to loosen a sail, to heave out a sail
Segel mit Querbahnen im Normalschnitt cross-cut sail
Segel mit Wind füllen to fill a sail
Segel setzen und trimmen to set a sail
Segel setzen, unter Segel gehen to set the sails
Segel trimmen to trim a sail
Segel wechseln to change sails
Segel zerreißen to tear a sail
Segel(macher)handschuh sailmaker's palm
Segelanweisung (Regatta) sailing instructions, racing instructions
Segelboot mit Gunter-Takelung gunter-rigged sailboat
Segelboot, Segelyacht, Segelfahrzeug sailboat
Segelbootantrieb saildrive
Segelbrett, Surfbrett windsurfboard
Segelclub, Yachtclub yacht club
Segeldruckpunkt velic point (of pressure)
Segelfahrt, Segeltörn sail
Segelfahrzeug sailing vessel
Segelfahrzeug in Fahrt sailing vessel under way
Segelfertigung sailmaking
Segelfläche sail area, canvas area
Segelgarderobe, alle Segel sail wardrobe
Segelgarn sail twine
Segelhandbuch sailing directions
Segelhandschuh sailmaker's palm
Segeljolle, Schwertboot sailing dinghy
segelklar machen, unter Segel gehen to get under sail
Segelkoje sail locker
Segelkraft, Windkraft am Segel sail force
Segellast sail bin
Segellatte sail batten
Segellattenbändsel batten tie
Segelleinwand, Leinwand canvas
Segelliek, Segelsaum bolt rope
Segelmacher sailmaker
Segelmacherhandschuh sailmakers's palm
Segelmachermeister master sailmaker
Segelmachersack, Reparaturbeutel ditty bag
segeln to sail
segeln auf einem Binnensee to sail on a lake
segeln auf einer Ketsch to sail on a ketch
Segeln in unbekannten Gewässern gunkholing
segeln lernen to learn to sail
segeln mit dem Wind von der Leeseite to sail by the lee
segeln mit festgelaschtem Ruder to sail with the helm locked
Segeln mit Koppelkurs traverse sailing
segeln mit raumem Wind to run free
segeln mit raumvorlichem Wind (nach Luv) to forereach
segeln mit Schmetterlingsstellung to sail wing and wing

segeln nach Koppelbesteck to sail by dead reckoning
segeln, mit einem Segelboot unterwegs sein to sail
segeln über einen Amwindkurs hinaus to sail above close-hauled
Segelnadel sail needle
Segelnaht seam
Segelneuling, unerfahrener Mann green man
Segelnummer sail number
Segelpersenning sail cover
Segelriß sail plan
Segelsack sail bag
Segelschiff, Windjammer sailing ship, sailship, tall ship
Segelschlitten iceboat
Segelschnitt cut of a sail
Segelschule sailing school
Segelselbststeuerung, Schot mit Pinne verbunden to sail with the helm lashed
Segelsport yacht sailing
Segeltrimm, Richtungsgleichgewicht sail balance
Segeltrimm, Trimmen eines Segels trim of a sail
Segeltuch sailcloth, cloth
Segeltuch, Persenningstoff canvas
Segeltuchbahn cloth
Segeltuchbezug, Plane, Schutzkleid canvas cover
Segeltuchgewicht sail cloth weight
Segeltuchöse, Gattchen aus Metall metal grommet
Segeltuchpütz canvas bucket
Segelwerk, alle Segel eines Schiffes canvas
Segelwoche, Regattawoche sailing week
Segelyacht sailing yacht
Segelyacht mit guten Kreuzeigenschaften good upwind performer
Segler für eine Saison anheuern to season a crew
seglerisch gut, wie ein guter Segler yachtsmanlike
seglerisch, seemännisch sich gut verhalten to act with good yachtsmanship
Seglermütze yachting cap
Sehne chord
sehr grobe See (Seeg. 6) very rough sea
sehr gute Sicht (Stgr. 8) very good visibility
sehr hohe See (Wellenhöhe 7–11 m) very high sea
sehr rauhe See (Wellenhöhe 3–4,5 m) very rough sea
seichtes Gewässer shallow waters
Seife soap
Seilerei, Seilherstellung ropemaking
Seite, Außenseite side
Seitenausfall der Bordwand am Bug flare of bow
Seiteneinfall tumblehome
Seitenfenster, (rundes) Klappfenster air port
Seitenlicht side light
Seitenpeilung (SP) relative bearing
Sektorenfeuer sector light
Selbst(wieder)aufrichten self righting
selbstansaugende Pumpe self-priming pump
selbstaufrichtende Jolle self-righting dinghy
Selbstbau (eines Bootes) amateur boatbuilding
Selbstbau-Boot do-it-yourself boat
Selbstbeteiligung percentage excess
selbstfassende (-holende) zweigängige Winsch top-action self-tailing two-speed winch

selbstfassende selbstholende Schotwinsch self-tailing winch
selbstfassender Winschenaufsatz self-tailer, wincher
selbstlenzend(e Plicht) self-bailing (cockpit), self-draining (cockpit)
Selbstlenzer, Selbstlenzeinrichtung self-bailer
Selbststeueranlage automatic pilot, autopilot
Selbstwendefock self-tacking jib
Sender-Empfänger transceiver
Senf mustard
Senkblei blue pigeon
senkrecht brechende Welle vertical breaking wave
senkrechter Achtersteven plumb stern
senkrechter Mast plumb mast
senkrechter Vorsteven plumb stem
Senkruder lifting rudder
separater Kraftstofftank (eines Außenborders) remote fuel tank (of outboarder)
serienmäßig, werkseitig eingebaut factory installed
Servicenetz (eines Produktes) network of service centers
Setzbord wash strake
Setzen der Segel sail setting
Setzt die Segel! Heiß auf! Up sails!
Sextantenhöhe, gemessene Höhe mit dem Sextanten sextant altitude
Shanty, Arbeitslied chantey, chanty
sich festfressen to seize
sich krängen lassen, sich auf die Seite legen to heel
sich kräuseln (Wasseroberfläche) to ripple
sich neigen, überlegen, schräglegen, (kentern) to tip over
sich schlängeln, sich winden to thread
sich verjüngen, ausfasern to taper
sich wölben to arch
sich zusammenballen, eine Wolkenbank bilden to bank
sicherer Ankerplatz safe anchorage
sicherer, geschützter Ankerplatz snug anchorage
Sicherheit auf See safety at sea
Sicherheitsgurt safety harness
Sicherheitsgurt einpicken to snap on a harness
Sicherheitsgurt, Schwimmweste life belt
Sicherheitsmutter self-locking nut
Sicherheitsschnappschloß safety snap
Sicherung (elektrisch), Patronensicherung fused switch
Sicherungsbändsel am Riemen oar lanyard
Sicherungsbolzen locking pin
Sicht (Sichtigkeitsgrad=Stgr.) visibility
Sichtbarkeitsbogen (eines Leuchtfeuers) arc of visibility
Sichtbarkeitsskala, Sichtbarkeitsgrad visibility scale
Sichtbereich visual range, arc of visibility
Sichtweite eines Feuers range of a light
Sickern, leichte Leckage weeping
Signal ausmachen to make out a signal
Signal(buch)flagge code signal flag
Signalflagge signal flag
Signalflaggen N + C (Seenot-Signal) signal flags N + C (distress signal)
Signalhorn, Tyfon tyfon
Signallampe warning lamp
Signalrah signal yard
Signalschuß, Startschuß gun
Signalton, Pfeifton blast

sinken, untergehen, versenken to sink
Sisal sisal
Sitzhöhe (in einem Boot) sitting headroom
Sitzpolster seat cushion
Skipper als Protestgegner protested skipper
Skipper und Eigner (gleichzeitig) skipper-owner
Skipper, Sportschiffer, Yachtkapitän skipper
Slipanlage (mit Schienen) marine railway
Sliptau (für Muringboje) slip-rope
Slup sloop
Slup mit Hochtakelung bermudian sloop
Sockel, Buchse socket
Sog, Kielwasser wake
Sohle, Boden einer Slipanlage apron
Solarzellenplatte solar panel
Sonne schießen, die Sonnenhöhe messen to shoot the sun
Sonnenbad an Deck sunbath on deck
Sonnenblende, Schutzschirm visor
Sonnensegel awning
Sonnensegel über der Plicht cockpit awning
Sonnensegelbändsel awning earing
Spanner tautener
Spannschraube mit Auge und Gabel fork and eye turnbuckle
Spannschraube mit beidseitigen Gabeln fork and fork turnbuckle
Spannschraube mit geschlossener Hülse closed barrel turnbuckle
Spannschraube mit offener Hülse open barrel turnbuckle
Spannschraube, Wantenspanner bottle screw
Spannungslinie rabbet line
Spannungsregler voltage regulator
Spant rib
Spant, Bauspant frame
Spantenriß body plan
Spantwerk framing
Spatenruder, Schweberuder underhung rudder
Speigatt in der Plicht cockpit scupper
Speigatt, Wasserablauf scupper
Sperrholz plywood
Spiegel, Heckspiegel transom
Spiel, Freiraum clearance
Spiere auftoppen to top a spar
Spiere, Rundholz, Stange spar
Spierentonne spar buoy
Spill, Ankerspill (mit vertikaler Welle) capstan
Spillkopf warping drum
Spillspake, Handspake capstan bar
Spindel, Achse spindle
Spinnaker, Spi spinnaker
Spinnaker chute (abbr. for parachute)
Spinnaker bergen to take-in the spinnaker
Spinnaker im Sternschnitt star-cut spinnaker
Spinnaker-Achterholer spinnaker guy
Spinnakerbaum spinnaker boom, spinnaker pole
Spinnakerbaum-Aufholer spinnaker boom uphaul
Spinnakerbaum-Niederholer spinnaker boom downhaul
Spinnakerbaumglocke cone (of spinnaker pole)
Spinnakerpütz spinnaker bucket
Spinnakersack spinnaker bag
Spinnakerstagsegel spinnaker staysail
Spinnakerschlauch turtle
Spirituskocher spirit stove, alcohol stove
Spitze, Maximum peak

Spitztonne conical bouy
Spitztonne nun buoy
Spleißen splicing
Splint split pin
Splint, Kegelstift, Konusbogen taper pin
Splint, Vorstecknagel cotter pin
Sponsern einer Rennyacht sponsoring of a racer
Sponsor einer Rennyacht sponsor of a racer
Sponsor einer Wettfahrt sponsor of a race
Sportboot, Vergnügungsfahrzeug pleasure craft
Sportbootführerschein yachtmaster's certificate
Sportschiffahrt yachting
Sportschipper, Bootsführer yachtmaster
Sprachrohr (mit elektrischem Verstärker) loud hailer
Sprachrohr, Flüstertüte megaphone
Spreizgaffel-Takelung wishbone rig
Spreizgaffelketsch wishbone ketch
Sprietsegel spritsail
Springstag, Genickstag (zwischen zwei Masttoppen) jumper stay
Springtide spring tide
Springverspätung, Alter der Gezeit age of the tide
Spritzpistole, Presse für Dichtungsmasse caulking gun
Spritzwasserschutz spray guard
Sprosse, Stufe rung
Spruce (Holz) spruce
Sprung sheer
Sprung mit Bucht nach oben hogged sheer
Spule, Windung coil
Stababstagung (einer Rennyacht) rod rigging
Stag stay
Stagreiter hank
Stagreiter (der Fock) anstecken to clip the jib hanks
Stagreiter mit Kolbenfederverschluß piston hank
Stagsegel staysail
Stagsegelschoner staysail schooner
Stagspanner stay adjuster
Stahl steel
Stahlstift (duch den Ruderschaft) norman pin
Stampfen pitching
stampfen und rollen, hin- und hergeworfen werden to pitch and roll
stampfen, Stampfbewegungen machen to pitch
Stampfstag martingale stay
Stampfstock dolphin striker, martingale boom
Standardausrüstung standard gear
Stander, Hausflagge burgee
Standerstock burgee stick
ständiges Grundgeschirr mooring
Standlinie line of position, LOP
starker Nebel (Stgr. 1) thick fog
starker Wind (Bft 6) strong breeze
starkes Killen eines Segels to flap wildly, flapping wildly
starkes Überlegen (beim Schlingern) lurch, lurching
Start start
Start auf Backbordbug (mit Steuerbordhalsen) start on the starboard tack
starten to start
Starter, als Starter einer Wettfahrt gelten ranking as a starter
Starterklappe choke

Startlinie starting line
Startpunkt (eines Koppelkurses) starting point (of dead-reckoning course)
Startsignal starting signal
Startzeit time of start
Startzeit einer Yacht feststellen to time the start of a yacht
Startzone, Startvorfeld starting area
stauen to stow
Stauplan stowage plan
Stauraum stowage space
Stechzirkel dividers
stecken, ausstecken (eine Leine), nachstecken to pay out (a rope)
Steckschlüssel, Ringschlüssel socket wrench, box end wrench
Steckschwert daggerboard
Steckschwerthebevorrichtung daggerboard hoist
Steertblock, Block mit Hundsfott becket block
Steertspleiß tail splice
Stegkette stud-link
stehende Part standing part
Stehhöhe, Kopfraum (in der Kajüte) standing headroom
stehlen to rob
steif gesetzt(es Segel) atrip
steif, stramm taut
steifer Wind (Bft 7) near gale
Steifheit, Steifigkeit stiffness (of a boat)
steifholen, dichtholen to tauten, to haul taut
steil abfallende Untiefe steep bank
steil abfallendes Ufer abrupt shore
steil aufsteigende Welle (See) steep wave
Steilgaffelsegel gunter sail, gunter lug
Steilküste bold shore
Steilküste, abschüssige Küste abrupt shore, steep shore
Steilufer, Klippe, Kap bluff
Steinbake cairn
Steingut, Töpfergeschirr crockery
Stek, Knoten bend, hitch, knot
Steuerbord starboard
Steuerbord querab on the starboard beam
Steuerbordbug, Backbordhalsen port tack
Steuerbordhalsen, Backbordbug starboard tack
Steuerfähigkeit leicht und gut easiness of the helm
steuerfrei tax free
Steuerkette wheel chain
Steuerkompaßkurs (StK) steering compass course
Steuerkompaß steering compass
Steuermanns-Besprechung skippers' meeting
Steuerrad steering wheel
Steuerreep, Jochleine wheel rope, yoke line
Steuerruder, Pinne, Ruderpinne helm
Steuersäule steering pedestal
Steuersäule mit Kompaß pedestal mounted steering wheel with compass
Steuerstand, Fahrstand command station
Steuerstrich lubber's line
Steuerung mit Leinen cable steering
Stevenrolle, Bugrolle stem roller
Stichbalken half-beam
Stift, Zapfen, Dübel stud
Stiftbolzen stud bolt
Stille (Bft 0) calm
Stille, Windstille, zeitweises Nachlassen lull

Stillstand des Niedrigwassers low water stand
Stillstand zwischen zwei Gezeiten stand of the tide
Stillwasserbereich, Gebiet zwischen Ebbe und Flut intertidal zone
Stockanker fisherman's anchor
Stockflecken, Schimmel mildew
stockloser Anker stockless anchor
Stopfbuchse stuffing box
Stopfbuchsenbrille gland stuffing box
stopfen, vernähen (einen Riß im Segel) to darn (a tear in a sail)
Stopp! Aufhören! Belay!
Stopperstek rolling hitch
Stoppuhr stop watch
Stöpsel plug
stören (Seefunk) to jam (radio)
Störung disturbance
Stoßlappen-Segelnadel tabling needle
Strahlenschnitt eines Segels radial-cut sail
Strahlungsnebel radiation fog
Strak, Decksprung sheer
Strand beach
stranden to strand
Strandgut, angeschwemmter Unrat jetsam
Strandgut, angeschwemmtes Treibgut flotsam and jetsam
Strandläufer, Strandgutsammler beachcomber
Strandräuber wrecker
Strandung stranding
strandungsgefährdet, mit Land besetzt embayed
Strandvogt, Berger von Wracks wrecker
Strandwelle, brechende See beachcomber
stranggepreßtes Aluminium extruded aluminium, (aluminum)
Strangpreßverfahren, Strangpressung extrusion process
Strecke, Kurs run
Streckertalje, Handtalje jigger
Strecktau, Sorgleine jackstay
Streichhölzer matches
Strickleiter, Tauleiter, Jakobsleiter rope ladder
Strom(aus)schalter, Unterbrecher circuit breaker
Strom, Strömung stream
stromab downstream
stromabwärts, mit dem Strom downstream
stromauf fahren to go upstream
stromaufwärts upstream
stromaufwärts von upstream of
Stromerzeuger-Anlage generator power plant
Stromkabbelung, Kabbelwasser tide rips
Stromrechner tide calculator
stromrecht vor Anker liegend tide-rode
Stromrichtung und Stromgeschwindigkeit set and drift
Stromtafel current table
Stromversetzung drift (due to current)
Stromvorhalt allowance for current
Stropp, Heißstropp, Tauschlinge sling
Stumpftonne can buoy
Stundenglas hour-glass
Stundenwinkel hour angle (HA)
Sturm (Bft 9) strong gale, severe gale
Sturm abwettern to weather out a gale
Sturm anzeigende Federwolken "mare's tail"
Sturm ohne Regen wind storm
Sturmberatung gale advisory
Sturmfock spitfire jib, storm jib
Sturmglas, Barometer storm glass

Sturmgroßsegel main trysail
stürmischer Wind (Bft 8) gale
Sturmsegel storm trysail
Sturmspinnaker storm spinnaker
Sturmstärke gale force
Sturmwarnung gale warning
Sturzsee, Brecher green sea
Sturzsee, sehr hohe Welle surge
Sturzseen, kurze Brecher overfalls
Stütze (unter Deck) pillar (below deck)
Stütze, Stempel, Stapelstütze prop
Stütze, Strebe, Pfosten stanchion
Stützlager back rest
Suchanker, Draggen creeper
Suche und Rettung, Int. Organisation (SAR) Search and Rescue Organization (SAR)
suchen mit dem Draggen to drag for
Suchhaken, Suchdraggen grappling iron
Suchleine, Schleppbucht wire drag
südlicher Wind southerly wind
Südwester sou'wester
Süll coaming
Süllbereich coaming compartment
Surfbrett, Wellengleitbrett surfboard
Surfen, Segelsurfen surfboarding
surfen, windsurfen to windsurf
Surfer, Surferin, Segelsurfer surfboarder
Surfschule windsurf school
System der Richtungsbezeichnung der Betonnung cardinal marking system

T

T-Eisen t-iron
T-förmige Plicht t-shaped cockpit
Täfelung wainscotting
Tag- und Nachtgleiche equinox
Tag- und Nachtgleichenpunkt equinoctial point
Tagesanbruch daybreak
Tagesmarkierung day marker
Tagesrauchsignal daylight smoke signal
Tagessegelboot (ohne Schlafkajüte) daysailer
Tagessegeln daysailing
Tagessegler (Person) daysailor
Taifun, Wirbelsturm typhoon
Takelage überholen to freshen the nip
Takelgarn whipping twine, tarred twine
takeln, betakeln to whip
Takelung, Takelage rig
Takelwerk, Takelage rigging
Takler rigger
Takling, Betakelung whipping
Talg, Schmiermittel tallow
Talje losschäkeln to unbend a tackle
Talje, Schwerlasttalje purchase
Talje, Takel tackle
Taljereepsknoten cow hitch
Tallboy tallboy

Tallboy-Vorsegel tallboy staysail
Talwind valley wind
Tampen einer Leine bitter end, rope's end
Tampen mit eingebundenem Auge (wie ein Augspleiß) Flemish eye
tanken to fill up
Tanker, Tankschiff tanker
Tankerprobung, Prüfung im Testtank tank test
Tankstelle fuel station, filling station, petrol station, refueling station
tanzen (auf den Wellen), aus- und eintauchen to bob about
Taschenlampe flashlight
Tasse cup
tatsächliche Leistung, Wirkleistung, Istleistung actual power
Tau (meteorolog.) dew
Tau, Seil, Leine rope
Tauch(bilge)pumpe, Notlenzpumpe submersible bilge pump
Taucherglocke diving bell
Tauchschwingen heaving
tauchschwingen (eines Bootes) to heave (of a boat)
Taukranz, Tauring rope grommet
Taupunkt (meteorolog.) dew point
Tauraumende eines Blockes block throat
Tauring, Tauwerksrolle coil (of a rope)
Tauscheibe, spiralförmig aufgeschossene Leine flemish coil
Tauschleife, halbe Hahnepot cuckhold's knot
Tausendbein, Schamfilschutz aus Garnresten baggy wrinkle
Tausendfüßler, Tausendbein (Schamfilschutz am Want) centipede
Tauwerk cordage
Tauwerk bekleiden to serve
Tauwerksabfälle junk
Tauwerkslast rope locker
Tauwerkstörn legen, schlagen to catch a turn
Teak, Teakholz teak, teak wood
Teakholz, massiv solid teak
technische Vorschriften, technische (Bau)Beschreibung technical specifications
technisches und seemännisches Gerät gear and equipment
Teer tar
Teertuch, eingeöltes Gewebe, Persenning tarpaulin
Teil, Bestandteil, Glied part
teilen, trennen, zerreißen to part
Teilhaber partner
Teilhaberschaft partnership
Teilhaberschaft an einem Boot joint ownership
Teiltief secondary depression
Teilzahlung part payment
Telefongespräch telephone conversation
Telefonnummer telephone number
Telefonverzeichnis telephone index
Telegrammadresse telegraphic address
Teller plate
Tesafilm scotch tape
Themseschute thames barge
Thermosflasche thermos bottle
Tide, Gezeit tide
Tidebecken tidal basin, tidal dock
Tidenfall tidal drop, tidal fall
Tidengewässer tidal waters
Tidenhafen, offener (Flut-) Hafen tidal harbour
Tidenhub amplitude of the tide, tide range
Tidenmesser, Pegel tidal gauche, tide pole

Tidensaum (an der Küste) tidemark
Tidensignale tide signals
Tidenstieg tidal rise
Tidenstrom tidal current
Tidenströmung tidal drift
Tief low
Tief, Sturmtief cyclone
Tiefdruckgebiet depression
Tiefausläufer, Schlechtwettergebiet trough
Tiefdrucksystem complex of depressions
Tiefdrucktrog trough
Tiefe der See, Meeresgrund (poet.) Davy Jone's locker
Tiefenlinie (in der Seekarte) depth contour
Tiefenlinie, Linie gleicher Wassertiefe isobath
Tiefenmesser fathometer
Tiefenmessung, Tiefseemessung bathymetry
tiefer Keel, Flossenkiel deep keel
tiefer Luftdruck low pressure
Tiefgang draft, draught
Tiefgang des leeren Schiffes light draft
Tiefgang des segelklaren Schiffes loaded draft
Tiefgang eines Bootes draft of a boat
tiefgangbehindertes Fahrzeug vessel constrained by her draught
Tiefgangmarken (am Schiff) watermarks (of a ship)
tiefgehen to draw (a keel)
tiefgehendes Schiff deep draught (draft) ship
Tiefsee, hohe See deep sea
Tiefwasserhafen deep water harbour
Tintenfisch, Kalamaris calamary
Tisch table
Tisch (in der Plicht) cockpit table
Tischlerarbeiten für Inneneinrichtung joinerwork
Toilette ausspülen to flush a toilet
Toilette mit Stehhöhe stand-up head
Toilette, WC toilet, heads, W.C.
Toilettenpapier lavatory paper
Toilettenpapierhalter toilet paper-holder
Tonfrequenz audio frequency
Tonnage-Vermessung, Vermessung tonnage-measurement
Tonne (Verdrängung, Masse) ton, long ton
Tonne, Boje (Betonnung) buoy
Topfhalter (auf dem Kocher) pot-fiddle, pot-holder
Topp, Masttopp top
toppgetakelt masthead rigged
Topplicht, Dampferlicht masthead light
Toppmast, Stenge topmast
Toppsegel topsail
Toppsegelschuner topsail schooner
Toppseitenspant, schräger Innenspant cantilever frame
Toppstag topmast stay
Topptakelung masthead rig, masthead rigging
Toppzeichen topmark
Törn um einen Poller bitt turn
Tornado, Wirbelsturm tornado
total verlorengehen to become a total loss
Totalverlust total loss
tote Zone (Funk) zone of silence (radio)
Totenflaute, Totenstille dead calm
Totholz, Aufklotzung deadwood
Tourensegeln, Bootstourismus touring by boat
Träger, Decksunterzug girder
Trägerwelle (Funk) carrier wave (radio)

Tragfähigkeit weight capacity, deadweight
Tragfähigkeit (eines Bootes) capacity (of a boat)
Tragfläche (im Wasser) hydrofoil
Tragflächenboot hydrofoil boat
Tragflügel airfoil
Tragflügel, Segelprofil foil
Tragflügelform airfoil shaped
Tragflügelprofil airfoil section
Tragweite (eines Leuchtfeuers) range of a light
trailerbarer kleiner Seekreuzer small trailerable cruiser
trailern to trailer
Transit transit
Transozeanfahrt sea crossing
Trapezgeschirr trapeze gear
Trapezhandgriff trapeze handle
Traveller nach Luv holen to sheet the traveller to windward
Traveller-Bedienungsleinen traveller control lines
Traveller-Endbegrenzung traveller stop
Traveller-Endstopper traveller end-plate
Travellerschiene traveller track
Travellerschiene für Großsegel main traveller track
Travellerschlitten traveller slide
Travellift, fahrbarer Hebekran travel lift
Treibanker drift anchor
treiben to drift
treibend adrift
Treiber (Besansegel Yawl) jigger
Treiberbaum, Besanbaum jigger boomkin
Treibermast, Besanmast jigger mast
Treibgut (auf See), über Bord geworfener Abfall flotsam
Treibriemen belt
Treibsand, Mahlsand quicksand
Trennzone (Verkehrstrennungsgebiet) separation zone
Trichter mit Filter funnel with filter
Trimaran trimaran
Trimm (in Längsrichtung) ändern to change trim
Trimm eines Bootes (längsschiffs) trim of a boat
Trimm, Trimmlage trim
Trimmen der Fock trimming of the jib
Trimmklappe trimmer
Trinkgeld fee, tip
Trinkwasser drinking water
Trinkwassererzeuger mit Sonnenenergie (Seenotgerät) solar still
Triradial-Spinnaker triradial spinnaker
Trockenbatteriezelle no-leak dry cell
Trockendock dry dock, graving dock
trockener, leichter Nebel dry haze
trockenfallen (lassen) to come dry, to take the ground
trockenfallende Höhe (über Kartennull) drying height (above chart datum)
trockenfallender Ankerplatz, Liegeplatz drying mooring
trockenfallender Hafen, Tidenhafen drying-out harbour
Trockenfäule dry rot
trockengefallen in Tidengewässern beneaped
Trockenheit drought
trockensegelndes Boot dry sailboat
trocknen, trockenfallen to dry
Tröpfchen (Regen) droplet
tropfen, lecken to bleed
Tropfschale, Leckwanne drip pan

Trosse hawser
Trossenschlag hawser laid
Trossenstek, Schotstek hawser bend
Trossenstek, Kreuzknoten carrick bend
trüber, bedeckter Himmel overcast sky
Trysegel, Treisegel trysail
Türdrücker, Klinkrad latch
Türkischer Bund Turk's head
Twist, Werg oakum

U

über above
über alles overall
über Bord fallen to fall overboard
über Bord gewaschen washed overboard
über Bord werfen (auch Abfall) to jettison, to throw over board
über das Heck ankern to anchor by the stern
über Deck above deck
über Deck, in der Takelage aloft
über den ganzen Horizont sichtbares Licht, Rundumlicht all-round light
über den richtigen Kurs hinaus luven, segeln to sail above the proper course
über mittlerer Meereshöhe above mean sea level
über Stag gehen, wenden to go about, to tack
überbesegelt overcanvassed
Überbordwerfen jettison
überbrechende See von achtern nehmen to poop a sea
überbrechende Welle breaking wave
überdimensioniert overbuilt
Überfahrt, Durchreise transit
Überfahrt, Reise passage
überfällig overdue
Überflutung, Überschwemmung flooding
überfüllt (Kai, Hafen) overstocked
Übergangsgebiet transition zone
übergekommenes Wasser lenzen to bail out (water)
übergroße, überlange Koje oversized bed
Überhandknoten overhand knot
Überhang overhang
Überhänge overhangs
überholen (eine Leine) to freshen the nip
überholen (Wegerecht) to overtake
Überholen eines Motors, einen Motor instandsetzen to recondition a motor
Überholen verboten overtaking prohibited
überholen, krängen, umschlagen (ein Boot) to heel over
überholtes Fahrzeug overtaken vessel
überlappende Fock overlapping jib
überlappende Yacht overlapping yacht
überlappendes (Vor-)Segel lapper

Überlappung (beim Rennsegeln) overlap (race)
Überlappung (eines Vorsegels) overlap (of a sail)
Überlappung herstellen und beibehalten (Rennen) to establish and maintain an overlap
Überlappungsbeschränkungen overlap limitations
Überlappungsverbindung, Klinkerbauweise lap joint
Überlassung eines Fahrzeugs an den Versicherer abandon
überlasten, überladen (Batterie) to overcharge (electr.)
überlegen (durch Böen) bis zur Kenterlage to knockdown
überliegen bis zum Schandeck to heel gunnel under
Übernachtungsgast overnight guest
Überquerung, Überfahrt crossing
Überschwemmung (an Land) flood
übersegeln, überholen, totsegeln to forereach
übertakelt, überbesegelt over-canvassed
Überwasserschiff, Aufbauten upperworks
Überwasserteile (eines Bootes) topsides
Überwinterung im Wasser wet storage
Überwinterungshafen wintering harbour
Übung, Rollenmanöver drill
Ufer, Damm, Untiefe bank
Uferdamm, Eindämmung embark
UKW-Seefunkgerät VHF radiotelephone
Ultra-Funkelfeuer mit dauerndem Ultra-Funkeln (UFkl.) continuous ultra quick light (UQ)
Ultra-Sonar-Ortungssystem active sonar
Ultrakurzwelle, UKW very high frequency, VHF
Umdrehungen in der Minute (U/1) revolutions per minute (RPM)
Umgang mit Segeln sail handling
umgekippt, gekentert capsized
Umhüllung, Ummantelung, Isolierung jacket
umlaufender Wind variable wind
Umlenkblock turning block
Umrißlinien, Linien gleicher Wasserlinie contour lines
umrunden, passieren (ein Kap) to double (a cape), to round (a cape)
Umrundung (eines Kaps) rounding (of a cape)
Umspringen des Windes wind shift
umspringen, drehen des Windes to haul around (of apparent wind), to shift
umspringender Wind shifting wind
Umsteuerhebel reverse lever
umsteuern, rückwärts gehen to reverse
Umsteuervorrichtung gear reversing
umwandelbare Koje, Sofakoje convertible berth
Umweltschutzbeitrag contribution to the environment
unausgeglichenes, nicht ausbalanciertes Ruder unbalanced rudder
unbeabsichtigt durch den Wind drehen, „Eulen fangen“ to broach
unbewachtes Leuchtfeuer unbattended light
Unfall, Unglücksfall, Zufall accident
Unfallversicherung accident insurance
ungeschickt arbeiten, fummeln to fumble
ungeschickter, unerfahrener Segler lubber

ungeteertes Werg white oakum
Universalschlüssel, Engländer monkey wrench
unklar kommen to foul
unklare Leine foul line
unklarer Anker foul anchor
unklarer Propeller foul propeller
unsicherer Ankerplatz unsafe anchorage
Unsichtigkeit, Sicht unter 50 m zero visibility
Unstabilität, Rankheit tenderness
unten und oben, unter und über Deck alow and aloft
unten, unter Deck alow
unter Deck below deck
unter der Kimm, gerade noch sichtbar hull down
unter Motor under power
unter Segel(n) under canvas, under sails
unter Wasser (gesetzt), bespült von Wasser awash
unter Wasser (härtendes) Epoxidharz underwater epoxy
unterbesetzt, unterbemannt short handed
Unterbramsegel lower topgallant (sail)
unterbrochenes Blitzfeuer occulting quick flashing light
unterbrochenes Feuer occulting light
Unterbrochenes Feuer mit Einzelunterbrechungen (Ubr.) single occulting light (Oc)
Unterbrochenes Feuer mit Gruppen (2) (Ubr. 2) group occulting light (Oc [2])
unterbrochenes Feuer, Gleichtaktfeuer intermittent light
Unterbrochenes Funkelfeuer (Fkl. unt.) interrupted quick light (IQ)
Unterbrochenes schnelles Funkelfeuer (SFkl. unt.) interrupted very quick light (IVQ)
Unterdruck, Vakuum, luftleerer Raum vacuum
Unterdruckmesser vacuum gauge
Unterfeuer (vorderes Feuer) front light, lower light (forward light)
Untergang (eines Schiffes) shipwreck
untergebolzter Kiel bolt-on keel
untergehen (Schiff) to be shipwrecked
untergehen, auf Grund sinken to sink to the bottom
untergehen, sinken to founder
Unterhaltungskosten cost of maintenance
Unterkunft im Achterschiff aft accomodations
Unterlegscheibe washer
Unterliek foot
Unterliek eines Segels foot of a sail
Unterliek eines Segels ausholen, strecken to haul out the foot
Unterliek, Fußliek, Fußtau foot rope
Untermarssegel lower topsail
Untermast lower mast
Unterrand (von Sonne und Mond) lower limb
Untersetzungsgetriebe reduction gear
untertakelt, unterbesegelt under-canvassed
Untertasse saucer
Unterwant lower shroud
Unterwanten lowers
Unterwasseranstrich (Antifouling) auftragen to antifoul
Unterwasserbewuchs am Rumpf fouling of the hull
Unterwasserfarbe, Bodenfarbe bottom paint

Unterwasserschiff hull underbody, hull underwater
Unterwasserschiff, lebendiges Werk quickworks, underbody
Unterwassersog, Unterstrom undertow
Unterwasserteil (eines Gerätes) underwater unit
unterwegs, in Fahrt underway
Untiefe, Sandbank shoal
ununterbrochen, andauernd continuous
unversichert not insured, uninsured
Ursprungszeugnis certificate of origin
US-amerikanische Yachtflagge yacht ensign (US)

V

V-Bodenform V-bottomed form
V-förmige Koje V-berth
Vaseline petroleum jelly
Ventil, Schieber valve
Venturi-Lüfter venturi ventilator
verankern, sicher befestigen to anchor
verankert anchored
verankertes Boot schwojen lassen to swing an anchored boat
Verankerung mit Bug- und Heckanker mooring with head and stern
Verbesserung, Verstellung (z. B. der Zündung) advance (mechanical)
Verbindung, Anschluß connection
Verbindungskabel (bei Batterien) jumper cable
Verbindungskabel, Ersatzkabel booster cables
Verbindungsrohr junction pipe
Verbindungsstange tie rod
Verbot prohibition
Verbrauch consumption
Verbrennung combustion
Verbrennungsofen incinerator
verdecktes Feuer obscured light
Verdichtung compression
verdoppeln (Leinen) to double-up (lines)
Verdoppelung (des Segeltuches) tabling
Verdoppelung der Seitenpeilung doubling the angle on the bow
Verdrängerrumpf displacement hull
Verdrängung des beladenen Schiffes load displacement
Verdrängung, Verdrängungsvolumen volume of displacement
Vergaser carburettor, carb
Vergasergehäuse carburettor body
Vergaserlufttrichter carburettor barrel
Vergaserschwimmer carburettor float
Vergnügungsfahrzeug pleasure yacht
Vergütung, Rennwert rating
Verholboje warping buoy
verholen (mit Leinen, mit eigener Kraft) to haul, to shift, to warp, to tow

verholen, längsseits anlegen an einen Kai to haul alongside a dock
verholen, warpen (ein Boot) to warp (a boat)
Verholklampe, Lippe, Lippklampe chock,warping chock
Verholklüse bullseye fairlead
Verholleine warping line
Verholspill warping capstan
Verholwinde warping winch
verjüngter Tampen tapered rope
Verjüngung taper
Verkauf sale
Verkauf eines Bootes selling a boat
Verkäufer (allgemein) seller
Verkäufer, Kaufmann, Geschäftsmann salesman
Verkaufspreis selling price
Verkehrsordnung für die Binnengewässer inland rules
Verkehrstrennungsgebiet traffic separation scheme
verkeilen to wedge
Verklarung captain's protest, ship's protest
Verklarung belegen to extend, to make, to note a protest
Verklicker am Masttopp, Flögel masthead fly
Verklicker, Windrichtungsanzeiger an Bord apparent wind indicator
verkürztes Vorliek curtailed luff
Verlängerungsschnur, elektrisch extension cord
verlassenes Schiff abandoned ship
verlorenen Anker suchen to drag for an anchor
Verlust des Lebens, Tod loss of life
Vermesser measurer, rater
Verneinend, nein! Negative!
Verneinungsflagge (Buchstabe N) negative flag
verrotten to rot
verrottet, verfault rotten
Versaufloch, Vertiefung der Plicht cockpit well
verschiffen, verladen, versenden to ship
Verschleiß, Abnutzung wear and tear
verschleißen, sich abnutzen to wear out
verschließbar lockable
Verschlußstück, Fassung einer Lampe cap
verschmutztes, verunreinigtes Wasser (durch Öl usw.) polluted water
Verschollenheit missing of
versegelte Peilung, Doppelpeilung running fix
verseilen to lay
Verseilen in Z-Richtung, rechtsgeschlagenes Tauwerk right-hand lay
verseilt in S-Richtung, 4. Verseilstufe, im Kabelschlag warp-laid
verseilte Litze twisted strand
versenkt scuttled
versenkte Mutter countersunk nut
versenkter Anker buried anchor
versenkter Griff flush handle
versenktes Schiff scuttled ship
versetzte Standlinie transferred position line
versetzter Steuerstrich (um 45°) lubber line, 45 degree
Versetzung, Richtung (des Stromes) set
versichern to insure
versichern auf Zeit to insure for a specified time
versichern gegen Diebstahl to insure against theft

versichern gegen Feuer to insure against fire
versichern gegen jede Gefahr to insure against all risks
versichern gegen Kriegs- und Minengefahr to insure against war and mine risks
versichert bei insured with
Versicherung gegen Kriegsgefahren war risks insurance
Versicherung von persönlichem Eigentum personal belongings insurance
Versicherungsbescheinigung insurance certificate
Versicherungsfall case of insurance
Versicherungsmakler insurance broker
Verstanden! (Seefunk) Roger!
verstärkter Längsverband additional longitudinal strength
verstärktes Polyesterharz reinforced polyester
versteifen, verstreben, stützen to brace
verstellbare (taktische) Kompaßrose adjustable compass card
verstellbare Schotleitöse adjustable sheet lead
verstellbarer Anschlag adjustable stop
verstellbarer Schotholepunkt, Schotschlitten adjustable slide
verstellbarer Schraubenschlüssel adjustable wrench
verstellbarer Schraubenschlüssel spanner
verstellbarer Zeitschalter adjustable timer
verstellbarer, regulierbarer Unterliekstrecker adjustable outhaul
verstellbares Schothorn adjustable clew
Verstellpropeller (verstellbare Steigung) variable pitch propeller
Verstellschlüssel (Engländer) spanner
Verstellschraube, Einstellschraube adjustable screw
verstopfter Luftfilter clogged air filter
Verstopfung clogging
vertörnt, voller Kinken kinky
vertreiben, abtreiben to drift away
vertrimmen (ein Segel) to overtrim (a sail)
Verwaltung administration
verwandelbare Sofakoje convertible settee berth
Verwendungsmöglichkeit application
Verwindung eines Segels twist of a sail
Verwitterung weathering
verzinken to galvanize
verzinken to zinc
verzollen to clear through customs
vier Strich achteraus, 45° achterlicher als querab broad on the quarter
Vierhundertsiebziger, 470er four-seventy, 470
vierkant festgemacht moored on all fours
vierkantiger Platting square sennit
Vierkantmutter square nut
Vierkanttoppsegel jack topsail
Vierkantvertäuung all-fours-mooring
Viermastbark four-masted bark
Viermaster four-masted ship
Viermastschuner four-mast fore-and-aft schooner
Vierstrichpeilung four-point bearing
Viertel, achteres Viertel, Achterschiff quarter
Viertelkompaßstrich quarter point
Vierteltonner quarter tonner, quarter ton yacht
Vierteltonner (Boot, Pokal) quarter ton
Viertelwind, Vierungswind, Backstagswind quartering wind

Vierung, Quadratur, Mondviertel quadrature
Violinblock fiddle block
Visum visa
Vizekommodore (eines Clubs) vice commodore (of a club)
voll (mit Wind) gefülltes Segel filled sail
voll ausgerüstet fully commissionned, fully outfitted
voll ausgerüstet zum Fahrtensegeln fully fitted for cruising
voll stehende Segel haben to have the sails filled
voll und bei full and by
voll Wasser gesogenes Holz waterlogged wood
vollautomatisch fully automatic
Volle Fahrt (...Kraft) zurück! Full speed astern!
Volle Fahrt (...Kraft) voraus! Full speed ahead!
volle Stehhöhe (unter dem Aufbau) full headroom
voller segeln als den richtigen Kurs to sail below a proper course
volles Vorschiff bluff headed
Vollgas, mit Vollgas at full throttle
völlige Windstille, Flaute flat calm, dead calm
Völligkeitsgrad der Konstruktionswasserlinie waterline coefficient
Völligkeitsgrad der Ladewasserlinie load waterline coefficient
Vollmatrose able seaman, A.B.
Vollschiff full rigged ship
volltanken to top off a tank
Voltmeter voltmeter
Volumen, Rauminhalt, Literinhalt eines Motors capacity of a motor
vom Kiel zum Flaggenkopf from keel to mast truck
vom Steg, Kai ablegen to leave dock
vom Wind abgefallen off the wind
von außen eingestoßen, eingedrückt stoved in
von der Quarantäne befreien to discharge from quarantine
von der See her from seaward
von der Tide beeinflußt, behindert tide bound
von innen nach außen gelegte Buchten french fake
von Luv auf etwas zusegeln to bear down on
vor Anker at anchor
vor Anker liegen, fest verankert sein to lie at anchor, to ride at anchor
vor Anker schaukeln, stampfen to bob at anchor
vor Anker treiben to drag at anchor
vor dem Sturm laufen to run before the storm
vor dem Wind running, on the run, before the wind
vor dem Wind kreuzen to tack downwind
vor dem Wind laufen to run downwind
vor dem Wind nach Lee segeln to run by the lee
vor dem Wind segeln to sail before the wind, to sail downwind
vor Topp und Takel lenzen to scud under bare poles
vor Topp und Takel, mit nacktem Rigg under bare poles
vor Topp und Takel, treibend atry, ahull
voraus, vorwärts, nach vorn ahead
Vorausfahrt, Restfahrt voraus headway

vorausholen, schralen (des Bordwindes) to haul forward (of apparent wind)
vorausschleppen to tow ahead
Vorauszahlung advance payment
Vorbereitungssignal (Regatta) preparatory signal
Vorbramsegel fore topgallant (sail)
Vordeck, Vorderdeck foredeck
Vorderkajüte forecabin, forward cabin
Vorentwurf (einer Bauzeichnung) design sketch
Vorfuß forefoot
vorgereckt (Tauwerk) pre-stretched
vorgerecktes Tauwerk low-stretch rope
vorherrschender Wind prevailing wind
Vorhersage, Wettervorhersage forecast
Vorkante des Vorstevens, Galion cutwater
Vorland, Vorgebirge foreland
vorlastig, kopflastig trimmed by the head
Vorleine, Bugleine bow line, bow rope
Vorleinenklampe bow mooring cleat
vorlich, am/im Vorschiff liegend afore
vorlicher als querab before the beam, forward of the beam
Vorliek luff
Vorliekspannung luff tension
Vorliekstrecker luff tensioner, luff downhaul
Vorliektau luff rope
Vorlukschiebekappe, vorderer Lukendeckel forehatch cover
vorm Bug vorbeilaufen to cross ahead
vorn forward
Vorpiek forepeak
Vorratsraum, Vorratsspind, Decksküche caboose
Vorschiff, Back focsle
Vorschiff (auf Yachten) forecastle (on yachts)
Vorschiff, Bug head
Vorschiffskoje forecabin berth
Vorschlaghammer, Maker sledge hammer
Vorschotfrau, Vorschotmann jib sheet crew, jib sheet tender
Vorschuß, Handgeld advance money
Vorsegel headsail
Vorsegel mit Fußrah club footed headsail
Vorsegelbaum forestaysail club
Vorsegeldreieck fore triangle
Vorsicht (im Umgang)! Handle with care!
Vorspring, vordere Spring forespring, forward spring
Vorstag headstay
Vorstag mit Rollreffanlage furling stay
Vorstagsegel foresail (forestaysail)
Vorstagsegel mit Fußrah club-footed forestaysail
Vorstand, ausführendes Organ (eines Clubs) executive committee
Vorsteven stem post
Vorwärts! Fahrt voraus! Go ahead!
Vorwind-Leistungsfähigkeit downwind performance
Vorwindkurs, Vor(m)windsegeln running

W

Wache an Deck watch on deck
Wache antreten, übernehmen to take the watch
Wache um Wache, Zweiwachensystem watch and watch
wachen, beobachten, überwachen to watch
Wachmannschaft (Crewmitglieder) watch (crew members)
Wachs wax
wachsen, bohnern, zunehmen to wax
Wachtörn (z. B. 4 Stunden) watch (4 hours)
Wachtposten, Mann (Frau) einer Wache watch
wahre Abfahrtszeit actual time of departure, ATD
wahre Ankunftszeit actual time of arrival, ATA
wahre Höhe true altitude
wahrer Horizont, wahre Kimm rational horizon
wahrer Wind true wind
Wal whale
Walboot whale boat
Walfangboot, Walfänger whale catcher
Walfänger whaler
Walfangmutterschiff, Walkocherei whale factory vessel
Walschule, Schule von Walen gam
Walzterminal swaged terminal
Wange eines Blockes block cheek
Want shroud
Wantangriffstelle am Mast hounds
Wantenhänger adjuster plate
Wantenspanner rigging screw, turnbuckle, shroud adjuster
Wantenspanner mit Auge und Gabel eye and fork rigging screw
Wantenspanner mit zwei Augen eye and eye rigging screw
Wantenspanner, Spannschraube turnbuckle, bottlescrew, rigging screw
Wantenterminal mit Gewinde threaded shroud terminal
warme (Meeres-)Strömung warm current
Wärmetauscher heat exchanger
Warmfront warm front
Warmsektor warm sector
Warnlicht, Kontrollicht warning light
Warnschuß warning gun
Warnsignal, Gefahrensignal danger signal
Warnung für Kleinfahrzeuge warning for small craft
Warpanker, Wurfanker kedge (anchor)
warpen to warp, to kedge
Warpen, Bootsbewegung mit Wurfankerhilfe kedging, warping
Warpen, Verholen, Treideln warping
Warpleine, Verholleine warp
Wahrschau von oben! Vorsicht an Deck! Deckung! Below! All hands!
Waschbecken wash basin
Waschbord, Setzbord washboard
Waschraum washroom
Wasser machen im Überwasserschiff to leak above the waterline
Wasser machen im Unterwasserschiff to leak below the waterline
Wasser machen, Wasser übernehmen to take water

Wasser(tank)boot water-boat
Wasserballast water ballast
wasserdicht leakproof, waterproof, watertight
wasserdicht, regendicht waterproof
wasserdichte Kleidung waterproof cloth
wasserdichte Plicht watertight cockpit
wasserdichter Lukendeckel watertight hatch cover
wasserdichter Raum watertight compartment
wasserdichtes Nieten watertight riveting
Wasserdichtigkeit watertightness
Wasserdruck water pressure
Wasserfahrzeug watercraft
Wasserfläche, stehendes Gewässer body of water
Wasserflugzeug hydroplane
Wasserfront waterfront
Wassergang (an Deck), Ablaufrinne waterway
Wasserhahn, Zapfhahn water tap
Wasserhimmel water sky
Wasserhose, Wolkenbruch waterspout
Wasserkessel, Kochkessel kettle
Wasserklosett water-closet
Wasserkühlung watercooling
Wasserlinie, Schwimmwasserlinie waterline
Wasserlinien (hohle) im Achterschiff after run, after swim
Wasserlinienlänge waterline length
Wassermantel, Kühlmantel water jacket
Wasserpaß boot-topping
Wasserplatz watering place
Wasserpumpe water pump
Wasserschlauchtrommel reel water hose
Wasserspiegel, Wasserhöhe waterline
Wasserstag bobstay
Wasserstandslinie, Tidegrenze waterline
Wasserstrahl, Druckwasserstrahl water jet
Wasserstraße, Fahrrinne waterway, water route
Wasserstraßenamt waterways office
Wassertank water tank
Wassertank im Kiel keel water-tank
Wassertiefe depth of water
Wasserverdrängung displacement
Wasserwandern auf Binnengewässern river touring
Wasserwirbel, Strudel eddy (in water)
Wattenmeer, Untiefen shoals
Wattstützen legs
Webeleinen (der Wanten) ratlines
Webeleinengut ratline
Webeleinenstek clove hitch
Wechselfeuer alternating light
Wechselstrom alternating current, AC
Wechselstromgenerator alternator
weg von, draußen, auf der Höhe von off
Weg, Fahrt way
Wegerecht right of way
Wegerechtsregel right of way rules
Wegerechtsschiff, nicht ausweichpflichtiges Schiff stand-on vessel
Wegerechtsyacht right of way yacht
Wegerungsplanke ceiling plank
wegfieren, laufen lassen to veer away
wegnehmen, aushängen to unship
weiten Abstand halten to give a wide berth
weiße Bö white squall
weiße Schaumkronen white horses
weißes Rundumlicht white all around light

weißes Licht white light
weißes Mastlicht white mast light
Welle shaft
Wellenbereich (Funk), Frequenzbogen wave band (radio)
Wellenbewegung wave motion
wellenbildender Widerstand wave making resistance
wellenförmige Strömung waving current
Wellenfrequenz wave frequency
Wellenfront wave front
Wellengeschwindigkeit wave velocity
Wellengleiten (eines Bootes) surfing (of a boat)
Wellenlänge (Funk) wave length (radio)
Wellenmesser wavemeter
Wellenneigung wave slope
Wellenperiode wave period
Wellenprofil, Wellenlinie wave profile
Wellenreiten (mit Brett) surfing (sport)
wellenreiten, surfen to surfride
Wellenreiter surfrider
Wellental wave trough
Wellenwiderstand wave resistance
Wellenzug wave train
Weltumsegelung, Erdumsegelung circumnavigation
Weltumsegler, Erdumsegler circumnavigator
Weltzeit (UT) universal time (UT)
Weltzeit UTC Greenwich Mean Time, UTC
Wendebecken turning basin
Wendegetriebe reverse gear
Wendekreis (z. B. des Krebses) tropic
wenden, über Stag gehen to tack, to come about
Wenden, Überstaggehen tacking
wendende Yacht tacking yacht
Werft yard, shipyard
Werkbank workbench
Werkstatt workshop
Werkstatt für Motorwartung workshop for motor revision
Werkstattzeichnung working drawing
Werkzeugkasten, Baukasten kit
wesentlich benachteiligte Yacht (Regatta) yacht materially prejudiced (racing)
West west
westlich western
westlich von west of
westliche Mißweisung westerly variation
Westwind westerly wind
Wetter erlaubend weather permitting
Wetter(an)zeichen weather signs
Wetter, Witterung weather
Wetteränderung weather change
Wetterbedingungen weather conditions
wetterbehindert, vom Wetter zurückgehalten weather bound
Wetterberater forecaster
Wetterbericht weather report
Wetterbericht mit mittelfristiger Wettervorhersage extended forecast
Wetterbericht, Wettermeldung meteorological bulletin
Wetterberichtssendung weather broadcast
wetterbeschädigt weather beaten
wetterbewehrt, wetterbehindert weatherbound
Wetterdienst weather bureau
wetterfest weathertight
Wetterglas, Barometer weather glass
wetterhart, see-erfahren weatherbeaten

Wetterkarte weather map
Wetterseite, Luvseite weather side
Wettersymbole (international) weather symbols
Wetterverschlechterung deterioration
Wettervorhersage weather forecast
Wetterzeug, Wetterbekleidung weathercloth
Wettfahrt beenden to finish a race
Wettfahrt, Regatta yacht race
Wettfahrtkurs, Regattabahn racing course, course
Wettfahrtleitung race committee
Wettsegelbestimmungen racing rules
wettsegeln auf Dreieckskurs to race around the buoys
Wickelgarn, Trensgarn worming twine
Widerstand drag
Wie verstehen Sie mich? (Seefunk) How do you read me? (radio)
Wiederaufnehmen, Wiederholen (aus dem Wasser) pick-up, picking-up
Wiedererlangung (eines Gegenstandes) recovery
Wiederholen Sie bitte Ihr Rufzeichen! Say again your call sign!
Wiederholen Sie bitte! Say again!
Wiederholungsflagge repeater
Wiederkehr period
Wimpel, (Stander) pennant, pendant
Wind fühlen, „riechen" to feel the wind
Wind von vorn, gegen den Wind head to wind
Wind(geschwindigkeits)messer anemometer
Wind(richtungs)pfeil wind arrow
Wind-Kältegefühl wind chill
Windbahn way of the wind
Windbahn, Windbereich zwischen Luv- und Leeküste fetch of the wind
Winddrehung wind shift
Winde, Winsch winch
Windeisen für Gewindebohrer tap wrench
winden, wickeln to wind
Windenverholkopf windlass warping drum
Windfaden (am Segel) telltale
Windfahne für Selbststeueranlage self-steering vane
Windfahne, Verklicker wind vane
Windfahne, Wetterfahne weather vane
Windfahnen-Selbststeueranlage self steering vane
Windfahnengeschirr vane gear
Windfahnenkopf acorn
Windfänger, Luftfänger windsail, windscoop
Windgewölk wrack
windiges Wetter windy weather
Windjammer, Großsegler windjammer
Windkanal wind tunnel
Windkarte wind chart
Windrose wind rose
Windsack wind cone
Windschatten wind shadow
Windschutzscheibe windshield
Windschutzscheibe aus Glas glass windshield
Windsee wind sea
Windstärke (Bft) wind force
Windstärke 3 gentle breeze
Windstärke 7 moderate gale
Windstärke 8 fresh gale
Windstärke 9 strong gale
Windstärke 10 whole gale
Windstärkenskala wind force scale
Windstern, Winddiagramm wind rose
Windstille, windstill, ruhig calm

Windstoß, der zur Kenterung führt knocking-down gust
Windstoß mit Starkwind blow
Windsurfer windsurfer
Windversetzung windage
Windwelle in engen Gewässern windlop
Windwolke wind cloud
Winkel square
Winkeleisen angle iron
Winkeltransporteur protractor
Winsch mit Bodenantrieb bottom-action winch
Winsch mit Kopfantrieb top-action winch
Winschen, nebeneinander montiert und betrieben ganged winches
Winschentrommel winch drum
Winschentrommelkopf winch drum top
Winschkopf winch drumhead
Winschkurbel winch handle, winch crank
Winschkurbeltasche winch handle pocket
Winschtrommel winch barrel, winch drum
Winterlagerkosten wintering charges
Winterliegeplatz in der Halle dry storage
Wintersonnenwende winter solstice
Wippe, Jolltau, einfach geschorener Klappläufer whip
Wirbel, Windhose vortex
Wirbel, Wirbelschäkel, Kettenwirbel swivel
Wirbelblock mit Klinkschloß swivel block with snap
Wirbelhaken, Drehhaken swivel hook
Wirbelsturm, Wasserhose, Tornado twister
Wirbelwind, Windhose whirlwind
wirkliche Entfernung actual distance
Woche week
wöchentlich weekly
wogend, schwellend billowy
wogende See surging sea
Wölbungstiefe (eines Profils) camber
Wölbungstiefe (eines Segels) draft of a sail, depth of a sail, depth of camber
Wolkenhöhe, untere Wolkengrenze ceiling
Wrack wreck
wrack werden, Schiffbruch erleiden, scheitern to wreck
Wrack, ständig über Wasser wreck allways dry
Wrack, ständig unter Wasser submerged wreck
Wrackbezeichnung wreck mark
Wrackdieb, Strandräuber wrecker
Wrackteile, Schiffstrümmer wreckage
Wracktrümmer, Wrackgut wreck remains
wriggen (mit 1 Riemen), skullen (mit 2 Riemen) to scull
Wriggriemen sculling oar
Wriggrundsel sculling notch
Wulstbug bulbous bow
Wulstkiel bulb keel
Wurfanker, Verholanker kedge, kedge anchor
Wurfleine heaving line
Wurfleine, Hievleine hauling line

Y

Yacht als Protestgegner protested yacht
Yacht anpreien to hail a yacht
Yacht auf einem Bug yacht on a tack
Yacht beim Wenden yacht tacking
Yacht in einer Wettfahrt yacht racing
Yacht, Segelboot, Sportfahrzeug yacht
Yachtbeiboot yacht's tender, yacht tender
Yachtbeiboot, Beiboot ship's boat
Yachteigner owner of a yacht
Yachten auf entgegengesetztem Bug yachts on opposite tacks
Yachten auf gleichem Bug yachts on the same tacks
Yachtflotte yachting fleet
Yachthafen yacht harbour, yacht basin
Yachtheck counter stern
Yachtkonstrukteur yacht designer, naval architect
Yachtmakler, Schiffsmakler broker
Yachtmatrose, Yachtbootsmann paid hand
Yachtseemannschaft yachtsmanship
Yachtsegler, Sportsegler yachtsman
Yachtseglerin, Sportseglerin yachtswoman
Yachtsport auf Binnenrevieren river yachting
Yachttauwerk yacht rope
Yachtwerft yacht building yard
Yard, Längenmaß (0,914 m) yard (0,914 meters)
Yawl (mit ungeteiltem Vorsegeldreieck) yawl
Yawl (mit unterteiltem Vorsegeldreieck) cutter rigged yawl
Yawl mit Hochtakelung bermudian yawl
Yawl, Anderthalbmaster yawl
yawlgetakelt yawl rigged

Z

Z-Antrieb Z-drive
Z-Drehung (beim Tauwerk), rechtsgeschlagen Z-twist (rope), right laid
Z-Drehung (beim Verseilen), rechtsgeschlagenes Tauwerk plain-laid rope
Zahlenwimpel numeral pennant (pendant)
Zahltisch, Zähler counter
Zahnrad gear wheel, cogwheel
Zahnrad(ruder)quadrant toothed quadrant
Zapfen, Bolzen gudgeon
Zapfen, Drehzapfen trunnion
Zapfen, Stift, Nagel pin
Zapfhahn, Gewindebohrer tap
Zeichenbrett, Reißbrett drawing board
Zeichnung eines Koppelkurses dead reckoning plot
Zeigerarm, Alhidade (Sextant) index bar, index arm
Zeising, Beschlagzeising sail tie
Zeising, Zurring seizing
Zeit(plan) einer Seefunksendung transmission schedule
Zeitbegrenzung für den Zieldurchgang time limit for finishing
Zeitcharter time charter
Zeitgleichung equation of time
Zeitnehmer (der Besatzung) timer
Zeitplan, Fahrplan schedule
Zeitschalter, elektrisch timer, electrical
zeitweise brennendes Feuer occasional light
Zeitzone time zone, hour zone
Zenit zenith
Zenitabstand zenith distance
Zephyr, milder Westwind zephyr
zerreißen to break
zerspringen, zerbrechen, bersten to break (an object)
Zickzackbewegung, Zickzackkurs zigzag
Zickzackkurs laufen to zigzag
Zickzacknaht zigzag stitch
Zickzacknietung zigzag riveting
ziehen (ein Segel) to draw (a sail)
Ziehklinge spokeshave
Ziellinie finishing line, finish line
Ziellinie kreuzen to cross the finish line
Zimmermannsknoten, Balkenstek timber hitch
Zink zinc
Zinkschutzplatte, Opferanode zinc protector
Zinn tin
Zoll (als Amt) customs
Zollabfertigung customs clearance
Zollabgabe, Zoll custom duties
Zollagent custom broker, custom house agent
Zollamt custom house
zollamtlich abgefertigt cleared through the customs
Zollbeamter custom-house officer, customs officer
Zollformalitäten customs formalities
zollfrei duty-free
Zollordnung custom regulations
Zollverschluß, unter Zollverschluß in bond, under customs locks
Zonenzeit zone time
zu kaufen gesucht wanted for purchase
zu Wasser lassen (... bringen) to launch

Zubehör (-teil) accessory
zudecken, abdecken to cover
Zufall, Unfall, Unglücksfall accident
zufällig accidental, casual
Zug, Hol, Ziehen haul
Zugang (zu einem Revier oder Hafen) approaches
Zugang zu access to
Zugang, Vorschiffslinien entrance
Zugangsschleuse entrance lock
Zügel, Hahnepot bridle
zuhalten, auf etwas zusteuern to bear down
zum Kentern liegen, kurz vor dem Kentern sein to be on her beam ends
zum Schiffswesen gehörend naval
Zündflamme (am Kocher) pilot flame (on stove)
Zündkerze spark plug
Zündpunkteinstellung timing
Zündung vorstellen to advance ignition
Zunehmen des Mondes waxing of the moon
zur Seefahrt gehörend, seefahrend maritime, marine
zurren, beibinden, beiholen to frap
zurren, festzurren, (an)laschen to lash
zurren, zeisen to seize
Zurring lashing
Zurück! Back her!
Zurück! Rückwärts! Backward!
zurückdrehen to walk back
zurücksetzen, achteraus fahren, davonlaufen to back out
zurücktreiben to drive back
Zuruf um Raum zum Wenden call for room to tack
zusammenklappbares Boot collapsible boat
zusammenlegbarer Tisch foldaway table
zusammenstoßen mit to collide with
zusammenstoßen mit einem Schiff, unklar kommen to fall foul of a ship
Zusammenstoß collision
Zusatzbatterie, Verstärkerbatterie booster batterie
Zweibeinmast, A-Mast bipod mast
Zweimann-Besatzung two-man crew
Zweimannjolle two-man dinghy
zweiter Hilfsstander second substitute
Zwillingsblöcke, am Kopf verbunden twin-blocks
Zwischenstecker, Verbindungsstück adapter
Zwischenstrich (am Kompaß) intercardinal point
Zylinderkopf cylinder head
Zylinderlaufbuchse cylinder liner
Zylinderreihe cylinder bank

A

aback back
abaft achterlich
abaft the beam achterlicher als querab, achterlicher als dwars
abaft the mast achterlich vom Mast, zwischen Mast und Heck
abaft, aft, astern (position) achtern, achteraus (Position)
abaft, aft, astern, sternward(s)(motion) achteraus, rückwärts (Bewegung)
abandon 1. Aufgabe eines (sinkenden, treibenden) Fahrzeugs; 2. Überlassung eines Fahrzeugs an den Versicherer
to abandon aufgeben, verlassen
to abandon (a race) abbrechen (eine Wettfahrt)
to abandon a vessel Schiff (ein) aufgeben
to abandon an anchor Anker (einen) aufgeben
abandoned race abgebrochene Wettfahrt
abandoned ship 1. aufgegebenes Schiff; 2. verlassenes Schiff
abandonment Preisgabe, Abtretung eines Schiffes
abandonment (of a race) Abbruch einer Wettfahrt (nach dem Startsignal)
abandonment and re-sail signal Abbruch- und Wiederholungssignal
abandonment signal Abbruchsignal
to abate, to drop nachlassen, abflauen
abbreviation Abkürzung
abeam, athwart querab, querschiffs
able seaman, A.B. Vollmatrose
aboard an Bord
aboard a vessel an Bord eines Schiffes
about rundherum, ungefähr, gewendet
About ship! Ree!
above auf, über, oberhalb
above a proper course höher als der richtige Kurs (segeln)
above deck über Deck
above mean sea level über mittlerer Meereshöhe
abrasive Schleifmittel
abreast dwars, querab
abreast formation Dwarslinie
abreast, off auf der Höhe von, querab (von)
abroad im Ausland befindlich, auswärts
abrupt shore, steep shore Steilküste, abschüssige Küste, steil abfallendes Ufer
absolute altitude Höhe über dem Meeresspiegel, Höhe über NN
abstract of log book Logbuch-Auszug
AC (abbr. for alternating current) Wechselstrom
acceleration Beschleunigung
to accept abnehmen, entgegennehmen
access to Zugang zu
accessory Zubehör (-teil)
accident Unfall, Unglücksfall, Zufall
accident insurance Unfallversicherung
accidental gybe Patenthalse, unfreiwillige Halse
accidental, casual zufällig
accommodations Einrichtungen, Wohnräume
to accommodate an Bord unterbringen
accommodation Einrichtung, Unterbringung
accommodation plan Einrichtungsplan

accompanying vessel Begleitfahrzeug, Mitfahrer
accounting, bookkeeping Buchhaltung, Buchführung
accumulator battery, storage battery Akkumulatoren-Batterie, Sammlerbatterie
accumulator cell Akkumulatorzelle, Batteriezelle
accuracy Genauigkeit
accuracy of ship's position Genauigkeit des Bestecks
acetone Aceton
acetylene gas Acetylen
acidimeter Säuremesser
Acknowledge! Bestätigen Sie den Empfang!
acknowledgement Anerkenntnis, Bestätigung
acknowledgement of receipt Bestätigung des Empfangs
acorn Windfahnenkopf
acoustic wave Schallwelle, akustische Welle
acoustical depth sounding Echolotung
across the bow quer vorm Bug
act of god höhere Gewalt
act of war Kriegseinwirkung
to act with good seamanship seemännisch richtig arbeiten, entscheiden
to act with good yachtsmanship seglerisch, seemännisch sich gut verhalten
action at a distance Fernwirkung
action of a force Kraftwirkung
action radius, cruising range Aktionsradius, Fahrradius
active power Nutzleistung
active responder beacon aktives Antwortfeuer
active rudder, power balanced rudder Aktivruder
active sonar Ultra-Sonar-Ortungssystem
actual distance wirkliche Entfernung
actual power tatsächliche Leistung, Wirkleistung, Istleistung
actual time of arrival, ATA wahre Ankunftszeit
actual time of departure, ATD wahre Abfahrtszeit
adapter Zwischenstecker, Verbindungsstück
additional longitudinal strength verstärkter Längsverband
address poste restante Adresse postlagernd
adhesive Leim, Klebstoff
adhesive substance Klebstoff
adhesive tape Klebeband, Leukoplast
adiabatic adiabatisch, ohne Wärmeaustausch mit der Umgebung
adiabatic expansion adiabatische Ausdehnung
adjacent zone Anschlußzone
adjoining coastal state angrenzender Küstenstaat
to adjust einstellen, regulieren
to adjust the compass Kompaß kompensieren
adjustable einstellbar
adjustable backstay regulierbares Achterstag
adjustable clew verstellbares Schothorn
adjustable compass card verstellbare (taktische) Kompaßrose
adjustable outhaul verstellbarer, regulierbarer Unterliekstrecker
adjustable sheet lead verstellbare Schotleitöse

adjustable slide verstellbarer Schotholepunkt, Schotschlitten
adjustable screw Verstellschraube, Einstellschraube
adjustable stop verstellbarer Anschlag
adjustable timer verstellbarer Zeitschalter
adjustable wrench verstellbarer Schraubenschlüssel
adjuster plate Wantenhänger
adjusting screw Regulierschraube
adjustment Einstellvorrichtung, Einstellung
adjustment by screw Schraubenregulierung
adjustment of compass Kompensierung des Kompasses
administration Verwaltung
admiral Admiral
admiralty Admiralität
admiralty chart Seekarte, Admiralitätskarte
admiralty court Seeamt
admiralty jurisdiction Seegerichtsbarkeit
admiralty law Seegesetz, Schiffahrtsrecht
admiralty lawyer Anwalt, Richter im Seerecht
admiralty pattern anchor Admiralitätsanker, Stockanker
admission port Einlaßöffnung
admission valve, intake valve Einlaßventil
admittance Eingang, Zugang
to adopt annehmen, einführen
adrift treibend
advance (mechanical) Verbesserung, Verstellung (z. B. der Zündung)
to advance ignition Zündung (die) vorstellen
advance money Vorschuß, Handgeld
advance payment Vorauszahlung
advantage (power gain of a tackle) Leistungsverbesserung, Vorsprung, Nutzen
adventurer ship Schmugglerschiff
advertisement Anzeige (in einer Zeitung)
advice boat Avisoboot
advisory Beratung
adze Breitbeil, Schiffbaueraxt
aerial beacon Flugfunkfeuer
aerial capacitance Antennenleistung
aerial current, antenna current Antennenstrom
aerial insulator, antenna insulator Antennenisolator
aerial mast, antenna tower Antennenmast
aerial-impedance matching Antennenanpassung
aero light, air light Luftfahrtfeuer
affirmation Bestätigung
Affirmative! Richtig! Ja! bejahend
afloat flott, schwimmend, auf dem Wasser (nicht an Land)
afore vorlich, am/im Vorschiff liegend
african teak afrikanisches Teak
aft achtern
aft accomodations Unterkunft im Achterschiff
aft rake Mastfall nach achtern
aft, after hinter, achter
aftcabin berth Koje in der Achterkajüte
aftcabin, aftercabin Achterkajüte
aftcockpit, aftercockpit Achterplicht
after breast rope achterer Dwarsfestmacher
after deck Achterdeck
after hatch Achterluke
after leech Achterliek

after leech rope Achterliektau, Außenliektau
after mast Achtermast
after peak Achterpiek
after quarter spring (line) Achterspring
after run, after swim Wasserlinien (hohle) im Achterschiff
after sales service Bedienung der Achtersegel, des Hintergeschirrs
after ship, after body Achterschiff
after spring (line), afterline Achterleine, Heckspring
after swim achterer Bootsboden
after timber Heckspant (beim Holzschiff)
aftercastle Achterkastell
afterguy Achterholer (des Spinnakers)
aftermost achterlichst, ganz achtern
afternoon watch Nachmittagswache
afternoon, p.m. Nachmittag
afterthwart Achterducht
against the lay gegen den Schlag (beim Spleißen)
against the sun gegen die Sonne, linksdrehend, rückdrehend
age of the tide Springverspätung, Alter der Gezeit
aground aufgelaufen, festgekommen, auf Grund
ahead voraus, vorwärts, nach vorn
Ahoy! Ahoi!
ahull vor Topp und Takel, treibend
aid to navigation Navigationshilfsmittel
air blower Lüfter, Lüftungsgebläse
air duct Luftkanal
air intake Lufteinlaß
air mass Luftmasse
air port Seitenfenster, (rundes) Klappfenster
air tight luftdicht, luftundurchlässig
air vent Luftabzug
airfoil Tragflügel
airfoil section Tragflügelprofil
airfoil shaped Tragflügelform
airport of departure Abflughafen
aldis lamp Handscheinwerfer
alee leewärts, in Lee, nach Lee
alidade Alhidade, Peillineal
alidade with telescope Alhidade mit Fernrohr
alignment of lights Feuer in Deckung
All aboard! Alle Mann an Bord!
all around light Rundumlicht, rundumscheinendes Feuer
all hands alle Mann
All hands on deck! Alle Mann an Deck!
all in the wind mit schlagenden Segeln, im Wind liegend
all purpose oil Allzwecköl, Schmierstoff
all standing alles stehend, seemännisch voll ausgerüstet
All stations! An alle Funkstellen!
All's well! An Bord alles wohl!
all-fours-mooring Vierkantvertäuung
all-round light über den ganzen Horizont sichtbares Licht, Rundumlicht
alleyway Laufgang, Betriebsgang
allowance for current Stromvorhalt
alloy Legierung
aloft über Deck, in der Takelage, oben, in der Höhe
alongside längsseits, Bord an Bord
aloof luvwärts, nach Luv
alow unten, unter Deck
alow and aloft unten und oben, unter und über Deck
to alter course Kurs ändern
to alter the heading Fahrtrichtung ändern, Kurs ändern

to alter to port nach Backbord drehen
alteration of course Kursänderung
alteration of heading Fahrtrichtungsänderung, Kursänderung
alternating current, AC Wechselstrom
alternating light Wechselfeuer
alternator Wechselstromgenerator
altitude Höhe
altitude, absolute altitude Höhe über Normalnull, Höhe über dem Meeresspiegel
aluminum, aluminium Aluminium
aluminum alloy Aluminiumlegierung
aluminum casting Aluminiumguß
amateur boatbuilder Amateur-Bootsbauer, Selbstbauer
amateur boatbuilding Selbstbau (eines Bootes)
amidships mittschiffs, in Kielrichtung, in der Mitte des Schiffes
amplitude modulation (AM) Amplituden-Modulation
amplitude of a wave Schwingungsweite einer Welle, Wellenamplitude
amplitude of the tide Tidenhub
anchor Anker
to anchor verankern, sicher befestigen
to anchor (a boat) ankern, verankern (ein Boot)
Anchor apeak! Ankerkette auf und nieder!
Anchor atrip! Anker ist aus dem Grund (gelichtet)!
Anchor aweigh! 1. Anker lichten!; 2. Anker ist aus dem Grund!
anchor bed Ankerhalterung an Deck
anchor bend, fisherman's bend Roringstek
anchor buoy Ankerboje
to anchor by the stern über das Heck ankern
anchor cablet, anchor line Ankerleine (auf kleinen Seekreuzern)
anchor capstan, vertical windlass Ankerspill (aufrechtstehende Welle)
anchor chain Ankerkette
anchor chock Ankerhalterung an Deck (Schweinsrücken)
anchor crown Ankerkreuz
anchor eye Ankerauge
anchor fluke palm Ankerflunkenhand(fläche)
anchor key Ankerstocksplint
anchor lantern Ankerlaterne
anchor light, riding light Ankerlicht
anchor link Ankerkettenverbindungsschäkel
anchor locker Ankerkasten
anchor ring Roring, Ankerring
anchor shackle jew's harp Ankerschäkel
anchor shaft Ankerschaft
anchor stemhead roller Bugrolle für den Anker
anchor stock Ankerstock
anchor stowage device Ankerhalterung, Art der ...
anchor throat Ankerhals
anchor warp Ankertrosse
anchor watch Ankerwache
anchorage fees Ankergebühren
anchorage, anchoring berth Ankerplatz
anchored verankert
anchoring berth Ankerplatz
anchoring gear Ankergeschirr
anchoring manoeuvre Ankermanöver
anemometer Wind(geschwindigkeits)messer
aneroid barometer Druckdosenbarometer

angle iron Winkeleisen
angle of attack Anstellwinkel, Anströmwinkel
angle of cut
Schnittwinkel von (zwei) Standlinien
angle of heel Krängungswinkel
angle of incidence, incidence angle
Einfallswinkel, Anströmwinkel
angle of roll Rollwinkel
announcement by voice
Ankündigung im Sprechfunk
annual change of variation
jährliche Änderung der Mißweisung
to anodize eloxieren
to answer the helm
Ruder (dem) gehorchen
answering pennant Antwortwimpel
antenna, aerial Antenne
anticlockwise
linksdrehend, linksgängig
anticyclone Hoch, Hochdruckgebiet
to antifoul Unterwasseranstrich (Antifouling) auftragen
antifouling paint
bewuchshemmende Unterwasserfarbe
antifreeze Frostschutzmittel
antirust rostschützend(er Anstrich)
apeak auf und nieder
aport nach Backbord
apparent altitude scheinbare Höhe, Kimmabstand
apparent wind scheinbarer Wind
apparent wind indicator Verklicker, Windrichtungsanzeiger an Bord
application Verwendungsmöglichkeit
approach wall (of a lock)
Ansteuerungsmauer (einer Schleuse)
approaches Zugang (zu einem Revier oder Hafen)
approved class rules
gültige Klassenvorschriften
apron 1. Binnenvorsteven;
2. Sohle, Boden einer Slipanlage
arc of visibility Sichtbereich, Sichtbarkeitsbogen (eines Leuchtfeuers)
to arch sich wölben
arctic air mass arktische Luftmassen
ardency Luvgierigkeit
arm (of an anchor) Arm (eines Ankers)
to arm a hand lead
Handlot (ein) auswerfen
armchair sailor Lehnstuhlsegler, Theoretiker
around the buoys racing
Dreiecksregatta
arrival Ankunft
artificial horizon
künstlicher Horizont
ashore an Land, am Ufer
asking price Preisvorstellung
aspect ratio
Ansichtsverhältnis (Höhe zu Breite)
assessment of damage
Schadensfeststellung
astay in Stagrichtung, auf und nieder
astern achtern, hinten, achteraus, rückwärts
astronomical fix
astronomisches Besteck
at anchor vor Anker
at full throttle Vollgas, mit Vollgas
at half-mast halbstocks, halbmast
at high revs hohe Tourenzahl, bei hoher Tourenzahl
at low revs niedrige Tourenzahl, bei niedriger Tourenzahl
at the helm am Ruder
athwart, abeam querschiffs
athwarth the tide quer zur Tide, quer zum Strom
athwartship berth
querschiffs gelegene Koje

athwartship galley querschiffs eingebaute Küche
athwartship, athwartships querschiffs
atrip 1. gelichtet, aus dem Grund gehoben(er Anker); 2. steif gesetzt(es Segel)
atry vor Topp und Takel
audible akustisch, hörbar, verständlich
audible fog signal akustisches Nebelsignal
audible signal akustisches, hörfrequentes Signal
audio frequency Tonfrequenz, Hörfrequenz
auger Holzbohrer
automatic direction finder Funkpeilempfänger
automatic frequency control automatische Frequenzregelung
automatic pilot, autopilot Selbststeueranlage
automatic steering automatische Steueranlage
Avast! Fest! Stop! Aufhören!
average Havarie
average adjuster Havarie-Kommissar
awash unter Wasser (gesetzt), bespült von Wasser
Away aloft! Aufentern!
Away port! Ab Backbord!
aweather luvwärts
aweigh aus dem Grund, los
awl Marlspieker, Ahle
awning Sonnensegel
awning earing Sonnensegelbändsel
Aye aye Sir! Ja, Skipper! Verstanden!
azimuth Azimut
azimuth compass Handpeilkompaß
azimuth mirror Kompaßdiopter, Azimutspiegel
azores high Azorenhoch

B

baby stay Babystag
to back 1. backhalten, rückwärts gehenlassen; 2. krimpen, rückdrehen (des wahren Windes); 3. schralen (des scheinbaren Windes)
to back (a sail) backschoten (ein Segel), backholen
to back an anchor Anker (einen) verkatten
back anchor Kattanker
back eddy Neerstrom
Back her! Zurück!
to back out zurücksetzen, achteraus fahren, davonlaufen
back rest Stützlager
back splice Rückspleiß, spanischer Takling
backing 1. Backhalten, Rückwärtsgehen; 2. Krimpen (des wahren Windes); 3. Schralen (des scheinbaren Windes)
backing wind Drehen des Windes rückdrehend (gegen den Uhrzeiger)
backstay Achterstag, Pardune
backstay guy, backstay tensioner Backstagspanner
backstay tackle Achterstagtalje
backstream, counter-current Gegenstrom
Backward! Zurück! Rückwärts!
backwash Schraubenstrom, Hecksee
to backwind backhalten (ein Segel)
bad (readability) schlecht(er Empfang)
bad holding ground schlechter Ankergrund, unreiner Grund
baffle Prallblech, Umlenkblech, Schallwand
baffling winds mallende, unstetige, umspringende Winde
bag reef Schlappreff, Bindereff
baggy wrinkle Tausendbein, Schamfilschutz aus Garnresten
to bail ausösen, ausschöpfen
to bail out (a boat) Boot (ein) ausösen
to bail out (water) übergekommenes Wasser lenzen
bailer Ösfaß, Schöpfeimer
bailer (person) Lenzer (wasserschöpfendes Crewmitglied)
balance lugsail Balance-Luggersegel
balanced rudder Balanceruder
bald-headed rig Pfahlmastrigg (ohne Stengen)
ball and socket joint Kugelgelenk, Drehgelenk
ball bearing Kugellager
ball terminal Ballterminal
to ballast ballasten, mit Ballast beschweren
ballast Ballast
ballast keel Ballastkiel
ballasted centreboard Ballastschwert
ballasted centreboarder Kielschwerter mit Ballastschwert
balloon jib, balloon sail Ballonfock, Ballonsegel, leichtes Raumschotssegel
balsa Balsaholz
bamboo Bambusrohr
banana boat Banana-Boot
bandsaw Bandsäge
bank 1. Bank, Ruderbank; 2. Ufer, Damm, Untiefe
to bank sich zusammenballen, eine Wolkenbank bilden
bar (of sand) Barre, Sandbarre
barber-hauler Fockschotbeiholer

bare hull nackter Rumpf
bareboat Boot ohne Mannschaft
bareboating, bareboat charter Chartern eines Bootes ohne Mannschaft
bargain Angebot, Anzeigenangebot
barge Lastkahn
bargee Kahnschiffer
bark Bark, Dreimaster
barkentine Schunerbark, Barkentine
barnacles Entenmuscheln, Seepocken
barometer Barometer
barometric barometrisch
barrel buoy Faßtonne
barrier reef Dammriff, Riffbarre
bascule bridge Klappbrücke
basic rule Grundregel
basin Becken, Hafenbecken
batch Haufen, Anzahl von Teilen
bathymetry Tiefenmessung, Tiefseemessung
batten Latte, Segellatte
to batten down the hatches Luken verschalken
batten pocket Lattentasche
batten tie Segellattenbändsel
batten-seam construction Nahtspantenbauweise
battery Batterie, Akku
battery box Batteriekasten
battery cable Batteriekabel
battery charger Batterieladegerät
battery filler bulb Batteriefüllkolben
battery hydrometer Batterie-Säuredichtemesser
battery terminal Batterieklemme
battery-cable pliers, battery-cable clamps Batteriepolklemmen
battery-cell tester Batteriezellenprüfgerät
bay Bucht, Bai, Meeresbucht, Golf, Seegebiet mit Küstenlinie
bayonet cap Bajonettfassung (einer Lampe)
bayonet lamp holder Lampenhalterung mit Bajonettverschluß
to be cast away schiffbrüchig sein, verschlagen sein
to be driven ashore, to be driven on shore auf Strand getrieben werden
to be hove-to beigedreht sein, beigedreht liegen
to be in tow im Schlepp sein
to be on an even keel auf ebenem Kiel sein, gleichlastig
to be on her beam ends zum Kentern liegen, kurz vor dem Kentern sein
to be shipwrecked Schiffbruch erleiden, untergehen (Schiff)
to be taken aback backstehen, (ungewollt) backgekommen
to beach auf Strand setzen
to beach a boat Boot (ein) auf Strand ziehen, setzen
beach Strand
beachcomber 1. Strandläufer, Strandgutsammler; 2. Strandwelle, brechende See
beaching auf den Strand holen, ziehen
beaching bow first Bug voran auf den Strand ziehen
to beacon ausbaken, bebaken
beacon Bake, landfestes Seezeichen
beaconage, beaconing Ausbaken, Bebakung
beakhead Galion, Galionsfigur
beam 1. Breite, Schiffsbreite; 2. Decksbalken
beam quer, querab, dwars
beam camber Balkenbucht
beam clamp Balkweger
beam end Balkenende, Balkenkopf
beam line Deckstrak

to beam reach
mit raum-seitlichem Wind segeln
beam reach raum-seitlicher Kurs
beam reaching Dwarswindsegeln, Segeln mit halbem Wind
beam waterline (BWL)
Breite in der Wasserlinie
beam wind Dwarswind, halber Wind, raumer Wind
beamy breit, sehr breit
to bear (with adv. or pred. adj.)
bewegen , zu-, abhalten
to bear peilen, sich in einer Richtung (zu) befinden
Bear a hand! Hilf mir!
to bear away abfallen (vom Wind), ablaufen
to bear down zuhalten, auf etwas zusteuern
to bear down on
von Luv auf etwas zusegeln
to bear off abstoßen, absetzen, freihalten
bearing 1. Lager, Lagerung, Wellenlager; 2. Peilung
bearing compass Peilkompaß
beat Schlag, Kreuzschlag, Amwindkurs
to beat out hinauskreuzen (aus dem Hafen)
to beat, to tack kreuzen
beating Kreuzen, Kreuzkurs
Beaufort scale Beaufortskala
to becalm abflauen, bekalmen
becket bend Schotstek, Schotenstek
becket block Steertblock, Block mit Hundsfott
to become a total loss
total verlorengehen
to become unseaworthy
seeuntüchtig werden
bed plate Auflagerplatte
before the beam vorlicher als querab
before the wind vor dem Wind
beginner Anfänger
to belay a line Leine (eine) belegen
to belay a line to a cleat
Leine (eine) an einer Klampe belegen
Belay! 1. Belege! (Widerruf einer Anweisung); 2. Stopp! Aufhören!
belaying cleat Belegklampe
belaying pin, jack pin
Belegnagel, Koffeynagel
bell Glocke
bell buoy Glockentonne (Gl-Tn.)
bell rope Glockensteert (am Klöppel)
bellow pump Luftpumpe, Blasebalg
to belly ausbauchen (eines Segels), bauchig werden
belly of a sail Bauch eines Segels
to belly out the sail
Segel bauchiger machen
below deck unter Deck
below decks comfort Komfort unter Deck (der Kajüteinrichtung)
Below! All hands! Wahrschau von oben! Vorsicht an Deck! Deckung!
belt Treibriemen
belting Scheuerleiste
bench Bank, Sitzbank, Werkbank
bench vice Bankschraubstock
to bend anstecken, festmachen, biegen
bend 1. Biegung, Krümmung (im Fahrwasser); 2. Rohrbogen, Krümmung (in einem Rohr)
to bend a mast Mast (einen) krümmen, biegen
to bend on (to a spar)
anschlagen (ein Segel an einer Spiere)
to bend on (to a stay)
anstecken (eines Segels an ein Stag)
to bend the chain cable
Ankerkette anschäkeln

to bend the mast Mast biegen
bend, hitch, knot Stek, Knoten
bending mast flexibler Mast
bending of the mast Mastbiegung
bending shackle (on an anchor) Anker(verbindungs)schäkel
bends Berghölzer
bends and hitches Knoten und Steke
beneaped trockengefallen in Tidengewässern
bermudian ketch Ketsch mit Hochtakelung
bermudian mainsail Bermuda-Großsegel
bermudian rig Bermudarigg, Hochtakelung
bermudian sail Bermudasegel, Hochsegel
bermudian sloop Slup mit Hochtakelung
bermudian yawl Yawl mit Hochtakelung
berth Koje
to berth (a boat) anlegen, festmachen (ein Boot)
berth (alongside a dock) Liegeplatz (am Steg, Kai)
berth (at anchor) Ankerplatz
to berth a boat festmachen (eines Bootes) an seinem Liegeplatz
berth charge, berthage fees Liegegeld, Kaigebühr
berth cushion Kojenpolster
to berth forward Schlafplatz im Vorschiff nehmen
to bevel anschrägen, abkanten
bevel Schmiege, Anschrägung
big boy Leespinnaker, Big Boy
bight Bucht eines Taus, Taubucht
bilge Bilge
bilge keel 1. Doppelkiel, Kimmkiel (am Seekreuzer); 2. Schlingerkiel
bilge keel (on motoryacht) Schlingerkiel (an Motoryacht)
bilge keel sailboat Kimmkieler
bilge keeler Seekreuzer mit Kimmkielen
bilge keelson Kimmkielschwein
bilge plank Kimmplanke
bilge pump Bilgenpumpe, Lenzpumpe
bilge pump with manual operation Handbilgepumpe
bilge water Bilgenwasser
bill (of an anchor fluke) Schneide, Spitze (einer Ankerflunke)
bill of sale Kaufbrief, Kaufvertrag
bill, invoice, account Rechnung
billboard Anschlagtafel, schwarzes Brett
billowy wogend, schwellend
bimini top Bimini-Verdeck, Sonnen-Klappverdeck
binding screw Klemmschraube
binnacle Kompaßhaus, Nachthaus
binocular, binnacles Doppelglas, Nachtglas
bipod mast Zweibeinmast, A-Mast
to bite (of a propeller) greifen, packen (eines Propellers)
to bite (of an anchor) fassen, beißen (des Ankers)
bitt Poller, Beting
to bitt a line Poller belegen, eine Leine an einem Poller festmachen
bitt turn Törn um einen Poller
bitter Kopfschlag, Törn um einen Poller
bitter end, rope's end Tampen einer Leine
black ball schwarzer Ball, Signalball, Ankerball

black ball and square (distress signal) schwarzer Ball und Viereckflagge (Notsignal)
blackwall hitch Hakenschlag
blanket Decke, Schlafdecke, Bedeckung
to blanket a sail Segel abdecken, den Wind wegnehmen
blast Signalton, Pfeifton
to bleed tropfen, lecken
bleed cock Leckschraube, Ablaßschraube, Ablaßhahn
bleeder Ablaßventil, Bodenpfropfen
bleeder screw Entlüftungsschraube
bleeding tap Ablaßhahn
blind buckler Klüsendeckel
blind rollers, blind seas blinder Roller, über Felsen nicht brechende See, Welle
blister Blase (im Gelcoat)
blizzard Schneesturm
block binding Blockstropp, Blockbügel
block cheek Wange eines Blockes
block throat Tauraumende eines Blockes
block with swivel eye Block mit Wirbelauge
blocks and tackles Blöcke und Taljen
blooper Blooper (Raumballon)
to blow blasen, stark wehen
blow Windstoß
Blue Peter Abfahrtssignal, Blauer Peter
blue pigeon Senkblei
blue water blaues Wasser, hohe See
blue water cruising Hochseefahrtensegeln, Transoceansegeln
blue water sailing Hochseesegeln, Blauwassersegeln
blue water sailor Hochseesegler, Blauwassersegler
bluff breit, voll, steil
bluff Steilufer, Klippe, Kap
bluff bowed breiter Bug
bluff headed volles Vorschiff
to board an Bord gehen, sich einschiffen
board Bordrand, Bord, Brett
to board (police, military) entern, borden (Polizei und Marine)
Board up! Schwert hoch!
boarding ladder Badeleiter
boarding ladder, accommodation ladder Fallreep
boat 1. Boot, Fahrzeug, Wasserfahrzeug; 2. offenes Boot, Beiboot
boat convoyer Bootsbegleiter
boat cover Bootspersenning
boat davit Bootsdavit
boat harbour Bootshafen
boat hook head, boat hook bill Bootshakenspitze
boat in distress Boot in Seenot
boat painter Bootsschleppleine, Bootsfangleine
boat race Bootswettfahrt, Regatta
boat trailer Bootstrailer
boat's bag Seesack
boat's recall Bootsrückruf
boatbuilder Bootsbauer
boatbuilder's mark Bootsbauer-Firmenzeichen
boater Bootsführer, Bootsmann
boathook Bootshaken
boathouse Bootshaus
boating, nautical sports Bootssport
boatman Bootssportler, Bootsfahrer
boatswain (on a sailing ship) Bootsmann (auf einem Segelschiff)
boatswain's chair Bootsmannsstuhl
boatswain's chest Bootsmannshellegatt
boatwright Bootsbauer
boatyard 1. Bootswerft, Bauwerft; 2. Bootslagerplatz

to bob about tanzen (auf den Wellen), aus- und eintauchen
to bob at anchor vor Anker schaukeln, stampfen
bobstay Wasserstag
body of water Wasserfläche, stehendes Gewässer
body plan Spantenriß
body sections Konstruktionsspanten
bold shore Steilküste
bollard Poller, Belegpoller
bolt Bolzen
bolt cutter Bolzenschneider
bolt rope Segelliek, Segelsaum, Liektau
bolt-on keel untergebolzter Kiel
bonnet Bonnet, Zusatzsegel, Segelverlängerung
booby hatch Schiebeluk, Niedergangsluke
boom 1. Baum, Spiere, Auslieger; 2. Schwimmbalkensperre, Treibbalken (Hafenabsperrung)
boom bail Baumbügel
boom crutch Baumstütze, Baumschere
boom foresail (on a schooner) Schunersegel
boom gallows Baumauflager, Baumgalgen
boom gooseneck Lümmel, Hakenbeschlag am Baum
boom hanger, boom strap Baumaufhänger
boomed headsail Baumvorsegel, ausgebaumtes Vorsegel
boomkin (on a square rigger) blinde Rah, Braßbaum (auf Rahseglern)
boomkin (on stern of a ketch or yawl) Heckausleger (bei Zweimastern)
boomless sail baumloses Segel
booster battery Zusatzbatterie, Verstärkerbatterie
booster cables Verbindungskabel, Ersatzkabel
boot-topping Wasserpaß
bore Bohrung
to bore out aufbohren, ausbohren
bore-stroke ratio Bohrung-Hub-Verhältnis
borneo teak Teak aus Borneo
bos'n (abbr. for bosun, boatswain) Bootsmann
bosom knee Horizontalknie
bosun's chair Bootsmannsstuhl
bosun's locker Bootsmannshellegatt
bottle Flasche
bottle screw Spannschraube, Wantenspanner
bottom 1. Bootsboden, Unterwasserschiff; 2. Innenteil des Bootsbodens; 3. Grund, Tiefe, Seegrund
bottom action winch Winsch mit Antrieb unten (am Fuß der Trommel)
bottom of the sea Meeresgrund, Seegrund
bottom paint Unterwasserfarbe, Bodenfarbe
bottom sheating Bodenbeschichtung, Wurmhaut
bottom-action winch Winsch mit Bodenantrieb
bottoming tap Gewindebohrer
boulder Kieselsteine, Felsbrocken
buoyancy Schwimmfähigkeit
bow Bug
bow chock Bugschutzplatte, Buglippe
bow eye Bugauge
bow fender, noseband Bugfender
bow light (white) Buglicht, Dampferlicht
bow line, bow rope Vorleine, Bugleine
bow mooring cleat Vorleinenklampe
bow plate Bugplatte
bow pulpit Bugkorb

bow roller Bugrolle
bow wave Bugsee, Bugwelle
bow-to mooring
Liegen mit Bug zur Pier und Heckanker
bower anchor Buganker
bowl Schale
bowline, bowline knot
Palstek (einfacher)
bowline on a bight doppelter Palstek
to bowse
anholen, etwas nach oben ziehen
to bowse the topping lift
Dirk anholen, Toppnant anholen
bowsprit Bugsprit
bowthruster, bow propeller
Bugpropeller, Bugstrahlruder
box end wrench
Steckschlüssel, Ringschlüssel
brace Gurt, Gürtel, Halteband
to brace versteifen, verstreben, stützen
brace (of a spinnaker pole)
Achterholer (eines Spinnaker-Baumes)
brace (of a square sail)
Brasse (einer Rah)
brace and bits
Kurbelbohrer mit Bohreinsätzen
bracket Haltebügel, Wandhalterung
bracket lamp Innenleuchte (mit Knie)
brackish water Brackwasser
bradawl Nagelbohrer
braided geflochten
brake Bremse, Bremsvorrichtung
brand name
Markenname (eines Produktes)
brass Messing
brass wire Messingdraht
breach, surf, surge Brandung
breadboard Brot(schneide)brett
breadth Breite, größte Breite
to break zerreißen
to break (a wave) brechen (eine Welle)
to break (an object)
zerspringen, zerbrechen, bersten
to break a flag Flagge (eine) entfalten
to break a sail Segel entrollen
to break out a sail Segel ausbringen
to break out an anchor
Anker ausbrechen
Break! Pause! Funkstille!
Unterbrechung!
to break, to wallow, to surge
branden, brechen (einer See)
breakage Bruch, Beschädigung
breaker Ausschalter, Unterbrecher
breaker(s) Brecher, Brandung, Sturzsee
breakers blinde Klippen,
Wellenbrecher
breaking load Bruchlast, Reißfestigkeit
breaking strength
Bruchfestigkeit, Knickfestigkeit
breaking wave überbrechende Welle
breakwater Hafendamm,
Wellenbrecher
breast line Querleine,
Dwarsfestmacher, Beiholer
breather Atempause,
Verschnaufer (des Windes)
breech Blockherd, Blockverschlußstück
breeze Brise, leichter Segelwind
bridge toll Brückengeld
bridge vertical clearance
Durchfahrtshöhe unter einer Brücke
bridgedeck Brückendeck
bridle Zügel, Hahnepot
brig Brigg
bright blank, strahlend, glänzend
to brighten aufhellen, blank machen
brightness Helligkeit, Glanz
brightwork (metal)
Glanzteile (aus Metall)
brightwork (wood)
Holzteile (die gepflegt werden müssen)

Britany-anchor Britany-Anker, schwerer Plattenanker
brittle brüchig, spröde, zerbrechlich
to broach unbeabsichtigt durch den Wind drehen, „Eulen fangen“
to broach to querschlagen, sich breitseits legen
broaching to Kenterlage, Lage quer zur See
broad on the beam genau querab
broad on the quarter vier Strich achteraus, 45° achterlicher als querab
to broad reach mit raum-achterlichem Wind segeln
broad reach raum-achterlicher Kurs
to broad reach raumschots (raumachterlich) segeln
to broad reach downwind raumachterlich segeln
broad reaching raum-achterlich(er Wind, Kurs)
broker Yachtmakler, Schiffsmakler
bronze Bronze
bucket Eimer, Pütz
to buff polieren, glanzschleifen
building defect Fabrikationsfehler, Mängel
building slip Helling
built mast gebauter (verleimter) Mast
built-in buoyancy eingebaute Auftriebskörper
bulb keel Wulstkiel
bulbous bow Wulstbug
bulkhead Schott
bulkhead fibreglassed to hull Schott mit Glasharzverbindung zum Bootsrumpf
bulkhead-mounted inboard chainplate Pütting mit Innenbefestigung am Querschott
bull's eye Bullauge, rundes Seitenfenster
bullet block einscheibiger Block
bullseye fairlead Verholklüse
bulwark Schanzkleid
bulwark stanchion Relingstütze, Schanzkleidstütze
bunk Koje, Schlafkoje
buoy Tonne, Boje (Betonnung)
buoy mooring Liegeplatz an einer Muringboje
buoy rope Bojenleine
buoyancy Auftrieb, Auftriebskraft
buoyancy bag Auftriebskörper, Kenterschlauch
buoyancy compartment Auftriebstank, Auftriebskammer
buoyancy vest Schwimmweste (mit viel Auftrieb)
buoyant heaving line schwimmende Wurfleine
buoyed betonnt
burdened ship or boat ausweichpflichtiges Schiff oder Boot
burgee Stander, Hausflagge
burgee stick Standerstock
buried anchor versenkter Anker
burma teak Teak aus Burma
burner Brenner (eines Kochers)
burying anchor eingegrabener Anker
bush Buchse
butted plank Plankenstoß
butterfly nut, thumbnut Flügelmutter
buttock Heck, hintere Schiffsrundung, Schnitt (im Linienriß)
buying a boat Kauf eines Bootes

C

C-clamp Schraubzwinge, c-förmig
C.Q.R., plough anchor Pflugscharanker
cabin compass Kajütkompaß
cabin cruiser Kajütkreuzer, Kreuzer
cabin lighting Kajütbeleuchtung
cabin motorboat Motorkajütboot
cabin sole, cabin floor Kajütfußboden
cabin trunk Kajütaufbau
cabin yacht Kajütyacht
cabin, saloon Kajüte, Messe, Kabine
cable (185 m, 608 feet) Kabellänge (185 m, 0,1 sm)
to cable a message Nachricht (eine) telegraphieren
cable clench plate Kettenkastenauge, Schlipphaken im Kettenkasten
cable clinch, cable clench Kettenstich, Knoten im Kettenkasten
cable ferry Kettenfähre, Seilfähre
cable lamp Kabellampe
cable layer, cable vessel Kabelleger
cable nipper Kettenstopper, Leinenklemme
cable steering Steuerung mit Leinen
cable-laid rope, cable Kabelschlag (Verseilstufe von Tauwerk)
caboose Vorratsraum, Vorratsspind, Deckskiiche
cabotage Küstenfahrt, kleine Fahrt
cachalot Pottwal
caique Kaike (Küstensegler der Ägäis)
cairn Steinbake
calamary Tintenfisch, Kalamaris
calculated altitude errechnete Höhe
calendar year Kalenderjahr
calendering Kalandern (Qualitätsverbesserung von Segeltuch)
to calk, caulk kalfatern
calker, caulker Kalfaterer
to call anrufen (im Seefunk)
call 1. Ruf, Anruf, Signal; 2. Anlaufen eines Hafens, Zwischenstopp
to call at a port Hafen anlaufen
to call at a port of distress (or refuge) einlaufen in einen Nothafen
call for room to tack Zuruf um Raum zum Wenden
call letters Rufzeichen
call sign Funkrufzeichen, Rufname
call signal Rufzeichen
call signal, radio call signal Funkrufsignal
to call the lead gelotete Wassertiefe aussingen
to call the soundings Lotungen ausrufen, Lotungen „aussingen“
call to all stations Sammelanruf an alle Funkstellen
calm Stille (Bft 0)
calm Windstille, windstill, ruhig
calm belt Kalmengürtel, Mallungen
to calm down abflauen, sich beruhigen
calm sea ruhige See
calm-glassy sea ruhige, spiegelglatte See (Seeg. 0)
calm-rippled sea ruhige, gekräuselte See (Seeg. 1)
Calms of Cancer Kalmengürtel des Krebses, Roßbreiten
Calms of Capricorn Kalmengürtel des Steinbocks, arktische Roßbreiten
calving Kalben (eines Eisbergs)
cam shaft Nockenwelle, Steuerwelle
cam sheet stopper Schotstopper, Seilsperrung durch unrunde Scheiben

camber 1. Bauch, Ausbuchtung, Segelwölbung; 2. konvexe Krümmung des Decks; 3. Wölbungstiefe (eines Profils)
camber of beam Deckswölbung, Decksbalkenbucht
cambered deck gewölbtes Deck
camcleat Klemmklampe, Schotklemme, Curry-Klemme
camcleat block Block mit Schotklemme
can buoy Stumpftonne
canal dues Kanalabgaben
canal lock Kanalschleuse
canal lock gate Kanalschleusentor
canal section between two locks Kanalstrecke zwischen zwei Schleusen
cancellation Entwarnung (Aufhebung einer Sturmwarnung)
cancellation (of a race) Aufhebung (einer Wettfahrt)
cancellation of message Annullierung, Widerruf einer (Seefunk-)Meldung
cancellation signal Aufhebungssignal (einer Wettfahrt)
Cancer Krebs (Tierkreiszeichen)
canister Kanister
canister, tin can Blechkanister
canned corned beef, canned willie Rindfleisch in Dosen
canned goods Konserven, Dosenproviant
canoe Kanu, Paddelboot
canoe stern Kanuheck
canopy Bootszelt, Spritzkappe
cant frame Gillungsspant, Kantspant
cantilever bridge Auslegerbrücke
cantilever frame Toppseitenspant, schräger Innenspant
canvas 1. Segelleinwand, Leinwand; 2. Segeltuch, Persenningstoff; 3. Segelwerk, alle Segel eines Schiffes
canvas area Segelfläche
canvas boat Faltboot, Boot aus Segeltuch
canvas bucket Segeltuchpütz
canvas cover Segeltuchbezug, Plane, Schutzkleid
cap 1. Kappe, Kompaßhaube; 2. Verschlußstück, Fassung einer Lampe
cap nut Hutmutter, Überwurfmutter
capacity 1. Leistungsvermögen (z. B. einer Pumpe); 2. Raumgehalt
capacity (of a boat) Tragfähigkeit (eines Bootes)
capacity (of a container) Fassungsvermögen, Rauminhalt eines Behälters
capacity of a battery Kapazität einer Batterie
capacity of a motor Volumen, Rauminhalt, Literinhalt eines Motors
capacity of a tackle Arbeitslast, Arbeitskraft einer Talje
cape Kap, Huk, Landspitze
capping Abdecken (durch eine Kappe)
capsize Kenterung
to capsize kentern, umschlagen, kippen
to capsize to windward nach Luv kentern
capsized umgekippt, gekentert
capsizing moment Kentermoment, Kippmoment
capstan Spill, Ankerspill (mit vertikaler Welle)
capstan bar Spillspake, Handspake
captain Kapitän, Kommandant, Schiffsführer
captain's protest, ship's Protest Verklarung
captained charter Chartern mit Schiffsführer
car roof rack, car topping rack Autodachträger

to car top a boat
Boot auf dem Autodach transportieren
car topping Autodachtransport
carbon brush Kohlenbürste
carbon fiber
Kohlenstoffaser, Carbonfaser
carburettor body Vergasergehäuse
carburettor barrel Vergaserlufttrichter
carburettor float Vergaserschwimmer
carburettor, carb Vergaser
cardinal buoyage system
Kardinalsystem der Betonnung
cardinal mark
Seezeichen nach dem Kardinalsystem
cardinal marking system System der Richtungsbezeichnung der Betonnung
cardinal point
Position nach dem Kardinalsystem
cardinal system Kardinalsystem
to careen kielholen
cargo Fracht, Ladung
cargo steamer Frachtdampfer
carlin, carling, carline
Schlinge, Balkenschlinge, Kielschwein
carling knee Schlingenknie
carrick bend Trossenstek, Kreuzknoten
carrier wave (radio)
Trägerwelle (Funk)
to carry lee helm leegierig sein
to carry weather helm luvgierig sein
carvel karweel, kraweel
carvel built karweelgebaut
carvel planking Karweelbeplankung
case Bettbezug, Deckenbezug
case of damage Schadensfall
case of insurance Versicherungsfall
cash on delivery Nachnahme, Zahlung bei Lieferung
cast of the lead
Lotwurf, Lotung
to cast anchor ankern, vor Anker gehen
to cast in irons im Wind liegenbleiben, beim Wenden versagen
cast iron Gußeisen
Cast off! Leinen los!
to cast off, to cast off moorings
ablegen, Leinen loswerfen
to cast off, to cast loose
loswerfen, losmachen
castaway Schiffbrüchiger
casting Gußstück, Abguß
castle Kastell, Achterschiff
castle nut Kronenmutter
cat dolly Katamaran-Transportwagen
cat rig, catboat rig
Kattakelung, Rigg ohne Vorsegel
cat yawl Katamaran mit Yawltakelung
cat's paw 1. Katzenpfoten, leichte weiße Wellenkämme; 2. kurze Trompete, Verkürzungsstek
cat, catamaran Kat, Katamaran
catalyst Härter, Katalysator
catboat Katboot,
einmastiges Boot ohne Vorsegel
to catch a turn Tauwerkstörn legen, schlagen
catwalk Laufplanke, „Katzensteg"
caulker's work Kalfaterarbeit
caulking Abdichten, Kalfatern, Vergießen von Nähten
caulking chisel Kalfateisen
caulking compound Dichtungsmasse
caulking gun Spritzpistole, Presse für Dichtungsmasse
caulking iron Kalfateisen
caulking mallet Kalfat(er)hammer
cavitation
Kavitation (Hohlsog am Propeller)
ceiling 1. Deckenverkleidung, Decke; 2. Wolkenhöhe, untere Wolkengrenze
ceiling lamp flache Innenleuchte
ceiling plank Wegerungsplanke

celestial body Gestirn, Stern, Himmelskörper
celestial fix astronomischer Standort
celestial horizon Himmelshorizont
celestial meridian Himmelsmeridian
celestial navigation astronomische Navigation
celestial pole Himmelspol
celestial sight astronomische Beobachtung
celestial sphere Himmelsraum, Himmelskugel
center cockpit Mittelplicht
center keelson Mittelkielschwein
center line Mitte Schiff, Mittschiffslinie
center of buoyancy Formschwerpunkt, Verdrängungsschwerpunkt
center of effort Druckmittelpunkt, Segeldruckpunkt, Segelschwerpunkt
center of gravity Gewichtsschwerpunkt, Massenschwerpunkt
center of lateral resistance Lateralschwerpunkt
center punch Körner (Werkzeug)
center-boom sheeting (mid-boom sheeting) Mittelschot(führung)
centerboard casing, centerboard well Schwertkasten
Centerboard down! Schwert fieren! Schwert runter!
Centerboard up! Schwert hoch!
centerboard well Schwertkasten
centerboard, centreboard Schwert
centerline bulkhead Mittellängsschott
centerline installation Einbau in der Mittschiffslinie, in Kielrichtung
centerplate Schwert, Metallschwert
centipede Tausendfüßler, Tausendbein (Schamfilschutz am Want)
centreboard trunk Schwertkasten
centrifugal pump, vortex pump Kreiselpumpe
certificate of net registered tonnage Schiffsmeßbrief mit Netto-Raumgehalt
certificate of origin Ursprungszeugnis
certificate of ownership Eigentumsnachweis
certificate of registered tonnage Schiffszertifikat mit Tonnagevermessung
certificate of registry Schiffsregisterbrief, Schiffszertifikat
certificate of survey Besichtigungsschein, Schiffspatent
certificate of tonnage Schiffsmeßbrief (für Yachten)
certificate, attestation Bescheinigung
certified vessel Schiff mit ordnungsgemäßen Papieren
to chafe schamfilen, scheuern
to chafe against the shrouds schamfilen an den Wanten
chafing Schamfilen
chafing batten Schamfillatten
chafing gear Schamfilschutz (z. B. Tausendbein)
chafing mate Schamfilmatte
chafing piece Schamfilleiste, Scheuerdopplung (auf dem Segel)
chafing plate Schamfil(blech)platte
chain cable Ankerkette, enge Ringkette
chain locker Kettenkasten
chain plate Pütting, Rüsteisen
chain-link Kettenglied, Kettenschäkel
chain-pipe Kettenrohr, Kettendurchlauf
chain-splice Kettenspleiß (Tau an Kette)
chain-swivel Kettenwirbel
chain-tiller Kettenpinne
challenger Herausforderer (im Rennsegeln)
to chamfer abschrägen, abkanten

to change course Kurs ändern
change of tide Gezeitenwechsel, Tidenkenterung
to change sails Segel wechseln
to change tack Bug wechseln, kreuzen
to change trim Trimm (in Längsrichtung) ändern
channel 1. Fahrrinne, Fahrwasser, Schiffahrtsstraße; 2. Kanal (Seefunk), Sprechweg, Frequenzband
chantey bag Seesack
chantey, chanty Shanty, Arbeitslied
charges, expenses Kosten
chart datum, datum of soundings Kartennull, Bezugslinie der (ausgeloteten) Wassertiefe
chart scale Seekartenmaßstab
chart table Kartentisch
chart, nautical chart Seekarte, Karte
charted depth Kartenwassertiefe
charter Chartern, Charterung
to charter a boat 1. Boot (ein) chartern, mieten; 2. Boot (ein) verchartern, vermieten
charter member Charterer, Mitglied einer Charterbesatzung
charter party Charterpartie, Chartervertrag
charter, chartered boat Charterboot, gechartertes Boot
chartered fleet Flottillenchartern, gecharterte Flottille
chartwork Kartenarbeit, Arbeit in der Seekarte
chatter Rattern, Zittern (bei Werkzeugbenutzung)
check Kontrolle, Überprüfung
to check (a line) schricken, bremsen, kontrollieren (eine Leine)
check list Kontroll-Liste, Packzettel, Prüfliste
check nut, lock nut Gegenmutter
check rope Schricktau, Törntau
checkered gewürfelt, schachbrettartig
cheek block Block mit nur einer Wange, an Mast oder Spiere
to cheese a rope Leine in Schneckenform flach an Deck auslegen
chine Kimm, Kimmknick
chinelog Kimmweger, Kimmknickleiste
Chinese gybe Patenthalse
Chinese lug Dschunkensegel
Chinese lug rig Dschunkenrigg
chiplog Handlog, Brettlog
chiplog line Handlogleine
chipped propeller Propeller mit schartigen Flügeln
chisel Meißel
chock Keil, Klotz
chock 1. Keil, Klotz; 2. Schweinsrücken, Deckshalterung des Ankers; 3. Verholklampe, Lippe, Lippklampe;
choke Starterklappe
chop Kabbelsee, kurze rauhe Wellen
chopped fiber Glasfaserstrang
chopped strand mat Glasseidenmatte
choppy sea kabbelige See, kurze, rauhe See
chord Sehne
chord depth Profiltiefe, Sehnentiefe
chromium Chrom
chute (abbr. for parachute) Spinnaker
circle of position Kreisstandlinie, Kreisstandhöhe
circuit breaker Strom(aus)schalter, Unterbrecher
circumnavigation Weltumsegelung, Erdumsegelung
circumnavigator Weltumsegler, Erdumsegler
cirrocumulus Schäfchenwolken, Cirrocumulus

cirrostratus Schleierwolke, Cirrostratus
cirrus Federwolke, Cirrus
claim Beanstandung, Reklamation, Schadensforderung
claim, complaint Beschwerde
clamcleat Schotklemme, Rohrklemme
clamp Klampe, Klammer, Knebel
clamp screw Feststellschraube
class Klasse, Bootsklasse
class association Klassenorganisation
class boat (one-design-boat) Klassenboot, Einheitsklassenboot
class emblem (in a sail) Klassenzeichen (im Segel)
class flag Klassenflagge (in einer Regatta)
class racing Klassenregatta
class recall Klassenrückruf (Rennen)
clause "no cure no pay" Klausel „Zahlung nur im Erfolgsfall"
to claw off freikreuzen nach Luv, sich freikreuzen
to claw off a lee shore freikreuzen von einer Leeküste
clay Lehm, Ton
clay bottom Lehmgrund
clear klar, fertig, in Ordnung
to clear (ropes, deck etc.) in Ordnung bringen
to clear a rope Leine klarieren, zum Einsatz klarmachen
clear ahead klar voraus
to clear an anchor Anker klarieren
clear anchor klarer Anker
clear astern klar achteraus
clear deck klar Deck, klares Deck
clear for running (of a rope) klar zum Laufen (einer Leine)
to clear inwards einklarieren (ein Schiff)
to clear outwards ausklarieren
to clear through customs verzollen
to clear up aufklaren, aufheitern des Wetters
clear water freies Wasser
clearance 1. Spiel, Freiraum; 2. Klarierung (eines Schiffes) (Zoll)
clearance inwards Einklarierung
clearance of a bridge Durchfahrtshöhe einer Bücke
clearance of a mast Freiraum über einem Mast(topp)
cleared through the customs zollamtlich abgefertigt
clearing outwards ausklarieren
cleat Klampe, Belegklampe
to cleat (a rope) belegen, eine Leine, eine Klampe belegen
cleat allowing towing Klampe zum Abschleppen
clevis Schäkel, Bügel, Haken
clevis pin Schäkelbolzen
clew Schothorn
clew earing Schothornbändsel
clew line Schothornaufholer
to clew out to windward (a sail) ausholen nach Luv (ein Segel)
cliff Klippe
cliffy coast felsige, schroffe Küste
to climb aboard an Bord klettern
to climb above an Deck kommen, hochsteigen
clinker, clinker-built geklinkert
clinker construction Klinkerbauweise
clinker planking Klinkerbeplankung
clinometer Krängungsmesser
clip Clip, Klemme
to clip the jib hanks Stagreiter (der Fock) anstecken
clipper bow Klipperbug
clocking of the wind, clockwise shift of wind Recht(s)drehung des Windes

clockwise
rechtsgängig, im Uhrzeigersinn
clogged air filter verstopfter Luftfilter
clogging Verstopfung
close-hauled am Wind, beim Wind, hoch am Wind
close-hauled beat Kreuzkurs
close-hauled course Amwindkurs
close-hauled full and by
Amwindkurs, Segel voll und bei
close-hauled on port (tack)
am Wind auf Steuerbordbug (mit Backbordhalsen)
close-hauled on starboard (tack)
am Wind auf Backbordbug (mit Steuerbordhalsen)
closed barrel turnbuckle
Spannschraube mit geschlossener Hülse
closed-cell construction (of foamy material) geschlossenzelliger Aufbau (von Schaumstoff)
closed chock geschlossene Klampe
close quarter manoeuvers
Manöver mit begrenztem Raum
to close reach
mit raum-vorlichem Wind segeln
close reach raum-vorlicher Kurs
close reaching
raum-vorlich(er Wind)
close reefed dicht gerefft
cloth, synthetic fiber cloth
Chemiefaser(segel)tuch
cloth 1. Segeltuch; 2. Segeltuchbahn
cloudy bewölkt
clove hitch Webeleinenstek
club Fußrah (eines Vorsegels)
club burgee, yacht club burgee
Clubstander, Yachtclubstander
club house Clubhaus
club-footed headsail
Vorsegel mit Fußrah
club-footed forestaysail
Vorstagsegel mit Fußrah
club-footed jib Baumfock
coachroof coaming Kajütdecksüll
coaming Süll
coaming compartment Süllbereich
coarse-grained grobkörnig
coarse-grained sandpaper
grobes Sandpapier
coast features Küstenmerkmale
coast station Küstenfunkstelle
coastguard Küstenwacht
coastguard station Küstenwachstation
coasting Küstenfahrt
coasting steamer, coasting vessel
Küstendampfer, Kümo
coastline Küstenlinie
coastwise navigation Küstennavigation
coating Anstrich, Überzug
cock Hahn, Seehahn, Schieber
cocked hat Fehlerdreieck
cockpit Plicht
cockpit awning Sonnensegel über der Plicht, Plichtzelt
cockpit coaming Plichtsüll
cockpit cover Plichtpersenning
cockpit cushion Plichtpolster
cockpit drain Plichtentwässerung
cockpit gate
Plichteingang, Plichtdurchlaß
cockpit repeater Anzeigegerät in der Plicht, Tochtergerät
cockpit scupper Speigatt in der Plicht
cockpit seat locker
Backskiste in der Plicht
cockpit sole Plichtboden
cockpit table Tisch (in der Plicht)
cockpit well Versaufloch, Vertiefung der Plicht
code signal flag
Signal(buch)flagge

coffee-grinder Kaffeemühle, starke Zweihandwinsch
cogwheel Zahnrad
coil Spule, Windung
to coil (a rope) aufschießen (eine Leine)
coil (of a rope) Tauring, Tauwerksrolle
to coil in wide fakes aufschießen in langen Buchten
coir Kokos
col schmales Tief
cold front Kaltfront
cold mold mahogany kalt verformtes Mahagonisperrholz
collapsible boat zusammenklappbares Boot
collapsible dinghy Faltboot, faltbares Beiboot
collapsible oar Ausziehriemen, zusammensteckbarer Riemen
collar Flansch
to collide with zusammenstoßen mit
collimation error (of sextant) Einstellungsfehler (beim Sextanten)
collision Zusammenstoß
collision course Kollisionskurs
collision regulations Kollisions(verhütungs)regeln
coloured boot-top farbiger Wasserpaß
colours Nationalflagge
column mounted engine control nebeneinander angeordnete Motorinstrumente
combined lantern doppelfarbige Laterne
combustion Verbrennung
to come aboard an Bord kommen, einschiffen
to come about wenden
to come alongside längsseits kommen
to come alongside a dock anlegen am Kai
to come dry, to take the ground trockenfallen (lassen)
to come in sight in Sicht kommen
to come into port einlaufen in den Hafen
to come to aufkommen
to come to starboard nach Steuerbord drehen
to come up (into the wind) anluven, in den Wind kommen
Come within hail! Kommen Sie in Rufweite!
command bridge Kommandobrücke
command station Steuerstand, Fahrstand
commander Muskeule
to commission a boat Boot in Dienst stellen
commissionning Indienststellung
commodore Kommodore (Marinedienstgrad)
commodore (of a yacht club) Kommodore (eines Clubs)
commodore burgee Kommodoredoppelstander
common whipping einfacher Takling
companionway Niedergang
companionway hatch Niedergangsluke
companionway hatch cover Niedergangslukendeckel, Niedergangskappe
companionway sliding hatch cover Niedergangsschiebekappe
companionway steps Niedergangsstufen
compass Kompaß
compass bearing Kompaßpeilung
compass card Kompaßrose
compass course (CC) Magnetkompaßkurs (Sollkurs) (MgK)
compass error (CE) Kompaßfehler, Fehlweisung (Fw)

compass error (correction) (CE) Magnetkompaßfehlweisung (MgFw)
compass heading Steuerkurs am Kompaß, Magnetkompaßkurs (Istkurs)
compass north (CN) Magnetkompaß-Nord (MgN)
compass point Kompaßstrich
compass rose Kompaßrose
compass swinging, swinging ship Deviationsbestimmung
to compensate a compass Kompaß kompensieren
compensation of damage Schadenersatz
completion stage, stage of completion Fertigungsstand, Stadium der Vollendung
complex of depressions Tiefdrucksystem
compression Verdichtung
conduit Leitung
cone (of spinnaker pole) Spinnakerbaumglocke
Confirm! Bestätigen Sie bitte! (Seefunk)
conical bouy Spitztonne
connection Verbindung, Anschluß
connection rod, con rod Pleuelstange, Kolbenstange, Schubstange
connector Klemme, Stecker
console Konsole, Pult
construction material Baumaterial
consumption Verbrauch
container-ship Containerschiff
continuous ununterbrochen, andauernd
continuous quick light (Q) Funkelfeuer mit dauerndem Funkeln (Fkl.)
continuous service Dienstzeit rund um die Uhr
continuous sound Dauerton
continuous ultra quick light (UQ) Ultra-Funkelfeuer mit dauerndem Ultra-Funkeln (UFkl.)
continuous very quick light (VQ) Schnelles Funkelfeuer mit dauerndem Funkeln (SFkl.)
contour lines Umrißlinien, Linien gleicher Wasserlinie
contour navigation Navigation nach Lotung
contraband goods Schmuggelwaren
contract of sale Kaufvertrag
contribution to the environment Umweltschutzbeitrag
control panel Instrumentenbrett
controlled mast bending kontrollierte Mastbiegung
convertible berth umwandelbare Koje, Sofakoje
convertible settee berth verwandelbare Sofakoje
cook Koch, Smutje
cook's mate Kochgehilfe
coolant Kühlmittel
cooling device, cooler Kühler, Kühleinrichtung (des Motors)
cooling system Kühlsystem
coordinate Koordinate
copper Kupfer
copper wire Kupferdraht
copydeadline (date) Anzeigenschluß (Datum)
coral Koralle
cordage Tauwerk
core of rope Seele, Kern von Tauwerk
core of sandwich fiberglass Kernmaterial von Kunststoff-Sandwich
cork 1. Kork; 2. Korken, Stöpsel
corkscrew Korkenzieher
correction for current Beschickung für Strom (BS)
corrector (of a compass) Korrektor (eines Kompasses)
to corrode korrodieren, rosten

corrosion Korrosion, Rostbildung
corrosive korrosiv, ätzend
corrosiveness Korrosionswirkung
corrugated gewellt
corsair Kaperschiff
corvette Korvette
cost of maintenance Unterhaltungskosten
cotter Querkeil
cotter pin Splint, Vorstecknagel
cotton Baumwolle
counter 1. Gillung, Gilling; 2. Zahltisch, Zähler
counter stern Yachtheck
countersunk nut versenkte Mutter
course 1. Kurs, Weg, Lauf; 2. Wettfahrtkurs, Regattabahn
course line Kurslinie (in der Karte eingezeichneter geplanter Weg)
course made good, true track (CMG) beobachteter Kurs über Grund (KüGb)
course mark Bahnmarke
course of advance (COA) Koppelkurs über Grund (KüGk)
course over ground (COG) Kurs über Grund (KüG)
course plotter Kursschreiber, Kurszeichengerät
course plotting Koppeln (eines Kurses)
course signal Kurssignal
course to make good Koppelkurs über Grund (KüGk)
course to steer, course steered (C) Kurs durchs Wasser ((KdW)
courtesy flag, courtesy ensign Gastlandflagge
to cover zudecken, abdecken
covering board Schandeck
cow hitch Taljereepsknoten
cowl ventilator Drucklüfter
CQR anchor Pflugscharanker
to crack aufreißen, platzen, bersten
crack Riß, Sprung, Spalt
cradle Bootsbock, Bootswagen
craft Fahrzeug, Schiff
craftsmanship Handwerkskunst, Handwerksarbeit
cranage Krangeld
crane Kran
crane charge Krangebühr, Krangeld
crane operator Kranführer
craning fees Krangebühren
crank Kurbel
crank ship rankes Schiff
crankcase Kurbelgehäuse
crankshaft Kurbelwelle
creek kleine Bucht
creeper Suchanker, Draggen
crew 1. Besatzung (insgesamt); 2. Besatzungsmitglied, Mitsegler(in)
crew capacity Höchstbesatzung
crew member Besatzungsmitglied
crew quarters Matrosenlogis, Unterkünfte der Crew
crew woman Mitseglerin
to crew, to be crew Besatzungsmitglied sein
crewed charter boat Charterboot mit bezahlter Besatzung
crewman Mitsegler
cringle Rundkausch, Legel, Lögel
crockery Steingut, Töpfergeschirr
to cross a bar Barre (eine) überqueren
to cross a ship Kurs eines Schiffes kreuzen
to cross ahead vorm Bug vorbeilaufen
cross beam Querbalken
cross bearing Kreuzpeilung
cross bitt Kreuzpoller
cross sea Kreuzsee
cross section Querschnitt
cross spring Querspring

to cross the finish line Ziellinie kreuzen
to cross the line Linie übersegeln
cross-cut sail Segel mit Querbahnen im Normalschnitt
crossing Überquerung, Überfahrt
crosstree Saling
crow's nest Krähennest
crowbar Brechstange, Kuhfuß
crowfoot, crow's foot Hahnepot
crown knot Kreuzknoten
to cruise fahrtensegeln, kreuzen
cruise Kreuzfahrt, Seereise, Fahrt über See
cruiser Seekreuzer, Fahrtenyacht
cruiser (person) Kreuzfahrer, Fahrtensegler
cruiser-racer Fahrten- und Regattayacht
cruising auxiliary Seekreuzer mit Hilfsmotor, Motorkreuzer mit Hilfsbesegelung
cruising guide Handbuch zum Fahrtensegeln
cruising range, action radius Fahrradius, Aktionsradius
cruising sailboat Fahrtenkreuzer
cruising sailor Fahrtensegler(in)
cruising speed Reisegeschwindigkeit, Marschfahrt
cubic foot Kubikfuß (0,028 m^3)
cuckhold's knot Tauschleife, halbe Hahnepot
cuddy cabin Plicht mit Zeltdach
cuff Manschette, Muffe
Cunningham device Cunningham-Geschirr, ...-Strecker
Cunningham hole Cunningham-Kausch
cup Tasse
cupola Kuppel
cupped propeller ausgehöhlter Propeller, eingekerbter Propeller
to cure (of resin) hart werden, verhärten (von Harz)
current drift Drift, Driftströmung
current table Stromtafel
curtailed luff verkürztes Vorliek
curtain slide, curtain track Gardinenstange
cushion Polster, Kissen
cushioned berth Koje mit Polster
custom broker, custom house agent Zollagent
custom building Einzelbau
custom built einzel gefertigt, nach Wunsch des Kunden
custom duties Zollabgabe, Zoll
custom house Zollamt
custom made nach Kundenwunsch gefertigt
custom of the port Hafengebräuche, Gewohnheitsrecht
custom regulations Zollordnung
custom sails Segel für einen Einzelbau
custom-house officer, customs officer Zollbeamter
customized accomodations Kajüteinrichtung nach eigener Wahl
customs Zoll (als Amt)
customs clearance Zollabfertigung
customs formalities Zollformalitäten
cut Schnitt, Schnittfläche, Abschnitt
cut of a sail Segelschnitt
cutter Kutter (mit zwei Vorsegeln)
cutter rig Kutterrigg
cutter rigged yawl Yawl mit Kutter-Vorsegeln
cutwater Vorkante des Vorstevens, Galion
cyclone Tief, Sturmtief

cylinder Gasflasche
cylinder bank Zylinderreihe
cylinder head Zylinderkopf
cylinder liner Zylinderlaufbuchse

D

daggerboard Steckschwert
daggerboard hoist Steckschwerthebevorrichtung
dam Damm, Deich
damage Schaden
damp haze feuchter Nebel
damp, moist feucht
dampness Feuchtigkeit
Danforth anchor Danforth-Anker
danger angle Gefahrenwinkel
danger bearing Gefahrenpeilung
danger signal Warnsignal, Gefahrensignal
danger zone Gefahrengebiet
darn gestopftes Loch (im Segel)
to darn (a tear in a sail) stopfen, vernähen (einen Riß im Segel)
dash Morsestrich, Strich
datum Bezugslinie, Bezugsebene
davit Davit, beweglicher Bootskran
davits Davits
Davy Jone's locker Tiefe der See, Meeresgrund (poet.)
dawn Morgendämmerung
day marker Tagesmarkierung
dayboat offenes Boot für Tagesfahrten
daybreak Tagesanbruch
daycruiser Fahrtenkreuzer für Tagesfahrten
daylight smoke signal Tagesrauchsignal
daysailer Tagessegelboot (ohne Schlafkajüte)
daysailing Tagessegeln
daysailor Tagessegler (Person)
dead ahead (heading) Rechtvorausrichtung (rv)
dead ahead recht voraus, recht von vorn
dead astern recht achteraus, vierkant von achtern
dead calm Totenflaute, Totenstille
dead reckoning navigation Koppelnavigation
dead reckoning Koppeln
dead reckoning landfall Landfall nach gegißtem Besteck
dead reckoning plot Zeichnung eines Koppelkurses
dead reckoning position gekoppelter, gegißter Schiffsort
dead reckoning position (DR-Pos) Koppelort, Loggeort (Ol, Ok)
dead run Kurs platt vor dem Wind
dead slow ganz langsam
deadeye Jungfer, Jungfernblock
deadlight 1. Fensterblende, Seebeschlagblende; 2. Einlegefenster, Decksglas
deadrise Aufkimmung

deadweight Tragfähigkeit
deadwood Totholz, Aufklotzung
decision of protests Protestentscheidungen
deck Deck
to deck eindecken, mit einem Deck (Verdeck) versehen
deck eye Decksauge
deck fitting Decksbeschlag
deck hand Decksmann
deck hardware Deckshandwerksmaterial
deck layout Decksausstattung
deck light Decksglas, Oberlicht
deck line, beam line Deckstrak
deck plan Decksplan
decked eingedeckt
deckhouse Deckshaus
decksweeper Deckfeger (für Vorsegel-Unterliek)
declination Abweichung, Deklination
decommissioning Außerdienststellung
deep draught (draft) ship tiefgehendes Schiff
deep keel tiefer Keel, Flossenkiel
deep sea Tiefsee, hohe See
deep water harbour Tiefwasserhafen
deep-V bottom Bootsboden mit tiefem V
defective through faulty workmanship mangelhaft durch schlechte Verarbeitung
to delaminate delaminieren, sich in Schichten lösen
demurrage Liegegeld
dense fog dicker Nebel (Stgr. 0)
dented angestoßen, eingebeult
depression Tief, Tiefdruckgebiet
depth contour Tiefenlinie (in der Seekarte)
depth of a hull Raumtiefe (eines Rumpfes)
depth of a sail, depth of camber Wölbungstiefe (eines Segels)
depth of water Wassertiefe
depth sounder Echolot
design Konstruktion, Entwurf
to design a vessel entwerfen, zeichnen (eines Fahrzeuges)
design sketch Vorentwurf (einer Bauzeichnung)
designed waterline Konstruktionswasserlinie
designer Konstrukteur, Entwerfer
details Besonderheiten
deterioration Wetterverschlechterung
determination of distance Distanzbestimmung
deviation Deviation, Ablenkung
deviation (Dev) Magnetkompaßdeviation (Abl); Magnetkompaßablenkung (Abl)
deviation card Kompensierungszertifikat
deviation table Deviationstabelle, Steuertafel
dew Tau (meteorolog.)
dew point Taupunkt (meteorolog.)
diagonal cut Laschenschnitt (eines Segels)
diamond crosstree Diamantsaling
diamond shape Rhombus
diamond shroud Diamantwant
diamond stay Diamantstag
diamond strut Diamantspreize
diaphone Preßluftsirene, Heuler
diaphragm pump Membranpumpe
diesel engine Dieselmotor
diesel fuel can Dieselkanister
diesel fuel, diesel oil Dieselkraftstoff, Dieselöl
diesel mechanic Dieselmechaniker
digital readout Digitalanzeige

dimensions Abmessungen
dinette Dinette, Eß- und Sitzraum
dinghy outboard motor mount Motorbefestigung an einem Beiboot
dinghy racing Jollenregatta
dinghy sailing Jollensegelsport
dinghy, sailing dinghy Jolle, Segeljolle
dinghy, tender Beiboot, Dingi
dip (of the horizon) Kimmtiefe
to dip the ensign dippen (der Flagge)
dipping lugsail dippendes, fierbares Luggersegel
dipping of the flag, flag salute Flaggengruß
dipstick Peilstab (zum Ölstand messen)
direction for use Gebrauchsanweisung
direction light, directional light Leitfeuer
to discharge from quarantine von der Quarantäne befreien
discharge piping Abflußrohr
discount Preisnachlaß, Diskonto
to disembark ausbooten, an Land gehen (setzen)
to dismast entmasten
dismasting Mastbruch, Mastverlust
displacement Wasserverdrängung
displacement hull Verdrängerrumpf
distance Abstand, Entfernung
distance log Meilenzähler
distance made good Gesamtentfernung, Generaldistanz
distance racing Atlantikregatta, Weltregatta
distilled water destilliertes Wasser
distress call Notruf, Mayday-Ruf
distress flares Seenotfeuerwerk, Seenotraketen
distress signal Seenotsignal
distress communication Seenot(funk)verkehr
disturbance Störung
ditty bag Segelmachersack, Reparaturbeutel
divergence Divergenz, (meteorol.) Abweichung
dividers Stechzirkel
diving bell Taucherglocke
do-it-yourself boat Selbstbau-Boot
to dock festmachen, im Hafen anlegen
dock 1. Kai, Hafenanlage; 2. Hafenbecken; 3. Schwimmsteg, Bootssteg
to dock alongside längsseits anlegen
to dock bow-to Bug voran anlegen
dock harbour Dockhafen
to dock stern-to Heck voran anlegen
docking 1. Anlaufen einer Pier, Anlegen; 2. Docken, Eindocken
docking fees Liegeplatzgebühren, Hafengeld
docking line Festmacherleine
docking space Hafenliegeplatz
dockmaster Hafenmeister
documentation (documents) of a vessel Schiffspapiere
dodger Schutzkleid, Spritzkappe
dog watch Hundewache
dog days Hundstage
doldrums Mallungen, Kalmengürtel
dolly kleiner Poller
dolphin 1. Delphin; 2. Dalben, Dückdalben
dolphin striker Stampfstock
dome light Deckenbeleuchtung
dorade ventilator Dorade-Lüfter
to double a cape umrunden, passieren (ein Kap)
double berth Doppelbett, Doppelkoje
double block Doppelblock
double cabin Doppelkammer, Zweibettkammer

double head rig Kutterrigg
double headsail rig Doppelvorsegelrigg, Kutterrigg
double leaf table Doppelklappentisch
double sheet bend doppelter Schotstek
double V-berth Doppelkoje in V-Form
double-acting pump doppeltwirkende Pumpe
double-ender (boat) Doppelender (Boot)
double-head bitt Doppelpoller
double-planked hull doppelt geplanker Rumpf
to double-up (lines) verdoppeln (Leinen)
doubler plate Dopplungsplatte
doubling the angle on the bow Verdoppelung der Seitenpeilung
dowel pin Dübel, Pfropfen
downdraught carburettor Fallstromvergaser
downhaul Niederholer
downstream stromabwärts, mit dem Strom
downwind performance Vorwind-Leistungsfähigkeit
downwind tacking Kreuzen vor dem Wind
to dowse, to douse a sail Segel bergen und zurren
to dowse schnell fieren, einfach fallenlassen
draft of a boat Tiefgang eines Bootes
draft of a sail Wölbungstiefe (eines Segels)
to drag nachschleppen, schleifen, dreggen
drag Widerstand
to drag along nachschleppen, (längsseits) mitschleifen
drag anchor Treibanker, Dragganker, Bremsanker
to drag at anchor vor Anker treiben
to drag for suchen mit dem Draggen
to drag for an anchor verlorenen Anker suchen
to drag the bottom Grund mit dem Draggen absuchen
to drain lenzen, entleeren
to drain (a tank) entwässern (einen Tank)
drain cock Entwässerungshahn
drain cork Ablaßstopfen
drain hole Ablaufloch
drain plug Ablaßschraube
drain tap Ablaßhahn
draught, draft Tiefgang
to draw (a keel) tiefgehen
to draw (a sail) ziehen (ein Segel)
to draw up aufziehen, aufschleppen
drawing board Zeichenbrett, Reißbrett
to dredge ausbaggern
dredged berth ausgebaggerter Liegeplatz
dredger Bagger
dredging Baggern
dredging works Baggerarbeiten
to dress ship Flaggengala, über die Toppen flaggen
dressed full Flaggengala (angelegt)
to drift driften, treiben
drift (due to current) Stromversetzung
drift anchor Treibanker
drift angle Abtriftwinkel
to drift away vertreiben, abtreiben
drift current Driftströmung
drift, leeway Abtrift
drifter Drifter (Leichtwetter-Vorsegel)
to drill bohren, ausbohren
drill Übung, Rollenmanöver
drinking water Trinkwasser

drip pan Tropfschale, Leckwanne
drive Antrieb
to drive ashore an Land treiben
to drive back zurücktreiben
to drive out to sea abtreiben nach See
driving shaft Antriebswelle
to drizzle nieseln
drizzle Nieselregen
to drop astern achteraus sacken
drop keel Kielschwert, Hubkiel
to drop sails Segel bergen
to drop the anchor ankern
to drop, to abate abflauen, nachlassen
drop-leaf table Klapptisch, Kajüttisch mit klappbaren Seitenteilen
droplet Tröpfchen (Regen)
drought Trockenheit
drum Faß, Tonne
to dry trocknen, trockenfallen
dry dock, graving dock Trockendock
dry haze trockener, leichter Nebel
dry rot Trockenfäule
dry sailboat trockensegelndes Boot
dry storage Winterliegeplatz in der Halle
drying height (above chart datum) trockenfallende Höhe (über Kartennull)
drying mooring trockenfallender Ankerplatz, Liegeplatz
drying-out harbour trockenfallender Hafen, Tidenhafen
drying-out of the bilge Ausösen, Lenzen der Bilge
drysailing area Landliegeplatz (in der Saison), Bootsparkplatz
due south genau Süd
duffel bag Seesack
dugout canoe Einbaum, Kanu
dummy barge Schleppkahn (ohne Motor)
dune Düne, Sanddüne
duty-free zollfrei
dye marker Farbzeichen

E

eagre Flutwelle (heftig, plötzlich)
earing Bändsel
earth light, earthshine Erdschatten (am Mond)
to ease a sheet Schot schricken
ease of handling leichte Handhabung
to ease off (a rope) lose geben, langsam fieren, Druck wegnehmen
to ease off (the wind) beruhigen, erleichtern, ermatten
to ease right off kräftig Lose geben
to ease the helm aufkommen (mit dem Ruder)
to ease up entlasten, leichtern, lockern
easiness of the helm Steuerfähigkeit leicht und gut
east Osten
easterlies Passatwinde
easterly belt Passatgürtel
easterly variation östliche Mißweisung
Easy astern! Langsam zurück!
easy bilge runde Kimm
easy on the helm leicht auf dem Ruder
easy on the tiller leicht auf dem Ruder (liegt ein Boot)
easy to beach einfach auf den Strand zu ziehen
Easy! Langsam!
to eat to windward Luv abschneiden, Luv gewinnen
to ebb ebben, abströmen
ebb Ebbe
ebb anchor Ebbanker
ebb current Ebbstrom
ebb stream Ebbstrom
ebb tide and flood tide, ebb and flow Ebbe und Flut
ebb tide, ebb stream, ebb current Ebbstrom
ebony Ebenholz
echo-sounder Echolot
ecliptic Ekliptik, scheinbare Sonnenbahn
eddy (in air) Luftwirbel, Wirbel
eddy (in water) Wasserwirbel, Strudel
edge Kante, Rand, Schneide
effective horsepower effektive Pferdestärke
efficiency Nutzeffekt (eines Gerätes)
elapsed time gesegelte Zeit, abgelaufene Zeit
elbow in the hawse Ankerkettenverwindung
electric distress light elektrisches Rettungslicht
electric powered bilge pump elektrische Bilgepumpe
electric torch elektrische Taschenlampe
electric winch elektrische Winsch
electric-powered windlass elektrische Ankerwinde
electrical crane elektrischer Kran
electrical tape, insulating tape Isolierband
electrically-driven winch elektrisch angetriebene Winsch
electro-hydraulic winch elektro-hydraulische Winsch
electrolytic corrosion elektrolytische Korrosion
elevation Feuerhöhe
Elmo's fire Elmsfeuer
embacle Eisgang
to embark einschiffen, sich einschiffen, an Bord nehmen

embark Uferdamm, Eindämmung
embarkation Einschiffung
to embay, to be embayed einschließen in eine Bucht, eingeschlossen sein
embayed strandungsgefährdet, mit Land besetzt
emergency at sea Notlage, Notfall auf See
emergency postion indicating radio beacon (EPIRB) Seenotfunkboje (EPIRB)
emergency tiller Notpinne
emergency transmitter Notsender
emery paper Schmirgelpapier
empty leer
to empty (a marine toilet) entleeren, auspumpen (eine Bordtoilette)
enamel Emaille, Schmelz
enamel paint, enamel varnish Emaillefarbe, Emaillelack
end bulkhead Endschott, Abschlußschott
end coaming Quersüll
end-for-end Gegenrichtung
end-of-boom sheeting Heckschot, Baumnockschotführung
endless whip endlos geschorener Klappläufer
energy pack Energieanlage, Bootsenergiebox
engine Motor, Maschine
engine bed Motorenfundament
engine bedding Motorenunterbau
engine oil Schmieröl
engine room Motorenraum
English watch englische Wache
ensign Nationalflagge
ensign staff Flaggenstock am Heck
entrance Zugang, Vorschiffslinien
entrance lock Zugangsschleuse
entrance to harbour, entrance of a port Hafeneinfahrt
Ephemerides Ephemeriden, Nautisches Jahrbuch
EPIRB - abbr. emergency position indicator radio beacon EPIRB - Seenotfunkboje
epoxy Epoxid
epoxy glue Epoxidleim, Epoxiddichtungsmasse
epoxy resin Epoxidharz
epoxyfication Epoxidverarbeitung
equal altitudes korrespondierende Höhen
equation of time Zeitgleichung
equatorial rain Äquatorialregen
equinoctial äquinoktial, Tag- und Nachtgleiche betreffend
equinoctial line Linie der Tag- und Nachtgleiche
equinoctial point Tag- und Nachtgleichenpunkt
equinoctial tide Äquinoktialtide
equinox Tag- und Nachtgleiche
equisignal zone Leitstrahlsektor
error in navigation Navigationsfehler
escutcheon Namensschild am Heck eines Schiffes
to establish and maintain an overlap Überlappung herstellen und beibehalten (Rennen)
to establish mast abeam Position „Mast querab“ herstellen
establishment Einrichtung, Niederlassung, Anstalt
estimated position gegißter Schiffsort, gegißtes Besteck
estuary Flußmündung, Revier
evaporation fog Nebelnässen
ex-meridian altitude Nebenmeridianhöhe

ex-meridian latitude Nebenmeridianbreite
excellent visibility außergewöhnlich gute Sicht (Stgr. 9)
executive Funktionär, Vorstandsmitglied
executive committee Vorstand, ausführendes Organ (eines Clubs)
exhaust cowl Ablufthaube
exhaust pipe Auspuffrohr
exhaust port Auspufföffnung, Auspuffschlitz
expert Berater, Kaufberater
exposition schedule Ausstellungsprogramm
to extend, to make, to note a protest Verklarung belegen
extended forecast Wetterbericht mit mittelfristiger Wettervorhersage
extension cord Verlängerungsschnur, elektrisch
extinguished light erloschenes Feuer
extra extra, zusätzlich, besonders
extra flexible besonders biegsam
extra flat besonders flach
extreme breadth Breite über alles
extreme length Länge über alles
extruded aluminum (aluminium) stranggepreßtes Aluminium
extrusion process Strangpreßverfahren, Strangpressung
eye Auge, Öse
eye and jaw toggle Knebel mit Auge und Gabel
eye and eye rigging screw Wantenspanner mit zwei Augen
eye and eye toggle Knebel mit zwei Augen
eye and fork rigging screw Wantenspanner mit Auge und Gabel
eye and toggle sail tie Beschlagzeising mit Auge und Knebel
eye bolt Augbolzen
eye of a hurricane Auge eines Hurrikans (Wirbelsturms)
eye of the storm Auge eines Sturms (Orkans)
eye plate, lug pad Augplatte
eye splice Augspleiß
eye strap Augstropp
eye terminal, eyelet terminal Augterminal
eyelet Gattchen, Segelöse
eyepiece Okular, Augenmuschel

F

factory installed
serienmäßig, werkseitig eingebaut
to fag aufdrehen (von Tauwerk)
fag ends ausgefranste Tampen
fair klar, anständig, angemessen
to fair (a surface)
glätten (eine Oberfläche)
fair sailing faires Segeln
fair weather günstiges Wetter
Fair winds! Guten Wind!
fairlead Lippe, Führung, Verholklampe
fairway Fahrwasser, Fahrrinne
fairway buoy Fahrwassertonne
fake Bucht, Tauwindung, Kettenbucht
to fake (a rope)
aufschießen (eine Leine)
to fake down
aufschießen in flachen Buchten
fall Läufer, Leine einer Talje
to fall foul of a ship zusammenstoßen mit einem Schiff, unklar kommen
to fall off abfallen, nachlassen
to fall overboard über Bord fallen
fall rope Lauftau
to fall to leeward leewärts absacken, vom Wind abfallen
falling tide Ebbe, ablaufendes Wasser
family coast-cruising auxiliary sailboat familiengerechter Fahrtenkreuzer mit Hilfsmotor
family cruising
Fahrtensegeln mit der Familie
family sailboat
Familienboot ohne Kajüte
fan Lüfter, Ventilator
fast Festmacher
to fasten the tack of a sail
Hals eines Segels anschlagen
fastening Befestigung (Art der ...)
fastening point Befestigungspunkt
fathom Faden, Tiefenmaß 1,83 m
fathometer Tiefenmesser
favored end (of starting line)
bevorzugte Seite (einer Startlinie)
fee, tip Trinkgeld
to feel the wind Wind fühlen, „riechen“
feeler gauge Schieblehre, Feinmeßlehre
to fend off abfendern
fender Fender
fender pile Fenderpfahl, Reibepfahl
fenderboard Fenderbrett
ferro-cement Eisenbeton
ferry Fähre
ferry wharf Fähranleger
ferryboat Fährboot
ferryboat traffic Fährbootverkehr
ferryman Fährmann
to fetch a course
Kurs halten, Weg erreichen
to fetch a mark Bahnmarke anliegen, holen, erreichen
to fetch about kreuzen, aufkreuzen
to fetch an island Insel erreichen, auf eine Insel zulaufen
to fetch headway Fahrt bekommen, Fahrt voraus aufnehmen
fetch of the wind Windbahn, Windbereich zwischen Luv- und Leeküste
fiber clad rope bekleidetes Stahltau, Fasertau mit Drahtseele
fiber glass Glasfaser
fiber rope Faserseil
fiber rope Fasertau
fiber, fibre Faser
fiberglass cloth Glasseidengewebe

fiberglass mat Glasseidenmatte
fiberglass reinforced polyester glasfaserverstärkter Kunststoff (GFK)
fiberglass reinforced resin Polyesterharz mit Glasfaserverstärkung
fiddle block Violinblock
fiddle table Schlingertisch
fiddle, fiddle guard Schlingerleiste eines Tisches
fiddle-head Bugkopf mit Schneckenrundungen
fife-rail, pin rail Nagelbank
fifty-fifty Motorsegler (halb und halb)
figure eight achtförmig
figure eight knot Achtknoten
figure of eight fake achtförmig aufgeschossenes (ausgelegtes) Tauwerk
figurehead Galionsfigur, Bugfigur
filament Faden, Faser, Garn (zur Seilfertigung)
file Feile
fill Schuß, Schußfaden
to fill a sail Segel mit Wind füllen
fill elongation Schuß(faden)streckung
Fill her up with gas! Füllen Sie bitte die Gasflasche!
fill thread Schußfaden, Schußgarn
to fill-up tanken, füllen, auffüllen, voll machen
filled sail voll (mit Wind) gefülltes Segel
filler Füllstoff, Füllmasse
filling (e.g. sandwiched sail cloth) Füllung, Einschuß (z.B. Sandwich-Segel)
filling station, petrol station Tankstelle
filtering (of fluids) Filtern (von Flüssigkeiten)
fin Flosse
fin and skeg boat Flossenkieler mit Leitkopfruder
fin keel Flossenkiel, Kielflosse
fin keel (deep keel) Flosse mit großem Tiefgang
fin keel (fixed keel) feste Flosse
fin keel model Flossenkiel-Version
fine-grained feinkörnig
fine trimming of sails optimale Einstellung der Segel
fine tuning (radio) Feinabstimmung, Nachstimmung (eines Funkgerätes)
fine tuning of rigging Feineinstellung des Riggs
fine, penalty Geldstrafe
finger dock Fingerpier
finger-pull hole (in a door) Fingerzugöffnung (in Tür oder Klappe)
to finish a race Wettfahrt (eine) beenden
to finish a shortened course abgekürzte Bahn beenden
finishing line, finish line Ziellinie
finishing mark Begrenzungsmarke der Ziellinie
Finn sailor Finnsegler
fir Föhre, Tanne
fire Feuer
fire bucket Feuerlöscheimer
fire extinguisher Feuerlöscher
fireboat Feuerlöschboot
first mate Erster Offizier
first point of aries Frühlingspunkt
first substitute erster Hilfsstander
fisherman (sail) Fischerstagsegel
fisherman's anchor Stockanker
fisherman's bend Fischerstek, Roringstek
fisherman's knot Fischerknoten
fisherman's staysail Fischermann-Stagsegel
fishing light Fischerlicht
fishing zone Fischereizone

to fit out ausrüsten
to fit out for offshore cruising ausrüsten zum Hochseesegeln
fitted for living on board eingerichtet für Langzeit-Bordleben
fitting Beschlag
fitting out Ausrüsten
fix (Fix) beobachteter Ort (Ob)
fix by two lines of position Schiffsort durch zwei Standlinien
fix from cross bearings Schiffsort aus Kreuzpeilungen
to fix up a radio Funkgerät reparieren
fixed and flashing light (FFl) Mischfeuer: Festfeuer mit Blitzen (Mi.)
fixed keel fester Kiel
fixed light (F) Festfeuer (F)
flag at the dip Flagge halbstocks
flag chest Flaggenkiste, Flaggenrack
flag fly, fly of a flag Flaggenlänge, auswehender Teil
flag halyard Flaggleine, Flaggenfall
flag halyard Flaggleine
flag hoist, hoist of a flag Flaggenbreite
flag loft Flaggenwerkstatt
flag, banner Flagge, Fahne
flagpole (on land) Flaggenmast (an Land)
flagstaff Flaggenstock
flame arrestor Flammenschutz, Flammensicherung
flange Flansch, Krempe
flange joint Flanschverbindung
flange mounted Flanschanschluß, angeflanscht
flap valve Klappventil
to flap wildly, flapping wildly starkes Killen eines Segels
flare Leuchtkugel, Feuersignal
flare gun Leuchtpistole
flare of bow Seitenausfall der Bordwand am Bug
flare-up light Flackerfeuer, Notfeuer
flared hull Rumpf mit Seitenausfall
flash Blink, Aufblitzen
flash point Flammpunkt
flashlight Taschenlampe
flat bottom flacher Bootsboden
flat bottom boat Plattbodenboot
flat calm, dead calm völlige Windstille, Flaute
flat coast flache Küste
flat spiral coil, Flemish coil flach (schneckenförmig) aufgeschossenes Tauwerk
flax Flachs
fleet charter Flottillencharter
Flemish eye Tampen mit eingebundenem Auge (wie ein Augspleiß)
flexible metal pipe biegsames Metallrohr
to float aufschwimmen, (wieder) flottmachen
float Schwimmsteg, Schwimmer (einer Vorrichtung)
to float schwimmen, auf dem Wasser treiben
float chamber (of a carburettor) Schwimmergehäuse (eines Vergasers)
floatation Schwimmfähigkeit
floater Leichtwindspinnaker
floating crane Schwimmkran
floating dock Schwimmpier, Schwimmdock
floating flare schwimmendes Fackelfeuer
floating light schwimmender Feuerträger
floating smoke flare schwimmendes Rauchsignal
to flog knallen, schlagen (eines Segels)

flood Überschwemmung (an Land)
flood and ebb Flut und Ebbe
flood current Flutstrom
flood tide Flut, steigendes Wasser
flooding Überflutung, Überschwemmung
floor Boden, Fußboden, Bodenwrange
floor timber Bodenwrange
flooring Fußbodenbelag
flotilla Flottille
flotsam Treibgut (auf See), über Bord geworfener Abfall
flotsam and jetsam Strandgut, angeschwemmtes Treibgut
flukes Flunken
to flush a toilet Toilette ausspülen
flush deck Glattdeck
flush decked 1. glatt gedeckt, mit Glattdeck; 2. Glattdecker, ohne Kajütaufbau; 3. Backdecker, mit Backdeck
flush handle versenkter Griff
flush joint bündiges Gefüge, Karweelbauweise
flush mounted bündig montiert
flushing of marine toilet Auspumpen der Bordtoilette
to flutter flattern (des Segels)
to fly a flag Flagge führen, Flagge setzen
to fly the French flag französische Flagge führen
flying bridge wörtl. „fliegende Brücke“, sehr hoher Steuerstand
flying jib, Yankee foresail Flieger
flywheel Schwungrad
foam material Schaumstoff, Kernmaterial
foam plastic ausgeschäumter Kunststoff
focsle Vorschiff
fog 1. Nebel (meteorologisch); 2. mäßiger Nebel (Stgr. 2); 3. dichter Nebel
fog at dawn Frühnebel
fog detector light Nebelsuchfeuer, Sichtweitenmeßgerät
fog signals Nebelsignale
foggy nebelig, trübe
foghorn Nebelhorn
foil 1. Tragflügel, Segelprofil; 2. Tragfläche (Tragflächenboot)
foldaway table zusammenlegbarer Tisch
folding boat Faltboot
folding dodger Klappverdeck
folding grapnel Faltdraggen
folding propeller Faltpropeller
folding table Klapptisch, zusammenklappbarer Tisch
to follow a traffic lane Schiffahrtsweg (einem) folgen
following sea achterliche See
foodstuff, provisions Nahrungsmittel
foot Unterliek
foot block Fußblock
foot of a sail Unterliek eines Segels
foot pump Fußpumpe
foot rope Unterliek, Fußliek, Fußtau
foot-pump pedal Fußpumpenhebel
ford Flachstelle, Furt (zum Durchwaten)
fore topgallant (sail) Vorbramsegel
fore triangle Vorsegeldreieck
fore-and-aft berth Längsschiffskoje
fore-and-aft bulkhead Längsschott
fore-and-aft line Mittellinie, Mittschiffslinie
fore-and-aft mooring Ankern (Verankerung) mit Bug- und Heckanker
fore-and-aft rig Schrattakelung
fore-and-aft sail Schratsegel
fore-and-aft schooner Schuneryacht
fore-and-aft seat Längsschiffssitz(bank)

fore-and-after Schuner, Gaffelschuner
forecabin Vorderkajüte
forecabin berth Vorschiffskoje
forecast Vorhersage, Wettervorhersage
forecaster Wetterberater
forecastle (on sailing ship) Back (auf Segelschiff)
forecastle (on yachts) Vorschiff (auf Yachten)
forecourse Fock, Focksegel (auf Rahschiff)
foredeck Vordeck, Vorderdeck
foredeck hand Mitsegler für Vordecksarbeiten
forefoot Vorfuß
forehatch cover Vorlukschiebekappe, vorderer Lukendeckel
foreland Vorland, Vorgebirge
forepeak Vorpiek
to forereach 1. segeln mit raumvorlichem Wind (nach Luv); 2. übersegeln, überholen, totsegeln
foresail (forestaysail) Vorstagsegel
forespring, forward spring Vorspring, vordere Spring
forestay Fockstag (bei Kuttertakelung)
forestaysail club Vorsegelbaum
fork Gabel, Gabelung
fork and eye turnbuckle Spannschraube mit Auge und Gabel
fork and fork turnbuckle Spannschraube mit beidseitigen Gabeln
form stability Formstabilität
forward vorn
forward cabin Vorderkajüte
forward of the beam vorlicher als querab
to fother a leak Leck stopfen
to foul unklar kommen
foul anchor unklarer Anker
foul bottom fauler Boden, schlechter Ankergrund
foul line unklare Leine
foul propeller unklarer Propeller
foul weather Schwerwetter, Sturmwetter
foul weather clothes Schlechtwetterkleidung
foul weather gear Schlechtwetterausrüstung (allg.), Ölzeug
foul weather jacket Schlechtwetterjacke, -mantel
foul weather pants Schlechtwetterhose
fouling of the hull Unterwasserbewuchs am Rumpf
to founder untergehen, sinken
four-mast fore-and-aft schooner Viermastschuner
four-masted bark Viermastbark
four-masted ship Viermaster
four-point bearing Vierstrichpeilung
four-seventy, 470 Vierhundertsiebziger, 470er
frame 1. Rahmen, Fassung; 2. Spant, Bauspant
framing Spantwerk
to frap zurren, beibinden, beiholen
frapping Beifangen, Anreihen
frayed out strand durchgescheuertes Kardeel
frayed rope end aufgedrehter, aufgescheuerter Tampen
freak wave Monstersee, Riesenwelle
free (of charge), free of charges kostenlos, kostenfrei
free advertising kostenlose Anzeige
free wind, large wind raumer Wind
freeboard Freibord
freeing wind raumender Wind
French canal barge französisches Kanalschiff
French coil flach spiralig aufgeschossene Leine

French fake
von innen nach außen gelegte Buchten
fresh air duct Frischluftzuführung
fresh breeze frische Brise (Bft 5)
fresh gale Windstärke 8
fresh water Frischwasser
fresh water pump
Frischwasser-, Trinkwasserpumpe
fresh water tank Frischwassertank
to freshen the nip überholen (eine Leine), Takelage überholen
freshening wind auffrischender Wind
friction Reibung
friction component
Reibungswert, Reibungskoeffizient
frigate Fregatte
from keel to mast truck
vom Kiel zum Flaggenkopf
from seaward von der See her
front Front
front light, lower light (forward light)
Unterfeuer (vorderes Feuer)
front reading compass card
Kompaßrose mit Frontablesung
frontier Grenze
frostbite race
Frostregatta, Wettfahrt im Winter
froth (on a wave)
Schaumbildung (auf einer See)
frying pan Bratpfanne
fuel Kraftstoff, Treibstoff
fuel can Kraftstoffkanister
fuel capacity Kraftstoffvorrat
fuel consumption Kraftstoffverbrauch
fuel filler Kraftstofftrichter
fuel gauge Kraftstoffuhr
fuel metering
Kraftstoffverbrauchsmessung
fuel pump Kraftstoffpumpe
fuel station Tankstelle
fuel tank Kraftstofftank
fuel tankage
Fassungsvermögen von Kraftstoff
full and by voll und bei
full headroom volle Stehhöhe, Kopfhöhe, Deckenhöhe (unter dem Aufbau)
full keel 1. langer Kiel; 2. S-Spant
full length berth Koje für Erwachsene
full length keel, long keel Langkiel(er)
full rigged ship Vollschiff
full sized Abmessungen voll ausgenutzt
Full speed ahead!
Volle Fahrt (..Kraft) voraus!
Full speed astern!
Volle Fahrt (... Kraft) zurück!
full-size chart table (110 cm x 75 cm)
Kartentisch für große Seekarten (110 cm x 75 cm)
fully automatic vollautomatisch
fully commissionned, fully outfitted
voll ausgerüstet
fully fitted for cruising
voll ausgerüstet zum Fahrtensegeln
to fumble
ungeschickt arbeiten, fummeln
funnel with filter Trichter mit Filter
to furl a flag Flagge einrollen
to furl a sail
Segel beschlagen (...bergen)
furling gear Rollreffanlage
furling genoa
Rollreffgenua, Genua zum Einrollen
furling hook Reffhaken (am Baum)
furling jib Rollfock
furling rope Beschlagleine, -bändsel
furling stay Vorstag mit Rollreffanlage
fused switch Sicherung (elektrisch), Patronensicherung

G

gaff Gaffel
gaff cutter Kutter mit Gaffeltakelung
gaff foresail Schunersegel
gaff jaw Gaffelklau
gaff peak halyard Gaffelpiekfall, Piekfall
gaff rig Gaffeltakelung
gaff sail Gaffelsegel
gaff throat halyard Gaffelklaufall, Klaufall
gaff topsail Gaffel-Toppsegel
gaff topsail club Fußrah eines Gaffeltoppsegels
gaff trysail Gaffeltreisegel
gaff-rigged gaffelgetakelt
gaff-rigged schooner Gaffelschuner
gaff-rigged yawl gaffelgetakelte Yawl
to gain on a leak gewinnen über ein Leck
to gain to windward Luv gewinnen
gale stürmischer Wind (Bft 8)
gale advisory Sturmberatung
gale force Sturmstärke
gale warning Sturmwarnung
galley 1. Galeere; 2. Kombüse
gallon (american) Gallone (USA, 3,785 l)
gallon (imperial) Gallone (England, 4,543 l)
galvanic corrosion galvanische Korrosion
to galvanize verzinken
to gam gegenseitig (sich) auf See besuchen
gam Walschule, Schule von Walen
gamming Besuch auf See
ganged winches Winschen, nebeneinander montiert und betrieben
gangway ladder Landgangstreppe, Fallreepstreppe
gangway, gangboard, gangplank Laufplanke, Gangway, Stelling
gap Lücke, Spalte
garboard strake Kielgang
gas stove Gaskocher, Gasofen
gasbin Gasbehälter
gasket 1. Dichtung, Dichtungsring; 2. Beschlagzeising
to gather way Fahrt aufnehmen, in Fahrt kommen
gauge Maßstab, Meßgerät
gear Gerät, Getriebe, Geschirr
gear and equipment technisches und seemännisches Gerät
gear reversing Umsteuervorrichtung
gear shift Getriebe(um)schaltung
gear shift lever Schalthebel, Gashebel
gear wheel Zahnrad
gear, in gear Getriebe eingerückt
gearcase Getriebekasten
gelcoat Feinschicht, Gelcoat
to gelcoat Feinschicht (aus Kunstharz) auftragen
general recall allgemeiner Rückruf (Rennen)
generator power plant Stromerzeuger-Anlage
genoa Genua
genoa sheet Genuaschot
gentle breeze schwache Brise (Bft 3)
geographical co-ordinates of the transmitter geographische Koordinaten eines Senders
geographical position geographische Position (eines Gestirns), Bildpunkt

to get under sail
segelklar machen, unter Segel gehen
to get under way
absegeln, auslaufen, Fahrt aufnehmen
to gimbal kardanisch aufhängen
gimballed kardanisch aufgehängt
gimballed bracket mount
kardanische Aufhängung
gimballed lamp Innenleuchte mit kardanischer Aufhängung
gimballed oven
kardanisch gehalterter Ofen
gimballed stove
kardanisch gehalterter Kocher
gimbals
Kardanringe, kardanische Aufhängung
gimlet Frittbohrer
gipsy, cable wheel, cable lifter
Kettennuß, Kettenscheibe (auf Winsch oder Spill)
girder Träger, Decksunterzug
girth 1. Gurtmaß (eines Segels); 2. Kettenumfang, Spantumfang
girth station Meßmarke, Umfangsmarke
to give (of a rope)
recken (von Tauwerk), sich recken
to give a wide berth
weiten Abstand halten
to give her sheet
Schot aufstecken, lose geben
to give room Raum geben
give-way vessel
ausweichpflichtiges Fahrzeug
gland stuffing box
Stopfbuchsenbrille
glass 1. Glas(material); 2. Fernglas; 3. Wetterglas, Barometer
to glass Glasfasermaterial auflegen
to glass by hand
Glasfaserschichten von Hand auflegen
glass cloth Glasfasermatte
glass mat
Glasfasermatte, Glasseidenmatte
glass reinforced polyester (GRP)
glasfaserverstärkter Polyester-Kunststoff (GFK)
to glass to the hull (a fitting) anlaminieren an den Rumpf (einen Beschlag)
glass windshield
Windschutzscheibe aus Glas
glassworks, fiberglass works
Glasharzarbeiten, Kunststoffarbeiten
gleaming stainless steel
blinkendes, strahlendes Edelstahl
gnomonic gnomonisch
to go about, to tack
über Stag gehen, wenden
Go ahead! Vorwärts! Fahrt voraus!
Go ahead! (radio)
Fahren Sie fort ! (Seefunk)
to go ashore an Land gehen
to go astern achteraus fahren
Go astern! Rückwärts! Fahrt achteraus!
to go flying auswehen lassen (ein Fall, unbeabsichtigt)
to go to sea, to put to sea in See gehen
to go upstream stromauf fahren
gondola Gondel
gong buoy Gongtonne
goniometer Goniometer, Funkpeiler
good holding ground
guter Ankergrund, reiner Grund
good sail trim guter Segeltrimm
good upwind performance
gute Kreuzeigenschaften
good upwind performer Segelyacht mit guten Kreuzeigenschaften
good visibility gute Sicht (Stgr. 7)
gooseneck lamp Schwanenhalslampe
to gouge ausmeißeln, aushöhlen
gouge Hohlmeißel
grabrail Griffschiene, Griffstange

gradient wind Gradientwind
granny's bend, lubber's knot Altweiberknoten
grapnel (anchor) Draggen, Suchanker
grapple Bootshaken, Enterhaken
grappling iron Suchhaken, Suchdraggen
grated hatch cover Lukengräting
grating Gräting, Gitterrost
to grave einschmieren
gravel Kies, Schotter
graving dock Trockendock
graving slip Platz für Überholungsarbeiten, Reparaturbecken
grease Fett
grease cup Fettbüchse, Schmiergefäß
grease gun Fettspritze, Schmierpresse
great circle Großkreis
great circle sailing Großkreissegeln
great circle track Großkreiskurs
green man Segelneuling, unerfahrener Mann
green sea Sturzsee, Brecher
Greenwich hour angle Greenwicher Stundenwinkel
Greenwich Mean Time, UTC Weltzeit UTC
gripe Griff, Vorfuß (eines Bootes)
to gripe luvgierig, stark luvgierig sein
griping (of a boat) Luvgierigkeit, starke Luvgierigkeit (eines Bootes)
gripping sole rutschfeste Schuhsohle
grommet punch Locheisen zur Ösenfertigung
grommet to slip a chain Bergering für unklare Anker
groove Keep, Nut, Hohlkehle
gross tonnage Bruttovermessung, Bruttotonnengehalt
ground Grund, Boden, Seegrund
to ground Grund berühren, auf Grund laufen
ground (electrical) Erdung, Masse (elektrisch)
to ground (electrical) erden (elektrisch)
ground plate (electr.) Erdplatte, Plattenerder (elektr.)
ground swell Grundsee
ground tackle Grundgeschirr, Ankergeschirr, Bojengeschirr
to ground the mast Mast erden
to ground to the keel Erdung (des Riggs) zum Kiel vornehmen
grounding (electr.) Erdung, Erdschluß (elektr.)
grounding (involontary) Auflaufen, Stranden (unfreiwillig)
grounding (volontary) Auflaufen, Stranden (freiwillig)
group flashing light (Fl [3]) Blitzfeuer mit Gruppen von Blitzen (Blz. [3])
group occulting light (Oc [2]) Unterbrochenes Feuer mit Gruppen (2) (Ubr. 2)
group quick light (Q[3]) Funkelfeuer mit Gruppen von Funkeln (Fkl. [3])
group very quick light (VQ[3]) Schnelles Funkelfeuer mit Gruppen von Funkeln (SFkl.[3]
groyne Bewuchs am Unterwasserschiff
guard-rail Seereling, Schutzgeländer
gudgeon Zapfen, Bolzen
guest flag Gastflagge, Gästeflagge
gulf Golf, Haff, Meerbusen
gull Möwe
gun Signalschuß, Startschuß
to gunkhole kreuzen abseits üblicher Wege
gunkholer abenteuerlicher Fahrtensegler
gunkholing Segeln in unbekannten Gewässern

gunmetal Rotguß
gunter lug Steilgaffelsegel, Huarisegel
gunter sail Steilgaffelsegel
gunter-rigged sailboat Segelboot mit Gunter-Takelung
gunwale Schandeck
gusset Knotenblech
to gust böig werden
gust Bö, Windstoß
gustiness Böigkeit
gusty böig
guyed mast abgestagter Mast
to gybe halsen, schiften
gyro-compass Kreiselkompaß

H

hack watch Beobachtungsuhr, Navigationsuhr
hacksaw Metallsäge
hacksaw blade Sägeblatt
hail Hagel
to hail rufen, zurufen, anpreien
to hail a yacht Yacht (eine) anpreien
hailed yacht angerufene, angepreite Yacht
hailing port, port of registry, home port Heimathafen
hailing yacht rufende, preiende Yacht
half-beam Stichbalken
half-decked halbgedeckt
half-hitch halber Schlag
half-mast, half-staff halbstocks, halbmast
half-size chart table (55 cm x 75 cm) Kartentisch für Sportschiffahrtskarte (55 cm x 75 cm)
to half-staff a flag halbmast, halbstocks flaggen
half-tide Mittelwasser
half tonner, half ton yacht Halbtonner
halo Halo (Hof um Sonne oder Mond)
halyard Fall
halyard mast exit Fallaustritt am Mast
halyard rope tail Fasertautampen eines Falls
halyard winch Fallwinsch
halyard-hoisted mast climbing ladder Mastleiter, am Fall geheißt
hambroline Bändselleine, geschlagen
hammer Hammer
hammock Hängematte
hand (person) Besatzungsmitglied, aktiver Mitsegler
hand drill Handbohrer, Handbohrmaschine
hand drill and bits Handbohrer und Bohreinsatz
hand flare Handfackel
hand lead Handlot
hand rail Handlauf
hand winch Handwinde
hand wire brush Drahtbürste

hand-laid fiberglass
handaufgelegtes Glasfasererzeugnis
hand-laid glass construction
handaufgelegte Glasfaserarmierung
hand-laying of polyester
Handauftragen von Polyesterharz
handicap Ausgleich, Vorgabe, Handicap
handicap racing Ausgleichsrennen
Handle with care!
Vorsicht (im Umgang)!
handpump Handpumpe
handy-billy kleine Handtalje
handyman
Bastler, Praktiker, Mann für alles
to hang the jib Fock anstecken
to hang, to hang on, to hank, to hank on
anstecken, anhängen
hanging compass
Kajütkompaß, Hängekompaß
hank Stagreiter
harbor launch Hafenbarkasse
harbor = harbour Hafen
harbour = harbor Hafen
harbour dues, port charges
Hafengebühren, Hafenabgabe
harbour installations
Hafeneinrichtungen
harbour light Hafenfeuer
harbour master's office Hafenamt
harbour master, dockmaster
Hafenmeister
harbour tug Hafenschlepper
Hard alee! Pinne hart nach Lee!
Hard aport!
Pinne hart nach Backbord!
Hard aweather! Pinne hart nach Luv!
hard chine Knickspant
Hard over! Pinne hart über!
Hard to starboard!
Pinne hart nach Steuerbord!
Hard up! Pinne hart auf!
to harden in a sheet
Schot (eine) dichtholen
hardener (for resin) Härter (für Harz)
hatch Luk
hatch cover Lukendeckel
hatchcover coaming Schiebelukensüll
hatchway Lukenöffnung
hatchway coaming Lukensüll
to haul holen, ziehen
haul Zug, Hol, Ziehen
to haul (of apparent wind) schralen, nach vorn holen (des Bordwindes)
to haul aback backholen, backschoten
to haul alongside a dock verholen, längsseits anlegen an einen Kai
to haul around (of apparent wind)
umspringen, drehen des Windes
to haul astern achteraus verholen
to haul down niederholen
to haul down the colours
Nationalflagge niederholen
to haul forward (of apparent wind)
vorausholen, schralen (des Bordwindes)
to haul hand-over-hand
Hand-über-Hand holen
to haul in (a sail) beiholen (ein Segel), Schot weiter zuholen
to haul in the sheet
Schot anholen, einholen
to haul in the slack
Lose durchholen
to haul inboard
binnenbords holen, an Bord holen
to haul off
freiholen, flottmachen, abschleppen
to haul out
aus dem Wasser holen, aufslippen
to haul out a sail Segel ausholen
to haul out the foot Unterliek eines Segels ausholen, strecken

to haul taut steifholen, dichtholen (beim Hin- und Herholen)
Haul taut! Hol dicht! Hol durch!
to haul, to shift, to warp, to tow verholen (mit Leinen, mit eigener Kraft)
hauling in Einschleppen
hauling line Wurfleine, Hievleine
hauling part (of a tackle) holende Part (einer Talje)
to have a list Schlagseite haben
to have sea legs Seebeine haben
to have the sails filled voll stehende Segel haben
to have way on in Fahrt sein
Have you anything to declare? Haben Sie etwas Zollpflichtiges?
haven Hafen ohne Einrichtungen, Kleinboothafen
hawse hole Klüse, Ankerklüse
hawse pipe Klüsenrohr
hawse plug Klüsendeckel
hawser Trosse
hawser bend Trossenstek
hawser laid Trossenschlag
haze Dunst, dünner Nebel
head 1. Vorschiff, Bug; 2. Kopf (eines Segels)
to head for anliegen nach (Kurs), zulaufen auf
to head into the wind in den Wind drehen
head knee, knee of the head Galionsknie
to head off abdrehen
head sea Gegensee, Bugsee
head to sea See von vorn
to head to sea seewärts, nach See zu, auf See hinaus steuern, drehen
head to wind 1. in den Wind; 2. Wind von vorn, gegen den Wind
to head up andrehen, anluven
head wind, wind ahead Gegenwind, vorlicher Wind
headboard Kopfplatte, Kopfbrett
header Schraler (des Windes)
headfoil Profilvorstag
heading wind schralender Wind
heading wind shift schrale Winddrehung
headland Landzunge, Landspitze
headledge Lukenquersüll
headphones Kopfhörer
headquarters Firmensitz, Werftbüro, Residenz, offizielle Anschrift
heads, W.C. Toilette, WC
headsail Vorsegel
headstay Vorstag
headway Vorausfahrt, Restfahrt voraus
hearing of protest Protestverhandlung
heart-shaped thimble Herzkausch
heat exchanger Wärmetauscher
heat wave Hitzewelle
heating Heizung
to heave (of a boat) tauchschwingen (eines Bootes)
to heave a line einhieven (eine Leine) nach dem Loswerfen
to heave a long pull langen Pull hieven
to heave astern achteraus hieven (mit der Winsch), winden
to heave down for careening Boot zur Reinigung auf die Seite legen
to heave in sight in Sicht kommen
to heave in the lines Festmacher einholen
to heave off a boat abbringen, ein Boot wieder flottmachen
to heave out a sail Segel losmachen
to heave short kurzstag hieven
to heave the lead loten
to heave to beidrehen, beiliegen

to heave up the anchor aufhieven (den Anker)
Heave-ho! Hiev rund! Hiev auf!
heaving Tauchschwingen
heaving line Wurfleine
heaving off Abbringen, Flottmachen
heaving to Beidrehen
heavy weather schweres Wetter
heavy displacement große Verdrängung
heavy displacement boat schwerer Verdränger
heavy duty hochbelastbar, überstark
heavy sea hohe See, hochgehende See
to heel 1. krängen, überliegen; 2. sich krängen lassen, sich auf die Seite legen
heel angle Krängungswinkel
to heel gunnel under (i.e. gunwale under) überliegen bis zum Schandeck
heel knee Fußknie, Hinterstevenknie
to heel over überholen, krängen, umschlagen (ein Boot)
to heel to windward luvwärts krängen
heeling error Krängungsfehler
heeling factor Krängungsfaktor
height of eye Augenhöhe
helm Steuerruder, Pinne, Ruderpinne
Helm alee! Pinne nach Lee!
Helm amidships! Ruder mittschiffs!
Helm down! Pinne nach unten! (Pinne nach Lee!)
helm hole Ruderkokeröffnung
helm indicator Ruder(lage)anzeiger
helm port Hennegatt, Öffnung am Ruderkoker
Helm up! Pinne nach Luv! Pinne nach oben!
helmsman Rudergänger, Bootssteuerer
helmsman's seat, helm seat Rudergängersitz
helmswoman Rudergängerin
hemp Hanf
herring boat Heringsfischerboot
herring-boning Nähen im Fischgrätenstil
hex head bolt Sechskantbolzen, Bolzen mit Sechskantkopf
hex(agon) nut Sechskantmutter
high and dry hoch und trocken
high aspect ratio hohes Ansichtsverhältnis
high cloud hohe Wolken
high sea hohe See (Seeg. 7)
high tensile steel hochwertiger Stahl, hochbelastbarer Stahl
high tide Hochwasser (stand)
high water Hochwasser (H.W.), Flut
high water line mark Flutlinie, Flutmarke
high water mark Hochwassermarke
high water stand Hochwasserstillstand
high wind starker Wind
high-output pump Pumpe mit großer Förderleistung
higher high water höheres Hochwasser
to hike ausreiten (eine Jolle)
hiking Ausreiten
hiking stick Ausreithaltestab zur Ruderpinne
hiking strap, toe strap Ausreitgurt
hinge Scharnier, Gelenk
hinged klappbar (mit Scharnier oder Gelenk)
hinged mast Klappmast
hinged mast step Klappstufe am Mast
hitch Knoten, Stek
hitch ball (of a trailer) Ballbeschlag zum Ankuppeln (eines Trailers)
hoar frost Reif
to hog krümmen (eines Bootes) wie ein Katzenrücken

hogged sheer
Sprung mit Bucht nach oben
hogging Durchbiegung nach oben, Aufbuchtung
to hoist heißen, aufheißen, hissen
Hoist away! Heiß auf!
hoist of a flag
Heiß einer Flagge (Breite am Stock)
to hoist the colours
Nationalflagge setzen
to hoist the flag
Flagge setzen, heißen
to hold halten, fassen, festhalten
hold Raum, Laderaum, Last
to hold off abhalten
to hold on beibehalten (Kurs), festhalten, durchhalten
Hold on! Festhalten!
to hold the course Kurs halten
holding of an anchorage
Haltefähigkeit des Ankerplatzes
holding of the bottom
Haltefähigkeit des Grundes
holding power, hold, holding (of an anchor) Haltekraft (eines Ankers)
holding tank
Schmutzwassertank, Fäkalientank
holiday Feiertag
homebound, homeward bound
Heimreise, auf Heimatkurs, auf dem Rückweg
hook Haken, Riegel, Band
horizon dip Kimmtiefe
horse Leitwagen
horse latitudes Roßbreiten, Mallungen
horsepower (HP) 1. Kraft, Leistungsfähigkeit; 2. Pferdestärke (PS)
horseshoe lifebuoy and automatic light
Rettungsboje U-förmig mit Licht
horseshoe ring, horseshoe preserver
Hufeisen-Rettungsring
hose Schlauch
hose clamp Schlauchklemme
hounds Wantangriffstelle am Mast, Mastbacken
hour angle (HA) Stundenwinkel
hour zone Zeitzone
hour glass Stundenglas
hourly fuel consumption
Kraftstoffverbrauch pro Stunde
house magazine Hauszeitschrift
house-boat Hausboot
house-flag Hausflagge
houseline Hüsing, linksgeschlagen, dreischäftig
housing (of an instrument)
Gehäuse (eines Gerätes)
hove-to beigedreht
hovercraft
Luftkissenfahrzeug
How do you read? (radio)
Wie verstehen Sie mich? (Seefunk)
hulk Hulk, Speicherschiff, abgetakelter Rumpf
hull Rumpf
hull design Entwurf des Rumpfes
hull down
unter der Kimm, gerade noch sichtbar
hull insurance Kaskoversicherung
hull speed Rumpffahrt, Rumpfgeschwindigkeit
hull underbody, hull underwater
Unterwasserschiff
hull with tumblehome
Rumpf mit Seiteneinfall
hulling
Beidrehen (Segelschiffsausdruck)
hurricane Orkan (Bft 12)
hurricane warning
Orkanwarnung
hurricane watch
Orkanwache, Hurrikanwache

hydraulic backstay hydraulisches Achterstag
hydraulic backstay adjuster hydraulischer Achterstagspanner
hydraulic fluid Hydrauliköl
hydraulic steering gear hydraulische Steuereinrichtung
hydrofoil Tragfläche (im Wasser)
hydrofoil boat Tragflächenboot
hydrographic chart distributor Seekartenverkaufsstelle
hydrographic survey Seevermessung, hydrographische Vermessung
hydrography Hydrographie, Meereskunde
hydrometer Dichtigkeitsmesser, Hydrometer
hydroplane Wasserflugzeug

I

I say again! (radio) Ich wiederhole! (Seefunk)
I tack! Ich wende!
I-beam track Doppel-T-Gleitschiene, Doppel-T-Träger
ice bound eingeeist, in Eisnot befindlich
ice cake Eisscholle, kleine Eisscholle
ice field Eisfeld
ice floe Eisscholle
ice pack Packeis
ice risk Eisgefahr
ice sailing, ice boating Eissegeln
icebreaker Eisbrecher
iceboat Segelschlitten
icebox Kühlbox, Eisschrank
identification signal Erkennungssignal
identity card Personalausweis
impeller Laufrad, Impeller, Kreisel
to import einführen
import duty Einfuhrzoll
import permit Einfuhrerlaubnis(schein)
import regulations Einfuhrbestimmungen
imposition of silence Gebot der Funkstille
improper navigation fehlerhafte Navigation
in bond, under customs locks Zollverschluß, unter Zollverschluß
in forward gear Getriebe auf vorwärts geschaltet
in reverse gear Getriebe auf rückwärts geschaltet
in the lee of in Lee von
in transit for (in bonds for) in Transit nach (für)
in-harbour manoeuvers Hafenmanöver, Manöver im Hafen
in-hull mounting without thru-hull Binnenbordshalterung ohne Bordwanddurchbruch

inboard 1. binnenbords, innen; 2. nach innen, nach mittschiffs
inboard auxiliary 1. eingebauter Hilfsmotor; 2. Seekreuzer mit Einbaumotor
inboard cruiser Motorkreuzer mit Einbaumotor
inboard genoa track innenliegende Genua-Schotschiene
inboard rig Rigg mit (weiter) innenliegenden Püttings
inboard, inboard motor Einbaumotor
inbound ship einkommendes Schiff
incidence angle Einfallswinkel
incinerator Verbrennungsofen
inclinometer Krängungspendel, Neigungsmesser
index bar, index arm Zeigerarm, Alhidade (Sextant)
index error (of a sextant) Indexfehler (eines Sextanten)
index glass, index mirror Indexspiegel
index shade (of a sextant) Blende (am Sextanten)
inference allgemeine Wetterlage
inflammable brennbar, feuergefährlich
inflatable aufblasbar
inflatable dinghy Schlauchboot, aufblasbares Dingi
inflatable life raft aufblasbare Rettungsinsel
inflatable raft aufblasbares Floß
inflatable survival raft aufblasbares Rettungsfloß, Rettungsinsel
inflated size Größe in aufgeblasenem Zustand
Inglefield clip Flaggenclip, Brummelhaken
inhaul Einholer, Einholleine
initial stability Anfangsstabilität
injection Einspritzung, Spritze
injector Einspritzdüse
inland navigation Binnenschiffahrt
inland rules Verkehrsordnung für die Binnengewässer
inland sailing Binnensegeln
inland sea Binnenmeer, Inlandsee
inland waters Binnengewässer
inlet Einfahrt, Bucht, Förde
inner core Kern, Seele
inner dock inneres Hafenbecken
inner harbour Binnenhafen, Innenhafen
inner jib Binnenklüver
inner martingale stay inneres Stampfstag
inner post Innensteven
inner rabbet line innere Strömungslinie
inner waterway Nebenwassergang, Innenwassergang
inset (on a chart) Plan (auf einer Seekarte)
inshore küsteneinwärts, unter Land
inshore fix Schiffsort nach Landsicht
inshore traffic lane Küstenschiffahrtsweg
inshore waters Küstenvorfeld
inside yacht innenliegende Yacht
inspection hatch, inspection port Kontrollöffnung, Schauloch
to install einrichten, einsetzen
installation of electronic systems Einbau von Elektronikgeräten
instrument panel Instrumentenbrett
insular shelf Inselsockel
insulating tape Isolierband
insulation from cold Isolierung gegen Kälte
insurance broker Versicherungsmakler
insurance certificate Versicherungsbescheinigung
to insure versichern

to insure against all risks versichern gegen jede Gefahr
to insure against fire versichern gegen Feuer
to insure against theft versichern gegen Diebstahl
to insure against war and mine risks versichern gegen Kriegs- und Minengefahr
to insure for a specified time versichern auf Zeit
insured with versichert bei
intake port Einlaßöffnung, Ansaugrohr
intake valve Einlaßventil
integral fuel tank (outboard) eingebauter Kraftstofftank (Außenborder)
intercardinal point Zwischenstrich (am Kompaß)
intermittent light unterbrochenes Feuer, Gleichtaktfeuer
internal halyard innenlaufendes Fall
internal sheave box eingelassener Rollenkasten
internally gimballed kardanische Aufhängung eingebaut
international class one-design internationale Einheitsklasse
international code flag internationale Signalflagge
International Code of Signals Internationales Signalbuch
international hydrographic bureau Internationales hydrographisches Büro (Monaco)
International Offshore Rule IOR-Formel (Vermessungsregeln)
International Racing Rules Internationale Wettsegelbestimmungen
interrupted quick light (IQ) Unterbrochenes Funkelfeuer (Fkl. unt.)
interrupted very quick light (IVQ) Unterbrochenes schnelles Funkelfeuer (SFkl. unt.)
intertidal zone Stillwasserbereich, Gebiet zwischen Ebbe und Flut
inverted compass Kompaß mit Kehrbild, Deckenkompaß
invoice, bill, account Rechnung
iron Eisen
islet Inselchen
isobar Isobare, Linie gleichen Luftdrucks
isobath Tiefenlinie, Linie gleicher Wassertiefe
isogonic line Linie gleicher Mißweisung
isophase light (Iso) Gleichtaktfeuer (Glt.)
isotherm Linie gleicher Temperatur
isthmus Landenge

J

jack 1. Bugflagge; 2. Hebebock
jack ladder Jakobsleiter, Seefallreep
jack pin Belegnagel
jack screw Daumkraft, Wagenheber
jack topsail Vierkanttoppsegel
jacket 1. Jacke, Weste, Mantel; 2. Umhüllung, Ummantelung, Isolierung
jackrope Reffleine, Reihleine
jackstaff Bugflaggenstock, Flaggenstock
jackstay Strecktau, Sorgleine, Jumpstag
jagged ausgezackt, gekerbt
jagged rock schroffer Felsen
to jam bekneifen, festklemmen
to jam (radio) stören (Seefunk)
jam cleat Schotklemme, Kneifklampe
jammed blockiert, verklemmt
jamming Funkstörung, Peilstörung
jamming cleat Kneifklampe, Schotklemme
jaw Klaue, Maul
jellyfish Qualle
jerk Ruck, Stoß
jerrycan Kraftstoffkanister
jet needle Düsennadel
jetsam Strandgut, angeschwemmter Unrat
jettison 1. Seewurf, ins Meer geworfener Unrat; 2. Überbordwerfen
to jettison über Bord werfen, abwerfen (Ballast, Ladung)
to jettison, to throw over board über Bord werfen (auch Abfall)
jetty Anlegebrücke, Bootssteg
jew's harp Ankerschäkel
jib Fock, Klüver
jib , fore staysail Fock, Stagfock, Vorsegel nahe am Mast
jib boom Klüverbaum
jib club Fockbaum
jib downhaul, jib dowser Fockniederholer
jib furling Einrollen der Fock
jib furling gear Rollfockeinrichtung
jib hank Fockstagreiter
jib of a crane Kranausleger
jib sheet Fockschot
jib sheet crew, jib sheet tender Vorschotfrau, Vorschotmann
jib sheet track Fockschotschiene
jib tack Fockhals
jib tack downhaul Fockhalsniederholer, -strecker
jib, foresail, headsail Klüver
jib-headed rig Hochtakelung
jib-headed sail Hochsegel
to jibe, to gybe halsen
jibe, gybe Halse
jibing, gybing Halsen
jibstay Fockstag
jiffy reefing gear Bindereffeinrichtung, Schlappreff, Schnellreff
to jiffy-reef Reff einbinden (mit Bindereff, Schlappreff)
jiffy-reefing Reffen mit Bindereff, Schlappreff, Schnellreff
jigger 1. Streckertalje, Handtalje; 2. Treiber (Besansegel Yawl)
jigger boomkin Treiberbaum, Besanbaum
jigger mast Treibermast, Besanmast (Yawl)
jockey-pole Jockeybaum, Ausleger für Spi-Achterholer

joinerwork Tischlerarbeiten für Inneneinrichtung
joint owner Miteigner
joint ownership Teilhaberschaft an einem Boot
jolly boat Jolle, Segeljolle
Jolly-Roger Piratenflagge
to jolt rütteln, stauchen
jumper cable Verbindungskabel (bei Batterien)
jumper stay Jumpstag
jumper stay Springstag, Genickstag (zwischen zwei Masttoppen)
jumper strut, jumpstay spreader Jumpstagspreize
jumping ladder Lotsenleiter, Jakobsleiter
junction Fahrwasserverbindung
junction buoy Kreuztonne
junction pipe Verbindungsrohr
junk Tauwerksabfälle
jury 1. behelfsmäßig; 2. Berufungsinstanz (Rennsegeln)
jury anchor Notanker, Behelfsanker
jury mast Notmast
jury rig Nottakelung
to jury rig a mast Notrigg errichten
jury rigged behelfsmäßig getakelt, mit Notrigg
jury rudder Notruder

K

kapok Kapok (Fruchtwolle als Auftriebsmaterial)
kapok lifejacket Kapokschwimmweste
kedge, kedge anchor Warpanker, Wurfanker, Verholanker
kedging, warping Warpen, Bootsbewegung mit Wurfankerhilfe
keel Kiel, Kielplanke, Ballastkiel, Schiffskiel, Kielflosse
keel block Kielpalle, Kielstapelklotz
keel boat Kielboot
keel bolt Kielbolzen
keel grounding (electr.) Kielerdung (elektr.)
keel line Kiellinie, Mittschiffslinie
keel long Langkiel
to keel over kieloben kentern
keel rail (on a lifeboat) Kielreling (am Rettungsboot)
keel tank Kieltank
keel water-tank Wassertank im Kiel
keel-centreboard Kielschwert
keel-centreboard sailboat Kielschwertboot
keelage Kielgeld, Hafengeld
keelson Kielschwein

to keep away abhalten
to keep clear ausweichen, klar halten
to keep the luff Luv halten, möglichst hoch am Wind
to keep the offing auf der freien See bleiben
kellet Anker(reit)gewicht
kelp Seetang, Seegras, Kelp
kentledge Ballasteisen, Eisenballast
kept back by bad weather durch Schlechtwetter aufgehalten
ketch Ketsch
ketch rig Ketschtakelung
ketch rigged ketschgetakelt
kettle Wasserkessel, Kochkessel
kevlar Kevlar
key 1. Schlüssel, Splint, Vorstecker; 2. Koralleninsel
key terminal Bolzenterminal
key-pin shackle Schlüsselschäkel
keyhole Schlüsselloch
keyhole plate Schlüssellochdeckplatte
kicking strap tackle Baumniederholtalje
kicking strap, boom vang Baumniederholer, Baumniederhalter
killer whale Schwertwal, Killerwal
kink (in a rope) Kink (in einer Leine)
kink-free rope kinkenfreie Leine, unvertörnte Leine
kinky vertörnt, voller Kinken
kit Werkzeugkasten, Baukasten
knee Knie, Kniestück
knife Messer
knife lanyard Bordmesserbändsel
knockdown Niederschlag bis zur Kenterlage
to knockdown überlegen (durch Böen) bis zur Kenterlage
knockdowned flat flach auf das Wasser gelegt
knocking-down gust Windstoß, der zur Kenterung führt
knot Knoten (seemännisch und nautisch)
knot, bend, hitch Knoten, Stek
knotmeter Fahrtmesser (in Knoten), Yachtlog

L

lace Litze
lacing Reihleine
ladder Leiter
lagoon Lagune
laid geschlagen (Tauwerk)
laid left handed linksgeschlagen, in S-Richtung verseilt
laid right handed rechtsgeschlagen, in Z-Richtung verseilt
laid rope geschlagenes Tauwerk
laminar flow laminare Strömung
to laminate laminieren
lamp bulb socket Glühlampenfassung
to land landen, anlegen
to land by dead reckoning Land ansteuern mit Koppelkurs
land mark Landmarke
Land on starboard! Land an Steuerbord!
land wind Landwind
landfall Landfall
landfall buoy, outer buoy Ansteuerungstonne
landlocked landumschlossen
landlubber Landratte (Bez. für Nichtsegler)
landward land(ein)wärts
lantern Laterne
lanyard Bändsel, Taljereep
lap joint Überlappungsverbindung, Klinkerbauweise
lapper überlappendes (Vor-)Segel
lapstrake planking Klinkerbeplankung
to lash zurren, festzurren, (an)laschen
lashing Zurring
latch Türdrücker, Klinkrad
lateen sail Lateinsegel
lateen yard Lateinrah, Rute
lateral system Lateralsystem
latitude geographische Breite
latitude by dead reckoning gekoppelte, gegißte Breite
latitude by observation beobachtete Breite
to launch zu Wasser lassen (... bringen)
launch, longboat Barkasse
launching ramp Rampe, Helling
launching ramp with winch Rampe mit Winsch
launching slip Ablaufbahn
lavatory paper Toilettenpapier
lawyer Anwalt
lay Schlag (Drehrichtung) von Tauwerk
to lay verseilen
to lay a mark Kurs halten auf eine Bahnmarke
to lay an embargo on a vessel beschlagnahmen (ein Schiff)
to lay up auflegen, abtakeln, einwintern
lazy jack Auffangleine für Segel, Faulenzer
leach Achterliek
lead 1. Lot, Blei; 2. Führung, Leitung
lead angle of sheet Leitwinkel (der Schot)
lead line Lotleine
lead pig Lotkörper
leading edge Anströmkante, Windanschnittskante
leading lights Richtfeuer
leading line Deckpeilung
leading marks Richtbaken
leading yacht führende Yacht (im Rennen)
to leak above the waterline Wasser machen im Überwasserschiff

leak above waterline
Leck über der Wasserlinie
leak below the waterline
Leck unter der Wasserlinie
to leak below the waterline
Wasser machen im Unterwasserschiff
leakage Leckage
leakproof wasserdicht
leaky leck, undicht
to learn to sail segeln lernen
leather Leder
to leave a mooring
ablegen von einer Boje
to leave all marks to port
alle Bahnmarken an Backbord lassen
to leave dock vom Steg, Kai ablegen
lee cloth (inside cabin)
Leesegel (an der Koje)
lee helm leegierig
lee rail awash Leereling unter Wasser
lee shore Leeküste
Lee-o! Ree!
leeboard Schwert, Seitenschwert
leeboard inside cabin
Leebrett (an der Koje)
leeboard, lee cloth
Kojenbrett, Kojensegel
to leebow the current
mit Leebug im Strom segeln
leebowing
Leebug (Strom gegen die Leeseite)
leech line
Regulierleine im Achterliek
leech, leach, after leech Achterliek
leeward leewärts, leewärtig, in Lee
to leeward nach Lee
leeward mark
Leemarke, leewärtige Bahnmarke
leeward side Leeseite
leeway Abdrift
leeway angle Abtriftwinkel
leeway correction
Beschickung für Wind (BW)
left hand thread
linksgeschlagenes Garn
left handed rope Leine in S-Richtung verseilt, linksgeschlagen
leg of a course Kreuzschlag, Kurs auf einer Dreiecksfahrt
legs Wattstützen
length at waterline (LWL)
Länge in der Wasserlinie
length of waterline (LWL)
Länge der Schwimmwasserlinie
length overall (LOA)
Länge über alles (Lüa)
to let go
laufen, auslaufen, schießen lassen
to let go the anchor
Anker fallen lassen
Let go! Laß laufen!
level of the water-mark Pegelstand
lever Hebel
liability insurance, third party indemnity Haftpflichtversicherung
liability, responsibility Haftpflicht
to lie alongside längsseits liegen
to lie at anchor, to ride at anchor
vor Anker liegen, fest verankert sein
to lie atry beiliegen
to lie-to beigedreht liegen, beiliegen
life aboard Bordleben
life belt Rettungsgürtel, Sicherheitsgurt, Schwimmweste
life buoy Rettungsboje
life line Manntau, Strecktau, Greifleine, Relingsdraht
life raft Rettungsfloß (-insel)
life ring, ring buoy Rettungsring
life vest, life jacket Rettungsweste
life-saving equipment
Seenotrettungsausrüstung

life-saving station Seenotrettungsstation
lifeboat Seenotrettungsboot
lifeline, guardrail Seereling
to lift anheben, liften, steigen
lift bridge Hubbrücke
lift-drag-ratio Bootswiderstand im Verhältnis zur Vortriebskraft
lifting rudder Senkruder
lifting tiller hochklappbare Pinne
light air leiser Zug (Bft 1), Leichtwetter
light air genoa Leichtwettergenua
light air jib Leichtwetterfock
light beacon Leuchtbake
light breeze leichte Brise (Bft 2)
light description, class of light Leuchtfeuerkennung, Kennung
light displacement geringe Verdrängung, Leichtdeplacement
light draft Tiefgang des leeren Schiffes
light dues Leuchtfeuergeld
light house (Lt. Ho.) Leuchtturm (Lcht-Tm.)
light spinnaker Leichtwetter-Spinnaker
light vessel Feuerschiff
light waterline Leichtwasserlinie
lighted buoy, light buoy Leuchttonne
lighter boat Kahn, Lastkahn
lighter, open barge Schute
lighthouse beam Lichtstrahl, Ausstrahlung eines Leuchtfeuers
lightning Blitz (meteorolog.)
lights in line Feuer in Linie
lightship, light vessel (Lt. V.) Feuerschiff (F-Sch.)
limb Limbus
limber hole Nüstergatt, Wasserlaufloch in Bodenwrange
limber holes, limbers Nüstergatt(en)
line add Kleinanzeige
line of position, LOP Standlinie
line of soundings Lotstandlinie
liner Linienschiff, Routenschiff
lines are led aft to the cockpit alle Leinen werden aus der Plicht bedient
lining Futter, Laufbuchse
link Kettenglied
linseed oil Leinöl, Leinölfirniß
liquid sandpaper Naßschleifpapier
list Schlagseite
list of lights Leuchtfeuerverzeichnis
to live aboard an Bord leben
live-aboards Langzeitsegler, Aussteiger
LOA, length over all Lüa, Länge über alles
load displacement Verdrängung des beladenen Schiffes
load lines marks Freibordmarken, Lademarken
load waterline, LWL Konstruktionswasserlinie, KWL, CWL
load waterline Schwimmwasserlinie, Konstruktionswasserlinie
load waterline coefficient Völligkeitsgrad der Ladewasserlinie
loaded draft Tiefgang des segelklaren Schiffes
loaded waterline Ladewasserlinie
loading dock Ladehafenbecken
lobster boat Hummerboot
lock 1. Schleuse, Dockschleuse; 2. Schloß, Verschluß, Riegel
lock chamber Schleusenkammer
lock chamber wall Schleusenmauer
lock gate Schleusentor
lock keeper Schleusenwärter
lock master Schleusenmeister
to lock through durchschleusen
lock washer Federring, Unterlegscheibe
lockable verschließbar
locker Schapp, Schrank, Schubfach
locking pin Sicherungsbolzen

locknut Kontermutter, Sicherungsmutter
to lodge a claim for damage against Schadenersatzanspruch geltend machen
to lodge a protest Protest einlegen
to log in das Logbuch eintragen
to log (distance) Distanz ablaufen und messen
log (for speed and distance) Log (für Fahrt und Distanz)
to log (speed) loggen, die Fahrt messen
log book Logbuch, Schiffstagebuch
log book entry Eintragung im Logbuch
log glass Logglas
log line Logleine
log ship (chip) Logscheit
long blast langer (Signal) Ton
long dash langer Morsestrich
long flash langer Blink
long flashing light (LFl) Blinkfeuer (Blk.)
long range forecast langfristige Wettervorhersage
long range navigation Hochseenavigation, Langstreckennavigation
long shaft Langschaft (eines Außenborders)
long splice Langspleiß
long stretch langer Kreuzschlag, langer Schlag
long tack, long board langer Schlag, Streckbug
long wave (radio) Langwelle (Funk)
long-legged beat langer Schlag, auf Amwindkurs
longitude geographische Länge
longitude by dead reckoning gekoppelte, gegißte Länge
longitude by observation beobachtete Länge
longitudinal sail Schratsegel
to lookout Ausguck halten
lookout Ausguck(posten)
lookout by sight and hearing Ausguck mit Augen und Ohren
loop 1. Öse, Ring; 2. Rahmen(antenne)
loose lose
loose-footed loses Unterliek
loose-footed mainsail Großsegel mit losem Unterliek
loose-luffed sail freifliegendes Segel (mit losem Vorliek)
to loosen a sail Segel losmachen
loss of life Verlust des Lebens, Tod
lost with all hands Schiffsuntergang ohne Überlebende
loud hailer Megaphon, Sprachrohr (mit elektrischem Verstärker)
loudspeaker Lautsprecher
low Tief
low cloud niedrige Wolken
low pressure tiefer Luftdruck
low tide Niedrigwasser(stand)
low water Niedrigwasser
low water line, low water mark Niedrigwasserlinie, Ebbemarke
low water stand Stillstand des Niedrigwassers
low-stretch rope vorgerecktes Tauwerk
to lower a sail Segel fieren
lower high water niedrigeres Hochwasser
lower limb Unterrand (von Sonne und Mond)
lower mast Untermast
lower shroud Unterwant
to lower the flag Flagge niederholen
lower topgallant (sail) Unterbramsegel
lower topsail Untermarssegel
lowers Unterwanten

lowest low water niedrigstes Niedrigwasser
loxodromic line, loxodromy Loxodrome
loxodromic navigation loxodromische Navigation
LP (Luff-Perpendicular) LP-Maß (Abkürzung für Luff-Perpendicular)
lubber ungeschickter, unerfahrener Segler
lubber line, 45 degree versetzter Steuerstrich (um 45°)
lubber's knot Altweiberknoten
lubber's line Steuerstrich
lubrication point Schmierstelle
to luff 1. luven, anluven; 2. killen, flappen (eines Segels)
luff Luvliek, Vorliek
to luff above a close-hauled course luven über einen Amwindkurs hinaus
luff downhaul Vorliekstrecker
luff rope Luvliektau, Vorliektau
luff tackle Arbeitstalje, Handtalje
luff tension Vorliekspannung
luff tensioner Vorliekstrecker
luff wire Drahtvorliek
luffing (of a boat) Luven, Anluven (eines Bootes)
luffing of a sail Killen eines Segels
lug pad Augplatte
luggage, baggage Gepäck
lugsail Luggersegel
lugsail rig Luggertakelung
lull Stille, Windstille, zeitweises Nachlassen
lumber Schnittholz, Gerümpel
luminous range Leuchtweite, Tragweite eines Leuchtfeuers
lumpy sea massige See, schwere See
lunation Mondumlauf, Mondmonat
lurch, lurching starkes Überlegen (beim Schlingern)
LWL (abbr. for length at waterline) LWL (Abk. für Länge in der (Schwimm-)Wasserlinie)
LWL (abbr. for load waterline) KWL, CWL (Abk. für Konstruktions-wasserlinie)
lying to under storm sail beiliegen unter Sturmsegel

M

machine screw Maschinenschraube
made of solid teak aus massivem Teak gefertigt
magnet Magnet, Magnetstab
magnetic mißweisend
magnetic bearing 1. Magnetkompaßpeilung (MgP); 2. mißweisende Peilung (mwP)
magnetic course (MC) mißweisender Kurs (mwK)
magnetic declination, variation Mißweisung
magnetic north (MN) mißweisend Nord (mwN)
magnetic rose (sea chart) Mißweisungsrose (in der Seekarte)
mahogany wood Mahagoni-Holz
maiden sail Jungfernfahrt (mit einer Segelyacht)
maiden trip Jungfernreise (eines Schiffes)
maiden voyage Jungfernfahrt (eines Seekreuzers)
main beam größte Breite
main cabin Salon, Hauptkajüte
main frame Hauptspant
main mast Großmast
main rudder Hauptruder
main sea Weltmeer, offene See
main sheet Großschot
main staysail Großstagsegel
main switch Hauptschalter
main topgallant (sail) Großbramsegel
main topsail Großtoppsegel
main traveller track Travellerschiene für Großsegel
main trysail Sturmgroßsegel
mainsail Großsegel
mainsail stop Großsegelmastliekstopper
mainsail with 3 reef bands Großsegel mit 3 Reffreihen
mainsheet horse Großschotleitschiene, Großschotleuwagen
maintenance Instandhaltung, Wartung
to make a false tack falschen Schlag segeln
to make a landfall Landfall machen
to make fast belegen, festmachen, vertäuen
to make out a signal Signal (ein) ausmachen
making way Fahrt machen
man overboard pole Mann-über-Bord-Schwimmflagge
Man overboard! Mann über Bord!
manhole Mannloch
manila Manila
manila hemp Manila-Hanf
manila rope Manila-Tauwerk
manrope knot Fallreepsknoten
to mar a surface Oberfläche (eine) beschädigen
marine band radio Seefunkfrequenz
marine casualties Schiffsunfälle
marine glue Marineleim, Vergußmasse, Decksverguß
marine hardware Bootsbeschläge, Eisenwaren
marine insurance Seeversicherung
marine insurance policy Seeversicherungspolice
marine insurer Seeversicherer
marine language Schiffahrtssprache, Seemannssprache

marine paint Bootsfarbe
marine plywood Bootsbausperrholz
marine railway
Slipanlage (mit Schienen)
marine sanitary device
sanitäre Einrichtung an Bord
marine survey Schiffahrtsgutachten
marine surveyor
Schiffahrtssachverständiger, Gutachter
marine underwriter Seeversicherer, Versicherungsgesellschaft
marine, maritime
seefahrend, zur Seefahrt gehörend
mariner Nautiker, Seemann
maritime dictionary
Schiffahrtslexikon
maritime law Schiffahrtsrecht
maritime terminology
seemännische Fachsprache
maritime, marine
zur Seefahrt gehörend, seefahrend
mark Bahnmarke, Marke
mark signal Bahnmarkensignal
to marl bekleiden, marlen
marline, marlin Marlleine
marline spike hitch, marlinspike hitch
Marlspiekerknoten, Marlspiekerschlag
marline spike seamanship seemännische Handarbeit, Knoten und Spleißen
marling hitch Marlschlag
marling spike, marline spike
Marlspieker
marlinspike seamanship Seemannschaft mit Knoten und Spleißen
marsh Marsch, Vorland
martingale boom Stampfstock
martingale stay Stampfstag
mast Mast
Mast abeam! Mast querab!
mast built gebauter Mast
mast coat, mast collar Mastkragen
mast foot, mast heel Mastfuß
mast head Masttopp, Topp
mast heel Mastfuß
mast hole Mastloch
mast hoop (on gaff rig)
Mastring (beim Gaffelrigg)
mast light Mastlicht
mast lowering gear
Geschirr zum Mastlegen
mast rake Mastfall
mast slot Mastnut, Mastschlitz
mast step Mastspur
mast step locking pin
Mastspurhaltebolzen
mast tabernacle Maststuhl, Mastkoker
mast track Mastschiene
mast truck Mastspitze, Mastknopf
mast trunk Mastkoker
mast wedge Mastkeil
master sailmaker Segelmachermeister
masthead cutter
Kutter mit Hochtakelung
masthead fitting Masttoppbeschlag
masthead fly
Verklicker am Masttopp, Flögel
masthead light
Topplicht, Dampferlicht
masthead rig Topptakelung
masthead rigged toppgetakelt
masthead rigging Topptakelung
masting arch Mastkurve
mat Matte, Glasseidenmatte
matches Streichhölzer
mattress Matratze
mattress covering Matratzenbezug
maximum load allowed
größte erlaubte Zuladung
Mayday relay! Mayday relay!
Mayday! Mayday!
mean high water (MHW)
mittleres Hochwasser

mean neap rise (MNR) mittlerer Nipptidenstieg
mean sea level (MSL) mittlere Meereshöhe, Normalnull
mean spring rise (MSR) mittlerer Springtidenstieg
measurement certificate Meßbrief (für Rennyacht)
measurer Vermesser
meathook Fleischhaken
megaphone Sprachrohr, Flüstertüte
member in full standing (in a yacht club) Mitglied (in einem Yachtclub)
members collectively Mitglieder eines Clubs (Gesamtheit)
membership Mitgliedschaft
membership card Mitgliedskarte
membership fee Mitgliedsbeitrag
Mercator projection Mercatorprojektion
Mercator sailing Mercatorsegeln, loxodromisches Segeln, Segeln nach vergrößerter Breite
merchant navy Handelsmarine
merchant vessel captain Handelsschiffskapitän
meridian Meridian
meridian altitude Mittagshöhe, Meridianhöhe
meridian passage Meridiandurchgang
metacentre Metazentrum
metacentric metazentrisch
metal Metall
metal dowel Metalldübel
metal grommet Segeltuchöse, Gattchen aus Metall
meteorological bulletin Wetterbericht, Wettermeldung
metric ton metrische Tonne
middle cloud mittelhohe Wolken
middle jib Innenklüver
midship, midships mittschiffs
mildew Stockflecken, Schimmel
minute of arc Minute, Bogenminute
minute of time Minute, Zeitminute
to misfire fehlzünden, eine Fehlzündung haben
missing of Verschollenheit
mist Nebel, Dunst, Nieselregen
misty neblig, dunstig
miter seam Diagonalnaht
miter-cut sail Diagonalschnitt, Segel mit Diagonalschnitt
mizzen Besan(segel)(Ketsch)
mizzen mast Besanmast (Ketsch)
mizzen staysail Besanstagsegel
mizzen topgallant (sail) Kreuzbramsegel
model basin Schleppversuchsbecken
moderate breeze mäßige Brise (Bft 4)
moderate fog dünner Nebel (Stgr. 3)
moderate gale Windstärke 7
moderate sea mäßig bewegte See (Seeg. 4)
moderate visibility mäßige Sicht (Stgr. 6)
mole Mole
mole head Molenkopf
monkey wrench Universalschlüssel, Engländer
monsoon Monsun
to moor broadside breitseits festmachen, sich breitseits festmachen
moored on all fours vierkant festgemacht
mooring 1. ständiges Grundgeschirr; 2. Liegeplatz an einer Muring
mooring alongside Festmachen längsseits eines Kais
mooring anchor Hafenanker, Muringanker

mooring anchorage
Muring, Ankerplatz
mooring bitt Festmachepoller
mooring buoy
Festmachertonne, Muringboje
mooring chock Festmacherklampe
mooring pendant Bojenstander
mooring pile, mooring dolphin
Dückdalben
mooring shackle Muringschäkel
mooring stern to dock and bow to buoy
Festmachen, Heck zur Pier und Bug zur Muringleine
mooring with head and stern
Verankerung mit Bug- und Heckanker
mooring with stern anchor
Liegen mit Bug zur Pier und Heckanker
mop Dweil
Morse code Morsealphabet
Morse code light Morsefeuer
Morse code light, letter K (Mo[K])
Morsefeuer, Buchstabe K (Mo. [K])
Morse lamp Morselaterne
to motor motoren, mit Motor fahren
motor barge Motorkahn
motor bracket Außenborder-Halterung
motor breakdown
Panne, Motorversagen
motor cowl (outboard)
Motorhaube (Außenbordmotoren)
motor crank Motorkurbel
motor dinghy Motorbeiboot
motor launch Motorbarkasse
motor lift aid
Kippvorrichtung (des Außenborders)
motor sailer Motorsegler
motor yacht Motoryacht
motorboat Motorboot
motorboater Motorbootfahrer
motorboating Motorbootsport
motorboats for sale
Kaufangebot für Motorboote
motorsailer, fifty-fifty
Motorsegler, 50 : 50
mould loft
Anzeichenwerkstatt, Schnürboden
moulded plywood
formverleimtes Sperrholz
mounting clip Klemmfassung
to mouse a hook
bemusen, sichern (einen Haken)
mousing Musing, Bändselung
mouth foghorn Mundnebelhorn
mud Schlamm, Schlick, Mudd
mud berth Schlickhafenbett
mud foreshore Schlickvorland
muddy schlammig
muddy bank Schlammbank
muddy bottom Schlammgrund
muddy water
schlammiges, getrübtes Wasser
mug Becher
multi-chine Multiknickspant
mushroom anchor
Schirmanker, Pilzanker
mushroom vent Pilzkopflüfter
mushroom ventilator
Pilzkopflüfter
mustard Senf
mylar Mylar

N

N over C (distress signal) N über C (Notsignal in Flaggen)
nail Nagel
narrows Meerenge, enge Durchfahrt, schmale Fahrrinne
national flag, national ensign Nationalflagge
national letter (on mainsail) Nationalitätenkennzeichen (im Segel)
national one-design class Nationale Einheitsklasse
nautical nautisch, seemännisch
nautical almanac Nautisches Jahrbuch
nautical astronomy nautische Astronomie
nautical bookstore Schiffahrtsbuchhandlung
nautical chart Seekarte
nautical lexicon nautisches Lexikon
nautical mile nautische Meile, Seemeile
nautical term seemännischer Ausdruck, nautisches Fachwort
nautical terminology Seemannssprache
nautical vocabulary seemännisches Fachwörterverzeichnis
nautophon Nebelsignalanlage (luft- oder wasserbetätigt)
naval zum Schiffswesen gehörend
naval architecture Schiffbaukunst
naval port Kriegshafen
navel pipe Kettenklüse
navigability Schiffbarkeit, Befahrbarkeit
navigable schiffbar
navigable semi-circle schiffbarer Halbkreis (einer Sturmbahn)
navigable waters Fahrwasser
to navigate navigieren, segeln, steuern
navigation Navigation, Orientierung, Steuermannskunst
navigation bridge Kommandobrücke
navigation laws Schiffahrtsrecht, Schiffahrtsregeln
navigation lights Positionslichter
navigation permit Fahrerlaubnis
navigator Navigator, Steuermann, Navigationsoffizier
navy Kriegsmarine, Flotte
neap low water Nippniedrigwasser
neap range Nipptidenhub
neap tide Nipptide
near gale steifer Wind (Bft 7)
neck, throat Klauhorn, Klauohr (des Gaffelsegels)
needle bearing Nadellager
needle valve Nadelventil
negative flag Verneinungsflagge (Buchstabe N)
Negative! Verneinend, nein!
negligence clause Fahrlässigkeitsklausel
net Netz, Netzwerk
net registered tonnage Netto-Registertonne, NRT
net tonnage Netto-Vermessung, Netto-Tonnengehalt
network of dealers Händlernetz (einer Firma)
network of service centers Servicenetz (eines Produktes)
neutral equilibrium indifferentes Gleichgewicht
new boat neues Boot
new for old Neu für Alt (im Versicherungswesen)

nickel Nickel
night watch Nachtwache
nimbo-stratus Regenschichtwolke, Nimbostratus
nimbus Regenwolke, Nimbuswolke
nip (at the sheave of a line) Knick, Kink (in einer Leine, vor einem Block)
nipple Nippel
no longer answering the helm Boot gehorcht dem Ruder nicht mehr
no-leak dry cell Trockenbatteriezelle
nominal power Nennleistung
nominal range (of a light) Nenntragweite (eines Feuers)
non-return valve Rückschlagventil
noon fix Mittagsbesteck
noon position Mittagsstandort
noose Schlaufe, Schleife
nor'wester Nordweststurm
norman pin Stahlstift (duch den Ruderschaft)
North Atlantic drift Nordatlantikströmung
North Pole Nordpol
northerly wind nördlicher Wind
northern lights Nordlicht
northing Distanz in nördlicher Richtung
northwest passage Nordwest-Passage
nose Bug, Spitze, Nase
not insured, uninsured unversichert
not under command manövrierunfähig
not under command lights Havarie-Rundumlichter
notice of race Ausschreibung einer Regatta
notices to mariners Nachrichten für Seefahrer
nozzle Düse, Mundstück
number Anzahl
number of berths Schlafplätze
number of berths (in a boat) Anzahl der Kojen (in einem Boot)
number of berths (in a harbour) Anzahl der Liegeplätze (in einem Hafen)
number of persons on board Personenzahl an Bord
number of sleeping accomodations Anzahl der Schlafplätze
numeral pennant (pendant) Zahlenwimpel
nun buoy Spitztonne
nut Mutter, Schraubenmutter
nylon Nylon, Perlon

O

oak Eiche, Eichenholz
oakum Twist, Werg
oar Riemen, Bootsriemen
oar blade Riemenblatt
oar lanyard Sicherungsbändsel am Riemen
oarlock Riemendolle, Riemengabel
oarlock socket Riemendollenbuchse
oarsman Ruderer, Bootsgast
obligations Pflichten (in den Wegerechtsregeln)
obscured light verdecktes Feuer
observation Beobachtung, Wetterbeobachtung
observed altitude beobachtete Höhe
obstruction Hindernis (beim Rennsegeln)
obtuse clew angle jib Fock mit stumpfwinkligem Schothorn
occasional light zeitweise brennendes Feuer
occlusion, occluded front Okklusion
occulting light unterbrochenes Feuer
occulting quick flashing light unterbrochenes Blitzfeuer
ocean racer Hochseerennyacht
ocean-going ship Hochseeschiff
ocean-going tug, ocean tug Hochseeschlepper
octant Oktant
off weg von, draußen, auf der Höhe von
off centerline installation nicht mittiger Einbau, außermittiger Einbau
off position (electrical) Ausschaltstellung (elektrisch)
off the wind vom Wind abgefallen
off, abreast querab
office hours Dienststunden
offsets Aufmaße, Schnürbodenaufmaße
offshore ablandig, von der Küste ab
offshore fix Schiffsort auf hoher See ohne Landsicht
offshore wind ablandiger Wind, Landwind
offshore yacht Hochseeyacht, Langfahrtyacht
offshore-racing sailor Hochseerennsegler
oil can Ölkanne
oil lamp Öllampe
oil measurer Ölmaß
oil tanker Öltanker, Tanker
oilskin(s) Ölzeug, Ölkleidung
old salt Salzbuckel, alter Seemann
old sea dog alter Seebär
olympic class one-design olympische Einheitsklasse
on a dead run, dead before the wind platt vor dem Wind
on a lee shore an einer Leeküste
on a reach auf Raumschotskurs
on a tack auf einem Bug
on an even keel gleichlastig, auf ebenem Kiel
on deck an Deck
on opposite tacks auf entgegengesetzten Bugen
on position Einschaltstellung, „An"-Stellung
on the beam dwars, querab
on the ebb Ebbzeit, während der Ebbe
on the high seas auf hoher See
on the port beam Backbord querab
on the run auf Vorwindkurs

on the same tack auf demselben Bug
on the starboard beam Steuerbord querab
on the weather beam luvwärts querab
on-off switch Ein-Ausschalter
one-design-class Einheitsklasse
onshore wind auflandiger Wind, Seewind
open offen, nicht eingedeckt
open anchorage offener Ankerplatz
open barrel turnbuckle Spannschraube mit offener Hülse
open berth offener Liegeplatz, Ankerplatz auf offener Reede
open boat offenes, nicht eingedecktes Boot
open cleat offene Klampe
open roadstead offene Reede
open sea offene See
operation Arbeitsvorgang, Betrieb
operator's certificate Seefunksprechzeugnis, Funkzeugnis
order book Auftragsbuch
orthodrome Orthodrome, Großkreis(bogen)
orthodromic navigation orthodromische Navigation
out at sea draußen auf See
out of commission außer Betrieb, außer Dienst
out of gas ohne Kraftstoff, leere Tanks
out of gear Getriebe auf Leerlauf geschaltet
Out! (radio) Ende! Beendigung! (Seefunk)
outboard außenbords
outboard rudder außen angehängtes Ruder
outer buoy Ansteuerungstonne
outer dock äußeres Hafenbecken
outer harbour Außenhafen
outer jib Außenklüver, Jager
outer martingale stay äußeres Stampfstag
outfitted for cruising ausgerüstet zum Fahrtensegeln
outfitted for daysailing ausgerüstet für Tagesfahrten
outfitted for offshore racing ausgerüstet für Hochseeregatten
outfitter Ausrüster, Takler
outfitting Ausrüsten
outfitting estimate Ausrüstungs-Kostenanschlag
outhaul Ausholer
outhaul cleat Ausholerklampe
outlook Ausblick, Aussicht, Übersicht
outrigger 1. Ausleger (eines Auslegerbootes); 2. Auslegerbaum, Luvbaum
outrigger canoe Auslegerkanu
outside planking Außenbeplankung
outside yacht (race) außenliegende Yacht (im Rennen)
outward bound nach auswärts bestimmt, auf der Ausreise
outward clearance Ausklarierung
outward voyage Ausreise
Over! (radio) Bitte kommen! Ich höre jetzt! (Seefunk)
overall über alles
overboard über Bord
overbuilt überdimensioniert
overcanvassed überbesegelt, übertakelt
overcast bedeckt
overcast sky trüber, bedeckter Himmel
to overcharge (electr.) überlasten, überladen (Batterie)
overdue überfällig
overfalls Sturzseen, kurze Brecher
overhand knot Überhandknoten

overhang Überhang
overhangs Überhänge
overhead oben, über Kopf, darüber
overlap (of a sail) Überlappung (eines Vorsegels)
overlap (race) Überlappung (beim Rennsegeln)
overlap limitations Überlappungsbeschränkungen
overlapping jib überlappende Fock
overlapping yacht überlappende Yacht
overnight guest Übernachtungsgast
oversized bed übergroße, überlange Koje
overstocked überfüllt (Kai, Hafen)
to overtake überholen (Wegerecht)
overtaken vessel überholtes Fahrzeug
overtaking prohibited Überholen verboten
to overtrim (a sail) vertrimmen (ein Segel)
to overturn kippen, umschlagen, kentern, umstürzen
owner Eigentümer, Eigner
owner of a yacht Yachteigner
owner of ship Schiffseigner
ownership proof Eigentumsnachweis

P

paddle Paddel, Stechpaddel
paid hand Yachtmatrose, Yachtbootsmann
pail, bucket Eimer, Wassereimer, Pütz
palm (of anchor fluke) Handfläche (einer Ankerflunke)
parachute flare Fallschirmlicht
paraffin can Petroleumkanister
paraffin lamp Petroleumlampe
paraffin oil Petroleum, Paraffinöl
parallel Parallele, Parallelstück
to parcel bekleiden, schmarten
parceling, parcelling Schmarting
parrel Rack, fierbares Rack
to part teilen, trennen, zerreißen
part Teil, Bestandteil, Glied
part payment Teilzahlung
partner Teilhaber
partners Mastfischung
partnership Teilhaberschaft
parts and service guarantee Garantie für Teile und Funktionsfähigkeit
to pass a mark Bahnmarke passieren, vorbeisegeln
passage Überfahrt, Reise
passenger Fahrgast
passport Reisepaß
pawl Pall
pawl ring Pallkranz (am Spill)
to pay in cash, to cash down bar zahlen
to pay out (a rope) stecken, ausstecken (eine Leine), nachstecken

pea jacket Bordjacke, Matrosenjacke
peak 1. Spitze, Maximum; 2. Piek (eines Gaffelsegels)
to peak (a spar) anpieken (eine Spiere)
peak halyard Piekfall
pebble Kieselgrund
pedestal Säule, Sockel
pedestal mounted steering wheel with compass Steuersäule mit Kompaß
peg Keil, Splint, Vorstecker
pelican hook Pelikanhaken, Sliphaken
pelican turnbuckle Pelikan-Spannschraube
pelorus Peilscheibe, Peildiopter
pen-shaped flare gun Leuchtpistole als Taschenstift
pendant Hanger, Gehänge, Stander
pennant, pendant Wimpel (Stander)
pepper Pfeffer
percentage excess Selbstbeteiligung
performance Leistung (eines Gerätes)
period Wiederkehr
permanent mooring Bojenliegeplatz mit Grundgeschirr
permit Erlaubnisschein
personal belongings insurance Versicherung von persönlichem Eigentum
personal flotation device eigene Rettungsweste
petrol Benzin
petrol can Benzinkanister
petroleum burner, ... cooker Petroleumkocher
petroleum jelly Vaseline
petroleum tank Petroleumtank
phenomenal sea außergewöhnlich schwere See (Seeg. 9)
phonetic spelling alphabet Buchstabiertafel, phonetisches Alphabet
to pick-up a mooring an die Boje gehen, Fangleine aufnehmen
pick-up, picking-up Wiederaufnehmen, Wiederholen (aus dem Wasser)
pier 1. Pier (Kai senkrecht zum Ufer), Landungsbrücke, senkrecht zum Ufer; 2. Hafendamm, Kai
pig iron Roheisen
pile Pfahl, Haufen, Stapel
pillar (below deck) Stütze, Pfeiler (unter Deck)
pillar buoy Bakentonne
pillow Kopfkissen
to pilot lotsen
pilot Lotse
pilot berth Lotsenkoje
pilot boat Lotsenboot
pilot book, sailing directory book Seehandbuch
pilot flag Lotsenflagge
pilot flame (on stove) Zündflamme (am Kocher)
to pilot in einlotsen
pilot lamp (on instrument panel) Kontrollampe (am Instrumentenbrett)
pilot vessel Lotsenfahrzeug
piloting Lotsen, Navigation nach Sicht
pin Zapfen, Stift, Nagel
pin rack, pin rail Nagelbank
to pinch the wind kneifen, zu hoch am Wind segeln
pine Kiefer, Kiefernholz
pinion Ritzel, Triebrad
pintle Fingerling, aufrechter Zapfen
pipe cot Klappkoje, Rohrkoje
piston hank Stagreiter mit Kolbenfederverschluß
piston pump, positiv displacement pump Kolbenpumpe, Verdrängerpumpe
piston ring Kolbenring
piston, plunger Kolben

to pitch
stampfen, Stampfbewegungen machen
to pitch and roll stampfen und rollen, hin- und hergeworfen werden
pitching Stampfen
pitchpine Pechtanne
place of arrival Ankunftsort
plain-laid rope Z-Drehung (beim Verseilen), rechtsgeschlagenes Tauwerk
to plane gleiten
plane Hobel
planing (of a hull)
Gleiten (eines Rumpfes)
plank Planke
plank sheer Schandeckel
planking Beplankung
plastic boat Kunststoffboot
plastic bucket Pütz aus Kunststoff
plate Teller
pleasure boating Freizeitschiffahrt
pleasure craft Freizeitboot, Sportboot
pleasure yacht Vergnügungsfahrzeug
plexiglass windshield
Plexiglas-Windschutzscheibe
pliers Kneifzange, Drahtzange
to plot a course Kurs absetzen (durch Einzeichnen in die Seekarte)
to plot a dead reckoning position
gekoppelten Schiffsort einzeichnen
plotting Mitkoppeln von Kursen
plotting on the chart
Mitkoppeln auf der Karte
plug Stöpsel
plumb mast senkrechter Mast
plumb stem senkrechter Vorsteven
plumb stern senkrechter Achtersteven
plywood Sperrholz
pocket cruiser Mini-Seekreuzer
to point high
Höhe laufen, kneifen, knüppeln
point of land Landspitze
point of sailing Kurs zum Wind
polar diagram Polardiagramm
polaris Nordstern, Polarstern
poled-out jib ausgebaumte Fock
polluted water verschmutztes, verunreinigtes Wasser (durch Öl usw.)
polyester Polyester
pontoon Prahm, Ponton
pontoon bridge Ponton-Brücke
poop Hütte, Heck (eines Großseglers)
to poop a sea
überbrechende See von achtern nehmen
poop deck Achterdeck, Kajütdeck
pooped sea achtern überkommende See
poor visibility schwach diesig (Stgr. 5)
pop rivet Popniet, Dornniet
port 1. Backbord; 2. Hafen, Hafenstadt mit allen Einrichtungen; 3. Öffnung, Pforte, Durchlaß
port administration
Hafenverwaltung
port authority Hafenbehörde
port facilities, port equipment
Hafeneinrichtungen
port of call Anlaufhafen
port of refuge, port of distress
Nothafen
port police, harbour police
Hafenpolizei
port side Backbordseite
port tack
Backbordhalsen, Steuerbordbug
porthole Bullauge
position Schiffsort, Standort
pot-fiddle, pot-holder
Topfhalter (auf dem Kocher)
power Leistung, Kraft
power-driven vessel
Maschinenfahrzeug
power-driven vessel underway
Maschinenfahrzeug in Fahrt

power-driven craft
Maschinenfahrzeug, Motorfahrzeug
power-driven pump Motorpumpe
pre-stretched vorgereckt (Tauwerk)
precipitation
Niederschlag (atmosphärisch)
preparatory signal
Vorbereitungssignal (Regatta)
preserver Rettungs(schwimm)körper
pressure Druck, Luftdruck
pressure cooker Schnellkochtopf
pressure foghorn Preßluftnebelhorn
pressure gauge Manometer
pressure gradient
Druckgefälle, Luftdruckunterschied
pressure stove Druckkocher
prevailing wind vorherrschender Wind
preventer Backstag, Priwenter
preventer backstay Priwenter
pricker Ahle, Sticker, Pricker
primer Erstanstrich, Grundierung
private harbour Privathafen
professional magazine Fachzeitschrift
prohibition Verbot
prolonged blast
langer Ton, langes Sirenensignal
prop Stütze, Stempel, Stapelstütze
prop (abbr. propeller)
Prop (Abk. Propeller)
propane stove Propangaskocher
propeller blade Propellerflügel
propeller pitch Propellersteigung
propeller racing Durchgehen, Blindschlagen des Propellers
propeller shaft Propellerwelle, Schraubenwelle, Schwanzwelle
propeller shaft strut Propellerwellenträger, Propellerwellenstütze
propeller slip
Propellerschlupf, Propellerschlip
propeller thrust Propellerschub
propeller wash
Schraubenwasser, Schraubenstrom
proper course
richtiger Kurs (im Rennen)
property Eigentum
protest Protest (in einer Regatta)
protest flag Protestflagge
protested skipper
Skipper als Protestgegner
protested yacht
Yacht als Protestgegner
protesting skipper
protestierender Skipper
protesting yacht protestierende Yacht
protractor Winkeltransporteur
public harbour kommunaler Hafen
puff of wind
leichter Luftstoß, Windstoß
pulley Block, Scheibe, Rolle, Riemenscheibe
pulpit, bow pulpit Bugkorb
pump strainer, strum box Saugkorb
to pump the hold dry
Bilge lenzen bis zum Lenzschlagen
pump-out Entleeren (eines Bordtankes)
to pump-out lenzen, auspumpen, entleeren (einen Bordtank)
pump-out station
Entleerungsstelle (für Fäkalientank)
pumping (racing) Pumpen
(verbotene Segelbewegung im Rennen)
punch Dorn
purchase 1. Einkauf; 2. Talje, Schwerlasttalje
purchase price Kaufpreis
push-pull switch Druck-Zug-Schalter
pushing vessel Schubfahrzeug
to put in a port einlaufen in einen Hafen
to put in gear Getriebe einrücken
to put into quarantine, under quarantine in Quarantäne legen

to put out of commission außer Dienst stellen
to put to sea auslaufen, in See gehen
putty Dichtungsmasse, Spachtelmasse

Q

quadrant 1. Quadrant, Ruderquadrant; 2. Quadrant (Spiegelinstrument zur Winkelmessung)
quadrature Vierung, Quadratur, Mondviertel
quality of the product Qualität eines Produktes
quarantine Quarantäne
quarantine anchorage Ankerplatz im Quarantänehafen
quarter Viertel, achteres Viertel, Achterschiff
quarter berth Hundekoje
quarter breast, quarter fast achtere Querleine
quarter deck Achterdeck, Schanz(e)
quarter point Viertelkompaßstrich
quarter spring, back spring Achterspring
quarter ton cup Vierteltonnerpokal
quarter tonner, quarter ton yacht Vierteltonner, Vierteltonneryacht
quartering sea raume See, seitliche Hecksee
quartering wind Viertelwind, Vierungswind, Backstagswind
quay Kai, Uferstraße
quayage Liegegeld, Hafengeld
quick flashing Blitz (Leuchtfeuer)
quick flashing light Blitzfeuer
quicksand Treibsand, Mahlsand
quickworks Unterwasserschiff, lebendiges Werk

R

rabbet line Spannungslinie
rabbet plank Innenkiel
to race around the buoys wettsegeln auf Dreieckskurs
race committee Wettfahrtleitung
racer 1. Rennsegler; 2. Rennyacht
racing course Wettfahrtkurs
racing dinghy Rennjolle
racing flag Rennflagge
racing instructions Segelanweisung (Regatta)
racing keelboat Rennkielboot
racing machine Rennyacht, „Rennschlitten"
racing rules Wettsegelbestimmungen
racing yacht Rennyacht
to rack recken, kreuzzurren
racking seizing Kreuzzurring
racon Radarantwortbake
radar beacon Radarbake
radar dome, radome Radarhaube, Radarkuppel

radar reflector Radarreflektor
radar reflector buoy Seezeichen mit Radarreflektor
radar scanner, radar aerial Radarantenne
radar watch Radarwache
radial-cut sail Strahlenschnitt eines Segels
radiation fog Strahlungsnebel
radio beacon Funkfeuer
radio call signal Funkrufsignal
radio compass Funkpeilkompaß
radio direction finder Funkpeiler
radio direction fix Funkpeilstandort
radio distress signal Funknotsignal
radio log Funktagebuch
radio time signal Funkzeitsignal, Zeitzeichen über Funk
radio watch Funkwache
radio-direction bearing, radio bearing Funkpeilung
radiogram Funkspruch
rail Schiene, Fußrelingsschiene mit Schlitzen
railing Reling
railway ferry Eisenbahnfähre
rain Regen
rainbow Regenbogen
rainfall Regenfall, Regenschauer, Niederschlag
radiotelephone operator certificate Funksprechzeugnis, Seefunksprechzeugnis
to raise empfangen (Funk), erheben
raised deck erhöhtes Deck
raised deck cabin erhöhter Kajütaufbau
rake of mast, mast rake Mastfall, Mastneigung
raked stem Klipperbug, ausladender Vorsteven
raking stem ausfallender Vorsteven
to ram (another ship) rammen (ein Schiff)
ramp, launching ramp Rampe
range 1. Reichweite, Ortungsbereich, Meßbereich; 2. Tragweite (eines Leuchtfeuers)
range of a light Sichtweite eines Feuers, Tragweite eines Feuers
rangefinder Entfernungsmesser
ranking as a starter Starter, als Starter einer Wettfahrt gelten
rasp Raspel
rat tail Rattenschwanz (Tauwerk)
ratchet Ratsche, Sperrklinke
ratchet block Knarrblock
ratchet wrench Knarrenschlüssel
to rate bemessen, schätzen, klassifizieren
rate of exchange Devisenkurs
rater Vermesser
rating Vergütung, Rennwert
rating rule Rennwertregelung
rational horizon wahrer Horizont, wahre Kimm
ratline Webeleinengut
ratlines Webeleinen (der Wanten)
to reach mit raumem Wind segeln
reach Raumschotskurs
reaching raumschots
reaching leg Raumschotsstrecke
reaching mark Bahnmarke für den Raumschotskurs
readability scale (radio) Bewertung der Verständlichkeit (Seefunk)
Ready about! Klar zum Wenden!
ready money Bargeld
rear light, upper light Oberfeuer (hinteres Feuer)
rear of depression Rückseite eines Tiefs, Rückseitenwetter
recall Rückruf (Rennen)

receiver Empfänger, Hörer
reciprocal course Gegenkurs
recommissionning, refitting Neuausrüstung
to recondition a motor Überholen eines Motors, einen Motor instandsetzen
record of names Namensverzeichnis
recording log Meilenzähler
recovery 1. Rettung (einer Person); 2. Wiedererlangung (eines Gegenstandes)
to reduce canvas Segel kürzen, Segelfläche verkleinern
reduction gear Untersetzungsgetriebe
reef 1. Riff; 2. Reff
to reef (a sail) reffen (ein Segel)
reef band Reffleiste für Bindereff
reef cringle Reffkausch
reef earing Reffbändsel
reef knot Reffknoten, Kreuzknoten
reef lacing Marlleine beim Bindereff
reef point Reffbändsel
reefing cleat Reffklampe (am Baum)
reefing line Reffleine
reefing pendant Reffstander für Schmeerreep
reefing tackle Refftalje
reel water hose Wasserschlauchtrommel
to reeve, to reeve a line scheren, einscheren, eine Leine scheren
reeving line Scherleine
reeving line bend Reffleinenknoten
to refloat abbringen vom Grund, flottmachen, wieder flottmachen
refrigerator Kühlschrank
refueling station Tankstelle
register ton Registertonne
reinforced polyester verstärktes Polyesterharz
relative bearing Peilung vom Boot aus, Seitenwinkel; Seitenpeilung (SP)
relative radar bearing (RRB) Radarseitenpeilung (RaSP)
relative wind Bordwind, scheinbarer Wind
remote control Fernbetätigung, Fernsteuerung
remote fuel tank (of outboarder) separater Kraftstofftank (eines Außenborders)
repair activities on the yacht Reparaturarbeiten (außen) am Boot
repair kit Ersatzteilkasten
repair of ships Schiffsreparatur
repair yard Reparaturwerft
repeater Wiederholungsflagge
replying Antwort, Rückmeldung
to rescue retten
resin Harz
restrait Beschlagnahme (eines Schiffes)
restricted radiotelephone operator's certificate beschränkt gültiges Sprechfunkzeugnis
to reverse umsteuern, umkehren, Drehrichtung verkehren
to reverse gear Getriebe umkehren, umsteuern
reverse gear Wendegetriebe
reverse lever Umsteuerhebel
reverse sheer negativer Sprung
reverse transom negativer Spiegel, einfallender Spiegel
reversible pitch propeller Propeller mit verstellbarer Steigung, Umkehrpropeller
revision of (ship) motors Motorwartung
revolutions per minute (RPM) Umdrehungen in der Minute (U/1)
revolving light Drehfeuer

rhumb line Loxodrome
rib Spant
to ride to the tide auf dem Strom liegen
to ride to the wind auf dem Wind liegen
ridge Rücken, Kamm
ridge of high Hochkeil
to rig aufriggen, auftakeln
rig Takelung, Takelage, Rigg
rigger Takler
rigging Takelwerk, Takelage
rigging screw, turnbuckle Wantenspanner
to right aufrichten
to right a boat Boot (wieder) aufrichten
right astern recht achteraus
right of way Wegerecht
right of way yacht Wegerechtsyacht
right of way rules Wegerechtsregel
to right the helm Ruder mittschiffs legen
right-hand lay Verseilen in Z-Richtung, rechtsgeschlagenes Tauwerk
right-hand propeller rechtsgängiger Propeller
right-handed rope in Z-Richtung verseilt, Leine rechtsgeschlagen
righting couple aufrichtendes Kräftepaar
righting manoeuver Aufrichtmanöver
righting moment aufrichtendes Moment
ring Ring
ripple Kräuselung, kleine Wellen
to ripple sich kräuseln (Wasseroberfläche)
rising tide auflaufendes Wasser, Flut
risk of collision Kollisionsgefahr
risk of fire Feuergefahr
risk of rust Rostgefahr
risk of theft Diebstahlsgefahr
river navigation Flußschiffahrt
river port Flußhafen
river ship, canal boat Binnenschiff
river touring Wasserwandern auf Binnengewässern
river yachting Yachtsport auf Binnenrevieren
to rivet nieten, vernieten
rivet Niet, Niete
roach Achterlieksrundung
roads, roadstead Reede
roaring forties Brüllende Vierziger
to rob stehlen
rocker Kipphebel, Wippe
rocket Rakete
rocket flare Seenotrakete
rocket parachute flare Fallschirmrakete (Notsignal)
rod rigging Stababstagung (einer Rennyacht)
Roger! Verstanden! (Seefunk)
rogue's yarn Kennfaden (in einer Leine)
roll-damping fin Schlingerdämpfungsflosse
roller Laufrolle, Rolle
roller bearing Rollenlager
roller fairlead Lippklampe mit zwei Rollen
roller reefing handle Rollreffkurbel
roller-furled jenny Rollreffgenua
rolling hitch Stopperstek
roominess Geräumigkeit
to rope lieken, einlieken
rope Tau, Seil, Leine
rope grommet Taukranz, Tauring
rope ladder Strickleiter, Tauleiter, Jakobsleiter
rope locker Tauwerkslast

rope luff groove
Hohlkehle für ein Tauliek
rope yarn Kabelgarn, grobes Garn
ropemaking Seilerei, Seilherstellung
roping twine Liekgarn
to rot verrotten
rot, rottenness Fäulnis
rotten verrottet, verfault
rough sea grobe See (Seeg. 5)
round Runde, Rundung
to round (a cape) umrunden (ein Kap)
to round (a mark)
runden (eine Bahnmarke)
round bilge, round chine, round frame
Rundspant, runde Kimm
round turn Rundtörn
round turn and two half hitches
Rundtörn mit zwei halben Schlägen
round-the-buoys racer
Dreiecksregattasegler
rounded stern Rundgattheck
rounding (of a cape)
Umrundung (eines Kaps)
to row with oars rudern mit Riemen
rowlock Riemendolle, Dolle
rubber snubber Ruckbremse,
Stoßdämpfer, Ruckgummi
rubbing strake Scheuerleiste
rudder blade Ruderblatt
rudder cheek Ruderwange
rudder head Ruderkopf
rudder quadrant Ruderquadrant
rudder skeg Ruderleitflosse, Skeg
rudder stock Ruderschaft
rudder stuffing box
Ruderstopfbuchse
rudder tiller Ruderpinne
rudder trunk Ruderkoker
rudder, helm Ruder, Steuer
rule infringement
Regelverletzung (beim Rennsegeln)
rules of the road Ausweichregeln
to run 1. fahren, laufen, steuern;
2. vor dem Wind segeln
run Strecke, Kurs
to run aground auflaufen, festkommen,
auf Grund geraten
to run before the storm
vor dem Sturm laufen
to run by the lee
vor dem Wind nach Lee segeln
to run downwind vor dem Wind laufen
to run free segeln mit raumem Wind
to run on port tack auf Steuerbordbug
(mit Backbordhalsen) laufen
to run out of gas
liegenbleiben wegen Kraftstoffmangels
to run out the anchor
Anker (einen) ausfahren
to run-in (a motor) einlaufen,
einlaufen lassen (einen Motor)
to run-out (a line)
ausbringen (eine Leine)
runabout Motorboot (mit Innenborder)
rung Sprosse, Stufe
running
Vorwindkurs, Vor(m)windsegeln
running backstay Backstag
running bowline laufender Palstek
running fix versegelte Peilung,
Doppelpeilung
running lights Positionslichter
running part
laufende Part, holende Part
running rigging laufendes Gut
running, on the run vor dem Wind
to rust rosten
rust Rost

S

safe anchorage sicherer Ankerplatz
safety at sea Sicherheit auf See
safety harness Sicherheitsgurt
safety snap Sicherheitsschnappschloß
to sag durchbiegen, durchsacken
sagging ship Schiff mit Kieldurchbuchtung (nach unten)
sail 1. Segel; 2. Segelfahrt, Segeltörn, Langfahrt unter Segeln
to sail 1. segeln, mit einem Segelboot unterwegs sein; 2. ein Segelboot steuern; 3. laufen, segeln fahren
to sail above close-hauled luven, segeln über einen Amwindkurs hinaus
to sail above the course to a mark Bahnmarke (eine) überlaufen
to sail above the proper course über den richtigen Kurs hinaus luven, segeln
sail area Segelfläche
sail bag Segelsack
sail balance Segeltrimm, Richtungsgleichgewicht
sail batten Segellatte
to sail before the wind vor dem Wind segeln
to sail below a proper course voller segeln als den richtigen Kurs
sail bin Segellast
to sail by dead reckoning segeln nach Koppelbesteck
to sail by the lee segeln mit dem Wind von der Leeseite
to sail close-hauled hoch am Wind, auf Amwindkurs segeln
to sail close to the wind hart am Wind segeln
sail cloth weight Segeltuchgewicht
sail cover Segelpersenning
to sail dead downwind platt vor dem Wind segeln
to sail downwind vor dem Wind segeln
sail flying set fliegend gesetztes Segel
sail force Segelkraft, Windkraft am Segel
sail handling Umgang mit Segeln
to sail in company Geschwadersegeln veranstalten, „mackern“
sail locker Segelkoje
sail needle Segelnadel
sail number Segelnummer
to sail off the wind mit raumem Wind segeln
to sail on a ketch segeln auf einer Ketsch
to sail on a lake segeln auf einem Binnensee
to sail on starboard tack mit Steuerbordhalsen, auf Backbordbug segeln
to sail on the beam reach mit Dwarswind segeln, mit halbem Wind segeln
to sail out 1. absegeln, auslaufen; 2. auslaufen unter Segeln
sail plan Segelriß
sail setting Setzen der Segel
to sail singlehanded einhand segeln
sail slide Rutscherschiene, Mastrutscher
to sail the course Absegeln der Regattabahn
sail tie Zeising, Beschlagzeising
sail twine Segelgarn
to sail under the German flag Flagge (deutsche) führen, unter deutscher Flagge segeln
sail wardrobe Segelgarderobe, alle Segel

to sail wing and wing
segeln mit Schmetterlingsstellung
to sail with the helm lashed segeln mit Segelselbststeuerung, Schot mit Pinne verbunden
to sail with the helm locked
segeln mit festgelaschtem Ruder
sailaway price Preis segelklar
sailboat
Segelboot, Segelyacht, Segelfahrzeug
sailboats for sale
Kaufangebot für Segelboote
sailcloth Segeltuch
saildrive Segelbootantrieb
sailer-racer
Küstenkreuzer, kleine Rennyacht
sailing dinghy Segeljolle, Schwertboot, Beiboot mit Segeln
sailing directions
Seehandbuch, Segelhandbuch
sailing instructions
Segelanweisung (Regatta)
sailing school Segelschule
sailing ship, sailship
Segelschiff, Windjammer
sailing suit, one piece
einteiliger Segelanzug
sailing vessel Segelfahrzeug
sailing vessel under way
Segelfahrzeug in Fahrt
sailing week
Segelwoche, Regattawoche
sailing yacht Segelyacht
sailing yacht-dinghy Beiboot einer Segelyacht, besegeltes Yachtbeiboot
sailmaker Segelmacher
sailmaker's mark
Fabrikationsmarke eines Segels
sailmaker's palm
Segel(macher)handschuh
sailmaking Segelfertigung
sale Verkauf
salesman Verkäufer, Kaufmann, Geschäftsmann
saloon Kajütsalon, Salon
salt Salz
salt water Salzwasser
salvage Bergung
salvage award Bergelohn
to salve bergen
same tack gleicher Bug
sand bar Sandbarre
sandblasting, sand blaster
Sandstrahlen, Sandstrahler
sand glass Sanduhr
sandpaper grit
Sandpapierbelag, grobkörnig
sanitary device Sanitäreinrichtung
satellite fix Satellitenstandort, Schiffsort von einem Satelliten
saucepan Kochtopf, Schmortopf
saucer Untertasse
saw Säge
Say again your call sign!
Wiederholen Sie bitte Ihr Rufzeichen!
Say again! Wiederholen Sie bitte!
to scan the horizon Horizont absuchen, abtasten (mit Radar)
scantlings Abmessungen der Bauteile, Materialstärke, Materialbesteck
scarph joint
Laschenverbindung, Verlaschung
scarph, scarf
Laschung, Holzverbindung
to scarph, to scarf laschen, verlaschen
scarphing Ausschärfung, Verblattung
schedule Zeitplan, Fahrplan
schooner Schuner
schooner Schoner, siehe Schuner
schooner ketch
Schunerketsch, Zweieinhalbmaster
schooner rig Schunertakelung

scoring system Punktsystem
scotch tape Tesafilm
scraper Schaber, Ziehklinke
screw Schraube, Schiffsschraube
screwdriver Schraubenzieher, Schraubendreher
screws Schrauben (aller Art) ohne Muttern
scrubbing brush Schrubber
to scud (before the weather) lenzen (vor dem Sturm)
to scud under bare poles vor Topp und Takel lenzen
scudding Laufen, Treiben vor dem Sturm
scudding in a following sea Lenzen in (vor) achterlicher See
to scull wriggen (mit 1 Riemen), skullen (mit 2 Riemen)
sculling notch Wriggrundsel
sculling oar Wriggriemen
scupper Speigatt, Wasserablauf
to scuttle a ship Schiff versenken (durch Öffnen der Seeventile)
to scuttle one's ship das eigene Schiff versenken
scuttled versenkt
scuttled ship versenktes Schiff
sea anchor, drag anchor Seeanker, Treibanker
sea bed Meeresgrund
sea berth Seekoje
sea bird Seevogel
sea boot Seestiefel
sea bream Seebrasse, Dorade
sea crossing Transozeanfahrt
sea fog Seenebel
sea gasket, furling line Beschlagleine (geflochten)
sea horse Seepferd
sea lion Seelöwe
sea room Seeraum
sea wall Seedeich, Hafendamm, Mole
sea watch Seewache
sea water Seewasser
seaboard Küstenlinie, Meeresküste
seacock Seehahn, Seeventil
seacocks on all thru-hulls Seeventile an allen Bordwanddurchbrüchen
seafarer Seefahrer
seafaring life Seemannsleben
seafaring man Fahrensmann
seagoing ship seetüchtiges Schiff
seagull Seemöwe
seakindly seetüchtig im Seegang
seam 1. Naht, Ritze, Fuge; 2. Segelnaht, Segelsaum
seamanlike seemännisch
Search and Rescue Organization (SAR) Suche und Rettung, Int. Organisation (SAR)
to season a crew Segler für eine Saison anheuern
seasoned navigator Navigator, erfahren und seefest
seasoned yachtsman Mitsegler, erfahren und seefest
seat cover Bezugsstoff für Sitzpolster
seat cushion Sitzpolster, Polsterauflage
seaward seewärts
seaway 1. Seegang; 2. Seeweg, Schiffahrtslinie
seaweed Seegras, Seetang
seaworthy seefähig
seaworthy boat seetüchtiges, seefähiges Boot
second bow anchor Reservebuganker
second substitute zweiter Hilfsstander
secondary depression Teiltief
sector light Sektorenfeuer
Security! Sécurité! (wörtl. „Sicherheitsgefühl!")
security, guaranty Kaution

to seize
1. zurren, zeisen; 2. sich festfressen.
seizing Zeising, Zurring
seizing stuff Bändselgut
selection trials
Ausscheidungswettfahrten
self-bailer
Selbstlenzer, Selbstlenzeinrichtung
self-bailing (cockpit)
selbstlenzend(e Plicht)
self-steering vane gear
Windfahnen-Selbststeueranlage
self-draining cockpit
selbstlenzende Plicht
self-locking nut Sicherheitsmutter
self-priming pump
selbstansaugende Pumpe
self-propelled barge
Lastkahn mit Eigenantrieb
self-righting Selbst(wieder)aufrichten
self-righting dinghy
selbstaufrichtende Jolle
self-righting lifejacket
ohnmachtsichere Schwimmweste
self-steering vane
Windfahne für Selbststeueranlage
self-tacking jib
Selbstwendefock
self-tailer, wincher
selbstfassender Winschenaufsatz
self-tailing winch selbstfassende selbstholende Schotwinsch
seller Verkäufer (allgemein)
selling a boat Verkauf eines Bootes
selling price Verkaufspreis
semi-diameter Radius, Halbmesser
semi-rotary pump, vane pump
Flügelpumpe
sensible horizon
scheinbarer Horizont, scheinbare Kimm
separate head abgetrennte Toilette
separation zone
Trennzone (Verkehrstrennungsgebiet)
to serve Tauwerk bekleiden
serving
Kleiden, Bekleiden (von Tauwerk)
serving mallet
Kleidkeule, Kleedkeule
set Versetzung, Richtung (des Stromes)
to set a sail Segel setzen und trimmen
to set a trip line
Einholeleine (Trippleine) scheren
to set a trip line to an anchor
Bojenreep zum Anker ausbringen
set and drift Stromrichtung und Stromgeschwindigkeit
to set flying fliegend setzen
set of dry cells
Satz von Trockenbatteriezellen
set of flags 1. Flaggenführung; 2. Flaggensatz, Flaggenstell
to set the sails
Segel setzen, unter Segel gehen
severe negligence grobe Fahrlässigkeit
sextant altitude Sextantenhöhe, gemessene Höhe mit dem Sextanten
shackle Schäkel
to shackle (on) anschäkeln
shackle pin Schäkelbolzen
shaft Welle
to shake out a reef
ausreffen, ein Reff ausschütten
shake-down voyage
Probefahrt, Jungfernfahrt
shallow waters seichtes Gewässer
shape Form, Gestalt, Umriß
shared ownership
Parteneigentum, geteiltes Eigentum
shear pin (of a propeller)
Scherstift (eines Propellers)
shearlegs Scherenkran, Kranbock, Jütt
sheave Scheibe, Rolle

sheave and pin Scheibe und Scheibenbolzen
sheave box (internal in mast, boom) Scheibengatt, in Mast und Baum eingelassene Scheibe
sheer Strak, Decksprung
sheer line Deckstrak
sheer rail Schandeckleiste
sheer strake Schergang
sheet 1. Schot; 2. Bettlaken, Laken; 3. dünne Platte, Blechtafel
to sheet home a sail Segel anholen
sheet metal Blech
sheet metal screw Blechschraube
sheet slide Schotschiene
sheet stopper Schotenstopper
to sheet the traveller to windward Traveller nach Luv holen
to sheet to windward schoten nach Luv
sheet winch Schotwinsch
sheeted aback backgeschotet
shelf Balkweger
sheltered anchorage geschützter Ankerplatz
to shift umspringen, drehen
shifting of the wind Drehen des Windes
shifting wind umspringender Wind
shingle foreshore Geröllvorland
ship Schiff
to ship an Bord bringen,verschiffen, verladen, versenden
Ship ahead! Schiff voraus!
ship chandler Schiffshändler
ship modelling Schiffsmodellbau
ship owner Schiffseigentümer
ship station Seefunkstelle (Fachwort für Bordstation)
ship under sail Schiff unter Segeln
ship's bell Schiffsglocke
ship's boat Yachtbeiboot, Beiboot
ship's papers Schiffspapiere
ship's register Schiffsregister
ship's timepiece Schiffsuhr, Borduhr
shipbuilding yard Schiffswerft
shipchandler Schiffszubehör-Händler
shipchandlery Schiffsbedarfsfachgeschäft
shipmate Bordkamerad, Arbeitskamerad, Matrose
shipshape and bristol fashion schiffsmäßig in bester Ordnung
shipwreck 1. Schiffbruch, Strandungsfall; 2. Untergang (eines Schiffes)
shipyard Werft
shoal Untiefe, Sandbank
shoal waters flache Gewässer, Flachwasser
shoaling waters durch Untiefen gefährliches Wasser
shoals Wattenmeer, Untiefen
to shoot the sun Sonne schießen, die Sonnenhöhe messen
shore Küste, Strand, Ufer
short blast kurzer (Signal) Ton
short circuit Kurzschluß
short handed unterbesetzt, unterbemannt
short splice Kurzspleiß
short tack kurzer Schlag
short wave (radio) Kurzwelle (Funk)
shortened sail gerefftes Segel
shortest distance kürzeste Entfernung
shower 1. Dusche, Duschbad; 2. Regenschauer
showery Schauerwetter
shroud Want
shroud adjuster Wantenspanner
shroud-laid rope im Wantschlag geschlagenes Tauwerk
shut-off cock Absperrhahn, Sperrventil
side Seite, Außenseite

side light Seitenlicht
side-loading icebox Kühlschrank mit Seitentür
sighting abeam from his normal station Blick des Rudergängers von der üblichen Position querab
signal flag Signalflagge
signal flags N + C (distress signal) Signalflaggen N + C (Seenot-Signal)
signal yard Signalrah
Silence distress! Funkstille halten im Seenotfunkverkehr!
Silence mayday! Funkstille halten bei Funknotsignal!
silence period Funkstille, Schweigen (Funk)
single berth Einzelkoje
single cabin Einzelkammer, Einbettkammer
single flashing light (Fl) Blitzfeuer mit Einzelblitzen (Blz.)
single occulting light (Oc) Unterbrochenes Feuer mit Einzelunterbrechungen (Ubr.)
single side-band Einseitenband
single-function mast top lantern Dreifarben-Masttopplaterne
single-masted einmastig
single-outrigger canoe Kanu mit einem Ausleger
singlehanded navigation Einhand-Navigation
singlehanded sailing Einhandsegeln
sink Abwaschbecken
to sink sinken, untergehen, versenken
to sink to the bottom untergehen, auf Grund sinken
sisal Sisal
sister hook Kenterschäkel, Doppelhaken
sitting headroom Sitzhöhe (in einem Boot)
sixty-forty (overpowered, undercanvassed) Sechzig-Vierziger (übermotorisiert, untertakelt)
skeg rudder Leitkopfruder
skiff Kahn, Kleinboot
skipper Skipper, Sportschiffer, Yachtkapitän
skipper-owner Skipper und Eigner (gleichzeitig)
skippers' meeting Steuermanns-Besprechung
skylight Oberlicht
skylight coaming Oberlichtsüll
Slack the sheets! Fier die Schoten!
sledge hammer Vorschlaghammer, Maker
to sleep on the deck an Deck schlafen
sleeping bag Schlafsack
sliding companionway hatch cover Kajütluk-Schiebekappe
sliding gunter rig Gunter-Takelung
sliding hatch Schiebeluk
sliding hatch cover Schiebekappe
slight sea leicht bewegte See (Seeg. 3)
sling Stropp, Heißstropp, Tauschlinge
slip 1. Liegeplatz, Anlegeplatz; 2. Schlippwagen, Schlippanlage
to slip the anchor Anker schlippen
slip-rope Sliptau (für Muringboje)
slipway Schlippanlage
sloop Slup
slotted metallic toe-rail Fußreling aus Metall mit Durchlaßöffnungen
small craft Kleinfahrzeug
small craft advisory Ratschläge für Kleinfahrzeuge
small trailerable cruiser trailerbarer kleiner Seekreuzer
smoke signal Rauchsignal
smooth sea ruhige See

smooth wavelets sea
schwach bewegte See (Seeg. 2)
smuggler Schmuggler
smuggling Schmuggel
snap Schnappschloß, Klinkschloß
to snap on a harness
Sicherheitsgurt (einen) einpicken
snap shackle
Schnappschäkel, Patentschäkel
snatch block Kinnbackenblock, Fußblock, Klappblock
snow Schnee
to snub (a mooring line) Ruckbelastung eines Festmachers dämpfen
to snub a boat under way ruckartig (mit Ankerhilfe) die Fahrt abstoppen
to snub a line
ruckartig (eine Leine) stoppen
snug anchorage
sicherer, geschützter Ankerplatz
snug harbour
gut geschützter Hafen
soap Seife
socket Sockel, Buchse
socket wrench Steckschlüssel
soft hail Graupel
solar panel Solarzellenplatte
solar still Trinkwassererzeuger mit Sonnenenergie (Seenotgerät)
solenoid Elektromagnet
solid shank anchor
Anker mit massivem Schaft
solid teak Teakholz, massiv
sou'wester Südwester
sounding
Loten, Lotung, Peilen (mit Lot)
sounding pole Peilstock
soundproofing of cabin
Schalldichtigkeit der Kajüte
southerly wind südlicher Wind
spacer Abstandsring
spade rudder
Schweberuder, Spatenruder
spanker Besan, Briggsegel
spanner
verstellbarer Schraubenschlüssel
spar Spiere, Rundholz, Stange
spar buoy Spierentonne
spare Ersatz(teil), Reserve(teil)
spare parts Ersatzteile
spare parts store Ersatzteillager
spark lighter
Feueranzünder, Gasanzünder
spark plug Zündkerze
spherical buoy Kugeltonne
to spin a yarn Garn (ein) spinnen
spindle Achse, Welle
spinnaker Spinnaker, Spi
spinnaker bag Spinnakersack
spinnaker boom, spinnaker pole
Spinnakerbaum
spinnaker boom downhaul
Spinnakerbaum-Niederholer
spinnaker boom uphaul
Spinnakerbaum-Aufholer
spinnaker bucket Spinnakerpütz
spinnaker guy Spinnaker-Achterholer
spinnaker staysail Spinnaker-Stagsegel
spirit stove, alcohol stove
Spirituskocher
spit Nehrung, Landzunge
spitfire jib, storm jib Sturmfock
splicing Spleißen
splicing fid
Marlspieker aus Holz, Fid
split pin Splint
split ring Kolbenring, Spaltring
spoken numeral gesprochene Zahlzeichen (im Seefunkverkehr)
spokeshave Ziehklinge
sponsor of a race
Sponsor einer Wettfahrt

sponsor of a racer Sponsor einer Rennyacht
sponsoring of a racer Sponsern einer Rennyacht
spoon Löffel
spoon bow Löffelbug
spray guard Spritzwasserschutz
spray hood Schutzkappe, Spritzverdeck
spreader Saling
spreader socket Salingsockel, Salingbuchse
spring Feder
to spring a leak lecken, leckspringen
spring refitting Frühjahrsinstandsetzung
spring snubber Gummispanner, Spanngummi
spring tide Springtide
spring washer Federring
spritsail Sprietsegel
spruce Spruce (Holz)
spunyarn Schiemannsgarn, Takelgarn
square Quadrat, Viereck, Vierkant, Winkel (als Werkzeug)
square foot Quadratfuß
square head bolt Schloßschraube mit Vierkantkopf
square meter Quadratmeter
square nut Vierkantmutter
square rig Rahtakelung
square rigged mit Rahen getakelt
square rigged vessel, square rigger Rahsegler, Rahschiff
square sail Rahsegel
square sennit vierkantiger Platting
square topsail Marssegel
to squat the stern dawn Heck tiefer trimmen
stage of completion Fertigungsstand, Stadium der Vollendung
stainless steel (abbr. SS) rostfreier Stahl, Nirosta, Niro
stanchion Relingstütze, Stütze, Strebe, Pfosten
stanchion socket Relingsstützenfassung
Stand by to drop anchor! Klar zum Fallen des Ankers! Klar zum Ankern!
stand of the tide Stillstand zwischen zwei Gezeiten
to stand off abstehen von, seewärts halten von, entfernt sein von
stand-on vessel Wegerechtsschiff, nicht ausweichpflichtiges Schiff
stand-up head Toilette mit Stehhöhe
stand-up sheet block aufrechter Schotblock
standard gear Standardausrüstung
standing headroom Stehhöhe, Kopfraum (in der Kajüte)
standing part stehende Part
star-cut spinnaker Spinnaker im Sternschnitt
starboard Steuerbord
starboard tack Steuerbordhalsen, Backbordbug
to starboard the helm Ruder nach Steuerbord legen
start Start
to start starten
start on the starboard tack Start auf Backbordbug (mit Steuerbordhalsen)
to start the engine Motor anlassen
starting area Startzone, Startvorfeld
starting line Startlinie
starting point (of dead-reckoning course) Startpunkt (eines Koppelkurses)
starting signal Startsignal
state of sea Seegang (Seeg.)
station called angerufene Funkstelle
station calling rufende Funkstelle
statute mile englische Meile
stay 1. Stag, Stütze; 2. Aufenthalt

to stay a mast Mast (einen) abstagen
stay adjuster Stagspanner
staysail Stagsegel
staysail schooner Stagsegelschuner
steamer's name Dampfername
steamer, steamship Dampfer, Dampfschiff
steel Stahl
steep bank steil abfallende Untiefe
steep shore, abrupt shore abschüssige Küste
steep wave steil aufsteigende Welle (See)
steering compass Steuerkompaß
steering compass course Steuerkompaßkurs (StK)
steering gear Ruderanlage, Rudergeschirr
steering pedestal Steuersäule
steering wheel Steuerrad
stem post Vorsteven
stem roller Stevenrolle, Bugrolle
to step the mast Mast setzen
stern Achterschiff, Heck, Spiegel
stern anchor Heckanker
stern anchor cablet Heckankerleine
stern light Hecklicht
stern pulpit, pushpit Heckkorb
stern rudder Heckruder
stern-to mooring Liegen mit Heck zur Pier und Buganker
sternpost Achtersteven
stiff on the tiller hart, schwerfällig auf dem Ruder
stiffness (of a boat) Steifheit, Steifigkeit
stockless anchor stockloser Anker
stop cock Seeventil, Absperrventil, Schieber
stop watch Stoppuhr
storage battery Sammlerbatterie, Akkumulatorenbatterie
store room Hellegat
storm schwerer Sturm (Bft 10)
storm glass Sturmglas, Barometer
storm jib Sturmfock
storm spinnaker Sturmspinnaker
storm trysail Sturmsegel, Sturmgroßsegel
stoved in von außen eingestoßen, eingedrückt
to stow stauen
stowage plan Stauplan
stowage space Raum, Stauraum
straight stem gerader Steven
strand Litze, Tauwerkstrang
to strand stranden
stranded gestrandet
stranding Strandung
stream Strom, Strömung
stream-stay Profilstag
streamer Langwimpel, Wimpel, Windfaden
to stretch taut ganz dichtholen, stark spannen
to strike the bell Schiffsglocke anschlagen
to strike the flag Flagge streichen
strong breeze starker Wind (Bft 6)
strong gale, severe gale Sturm (Bft 9)
strum box Saugkorb
stud Stift, Zapfen, Dübel
stud bolt Stiftbolzen
stud-link chain Stegkette
studding sail Leesegel (auf einem Rahsegler)
stuffing box Stopfbuchse
stuffy cabin miefige, ungelüftete Kajüte
submerged wreck Wrack, ständig unter Wasser
submersible bilge pump Tauch(bilge)pumpe, Notlenzpumpe

suction Ansaugen
suction pipe Ansaugrohr
to suffer damage Havarie erleiden
sunbath on deck Sonnenbad an Deck
sunbathing space (on deck) Platz zum Sonnenbaden (an Deck)
superstructure Aufbauten, Decksaufbau
to surf on the crests (sailing yacht) auf den Wellenkämmen surfen (Seekreuzer)
surf zone Brandungszone
surface wind Oberflächenwind
surfboard Surfbrett, Wellengleitbrett
surfboarder Surfer, Surferin, Segelsurfer
surfboarding Surfen, Segelsurfen
surfing (of a boat) Wellengleiten (eines Bootes)
surfing (sport) Wellenreiten (mit Brett)
to surfride wellenreiten, surfen
surfrider Wellenreiter
to surge 1. dümpeln (Boot); 2. hochgehen, branden, wogen (See)
surge 1. schnelles Fallen und Steigen des Wasserstandes; 2. Sturzsee, sehr hohe Welle
to surge a rope Leine (eine) schricken
surges Fluten, Sturmflut, Brandung
surging sea wogende See
survival craft Rettungsboot
survival raft Rettungsfloß
swab Schwabber, Deckschwabber
to swage drücken, einziehen
swaged eingezogen, eingewalzt
swaged terminal Walzterminal
swallow-tailed burgee Doppelstander, schwalbenschwanzartiger Wimpel
swan neck Schwanenhals
swell Dünung
to swing an anchored boat verankertes Boot schwojen lassen
to swing at anchor schwojen vor Anker
swing-bridge, draw-bridge Drehbrücke, Zugbrücke
swinging at anchor Schwojen vor Anker
swinging room Raum zum Schwojen
switch panel Schaltertafel (der Bordelektrik), Schalttafel
swivel Wirbel, Wirbelschäkel, Kettenwirbel
swivel block with snap Wirbelblock mit Klinkschloß
swivel hook Wirbelhaken, Drehhaken
swiveled drehbar, schwenkbar
swiveling tap Schwenkhahn (für Waschtisch)

T

t-iron T-Eisen
t-shaped cockpit T-förmige Plicht
tabernacle (stepped) mast Klappmast
tabernacle cheeks Mastbacken
tabernacle stepped mast Klappmast, Mast im Maststuhl
table Tisch, Tafel, Tabelle, Verzeichnis
to table a sail Dopplungen (Stoßlappen) auf ein Segel setzen
tabling Doppelung, Verdoppelung (des Segeltuches)
tabling needle Stoßlappen-Segelnadel
tachometer Drehzahlmesser, Umdrehungsanzeiger
tack 1. Hals (eines Segels); 2. Kreuzschlag, Gang; 3. Drahtstift, Heftzwecke
to tack Hals anschlagen
to tack wenden, über Stag gehen, (auf)kreuzen
tack (manoeuvre) Wenden, Überstaggehen (Manöver)
tack (of a sail) Hals(horn) eines Segels
tack cringle Halskausch, Halslegel
tack downhaul Halsstrecker
to tack downwind vor dem Wind kreuzen
tack earing Halsbändsel
tack eyelet Halsöse, Halsgattchen
tack hook Halshaken
tack reefing line Reffleine am Segelhals
tack shackle Halsschäkel
tack, leg Kreuzschlag, Amwindstrecke
tacking Wenden, Überstaggehen
tackle Talje, Takel
tackle hook Blockhaken, Takelhaken
tacky klebrig
taffrail Heckreling
taffrail log Deckslog, Patentlog, Heckrelingslog
tail shaft Schwanzwelle, Propellerwelle
tail splice Steertspleiß
to take a bearing peilen, eine Peilung nehmen
to take a bearing of anpeilen (ein Objekt)
to take a fix Besteck nehmen
to take aback backnehmen, backsetzen
to take aboard an Bord nehmen
to take in a reef einreffen, ein Segel reffen
to take in tow in Schlepptau nehmen
to take short tacks to a mark kurze Schläge zu einer Marke machen
to take the strain of entlasten, die Belastung nehmen
to take the tiller Ruder übernehmen
to take the watch Wache antreten, übernehmen
to take water Wasser machen, Wasser übernehmen
to take down a mainsail Großsegel bergen, herunternehmen
to take in a flag Flagge einholen
to take in the jib Fock wegnehmen
to take in the slack Lose durchholen
to take in the spinnaker Spinnaker bergen
tall ship Großsegler, Segelschiff, Windjammer
tallboy Tallboy
tallboy staysail Tallboy-Vorsegel
tallow Talg, Schmiermittel
tank Behälter, Tank, Auftriebstank

tank test
Tankerprobung, Prüfung im Testtank
tanker Tanker, Tankschiff
tap 1. Zapfhahn; 2. Gewindebohrer
tap bolt Gewindebolzen
tap water Leitungswasser, Trinkwasser
tap wrench
Windeisen für Gewindebohrer
to tape mit einem Band umwickeln
to taper sich verjüngen, ausfasern
taper Verjüngung
taper pin
Splint, Kegelstift, Konusbogen
tapered rope verjüngter Tampen
tapping Gewindebohrer
tar Teer
tarpaulin Teertuch, eingeöltes Gewebe, Persenning
tarred rope
geteertes Tauwerk, schwarze Leine
tarred twine Takelgarn
taut steif, stramm
to tauten steifholen, dichtholen
tautener Spanner
tautening shock-cord
Gummistroppspanner
tax free steuerfrei
teak Teak
teak wood Teakholz
team racing Mannschaftsregatta
team racing rules
Regeln für Mannschaftsregatta
tear Riß
to tear a sail Segel zerreißen
technical specifications
technische Vorschriften, technische (Bau)Beschreibung
telegraphic address Telegrammadresse
telephone conversation
Telefongespräch
telephone index Telefonverzeichnis
telephone number Telefonnummer
telescopic ausziehbar
telltale Windfaden (am Segel)
telltale compass
Deckenkompaß, Hängekompaß
temperkote Mylar-Sandwich (-Segel)
template Schablone
tender rank, weich
tenderness Unstabilität, Rankheit
tensile strength Reißfestigkeit
tensile stress Reckbelastung
teredo ship worm Schiffsbohrwurm
terminal Endbeschlag, Endstück
Terylene, Dacron Polyesterfaser (Trevira, Diolen)
test bench Prüfstand
testing Erprobung, Prüfung
testing tank Prüftank, Schlepptank
Thames barge Themseschute
That is correct! Das ist richtig!
the anchor draggs, the anchor drives
Anker schliert (schleppt)
the anchor holds Anker hält
thermos bottle Thermosflasche
thick fog starker Nebel (Stgr. 1)
thick weather dickes, unsichtiges Wetter
thimble Kausch, Muffe
thimble hook Haken mit Kausche
third substitute dritter Hilfsstander
This is! Hier ist!
thole board Dollbord, Rundselbord
thole pin
Dolle, Riemengabel, Ruderpflock
thread 1. Faser, Faden, Garn; 2. Gewindegang
to thread sich schlängeln, sich winden
threaded shroud terminal
Wantenterminal mit Gewinde
threaded terminal Gewindeterminal
three-stranded rope
dreischäftiges Tauwerk

three-arm protractor Doppelwinkelmesser, Dreiarmtransporteur
three-man crew Dreimann-Besatzung
three-masted staysail schooner Dreimast-Stagsegelschuner
three-masted topsail schooner Dreimast-Toppsegelschuner
three-quarter ton (boat) Dreivierteltonner
three-way cock Dreiwegehahn
throat 1. Klau, Klauohr; 2. Öffnung, Kehle, Knick
throat halyard Klaufall
throat seizing Augbändsel, Herzbändsel
throttle Gasdrossel, Drosselventil
throttle lever Gashebel
throttle valve Drosselschieber, Reglerventil
through-bolt Durchsteckbolzen
through-bolted durchgehender Bolzen, durchgebolzt
through-bolting durchgehende Befestigung
through-deck (fitting) durch das Deck (gebolzter Beschlag)
through-hull (fitting) durch den Rumpf (gebolzter Beschlag)
to throw into gear Motor einkuppeln
to throw out of gear Motor auskuppeln
to throw overboard über Bord werfen
thrust Längsdruck, Schub
thrust bearing Drucklager, Schublager
thumbnut Flügelmutter
thumbscrew Flügelschraube
thunderstorm Gewitter
thwart Ducht, Ruderbank
thwartship querschiffs (verlaufend)
thwartships querschiffs, dwars (gerichtet)
tidal basin Tidebecken
tidal current Tidenstrom
tidal datum Normalnull
tidal dock Tidebecken
tidal drift Tidenströmung
tidal drop, tidal fall Tidenfall
tidal gauche, tide pole Tidenmesser, Pegel
tidal harbour Tidenhafen, offener (Flut-) Hafen
tidal rise Tidenstieg
tidal waters Tidengewässer
tidal wave (tsunami) Flutwelle, Sturmflut, Tsunami
tide Tide, Gezeit
tide bound von der Tide beeinflußt, behindert
tide calculator Stromrechner
tide gauge Gezeitenpegel, Tidenpegel
to tide in einlaufen mit Flut(strom)
tide lock Flutschleuse, Schleusenkammer
to tide out auslaufen mit Ebbe (Ebbstrom)
tide range Tidenhub
tide rips Stromkabbelung, Kabbelwasser
tide signals Tidensignale
tide tables Gezeitentafel, Tidenkalender
tide-rode stromrecht vor Anker liegend
tide mark Tidensaum (an der Küste)
tie (racing) Punktgleichheit (im Rennen)
tie rod Verbindungsstange
to tie-up a boat Boot festmachen
to tie-up alongside längsseits festmachen
to tie-up on all fours festmachen zu vier Seiten, in Vierkant-Vertäuung
to tie-up to a dock festmachen an einem Kai
tiller Pinne, Ruderpinne

tiller extension Pinnenverlängerung
tiller lashed Pinne festgesetzt
tiller rope Ruderleine, Steuerleine
tilt Neigung, Schräglage
to tilt the outboard schräglegen, kippen (den Außenborder)
tilting outboard motor kippbarer Außenbordmotor
timber head Poller, Doppelpoller
timber hitch Zimmermannsknoten, Balkenstek
timber knee Knieholz
time charter Zeitcharter
time limit for finishing Zeitbegrenzung für den Zieldurchgang
time of start Startzeit
to time the start of a yacht Startzeit einer Yacht feststellen
time zone Zeitzone
time-speed-distance computer Bordcomputer (für Zeit-Fahrt-Distanz)
timer Zeitnehmer (der Besatzung)
timer, electrical Zeitschalter, elektrisch
timing Zündpunkteinstellung
tin 1. Blechdose; 2. Zinn; 3. Konserve
tin opener Dosenöffner
to tip over sich neigen, überlegen, schräglegen (kentern)
tip-up rudder klappbares Ruder
to starboard nach Steuerbord
toe rail Fußreling
toe strap Ausreitgurt
toggle Knebel, Knieverbindung
toilet Toilette
toilet paper-holder Toilettenpapierhalter
ton Registertonne, Raumtonne
ton measurement Raumtonne
ton, long ton Tonne (Verdrängung, Masse)
tonnage-measurement Tonnage-Vermessung, Vermessung
tools Handwerkzeug
toothed quadrant Zahnrad(ruder)quadrant
top 1. Topp, Masttopp; 2. Mars; 3. Kopfende, Oberteil
to top a spar Spiere auftoppen
top action winch Winsch mit Antrieb oben (am Kopf der Trommel)
to top off a tank volltanken
top-action self-tailing two-speed winch selbstfassende (-holende) zweigängige Winsch
top-action winch Winsch mit Kopfantrieb
top-heavy rank, kopflastig
top-loading icebox Kühlbox mit Öffnung oben
topgallant (sail) Bramsegel
topgallant mast Bramstenge
topmark Toppzeichen
topmark beacon Bakentonne mit Toppzeichen
topmark tower beacon, topmark beacon Bake mit Toppzeichen
topmast Toppmast, Stenge
topmast stay Toppstag
topping lift Dirk
topsail Marssegel, Toppsegel
topsail schooner Toppsegelschuner
topside auf Deck, über der Wasserlinie
topsides Überwasserteile (eines Bootes)
tornado Tornado, Wirbelsturm
torque Drehmoment
torque wrench Drehmoment-Schraubenschlüssel
total loss Totalverlust
to touch bottom auflaufen, auf Grund geraten

to touch the ground
Grund berühren, auf Grund stoßen
touring by boat
Tourensegeln, Bootstourismus
to tow schleppen, in Schlepp nehmen, bugsieren
tow 1. Schleppzug, Schleppanhang; 2. Schlepptrosse
to tow abreast Bord an Bord schleppen
to tow ahead vorausschleppen
to tow alongside längsseits schleppen
to tow astern achteraus schleppen
tow path Leinpfad, Treidelweg
towage dues Schlepplohn
towage, towing
Schleppen, Schlepphilfe
towed vessel geschlepptes Fahrzeug
towel Handtuch
towing and pushing
Schleppen und Schieben
towing bitt Schleppoller
towing lights Schlepplichter
towing log, patent log, screw log
Schlepplog, Patentlog
towing ring Schleppring
towing vessel
schleppendes Schiff, Schlepper
towrope Schlepptrosse
towrope resistance Schleppwiderstand (Reibungs- und Restwiderstand)
track Spur, Führungsbahn, Gleitschiene (an einer Spiere)
track (TR) Kartenkurs (KaK), Kurs über Grund, wahrer Kurs
trade winds, trades Passat, Passatwind
trade mark Fabrikmarke
traditional herkömmlich, traditionell
traffic lane Schiffahrtsweg
traffic separation scheme
Verkehrstrennungsgebiet
to trail a warp Leine nachschleppen
to trailer trailern
trailing edge Ablaßkante
training ship Schulschiff
transceiver Sender-Empfänger
transferred position line
versetzte Standlinie
transistorized
mit Transistoren ausgerüstet
transit 1. Durchgang, Meridiandurchgang; 2. Überfahrt, Durchreise
transition zone Übergangsgebiet
transmission
Funkübertragung, Sendung
transmission schedule
Zeit(plan) einer Seefunksendung
transom Spiegel, Heckspiegel
transom beam Heckbalken
transom stern Heckspiegel, Plattgattheck, Spiegelheck
transponder
Antwortsender, Antwortbake
trapeze gear Trapezgeschirr
trapeze handle Trapezhandgriff
travel lift
Travellift, fahrbarer Hebekran
traveller car
Großschotwagen, Travellerläufer
traveller control lines
Traveller-Bedienungsleinen
traveller end-plate
Traveller-Endstopper
traveller slide Travellerschlitten
traveller stop Traveller-Endbegrenzung
traveller track Travellerschiene
traverse sailing Segeln mit Koppelkurs
traverse table
Koppeltafel, Grad- und Strichtafel
trawl Schleppnetz
trawler 1. Kutteryacht; 2. Schleppnetzfischer, Trawler
trawling Schleppnetzfischerei

trial trip Probefahrt, Versuchsfahrt
triangulation Dreieckszerlegung
triatic stay Genickstag, Stengestag
trick at the wheel
Ruderwache, Dienst am Ruder
tricolor masthead light
Dreifarbentopplaterne
trigger snap Schnäpper, Drücker
trim Trimm, Trimmlage
to trim a boat
Boot (längsschiffs) trimmen
to trim a sail Segel trimmen
trim of a boat
Trimm eines Bootes (längsschiffs)
trim of a sail
Segeltrimm, Trimmen eines Segels
trimaran Trimaran
trimmed by the head
vorlastig, kopflastig
trimmed by the stern
hecklastig, achterlastig
trimmer Trimmklappe
trimming of the jib Trimmen der Fock
trip line Bojenreep
trip line (of a sea anchor) Einholeleine (eines Seeankers), Tripleine
triradial spinnaker Triradial-Spinnaker
trolling speed
Schleppgeschwindigkeit
tropic Wendekreis (z. B. des Krebses)
troubleshooting
Fehlersuche, Störungsbeseitigung
trough Tiefdrucktrog, Tiefausläufer, Schlechtwettergebiet
true rechtweisend, gerade, wahr, wirklich
true altitude wahre Höhe
true bearing
rechtweisende Peilung (rwP)
true bearing (P)
rechtweisende Funkpeilung (rwFuP)
true bearing (TB) Funkazimut (FuAz)
true course (TC)
rechtweisender Kurs (Sollkurs) (rwK)
true heading
rechtweisende Fahrtrichtung
true heading (TH)
rechtweisender Kurs (Istkurs) (rwK)
true north (TN)
rechtweisend Nord (rwN)
true track (TT), course made good
beobachteter Kurs über Grund (KüGb)
true wind wahrer Wind
trunk cabin
Kofferkajüte, Kajüte im Decksaufbau
trunk cabin sailboat
Kajütsegelboot, Kajütkreuzer
trunk call Ferngespräch
trunnion Zapfen, Drehzapfen
trunnion snap shackle
Drehzapfenschnappschäkel
trysail Trysegel, Treisegel
tubing clamp Rohrklemme
tubular jamming cleat
Schotklemme, röhrenförmig
tug Schlepper
tug boat Schleppboot, Schlepper
tumblehome Seiteneinfall
tuning of the rigging
Abstimmen, Trimmen des Riggs
Turk's head Türkischer Bund
to turn end-for-end (a line)
Leine in Gegenrichtung legen
turn of the bilge Kimmrundung
to turn turtle kieloben kentern
turnbuckle, bottlescrew, rigging screw
Wantenspanner, Spannschraube
turning basin Wendebecken
turning block Umlenkblock
turning circle Drehkreis
turning radius Drehkreis
turtle 1. (Meer)Schildkröte; 2. Spinnakerschlauch

to turtle a boat Boot zum Kentern bringen, umschlagen
twilight Dämmerung, Zwielicht
twin cabin Doppelkabine
twin headsails doppelte Vorsegel, Zwillingsvorsegel
twin screws Doppelschrauben, Zwillingsschrauben, zwei Schrauben
twin-blocks Zwillingsblöcke, am Kopf verbunden
twin-outrigger canoe Kanu mit zwei Auslegern
twin-stay Doppelstag, Zwillingsstag
twine Garn, Segelgarn
twinkeeler Doppelkieler
twist of a sail Verwindung eines Segels
twisted strand verseilte Litze
twister Wirbelsturm, Wasserhose, Tornado
two-man crew Zweimann-Besatzung
two-man dinghy Zweimannjolle
two-sheet block Block für zwei Schoten
tyfon Signalhorn, Tyfon
tying-up Festmachen
type of ship/boat Schiffstyp
typhoon Taifun, Wirbelsturm

U

unattended light unbewachtes Leuchtfeuer
unbalanced rudder unausgeglichenes, nicht ausbalanciertes Ruder
to unballast a boat Ballast aus einem Boot nehmen
to unbend a block Block (einen) ausschäkeln
to unbend a knot Knoten (einen) abstecken, lösen
to unbend a lacing Reihleine (eine) losmachen
to unbend a rope Leine (eine) losmachen
to unbend a sail Segel abschlagen
to unbend a tackle Talje (eine) losschäkeln
to unbend an anchor Anker (einen) abschäkeln, einen Anker abschlagen
to unbolt entriegeln, einen Bolzen lösen
unbreakable bruchsicher, unzerbrechlich
to uncoil a rope Leine (eine) abrollen, eine Leine abwickeln
to uncover freilegen, aufdecken
undecked offen, offenes Boot, nicht eingedeckt
under bare poles vor Topp und Takel, mit nacktem Rigg
under canvas unter Segel(n)
under power unter Motor

under sails unter Segeln
under the lee of
in Lee von, im Schutz von
under-canvassed
untertakelt, unterbesegelt
underbody Unterwasserschiff
underbody configuration
Form des Unterwasserschiffes
to underbow the tidal current
im Strom mit Leebug laufen
underhung rudder
Spatenruder, Schweberuder
underset
Gegenströmung, Unterströmung
undertow Unterwassersog, Unterstrom
underwater epoxy unter Wasser (härtendes) Epoxidharz
underwater unit
Unterwasserteil (eines Gerätes)
underway unterwegs, in Fahrt
underway, but making no way
in Fahrt, aber ohne Fahrt durchs Wasser (über Grund)
to unfurl a flag
Flagge (eine) entrollen, entfalten
to unfurl a sail Segel entfalten, auswehen lassen
to unhank a jib Fock (eine) mit Stagreitern abschlagen
to unhook aushaken
Union Jack britische Nationalflagge
universal time (UT) Weltzeit (UT)
to unlash losmachen, loslaschen
to unlay aufdrehen, ein Tau aufdrehen
unloading dock Abladeplatz, Anlegestelle zum Löschen (Ausladen)
to unmoor a boat
Leinenverbindung eines Bootes lösen
to unreeve ausscheren, eine Leine aus einem Block ausscheren
to unrig abtakeln
to unrig the mast Mast (den) abtakeln
unsafe anchorage
unsicherer Ankerplatz
to unscrew abschrauben, losschrauben
unseaworthy
seeuntüchtig, nicht seetüchtig
unseaworthy condition of a boat
Bedingung der Seeuntüchtigkeit eines Bootes
unseaworthiness Seeuntüchtigkeit
to unshakle abschäkeln, losschäkeln
to unship 1. abbauen, abtakeln;
2. ausladen, ausschiffen;
3. wegnehmen, aushängen
to unship a sail Segel abschlagen
to unship the ballast Ballast ausladen, Ballast löschen
to unship the mast Mast herausnehmen
to unstep the mast
Klappmast abnehmen, entmasten
to untie a knot
Knoten (einen) aufmachen
to untie a rope Leine (eine) aufknoten
to untie a sail Segel lösen
Up anchor! Anker auf!
up and down anchor
Anker(kette) auf und nieder
Up sails! Setzt die Segel! Heiß auf!
upper berth obere Koje
upper shroud Oberwant, Toppwant
upper topgallant (sail) Oberbramsegel
upper topsail Obermarssegel
upperworks
Überwasserschiff, Aufbauten
upsetting moment Kentermoment
upstream stromaufwärts
upstream going ship
Schiff in Bergfahrt
upstream of stromaufwärts von
urgency communication
Dringlichkeitsverkehr

urgency signal
Dringlichkeitszeichen („Pan Pan“)
US sailing directions
amerikanisches Seehandbuch
used boat gebrauchtes Boot
used yacht for sale
gebrauchte Segelyacht zu verkaufen
useful load Nutzlast
utility boat
Nutzfahrzeug, Gebrauchsboot

V

V-berth V-förmige Koje
V-bottomed boat Knickspantboot
V-bottomed form V-Bodenform
vacuum Unterdruck, Vakuum, luftleerer Raum
vacuum gauge Unterdruckmesser
valley wind Talwind
valve Ventil, Schieber
vane Flügel, Windfahne
vane gear Windfahnengeschirr
variable pitch propeller Verstell-propeller (verstellbare Steigung)
variable wind umlaufender Wind
variation (Var) Mißweisung (Mw)
to veer
fieren, ablassen, drehen, sich drehen
to veer about rechtdrehen (des Windes), ausschießen
to veer aft raumen (des Windes)
to veer and haul fieren und holen
to veer away wegfieren, laufen lassen
to veer back schralen (des Windes)
veering Wind Drehen des Windes rechtdrehend (im Uhrzeigersinn)
velic point (of pressure)
Segeldruckpunkt
ventilating cowl Drucklüfter
ventilator Lüfter, Ventilator
ventilator coaming Lüftersüll
venturi ventilator
Venturi-Lüfter
Verify! Bestätigen!
vernal equinox
Frühlings-Tag-und Nachtgleiche
vernier Nonius
vertical breaking wave
senkrecht brechende Welle
vertical-cut sail Segel aus vertikalen Bahnen, parallel zum Achterliek
very good visibility
sehr gute Sicht (Stgr. 8)
very high frequency, VHF
Ultrakurzwelle, UKW
very high sea
sehr hohe See (Wellenhöhe 7-11 m)
Very pistol Leuchtsignalpistole
very poor visibility
diesig (Stgr. 4)

very rough sea 1. sehr grobe See (Seeg. 6); 2. sehr rauhe See (Wellenhöhe 3–4,5 m)
vessel Fahrzeug
vessel at anchor Fahrzeug vor Anker
vessel constrained by her draught tiefgangsbehindertes Fahrzeug
vessel engaged in fishing fischendes Fahrzeug
vessel made fast to the shore festgemachtes Fahrzeug
vessel making way Fahrzeug mit Fahrt durchs Wasser
vessel not under command manovrierunfähiges Fahrzeug
vessel pushed ahead geschobenes Fahrzeug
vessel restricted in her ability to manoeuver manövrierbehindertes Fahrzeug
vessel under oars Ruderboot
vessel underway Fahrzeug in Fahrt
vessels in sight one of another Fahrzeuge in Sicht voneinander
VHF radiotelephone UKW-Seefunkgerät
vice Schraubstock, Schraubzwinge
vice commodore (of a club) Vizekommodore (eines Clubs)
vicegrip, visegrip Schraubstockbank
violent storm orkanartiger Sturm (Bft 11)
visa Visum, Einreisegenehmigung
visibility Sicht (Sichtigkeitsgrad=Stgr.)
visibility scale Sichtbarkeitsskala, Sichtbarkeitsgrad
visible horizon Kimm, natürlicher Horizont, Seehorizont
visor Sonnenblende, Schutzschirm
visual range Sichtweite, Sichtbereich
voltage regulator Spannungsregler
voltmeter Voltmeter
volume Rauminhalt
volume of displacement Verdrängung, Verdrängungsvolumen
voluntary stranding freiwillige, gewollte Strandung
vortex Wirbel, Windhose

W

wainscotting Täfelung
waist breast line Mittschiffsfestmacher
waiver clause Annahmeverweigerungsklausel
wake Sog, Kielwasser
wake coefficient, wake fraction Nachstromziffer
wake speed Geschwindigkeit des Kielwassers
wale Bordleiste, Dollbord
to walk back zurückdrehen
walkway Laufgang (über Seitendeck)
wall knot Schauermannsknoten
to wallow rollen, schlingern
waning moon abnehmender Mond
wanted for purchase zu kaufen gesucht
war risk Kriegsgefahr
war risks insurance Versicherung gegen Kriegsgefahren
to warehouse einlagern, aufspeichern
warehouse Lager, Speicher
warehouseman Lagerverwalter
warm current warme (Meeres)Strömung
warm front Warmfront
warm sector Warmsektor
warning for small craft Warnung für Kleinfahrzeuge
warning gun Warnschuß
warning lamp Signallampe
warning light Warnlicht, Kontrollicht
warning signal Ankündigungssignal
warp 1. Warpleine, Verholleine; 2. Kette (Segeltuch), Kettfaden
to warp (a boat) verholen, warpen (ein Boot)
to warp (a surface) biegen, sich verziehen (eine Oberfläche)
warp thread Kettfaden
to warp, to kedge warpen
warp-laid verseilt in S-Richtung, 4. Verseilstufe, im Kabelschlag
warping 1. Warpen, Verholen, Treideln; 2. Krümmung, Verwerfung
warping buoy Verholboje
warping capstan Verholspill
warping chock Verholklampe
warping drum Spillkopf
warping line Verholleine
warping winch Verholwinde
warranty Garantie
wash 1. Kielwasser, Wellenschlag; 2. Riemenblatt
wash basin Waschbecken
wash strake Setzbord
wash board Waschbord, Setzbord
washed ashore angespült, angetrieben (an die Küste)
washed overboard über Bord gewaschen
washer Dichtungsring, Unterlegscheibe
washroom Waschraum
waste basket Mülleimer, Papierkorb
to watch bewachen
watch Wachtposten, Mann (Frau) einer Wache
to watch wachen, beobachten, überwachen
watch (4 hours) Wachtörn (z. B. 4 Stunden)
watch (crew members) Wachmannschaft (Crewmitglieder)
watch and watch Wache um Wache, Zweiwachensystem
watch buoy Markierungsboje

watch on deck Wache an Deck
to watch the anchor Anker (den) beobachten
watched boat storage bewachter Liegeplatz, Bootslagerplatz
watched boatyard bewachte Bootswerft
watched light bewachtes Feuer
water ballast Wasserballast
water jacket Wassermantel, Kühlmantel
water jet Wasserstrahl, Druckwasserstrahl
water main Hauptwasserleitung
water plane area Schwimmebene
water pressure Wasserdruck
water pressure system Druckwasseranlage
water pump Wasserpumpe
water route, water way Wasserstraße
water sky Wasserhimmel
water tank Wassertank
water tankage Fassungsvermögen von Frischwasser
water tap Wasserhahn, Zapfhahn
Water! (racing) Raum! (Rennsegeln)
water-boat Wasser(tank)boot
water-closet Wasserklosett
waterborne auf dem Wasser schwimmend, flott
watercooling Wasserkühlung
watercraft Wasserfahrzeug
waterfront Wasserfront
watering place Wasserplatz
waterline 1. Wasserlinie, Schwimmwasserlinie; 2. Wasserspiegel, Wasserhöhe; 3. Wasserstandslinie, Tidegrenze
waterline coefficient Völligkeitsgrad der Konstruktionswasserlinie
waterline length Wasserlinienlänge
waterlogged ship Schiff voll Wasser, aber noch schwimmend
waterlogged wood voll Wasser gesogenes Holz
waterman Seemann, Fährmann, Kahnschiffer
watermarks (of a ship) Tiefgangsmarken (am Schiff)
waterproof wasserdicht, regendicht
waterproof cloth wasserdichte Kleidung
waterspout Wasserhose, Wolkenbruch
watertight wasserdicht
watertight cockpit wasserdichte Plicht
watertight compartment wasserdichter Raum
watertight hatch cover wasserdichter Lukendeckel
watertight riveting wasserdichtes Nieten
watertightness Wasserdichtigkeit
waterway 1. Wasserstraße, Fahrrinne; 2. Wassergang (an Deck), Ablaufrinne
waterways office Wasserstraßenamt
wave band (radio) Wellenbereich(Funk), Frequenzbogen
wave frequency Wellenfrequenz
wave front Wellenfront
wave length (radio) Wellenlänge (Funk)
wave making resistance wellenbildender Widerstand
wave motion Wellenbewegung
wave period Wellenperiode
wave profile Wellenprofil, Wellenlinie
wave resistance Wellenwiderstand
wave slope Wellenneigung
wave train Wellenzug
wave trough Wellental
wave velocity Wellengeschwindigkeit
wavelet kleine Welle

wavemeter Wellenmesser
waving current wellenförmige Strömung
to wax wachsen, bohnern, zunehmen
wax Wachs
waxing of the moon Zunehmen des Mondes
way Weg, Fahrt
Way enough! Laß laufen!
way of the wind Windbahn
ways-end Ablaufbahn-Ende
to wear 1. halsen; 2. abnutzen, tragen
wear and tear Verschleiß, Abnutzung
to wear out verschleißen, sich abnutzen
wearing Halsen
to weather Höhe (einer Landmarke) nehmen, in Luv vorbeisegeln
weather Wetter, Witterung
to weather (a storm) abwettern (einen Sturm)
weather anchor Luvanker
weatherbound wetterbewehrt, wetterbehindert
weather beaten wetterbeschädigt
weather broadcast Wetterberichtssendung
weather bureau Wetterdienst
weather change Wetteränderung
weather conditions Wetterbedingungen
weather forecast Wettervorhersage
weather glass Wetterglas, Barometer
weather helm Luvgierigkeit
weather map Wetterkarte
weather mark Luvmarke (Rennen)
to weather out a gale Sturm abwettern
weather permitting Wetter erlaubend
weather quarter Windvierung auf der Luvseite
weather report Wetterbericht
weather sheet Luvschot
weather shore Luvküste
weather side Wetterseite, Luvseite
weather signs Wetter(an)zeichen
weather symbols Wettersymbole (international)
weather tide Luvtide
weather vane Windfahne, Wetterfahne
weatherbeaten wetterhart, see-erfahren
weathercloth Wetterzeug, Wetterbekleidung
weathering Verwitterung
weatherly qualities Seefähigkeit, Seetüchtigkeit
weathertight wetterfest
web (in fiberglass) Kern (in Glasharz), Formträger
web frame Rahmenspant
web sling Gurtstropp, Gurtschlinge
wedge 1. Keil, spitzer Keil; 2. Hochdruckkeil
to wedge verkeilen
weeds Kraut, Verkrautung
week Woche
weekly wöchentlich
weeping Sickern, leichte Leckage
weft Schußfaden (eines Gewebes)
to weigh anchor Anker aus dem Grund brechen, Anker lichten, ankerauf gehen
weighing (of) the anchor Ankeraufgehen (das)
weight Gewicht, Segeltuchgewicht
weight capacity Tragfähigkeit
weight density spezifisches Gewicht
to weld schweißen
weldability Schweißbarkeit
weldable schweißbar
welded flanges Schweißflansch
welded hull geschweißter Rumpf
welded knee geschweißtes Knie
welded seam Schweißnaht
welded steel Schweißstahl

welding (action)
Schweißen, Schweißung (Arbeit)
well found gut ausgerüstet
west West
west of westlich von
westerly variation
westliche Mißweisung
westerly wind Westwind
western westlich
wet basin Flutbecken, Schleusendock
wet dock Flutbecken, Fluthafen
wet storage Überwinterung im Wasser
wet suit Neoprenanzug
wet-bulb thermometer
Naßthermometer
wetted surface benetzte Oberfläche
whale Wal
whale boat Walboot
whale catcher Walfangboot, Walfänger
whale factory vessel
Walfangmutterschiff, Walkocherei
whaler Walfänger
wharf Pier, Landungsbrücke, Kai
wharfage Kaigeld, Liegegeld
wheel adjuster Achterstagspanner mit Handradbedienung
wheel chain Steuerkette
wheel grating Rudergräting
wheel rope Steuerreep
wheel steering Radsteuerung
wheel-type backstay adjuster
Achterstagspanner mit Drehgriff
wheelhouse Ruderhaus
whip Wippe, Jolltau, einfach geschorener Klappläufer
to whip takeln, betakeln
whip and runner Jolltau mit Mantel
whipped end betakeltes Ende
whipping Takling, Betakelung
whipping twine Takelgarn
whirlpool Meerstrudel, Wasserwirbel
whirlwind Wirbelwind, Windhose
whisker pole Fock-Ausbaumer
whistle buoy Heultonne (Hl-Tn.)
white weiß
white all around light
weißes Rundumlicht
white ensign (GB)
englische Marineflagge
white frost Rauhreif
white horses weiße Schaumkronen
white light weißes Licht
white mast light weißes Mastlicht
white oakum ungeteertes Werg
white squall weiße Bö
whole gale Windstärke 10
wholesale Großhandel
wick Docht
wildcat Kettennuß, Kettenmitnehmer
winch Winde, Winsch
to winch
hochwinden, die Winsch drehen
winch barrel, winch drum
Winschtrommel, Winschentrommel
winch drum top Winschentrommelkopf
winch drumhead Winschkopf
winch handle pocket
Winschkurbeltasche
winch handle, winch crank
Winschkurbel
to winch the sheet
Schot mit der Winsch bedienen
to wind winden, wickeln
wind abeam, wind on the beam
halber Wind
wind aft, wind astern
achterlicher Wind
wind arrow Wind(richtungs)pfeil
wind bound eingeweht, von ungünstigen Winden aufgehalten
wind chart Windkarte
wind chill Wind-Kältegefühl

wind cloud Windwolke
wind cone Windsack
wind force Windstärke (Bft)
wind force scale Windstärkenskala
wind on the quarter Backstagsbrise
wind rose 1. Windrose; 2. Windstern, Winddiagramm
wind sea Windsee
wind shadow Windschatten
wind shift Winddrehung, Umspringen des Windes
wind storm Sturm ohne Regen
wind tunnel Windkanal
wind vane Windfahne, Verklicker
windage Windversetzung
windjammer Windjammer, Großsegler
windlass Ankerwinde (liegende Welle)
windlass warping drum Windenverholkopf
windlass with manual operation Handankerwinde
windlop Windwelle in engen Gewässern
window Fenster
windsail, windscoop Windfänger, Luftfänger
windshield Windschutzscheibe
to windsurf surfen, windsurfen
windsurf school Surfschule
windsurfboard Segelbrett, Surfbrett
windsurfer Windsurfer
windward luvwärts
windward mark luvwärtige Bahnmarke
windward of luvwärts von
windward performance Amwind-Leistungsfähigkeit
windward side Luvseite
windy weather windiges Wetter
wing and wing ausgebaumte Segel (zu beiden Seiten)
wing nut Flügelmutter
winter boat storage Bootswinterlager
winter solstice Wintersonnenwende
wintering charges Winterlagerkosten
wintering harbour Überwinterungshafen
to winterize (a motor) einwintern (einen Motor)
wire Draht
to wire drahten, telegraphieren
wire clamp Drahtklemme
wire cutter Drahtseilschneider
wire cutters Drahtschere
wire drag Suchleine, Schleppbucht
wire gauze Drahtgewebe
wire luff Drahtvorliek
wire netting Drahtgitter
wire nippers Drahtkneifer
wire reel Drahtrolle, Leinenrolle
wire rope Drahttau
wire sling Drahtseilstropp
wire stopper Drahtstopper
wireless bearing Funkpeilung
wireless position Funkstandort
wiring Leitungsnetz
wiring diagram Schaltplan, Netzplan
wishbone ketch Spreizgaffelketsch
wishbone rig Spreizgaffel-Takelung
with charges mit Kosten
with eye mit Auge
with good seamanship mit guter Seemannschaft
with wind force 4 mit Windstärke 4
within hail in Rufweite, in Hörweite
woman singlehander Einhandseglerin
wooden dowel Holzpfropfen
woodwork Holzwerk, Holzbearbeitung
woolder Knebel, Drehknüppel
to work arbeiten, wirken, Dienst tun
to work loose losarbeiten (sich)
workbench Werkbank

working anchor Arbeitsanker, Hauptanker
working drawing Werkstattzeichnung
working jib Arbeitsfock
working load Arbeitsbelastung
working pressure Betriebsdruck
working sails Arbeitssegel, Fahrtensegel
workman, worker, labourer Arbeiter
workmanship Ausführung, Bearbeitung
workshop Werkstatt
workshop for motor revision Werkstatt für Motorwartung
worm gear Schneckengetriebe
worm shaft Schneckenwelle
worming twine Wickelgarn, Trensgarn
to worsen schlechter werden, sich verschlechtern
woven gewebt, geflochten
wrack Windgewölk
to wreck wrack werden, Schiffbruch erleiden, scheitern
wreck Wrack
wreck allways dry Wrack, ständig über Wasser
wreck mark Wrackbezeichnung
wreck remains Wracktrümmer, Wrackgut
wreckage Wrackteile, Schiffstrümmer
wrecker 1. Strandvogt, Berger von Wracks; 2. Wrackdieb, Strandräuber
wrench Schraubenschlüssel
wrought iron Schmiedeeisen
wrought steel Schmiedestahl

Y

yacht Yacht, Segelboot, Sportfahrzeug
yacht basin Yachthafen
yachtbuilder Bootsbauhandwerker
yachtbuilding yard Yachtwerft
yacht club Segelclub, Yachtclub
yacht designer, naval architect Yachtkonstrukteur
yacht ensign (US) US-amerikanische Yachtflagge
yacht harbour Yachthafen
yacht materially prejudiced (racing) wesentlich benachteiligte Yacht (Regatta)
yacht on a tack Yacht auf einem Bug
yacht race Wettfahrt, Regatta
yacht racer Rennsegler
yacht racing 1. Yacht in einer Wettfahrt; 2. Rennsegelsport
yacht rope Yachttauwerk
yacht sailing Segelsport
yacht tacking Yacht beim Wenden

yacht tender, yacht's tender Yachtbeiboot
yachting Sportschiffahrt
yachting cap Seglermütze
yachting cruise Kreuzfahrt mit einer Yacht
yachting fleet Yachtflotte
yachtmaster Sportschipper, Bootsführer
yachtmaster's certificate Sportbootführerschein
yachts on opposite tacks Yachten auf entgegengesetztem Bug
yachts on the same tacks Yachten auf gleichem Bug
yachtsman Yachtsegler, Sportsegler
yachtsmanlike seglerisch gut, wie ein guter Segler
yachtsmanship Yachtseemannschaft
yachtswoman Yachtseglerin, Sportseglerin
Yankee (foresail) Klüver, Flieger
yard 1. Rah; 2. Werft
yard (0,914 meters) Yard, Längenmaß (0,914 m)
yard arm Rahnock
yard crane Rahkran
yardage Maßangabe in Yards
yarn Garn, Faser
to yaw gieren, ausscheren
yaw, yawing Gieren, Gierbewegung
yawl 1. Yawl, Anderthalbmaster; 2.Yawl (mit ungeteiltem Vorsegeldreieck)
yawl rigged yawlgetakelt
yawl, cutter rigged Yawl (mit unterteiltem Vorsegeldreieck)
year of construction Baujahr
yellow flag Quarantäneflagge, Flagge „Quebec", gelbe Flagge
yellow metal Messing, Gelbmetal
yoke Ruderjoch
yoke line Steuerreep, Jochleine

Z

Z-drive Z-Antrieb
Z-twist (rope), right laid Z-Drehung (beim Tauwerk), rechtsgeschlagen
zenith Zenit
zenith distance Zenitabstand
zenith point Scheitelpunkt
zephyr Zephyr, milder Westwind
zero 1. Nullstellung;
2. Nullachse, Nullinie
zero adjustment Nulleinstellung, Nullpunkteinstellung
zero mark Nullmarke, Nullstrich
zero visibility Unsichtigkeit, Sicht unter 50 m
to zigzag Zickzackkurs laufen
zigzag Zickzackbewegung, Zickzackkurs
zigzag riveting Zickzacknietung
zigzag stitch Zickzacknaht
to zinc verzinken
zinc Zink
zinc protector Zinkschutzplatte, Opferanode
zip fastening Reißverschluß-Befestigung
zipper Reißverschluß
zone of danger Gefahrenzone
zone of silence (radio) tote Zone (Funk)
zone time Zonenzeit

A

Ab Backbord! Avant bâbord!
abbauen, abtakeln démonter
abbrechen (eine Wettfahrt) interrompre, invalider
abbringen vom Grund déséchouer
abbringen, ein Boot wieder flottmachen renflouer un bateau
Abbringen, Flottmachen renflouage
Abbruch einer Wettfahrt (nach dem Startsignal) interruption, invalidation
Abbruch- und Wiederholungssignal signal d'interruption et de nouveau départ
Abbruchsignal signal d'interruption, signal d'invalidation
Abdecken (durch eine Kappe) lisse de plat-bord
Abdichten, Kalfatern, Vergießen von Nähten calfatage
abdrehen abattre, laisser porter
Abdrift dérive de vent
abenteuerlicher Fahrtensegler cabotilleur
Abfahrtssignal, Blauer Peter pavillon de partance
abfallen (vom Wind), ablaufen laisser porter, laisser arriver, laisser abattre
abfallen, nachlassen abattre, arriver, laisser porter
abfendern parer
abflauen, bekalmen encalminer
abflauen, nachlassen tomber, baisser, accalmir
abflauen, sich beruhigen calmer, se calmer
Abflughafen aéroport de sortie
Abflußrohr tuyau de débit
abgebrochene Wettfahrt course invalidée, course interrompue
abgekürzte Bahn beenden finir un parcours réduit
abgestagter Mast mât haubanné, mât étayé
abgetrennte Toilette toilette undépendante
abhalten laisser porter, tenir le large
Abkürzung abréviation
Abladeplatz, Anlegestelle zum Löschen (Ausladen) débarcadère
ablandig, vom Land ab au large de la terre
ablandiger Wind, Landwind vent de terre, vent portant au large
Ablaufbahn cale de lancement
Ablaufbahn-Ende avant-cale
Ablaufloch nable
Ablaßschraube bouchon de nable
Ablaßstopfen bouchon de nable
Ablaßventil, Bodenpfropfen purge, soupape de décharge
Ablaßhahn robinet de vidange
Ablaßkante bord de fuite
Ablaßhahn robinet de purge
ablegen von einer Boje appareiller d'un mouillage
ablegen, Leinen loswerfen larguer les amarres
Ablufthaube capuchon, pavillon d'évent
Abmessungen dimensions
Abmessungen der Bauteile, Materialbesteck échantillonnage
Abmessungen voll ausgenutzt largement dimensionné

abnehmen, entgegennehmen accepter, recevoir
abnehmender Mond décroissement de la lune
abnutzen, tragen user
abschäkeln, losschäkeln démailler, démaniller
abschrägen, abkanten chanfreiner
abschrauben, losschrauben dévisser
abschüssige Küste côte accore, côte escarpée
absegeln sortir
Absegeln der Regattabahn effectuer le parcours
absegeln, auslaufen, Fahrt aufnehmen appareiller
Absperrhahn, Sperrventil robinet d'arrêt
Absperrventil, Schieber robinet d'arrêt, vanne d'arrêt
Abstand distance
Abstandsring anneau d'écartement
abstehen von, seewärts halten von, entfernt sein von mettre le cap sur le large
Abstimmen, Trimmen des Riggs réglage du gréement
abstoßen, absetzen, freihalten s'éloigner
abtakeln dégréer
abtreiben partir à la dérive
abtreiben nach See dérader
Abtrift dérive
Abtriftwinkel angle de dérive de vent
Abwaschbecken évier
Abweichung, Deklination déclinaison
abwettern (einen Sturm) étaler
Aceton acétone
Acetylen acétylène (gaz a.)
Achse, Welle mèche
achteraus fahren culer
achteraus hieven (mit der Winsch), winden virer de l'arrière
achteraus sacken culer
achteraus schleppen remorquer en arbalète
achteraus verholen haler de l'arrière
achteraus, rückwärts (Bewegung) vers l'arrière
Achterdeck pont arrière
Achterdeck, Kajütdeck pont de dunette
Achterdeck, Schanz(e) gaillard de l'arrière
Achterducht traversin arrière
achtere Querleine traversier arrière
achterer Bootsboden coulée arrière
achterer Dwarsfestmacher traversier arrière
Achterholer (eines Spinnaker-Baumes) bras (du spi)
Achterkajüte cabine arrière
Achterkastell château arrière
Achterleine, Heckspring garde montante
achterlich vers l'arrière
achterlich vom Mast, zwischen Mast und Heck sur l'arrière de mât
achterliche See mer de l'arrière
achterlicher als querab, achterlicher als dwars sur l'arrière du maître-bau, sur l'arrière du travers
achterlicher Wind vent arrière
achterlichst, ganz achtern le plus sur l'arrière
Achterliek chute
Achterlieksrundung rond, arrondi
Achterliektau, Außenliektau ralinque de chute
Achterluke écoutille arrière
Achtermast artimon, mât d'artimon
achtern arrière

achtern überkommende See capelé par l'arrière
achtern, achteraus (Position) sur l'arrière, à l'arrière
achtern, hinten, achteraus, rückwärts en l'arrière, sur l'arrière, vers l'arrière, derrière
Achterpiek arrière-bec
Achterplicht cockpit arrière
Achterschiff partie arrière
Achterschiff, Heck, Spiegel arrière, tableau (arrière)
Achterspring garde descendante, garde montante de la hanche
Achterstag pataras, étai arrière
Achterstagspanner mit Drehgriff régleur de pataras à roue
Achterstagspanner mit Handrad-bedienung ridoir du pataras à volant
Achterstagtalje palan de pataras
Achtersteven étambot
achtförmig en huit
achtförmig aufgeschossenes Tauwerk glène en huit
achtförmig ausgelegtes Tauwerk plet en huit
Achtknoten noeud en huit, noeud en lacs
adiabatisch, ohne Wärmeaustausch mit der Umgebung adiabatique
adiabatische Ausdehnung expansion adiabatique
Admiral amiral
Admiralität amirauté
Admiralitätsanker, Stockanker ancre de l'amirauté, ancre à jas
Adresse postlagernd adresse poste restante
afrikanisches Teak iroko
Ahle, Sticker, Pricker déboucheur
Ahoi! Ho!
Akkumulatoren-Batterie, Sammler-batterie batterie d'accu, batterie électrique
Akkumulatorzelle, Batteriezelle élément d'accumulateur
Aktionsradius, Fahrradius rayon d'action
aktives Antwortfeuer répondeur actif
Aktivruder gouvernail compensé actif
akustisch, hörbar, verständlich acoustique
akustisches Nebelsignal signal acoustique de brume
akustisches, hörfrequentes Signal signal acoustique
Alhidade mit Fernrohr alidade à lunette
Alhidade, Peillineal alidade
alle Bahnmarken an Backbord lassen laisser toutes les marques à bâbord
alle Leinen werden aus der Plicht bedient manoeuvres retournées au cockpit
alle Mann tout le monde
Alle Mann an Bord! Tout le monde à bord!
Alle Mann an Deck! Tout le monde sur le pont!
alles stehend, seemännisch voll ausgerüstet tout dessus
allgemeine Wetterlage conditions, situation-méteo générales (e)
allgemeiner Rückruf (Rennen) rappel général
Allzwecköl, Schmierstoff huile tout-usage
alter Seebär vieux loup de mer
Altweiberknoten noeud de vache, noeud d'ajut
Aluminium aluminium

Aluminiumguß
aluminium coulé, fonte d'aluminium
Aluminiumlegierung
alliage d'aluminium
am Ruder à la barre
am Wind auf Backbordbug
au près tribord amure
am Wind auf Steuerbordbug
au près bâbord amure
am Wind, beim Wind au près
Amateur-Bootsbauer, Selbstbauer
constructeur (de bateau) amateur
amerikanische Nationalflagge
Union Jack américain
amerikanisches Seehandbuch
instructions nautiques américaines
Amplituden-Modulation
modulation d'amplitude
Amwind-Leistungsfähigkeit
performance au près, au louvoyage
Amwindkurs
route au près, route au plus près
Amwindkurs, Segel voll und bei
au près bon plein
An alle Funkstellen!
Toutes les stations!
an Bord à bord
An Bord alles wohl! Tout en ordre!
an Bord bringen, verladen
gréer, mettre à poste
an Bord eines Schiffes
à bord d'un navire
an Bord gehen, sich einschiffen
monter à bord, embarquer
an Bord klettern monter à bord
an Bord kommen, einschiffen
embarquer, monter à bord
an Bord leben vivre à bord
an Bord nehmen
prendre à bord, embarquer
an Bord unterbringen loger à bord
an Deck sur le pont
an Deck kommen, hochsteigen
monter sur le pont
an Deck schlafen dormir à plat point
an die Boje gehen, Fangleine aufnehmen prendre un mouillage
an einer Leeküste au vent d'une côte
an Land gehen aller à terre
an Land treiben
drosser, dépaler à la côte
an Land, am Ufer à terre
andrehen, anluven lofer
Anerkenntnis, Bestätigung
récognition
Anfänger commençant
Anfangsstabilität
stabilité initiale, stabilité de forme
Angebot, Anzeigenangebot offre
angerufene Funkstelle station appelée
angerufene, angepreite Yacht
yacht hélé
angespült, angetrieben (an die Küste)
jeté à la côte
angestoßen, eingebeult
ébréché, bosselé
angrenzender Küstenstaat
état côtier limitrophe
anheben, liften, steigen déjauger
anholen, etwas nach oben ziehen
peser
Anker abschäkeln, einen Anker abschlagen détalinguer une ancre
Anker auf! Levez l'ancre!, Dérapez!
Anker aufgeben
abandonner une ancre
Anker aus dem Grund brechen
déraper, lever l'ancre
Anker ausbrechen
décrocher, déraper l'ancre
Anker ausfahren
faire porter l'ancre par un canot

Anker beobachten veiller le mouillage
Anker fallen lassen mouiller l'ancre
Anker hält l'ancre croche, tient
Anker ist aus dem Grund (gelichtet)! Dérapé!
Anker klarieren dégager une ancre
Anker lichten déraper
Anker lichten! Déraper!
Anker mit massivem Schaft ancre à verge pleine
Anker schliert (schleppt) chasser sur l'ancre
Anker schlippen filer par le bout
Anker verkatten empenneler une ancre
Anker(kette) auf und nieder ancre à pic
Anker(reit)gewicht marguerite
Anker(verbindungs)schäkel cigale, organeau
ankerauf gehen appareiller
Ankeraufgehen (das) dérapage de l'ancre
Ankerauge oeil d'ancre
Ankerboje bouée de corps-mort
Ankerflunkenhand(fläche) oreille de patte d'ancre
Ankergebühren droits de mouillage
Ankergeschirr apparaux de mouillage
Ankerhals collet d'ancre
Ankerhalterung an Deck logement de l'ancre
Ankerhalterung an Deck (Schweinsrücken) cale d'ancre
Ankerhalterung, Art der ... dispositif de rangement de l'ancre
Ankerkasten baille à mouillage
Ankerkette chaîne d'ancre
Ankerkette anschäkeln étalinguer la chaîne
Ankerkette auf und nieder! À pic!
Ankerkette, enge Ringkette chaîne de câble
Ankerkettenverbindungsschäkel manille d'étalingure
Ankerkettenverwindung tour dans les chaînes
Ankerkreuz diamant de l'ancre
Ankerlaterne fanal de mouillage
Ankerleine (auf kleinen Seekreuzern) câblot, ligne de mouillage
Ankerlicht feu de mouillage
Ankermanöver manoeuvre de mouillage
ankern mouiller
Ankern (Verankerung) mit Bug- und Heckanker embossage
ankern, verankern (ein Boot) mouiller
ankern, vor Anker gehen mouiller
Ankerplatz mouillage, poste de mouillage
Ankerplatz auf offener Reede mouillage forain
Ankerplatz im Quarantänehafen mouillage de quarantaine
Ankerschaft verge d'ancre
Ankerschäkel manille d'étalingure, cigale
Ankerschäkel, Verbindungsschäkel cigale
Ankerspill (aufrechtstehende Welle) cabestan
Ankerstock jas d'ancre
Ankerstocksplint esse
Ankertrosse aussière d'ancre
Ankerwache quart au mouillage
Ankerwinde (liegende Welle) guindeau horizontal
Ankündigung im Sprechfunk annonce à la voix
Ankündigungssignal signal d'attention

Ankunft arrivée
Ankunftsort point d'arrivée
anlaminieren an den Rumpf (einen Beschlag) stratifier à la coque
Anlaufen einer Pier, Anlegen accostage
Anlaufen eines Hafens, Zwischenstopp escale
Anlaufhafen port d'escale
Anlegebrücke, Bootssteg jetée
anlegen am Kai accoster un quai, aborder à un quai
anlegen, festmachen (ein Boot) mouiller à poste
anliegen nach (Kurs), zulaufen auf mettre le cap sur
anluven, in den Wind kommen lofer
Annahmeverweigerungsklausel clause de non-préjudice d'abandon
annehmen, einführen adopter
Annullierung, Widerruf einer (Seefunk-) Meldung annulation de message
anpeilen (ein Objekt) relever
anpieken (eine Spiere) apiquer un espar
anrufen (im Seefunk) appeler
Ansaugen aspiration, succion
Ansaugrohr tuyau d'aspiration
anschäkeln mailler
anschlagen (ein Segel an einer Spiere) enverguer
Anschlagtafel, Schwarzes Brett panneau d'affichage
Anschlußzone zone adjacente
anschrägen, abkanten biseauter, chanfreiner
Ansichtsverhältnis (Höhe zu Breite) allongement
anstecken, anhängen endrailler
anstecken, festmachen, biegen abouter
Anstellwinkel, Anströmwinkel angle d'attaque
Ansteuerungsmauer (einer Schleuse) mur d'accès
Ansteuerungstonne bouée d'atterrissage
Anstrich, Überzug revêtement, couche
Anströmkante, Windanschnittskante bord d'attaque
Antenne antenne, aérien
Antennenanpassung adaptation d'antenne
Antennenisolator isolateur d'antenne
Antennenleistung capacité d'une antenne
Antennenmast pylône d'antenne, mât d'antenne
Antennenstrom courant d'antenne
Antrieb commande, transmission
Antriebswelle arbre d'entraînement, arbre moteur
Antwort, Rückmeldung réponse
Antwortsender, Antwortbake transpondeur
Antwortwimpel aperçu
Anwalt avocat
Anwalt, Richter im Seerecht avocat de droit maritime
Anzahl nombre
Anzahl der Kojen (in einem Boot) nombre de couchettes
Anzahl der Liegeplätze (in einem Hafen) nombre de postes
Anzahl der Schlafplätze nombre de places couchées
Anzeichenwerkstatt, Schnürboden salle des gabarits de traçage
Anzeige (in einer Zeitung) annonce

Anzeigegerät in der Plicht, Tochtergerät répétiteur de cockpit
Anzeigenschluß (Datum) à fourmir avant (quantième)
Äquatorialregen pluies équatoriales
äquinoktial, Tag- und Nachtgleiche betreffend équinoctial
Äquinoktialtide grande marée, marée d'équinoxe
arbeiten, wirken, Dienst tun fatiguer, travailler
Arbeiter ouvrier
Arbeitsanker, Hauptanker ancre de temps normal
Arbeitsbelastung charge de sécurité
Arbeitsfock foc de route
Arbeitslast, Arbeitskraft einer Talje limite de charge, charge limite
Arbeitssegel, Fahrtensegel voilure de route
Arbeitstalje, Handtalje palan à croc
Arbeitsvorgang, Betrieb fonctionnement
arktische Luftmassen masse d'air arctique
Arm (eines Ankers) bras
astronomische Beobachtung visée astro
astronomische Navigation astronomie nautique
astronomischer Standort point astro, point astronomique
astronomisches Besteck point astronomique, astro
Atempause, Verschnaufer (des Windes) mise à l'air
Atlantikregatta, Weltregatta course longue distance
auf Deck, über der Wasserlinie sur le pont
auf dem anderen Bug sur l'autre amure
auf dem Strom liegen éviter à la marée
auf dem Wasser (nicht an Land) sur l'eau, sur mer, à flot, à l'eau, à la mer
auf dem Wasser schwimmend, flott à flot
auf dem Wind liegen éviter au vent
auf demselben Bug sur la même amure, sur le même bord
auf den Strand holen, ziehen échouage
auf den Wellenkämmen surfen (Seekreuzer) partir au surf sur les crêtes (navire à voile)
auf der freien See bleiben tenir le large
auf der Höhe von, querab (von) au large de, à la hauteur de
auf ebenem Kiel sein, gleichlastig être dans son assiette, être sans différence
auf einem Bug sur un bord
auf entgegengesetzten Bugen à contrebord, sur amures opposées
auf hoher See en haute mer, au grand large
auf Raumschotskurs au largue
auf Steuerbordbug laufen courir bâbord amure
auf Strand getrieben werden être jeté à la côte
auf Strand setzen échouer sur le rivage
auf und nieder à pic
auf Vorwindkurs au portant, vent arrière
auf, über sur le pont, ver le pont
Aufbauten, Decksaufbau superstructure, accastillage

aufblasbar pneumatique, gonflable
aufblasbare Rettungsinsel canot pneumatique
aufblasbares Floß radeau pneumatique, radeau gonflable
aufblasbares Rettungsfloß, Rettungsinsel radeau de survie pneumatique
aufbohren, ausbohren aléser
aufdrehen (von Tauwerk) se décommettre
aufdrehen, ein Tau aufdrehen décommettre
Aufentern! En haut les gabiers!
Auffangleine für Segel, Faulenzer carguette
auffrischender Wind vent fraîchissant
Aufgabe eines (sinkenden, treibenden) Fahrzeugs abandon
aufgeben, verlassen abandonner, quitter
aufgedrehter, aufgescheuerter Tampen bout de cordage effiloché
aufgegebenes Schiff navire abandonné
aufgelaufen, festgekommen, auf Grund échoué
Aufhebung (einer Wettfahrt) annulation
Aufhebungssignal (einer Wettfahrt) signal d'annulation
aufhellen, blank machen éclairir, rendre brillant
aufhieven (den Anker) lever, déraper l'ancre
Aufkimmung acculement, relevé des varangues
aufklaren, aufheitern des Wetters s'éclaircir
aufkommen lofer
aufkommen (mit dem Ruder) mollir, redresser la barre
Auflagerplatte plaque de fondation
auflandiger Wind, Seewind vent portant à terre, vent du large
auflaufen, auf Grund geraten talonner
auflaufen, festkommen s'échouer, échouer
Auflaufen, Stranden (freiwillig) échouage
Auflaufen, Stranden (unfreiwillig) échouement
auflaufendes Wasser, Flut flot, marée montante
auflegen, abtakeln, einwintern désarmer
Aufmaße, Schnürbodenaufmaße devis de tracé
aufrechter Schotblock poulie d'écoute à ressort, autoredressante
aufreißen, platzen, bersten fendre, fissurer, fêler, craqueler
aufrichten redresser
aufrichtendes Kräftepaar couple de redressement
aufrichtendes Moment moment de redressement
Aufrichtmanöver manoeuvre de redresse
aufriggen, auftakeln gréer
aufschießen (eine Leine) lover, lover en glène
aufschießen in flachen Buchten lover à plat
aufschießen in langen Buchten lover à grands plets
aufschwimmen, (wieder) flottmachen déséchouer, renflouer
Auftragsbuch carnet de commande
Auftrieb, Auftriebskraft poussée verticale
Auftriebskörper, Kenterschlauch sac de flottabilité

Auftriebstank, Auftriebskammer caisson de flottabilité
aufziehen, aufschleppen haler à terre
Augbändsel, Herzbändsel amarrage en étrive
Augbolzen piton à oeil
Auge eines Hurrikans (Wirbelsturms) oeil d'un ouragan
Auge eines Sturms (Orkans) oeil de la tempête
Auge, Öse oeil
Augenhöhe hauteur des yeux
Augplatte oeil sur platine, platine à oeil
Augspleiß oeil épissé, épissure à oeil
Augstropp pontet
Augterminal embout, terminaison à oeil
aus dem Grund, los dérapé
aus dem Wasser holen, aufslippen tirer à terre, haler au sec
aus massivem Teak gefertigt fait de teck taillé dans la masse
ausbaggern draguer
ausbaken, bebaken baliser
Ausbaken, Bebakung balisage
ausbauchen (eines Segels), bauchig werden creuser, se gonfler
Ausblick, Aussicht, Übersicht aperçu
ausbooten, an Land gehen (setzen) débarquer
ausbringen (eine Leine) élonger
ausfallender Vorsteven étrave élancée
Ausführung, Bearbeitung façon, fabrication
ausgebaggerter Liegeplatz souille
ausgebaumte Fock foc tangonné
ausgebaumte Segel (zu beiden Seiten) en ciseaux
ausgefranste Tampen témoins
ausgehöhlter Propeller, eingekerbter Propeller hélice incurvée
ausgerüstet für Hochseeregatten armé en course hauturière
ausgerüstet für Langzeit-Bordleben armé pour habiter à bord
ausgerüstet für Tagesfahrten armé en promenade
ausgerüstet zum Fahrtensegeln armé en croisière
ausgeschäumter Kunststoff plastique expansé
ausgezackt, gekerbt ébréché
Ausgleich, Vorgabe, Handicap allégeance, handicap, temps rendu
Ausgleichsrennen compétition par série à formule de jauge
Ausguck halten veiller
Ausguck mit Augen und Ohren veille visuelle et auditive
Ausguck(posten) vigie
aushaken décrocher
ausholen nach Luv (ein Segel) mettre à contre
Ausholer hale-dehors, étarqueur
Ausholerklampe taquet de hale-dehors
ausklarieren faire la déclaration de sortie, déclarer à la sortie
Ausklarierung déclaration de sortie
ausladen, ausschiffen débarquer
auslaufen sortir
auslaufen mit Ebbe (Ebbstrom) sortir avec le jusant
auslaufen unter Segeln sortir à la voile, sortir sous voile
auslaufen, in See gehen prendre la mer
Ausleger (eines Auslegerbootes) balancier
Auslegerbaum, Luvbaum tangon de foc
Auslegerbrücke pont cantilever

Auslegerkanu pirogue à balancier
ausmeißeln, aushöhlen gouger
ausösen, ausschöpfen écoper
Ausösen, Lenzen der Bilge assèchement de la cale
Auspufföffnung, Auspuffschlitz lumière d'échappement
Auspuffrohr tuyau d'échappement
Auspumpen der Bordtoilette rinçage de toilette marine
ausreffen, ein Reff ausschütten larguer un ris
Ausreise voyage aller
Ausreiten rappel
ausreiten (eine Jolle) faire du rappel
Ausreitgurt sangle de rappel
Ausreithaltestab zur Ruderpinne allonge de barre
Ausrüsten armement, gréage
ausrüsten armer, équiper, gréer
ausrüsten zum Hochseesegeln armer en croisière hauturière
Ausrüster, Takler gréeur
Ausrüstungs-Kostenanschlag devis d'armement
Ausschalter, Unterbrecher disjoncteur
Ausschaltstellung (elektrisch) position arrêt
Ausschärfung, Verblattung écarvage
Ausscheidungswettfahrten régates de sélection
ausscheren, eine Leine aus einem Block ausscheren dépasser
Ausschreibung einer Regatta programme de course
Aussichten probabilités
Ausstellungsprogramm assortiment de l'exposition
auswehen lassen (ein Fall, unbeabsichtigt) partir en penon
ausweichen, klar halten s'écarter
ausweichpflichtiges Fahrzeug navire non-privilégié
ausweichpflichtig(es Schiff oder Boot) à charge, non privilégié
Ausweichregeln règles de route
ausziehbar télescopique
Ausziehriemen, zusammensteckbarer Riemen aviron télescopique
Autodachträger support de toit d'automobile
Autodachtransport transport sur toit d'automobile
automatische Frequenzregelung réglage automatique de la fréquence
automatische Steueranlage pilotage automatique
Außenbeplankung bordé exterieur
Außenborder-Halterung chaise de moteur
Außenhafen avant-port
Außenklüver, Jager clinfoc
Außerdienststellung désarmement
außergewöhnlich schwere See (Seeg. 9) énorme
äußeres Hafenbecken avant-bassin
außen angehängtes Ruder gouvernail extérieur
außenbords en dehors
außenliegende Yacht (im Rennen) yacht à extérieur
außer Betrieb, außer Dienst désarmé
außer Dienst stellen désarmer
außergewöhnlich gute Sicht (Stgr. 9) visibilité excellente
äußeres Stampfstag martingale de grand foc
Avisoboot aviso
Azimut azimut
Azorenhoch haute-pression des Açores

B

Babystag petit étai, baux étai, bas étai
back à contre
Back (auf Segelschiff) gaillard d'avant
Backbord bâbord
Backbord querab par le travers bâbord
Backbordbug tribord amure
Backbordhalsen bâbord amure
Backbordseite côté de bâbord
Backdecker, mit Backdeck à pont plat, à pont ras
backgeschotet bordé à contre
backhalten (ein Segel) déventer
backholen, backschoten border à contre
backnehmen, backsetzen prendre à contre
backschoten (ein Segel), backholen border à contre, prendre à contre
Backskiste in der Plicht rangement de banquette de cockpit
Backstag bastaque
Backstag, Priwenter retenue
Backstagsbrise vent de la hanche, largue
Backstagspanner levier de bastaque
backstehen, (ungewollt) backgekommen prendre à contre
Badeleiter échelle de bain
Bagger dragueur, drague
Baggerarbeiten travaux de dragage
Baggern dragage
Bahnmarke marque de parcours
Bahnmarke (eine) überlaufen faire route au dessus, au vent d'une marque
Bahnmarke anliegen, holen faire route vers une marque
Bahnmarke erreichen, runden virer une marque
Bahnmarke für den Raumschotskurs marque de largue
Bahnmarke passieren, vorbeisegeln doubler une marque, contourner une marque
Bahnmarke, Marke marque
Bahnmarkensignal pavillon pour une marque
Bajonettfassung (einer Lampe) culot à baïonnette
Bake mit Toppzeichen tourelle avec voyant, balise à voyant
Bake, landfestes Seezeichen balise
Bakentonne bouée à fuseau
Bakentonne mit Toppzeichen balise avec voyant
Balance-Luggersegel voile de lougre bômée, bourcet bômé
Balanceruder gouvernail compensé, safran compensé
Balkenbucht bouge de pont
Balkenende, Balkenkopf extrémité de barrot
Balkenstek noeud de bois
Balkweger bauquière, serre-bauquière
Ballast lest
Ballast aus einem Boot nehmen délester un bateau
Ballast ausladen, Ballast löschen débarquer le lest
Ballasteisen, Eisenballast gueuse, saumon
ballasten, mit Ballast beschweren lester

Ballastkiel quille lestée
Ballastkiel, Schiffskiel, Kielflosse aileron porte-lest, quille
Ballastschwert dérive lestée
Ballbeschlag zum Ankuppeln (eines Trailers) rotule d'attelage
Ballonfock, Ballonsegel, leichtes Raumschotssegel foc ballon, voile ballon
Ballterminal terminaison à boule
Balsaholz balsa
Bambusrohr bambou
Banana-Boot bananier
Bandsäge scie à ruban
Bändsel bosse d'empointure
Bändsel, Taljereep aiguillette, amarre
Bändselgut ligne d'amarrage
Bändselleine, geschlagen quarantenier
Bank, Ruderbank rangée
Bank, Sitzbank, Werkbank banquette
Bankschraubstock étau d'établi
bar zahlen payer en espèces, payer au comptant
Bargeld argent comptant
Bark, Dreimaster barque, troits-mâts barque
Barkasse grand canot, chaloupe, vedette
Barometer baromètre
barometrisch barométrique
Barre überqueren franchir une barre
Barre, Sandbarre barre
Bastler, Praktiker, Mann für alles bricoleur
Batterie, Akku batterie d'accumulateurs
Batterie-Säuredichtemesser pèse-acide, densimètre
Batteriefüllkolben poire de remplissage
Batteriekabel câble de batterie
Batteriekasten bac à accus
Batterieklemme borne de batterie
Batterieladegerät chargeur de batterie
Batteriepolklemmen pince à cosses de batterie
Batteriezellenprüfgerät testeur d'éléments d'accumulateurs
Bauch eines Segels creux d'une voile
Bauch, Ausbuchtung, Segelwölbung cambrure, courbure
Baujahr année de construction
Baum bôme
Baumaterial matériau de construction
Baumaufhänger étrier de bôme
Baumauflager, Baumgalgen portique de bôme
Baumbügel étrier de bôme, barette de bôme
Baumfock foc bômé
baumloses Segel voile à bordure libre
Baumniederholer, Baumniederhalter halebas de bôme
Baumniederholtalje palan de halebas de bôme
Baumstütze, Baumschere béquille de bôme
Baumvorsegel, ausgebaumtes Vorsegel voile d'avant bômée
Baumwolle coton
Beanstandung, Reklamation, Schadensforderung réclamation
Beaufortskala échelle de Beaufort
Becher quart
Becken, Hafenbecken bassin
bedeckt couvert
Bedienung der Achtersegel, des Hintergeschirrs service après-vente
Bedingung der Seeuntüchtigkeit eines Bootes inaptitude d'un bateau à prendre la mer
Befestigung (Art der ...) chevillage

Befestigungspunkt
point d'ancrage, point d'amarrage
Begleitfahrzeug, Mitfahrer
navire de conserve, navire d'escorte
Begrenzungsmarke der Ziellinie
marque d'arrivée
Behälter, Tank, Auftriebstank
caisson
behelfsmäßig de fortune
behelfsmäßig getakelt, mit Notrigg
gréé temporairement, en catastrophe
beibehalten (Kurs), festhalten, durchhalten tenir la mer
Beiboot einer Segelyacht
youyou de voilier
Beiboot mit Segeln youyou à voile
Beiboot, Dingi
youyou, dinghy, canot, annexe
Beidrehen cape
Beidrehen (Segelschiffsausdruck)
à la cape sèche
beidrehen, beiliegen
prendre la cape, mettre à la cape
Beifangen, Anreihen
aiguillettage, bridage
beigedreht à la cape
beigedreht liegen, beiliegen
capeyer, tenir la cape
beigedreht sein, beigedreht liegen
être à la cape, tenir la cape
beiholen (ein Segel), Schot weiter zuholen border
beiliegen être à la cape (courante)
beiliegen unter Sturmsegel
à la cape courante
bekleiden, marlen merliner
bekleiden, schmarten limander
bekleidetes Stahltau, Fasertau mit Drahtseele cordage mixte
bekneifen, festklemmen
gripper, se coincer
Belege! (Widerruf einer Anweisung)
Cessez!
belegen, eine Leine, eine Klampe belegen tourner au tauquet
belegen, festmachen, vertäuen
amarrer
Belegklampe taquet de tournage
Belegnagel, Koffeynagel
cabillot de ratelier
bemessen, schätzen, klassifizieren
jauger
bemusen, sichern (einen Haken)
moucheter un croc
benetzte Oberfläche surface mouillée
Benzin essence
Benzinkanister jerrican essence
beobachtete Breite latitude observée
beobachtete Höhe hauteur observée
beobachtete Länge longitude observée
beobachteter Kurs über Grund (KüGb)
route vraie
beobachteter Kurs über Grund (KüGb)
route sur le fond, route vraie
beobachteter Ort (Ob)
point exact, point observé
Beobachtung, Wetterbeobachtung
observation
Beobachtungsuhr, Navigationsuhr
montre d'habitacle
Beplankung bordé
Berater, Kaufberater conseiller
Beratung avis
Bergelohn
frais de sauvetage, prix de sauvetage
bergen sauver
Bergering für unklare Anker
filer un erseau de chaîne
Berghölzer préceintes
Bergung sauvetage, salvage
Bermuda-Großsegel
grand-voile bermudienne

Bermudarigg, Hochtakelung
gréement bermudien, Marconi
Bermudasegel, Hochsegel
voile bermudienne
Berufungsinstanz (Rennsegeln) jury
beruhigen, erleichtern, ermatten
mollir, faiblir
Besan(segel)(Ketsch) artimon
Besan, Briggsegel artimon, brigantine
Besanmast (Ketsch) mât d'artimon
Besanmast (Yawl) mât de tapecul
Besanstagsegel voile d'étai d'artimon
Besatzung
équipage, membres d'équipage
Besatzungsmitglied, Mitsegler(in)
équipier, équipière, membre d'équipage
Besatzungsmitglied
membre d'équipage
Besatzungsmitglied sein
être membre d'équipage
Besatzungsmitglied, aktiver Mitsegler
équipier, homme d'équipage
Bescheinigung attestation, certificat
Beschickung für Strom (BS)
correction du courant
Beschickung für Wind (BW)
correction du vent
Beschlag ferrure, accessoire, dispositif
Beschlagleine (geflochten) chambrière
Beschlagleine, -bändsel
raban de ferlage
Beschlagnahme (eines Schiffes)
embargo
beschlagnahmen (ein Schiff)
mettre l'embargo sur un navire
Beschlagzeising ferlette, raban
Beschlagzeising mit Auge und Knebel
raban à oeil et cabillot
Beschleunigung accélération
beschränkt gültiges Sprechfunkzeugnis
certificat restreint de radiotéléphoniste
Beschwerde réclamation, plainte
besegeltes Yachtbeiboot
youyou à voile
Besichtigungsschein, Schiffspatent
certificat de visite
Besonderheiten détails
besonders biegsam extra-souple
besonders flach extra-plat, à plat
Bestätigen Sie bitte! (Seefunk)
Confirmez!
Bestätigen Sie den Empfang!
Veuillez accuser réception!
Bestätigen! Vérifiez!
Bestätigung affirmation
Bestätigung des Empfangs
accusé de réception
Besteck nehmen faire le point
betakeltes Ende bout surlié
betonnt balisé
Betriebsdruck pression de régime
Bettbezug, Deckenbezug taie
Bettlaken drap
bevorzugte Seite (einer Startlinie)
côté favorable
bewachen garder, surveiller
bewachte Bootswerft gardiennage
bewachter Liegeplatz, Bootslagerplatz
gardiennage
bewachtes Feuer feu gardé
bewegen, zu-, abhalten porter
Bewertung der Verständlichkeit (Seefunk) échelle d'intelligibilité
bewölkt nuageux
Bewuchs am Unterwasserschiff épi
bewuchshemmende Unterwasserfarbe
peinture sous-marine
Bezugslinie, Bezugsebene
niveau de référence, zéro des cartes
Bezugsstoff für Sitzpolster housse
biegen, sich verziehen (eine Oberfläche)
déformer, gauchir, se déformer

biegsames Metallrohr tuyau souple en métal
Biegung, Krümmung (im Fahrwasser) courbe
Bilge cale, fonds
Bilge lenzen bis zum Lenzschlagen affranchir la cale
Bilgenpumpe, Lenzpumpe pompe de cale
Bilgenwasser eau de cale
Bimini-Verdeck, Sonnen-Klappverdeck toit bimini
Bindereffeinrichtung, Schlappreff, Schnellreff système de prise de ris rapide
binnenbords à l'intérieur
binnenbords holen, an Bord holen haler à bord
Binnenbordshalterung ohne Bordwanddurchbruch montage interne sans passe-coque
Binnengewässer eaux intérieures
Binnenhafen, Innenhafen arrière port
Binnenklüver petit foc
Binnenmeer, Inlandsee mer intérieure
Binnenschiff chaland, péniche
Binnenschiffahrt navigation intérieure
Binnensegeln navigation à voile en eaux intérieures
Binnenvorsteven contre-étrave
Bitte kommen! Ich höre jetzt! (Seefunk) Répondez! À vous!
blank, strahlend, glänzend éclatant, brillant
Blase (im Gelcoat) bulle
blasen, stark wehen souffler
blaues Wasser, hohe See haute mer
Blech tôle
Blechkanister bidon en fer-blanc
Blechschraube vis à tôle
Blei plomb
Blende (am Sextanten) bonnete de grand miroir
Blick des Rudergängers von der üblichen Pos. querab regardant par le travers de sa place normale
blinde Klippen, Wellenbrecher brisants
blinde Rah, Braßbaum (auf Rahseglern) porte-lof, minot, boute-lof
blinder Roller, über Felsen nicht brechende See, Welle lame de fond
Blink, Aufblitzen éclat
blinkendes, strahlendes Edelstahl inox éclatant
Blinkfeuer (Blk.) feu à éclats longs (F.él.)
Blitz foudre
Blitz (Leuchtfeuer) scintillant
Blitzfeuer feu scintillant
Blitzfeuer mit Einzelblitzen (Blz.) feu à éclats (F.é.)
Blitzfeuer mit Gruppen von Blitzen (Blz. [3]) feu à éclats groupés (F. 2é)
Block (einen) ausschäkeln défrapper une poulie
Block für zwei Schoten avale-tout
Block mit nur einer Wange, an Mast oder Spiere joue de vache, demi-joue
Block mit Schotklemme poulie de coinceur à came
Block mit Wirbelauge poulie à oeil orientable
Block, Scheibe, Rolle poulie
Blöcke und Taljen pouliage
Blockhaken, Takelhaken croc de palan
Blockherd, Blockverschlußstück cul
blockiert, verklemmt coincé, engagé, grippé

Blockstropp, Blockbügel estrope de poulie
Blooper (Raumballon) blooper
Bö, Windstoß rafale
Boden, Fußboden, Bodenwrange varangue
Bodenbeschichtung, Wurmhaut doublage de la carène
Bodenwrange varangue
bohren, ausbohren percer
Bohrung alésage
Bohrung-Hub-Verhältnis rapport alésage-course
böig en rafale, turbulent
böig werden souffler en rafales
Böigkeit turbulence
Bojenleine ligne d'orin, orin
Bojenliegeplatz mit Grundgeschirr mouillage fixe, corps-mort
Bojenreep orin, lève-nez
Bojenreep zum Anker ausbringen oringuer une ancre
Bojenstander itague de corps-mort
Bolzen boulon
Bolzenschneider coupe-boulons
Bolzenterminal embout à clé
Bonnet, Zusatzsegel, Segelverlängerung oreille d'âne
Boot (längsschiffs) trimmen régler l'assiette (longitudinale)
Boot (wieder) aufrichten redresser un bateau
Boot auf dem Autodach transportieren transporter sur toit d'automobile
Boot auf Strand ziehen, setzen échouer un bateau
Boot ausösen vider, écoper un bateau
Boot chartern, mieten affréter, louer
Boot festmachen amarrer un bateau
Boot gehorcht dem Ruder nicht mehr bateau ne gouvernant plus
Boot in Dienst stellen armer un bateau
Boot in Seenot bateau en détresse
Boot ohne Mannschaft bateau sans équipage
Boot segeln, ein Segelboot steuern barrer, tenir la barre du bateau à voile
Boot verchartern, vermieten louer
Boot zum Kentern bringen, umschlagen chavirer un bateau quille en l'air
Boot zur Reinigung auf die Seite legen bateau abattre en carène
Boot, Fahrzeug, Wasserfahrzeug bateau, embarcation
Bootsbauer constructeur de bateaux, charpentier de bateau
Bootsbauer-Firmenzeichen plaque du constructeur
Bootsbauhandwerker constructeur de yachts, de bateaux
Bootsbausperrholz contreplaqué marine
Bootsbegleiter convoyeur de bateaux
Bootsbeschläge, Eisenwaren accastillage, ferrures marines
Bootsbock, Bootswagen ber, berceau
Bootsboden mit tiefem V fond en V profond
Bootsboden, Unterwasserschiff carène, oeuvres vives
Bootsdavit bossoir d'embarcation
Bootsfarbe peinture marine
Bootsführer, Bootsmann canotier
Bootshafen port de barques
Bootshaken gaffe
Bootshaken, Enterhaken chatte
Bootshakenspitze fer de gaffe, pointe de gaffe
Bootshaus hangar à bateaux
Bootslagerplatz parc à bateaux

Bootsmann bosco
Bootsmann (auf einem Segelschiff) maître d'équipage
Bootsmannshellegatt cambuse, magasin du bosco, magasin du maître d'équipage
Bootsmannsstuhl chaise de calfat, chaise de gabier
Bootspersenning taud
Bootsrückruf rappel
Bootsschleppleine, Bootsfangleine bosse d'embarcation
Bootssport plaisance, sports nautiques
Bootssportler, Bootsfahrer plaisancier
Bootssteg appontement
Bootstrailer remorque, remorque porte-bateau
Bootswerft, Bauwerft chantier de bateaux
Bootswettfahrt, Regatta régate
Bootswiderstand im Verhältnis zur Vortriebskraft finesse
Bootswinterlager hivernage
Bootszelt, Spritzkappe tendelet
Bord an Bord schleppen remorquer à couple
Bordcomputer (für Zeit-Fahrt-Distanz) calculatrice de temps-vitesse-distance
Bordjacke, Matrosenjacke caban
Bordkamerad, Arbeitskamerad, Matrose matelot
Bordleben la vie à bord
Bordleiste préceinte
Bordmesserbändsel amarre de couteau
Bordrand, Bord, Brett bord
Bordwind, scheinbarer Wind vent apparent
Brackwasser eau saumâtre
Bramsegel perroquet
Bramstenge mât de perroquet
branden, brechen (einer See) déferler
Brandung ressac, déferler sur la plage
Brandungszone zone de brisants
Brasse (einer Rah) bras
Bratpfanne poêle à frire
brechen (eine Welle) déferler
Brecher, Brandung, Sturzsee brisements (des flots)
Brechstange, Kuhfuß pince à levier
breit, sehr breit large
breit, voll, steil escarpé
Breitbeil, Schiffbaueraxt herminette
Breite largeur, bau
Breite in der Wasserlinie bau à la flottaison
Breite über alles largeur au fort
Breite, größte Breite largeur, plus grand largeur
Breite, Schiffsbreite largeur au maître-bau, maître-bau
breiter Bug renflé de l'avant
breitseits festmachen, sich breitseits festmachen s'amarrer à couple
Bremse, Bremsvorrichtung frein
brennbar inflammable
Brenner (eines Kochers) feu, brûleur
Brennstofftank réservoir de carburant
Brigg brick
Brise, leichter Segelwind brise
Britany-Anker, schwerer Plattenanker ancre Britany
britische Nationalflagge Union Jack, pavillon britannique
Bronze bronze
Brot(schneide)brett planche à pain
Bruch, Beschädigung bris, rupture, cassure
Bruchfestigkeit, Knickfestigkeit charge de rupture
brüchig, spröde, zerbrechlich cassant

Bruchlast, Reißfestigkeit
charge de rupture
bruchsicher, unzerbrechlich
incassable
Brückendeck bridge-deck
Brückengeld péage
Brüllende Vierziger
quarantièmes rugissants
Bruttovermessung, Bruttotonnengehalt
tonnage brut, jauge brut
Buchhaltung, Buchführung
comptabilité, tenue des livres
Buchse bague, buselure
Buchstabiertafel, phonetisches Alphabet épellation en alphabet phonétique
Bucht eines Taus, Taubucht double
Bucht, Bai, Meeresbucht baie
Bucht, Tauwindung, Kettenbucht plet
Bug étrave
Bug voran anlegen
amarrer sur l'avant
Bug voran auf den Strand ziehen
échouage par l'avant
Bug wechseln, kreuzen
changer d'amure
Bug, Spitze, Nase nez
Buganker ancre de bossoir
Bugauge
anneau de halage, anneau d'étrave
Bügel, Haken
chape, fouchette, mâchoire
Bugfender défense d'étrave
Bugflagge pavillon de beaupré
Bugflaggenstock, Flaggenstock
bâton de pavillon
Bugkopf mit Schneckenrundungen
violon de beaupré
Bugkorb balcon avant
Buglicht, Dampferlicht
feu (blanc) de mât
Bugplatte ferrure d'étrave
Bugpropeller, Bugstrahlruder
propulseur d'étrave
Bugrolle davier à rouleau
Bugrolle für den Anker
davier d'étrave
Bugschutzplatte, Buglippe chaumard de l'avant, chaumard d'étrave
Bugsee, Bugwelle
lame d'étrave, moustache
bugsieren remorquer
Bugsprit beaupré
Bullauge hublot
Bullauge, rundes Seitenfenster
hublot dormant, oeil-de-boeuf
bündig montiert
monté à ras, encastré
bündiges Gefüge, karweelbauweise
joint à francs bords

C

Charterboot mit bezahlter Besatzung bateau affrété avec équipage
Charterboot, gechartertes Boot bateau loué, bateau affrété
Charterer, Mitglied einer Charterbesatzung membre fondateur
Chartern eines Bootes ohne Mannschaft affrètement, location sans équipage
Chartern mit Schiffsführer location avec capitaine
Chartern, Charterung affrètement, location
Charterpartie, Chartervertrag charte partie
Chemiefaser(segel)tuch tissu de verre
Chrom chrome
Clip, Klemme pince, attache, serre
Clubhaus club-house
Clubstander, Yachtclubstander guidon de club
Containerschiff porte-conteneur
Cunningham-Geschirr, ...-Strecker Cunningham, hâlebas de cunningham
Cunningham-Kausch Oeillet de Cunningham

D

Dalben, Dückdalben dauphin, duc d'albe
Damm, Deich barrage
Dämmerung, Zwielicht crépuscule
Dammriff, Riffbarre barrière de récifs
Dampfer, Dampfschiff vapeur
Dampfername nom du vapeur
Danforth-Anker ancre Danforth, ancre à bascule
das eigene Schiff versenken se saborder
Das ist richtig! C'est exact!
Dauerton son continu
Daumkraft, Wagenheber cric à vis, vérin
Davit, beweglicher Bootskran bossoir
Davits porte-manteau, bossoir
Deck pont
Deckbeschlag pièce d'accastillage
Decke, Schlafdecke, Bedeckung couverture
Deckenbeleuchtung plafonnier
Deckenkompaß, Hängekompaß compas renversé, compass de couchette
Deckenverkleidung, Decke vaigrage
Deckfeger (für Vorsegel-Unterliek) rase-pont
Deckpeilung alignement
Decksauge pontet
Decksausstattung disposition, plan du pont

Decksbalken bau, barrot
Decksbeschläge accastillage de pont, petit accastillage
Decksglas, Oberlicht verre de pont, claire-voie
Deckshandwerksmaterial petit accastillage
Deckshaus rouf
Deckslog, Patentlog loch de couronnement
Decksmann matelot de pont
Decksplan plan de pont
Deckstrak ligne de pont, livet de pont, ligne de tonture
Deckswölbung, Decksbalkenbucht bouge de barrot
delaminieren, sich in Schichten lösen délaminer
Delphin dauphin
destilliertes Wasser eau distillée
Deviation, Ablenkung déviation
Deviationsbestimmung régulation du compas
Deviationstabelle, Steuertafel table de déviation
Devisenkurs cours de change (de devise)
Diagonalnaht couture diagonale
Diagonalschnitt, Segel mit Diagonalschnitt voile à coupe
Diamantsaling barre de flèche de losange
Diamantspreize arc boutant de losange
Diamantstag étai de losange
Diamantwant hauban de losange
dicht gerefft au bas ris
dichter Nebel brume
Dichtigkeitsmesser, Hydrometer pèse-acide, densimètre
Dichtung garniture, joint
Dichtungsmasse matériau de bourrage, d'étanchage
Dichtungsmasse, Spachtelmasse mastic
Dichtungsring anneau de bourrage
dicker Nebel (Stgr. 0) brouillard très épais
dickes, unsichtiges Wetter temps bouché
Diebstahlsgefahr risque de vol
Dienststunden heures de service, heures de bureau
Dienstzeit rund um die Uhr service continu
Dieselkraftstoff, Dieselöl gazole, gas-oil
Dieselkanister jerrican gas-oil
Dieselmechaniker diéséliste
Dieselmotor moteur diesel
diesig (Stgr. 4) visibilité très réduite
Digitalanzeige affichage digital
Dinette, Eß- und Sitzraum dinette
Diolen Tergal
dippen (der Flagge) saluer avec son pavillon
dippendes, fierbares Luggersegel voile au tiers, bourcet
Dirk balancine
Dirk anholen, Toppnant anholen peser la balancine
Distanz ablaufen und messen parcourir
Distanz in nördlicher Richtung distance vraie, parcourue au nord
Distanzbestimmung détermination de la distance
Divergenz, (meteorol.) Abweichung divergence
Docht mèche
Docken, Eindocken accostage
Dockhafen port à flot

Dollbord, Rundselbord toletière
Dolle, Riemengabel, Ruderpflock tolet
Doppel-T-Gleitschiene, Doppel-T-Träger rail en I
Doppelbett, Doppelkoje couchette double
Doppelblock poulie double
Doppelender (Boot) bateau à arrière pointu
doppelfarbige Laterne fanal combiné
Doppelglas, Nachtglas jumelles marines
Doppelkammer, Zweibettkammer cabine double
Doppelkiel, Kimmkiel (am Seekreuzer) biquille
Doppelkieler biquille
Doppelklappentisch table à deux battants
Doppelkoje in V-Form couchette double en V
Doppelpeilung, abgestumpfte Doppelpeilung point transporté
Doppelpoller bitte jumellée, bitton jumelé
Doppelschrauben, Zwillingsschrauben, zwei Schrauben hélices jumelées
Doppelstag, Zwillingsstag étai double
Doppelstander, schwalbenschwanzartiger Wimpel guidon en queue d'arronde, guidon à deux pointes
doppelt geplankter Rumpf coque à bordage double
doppelte Vorsegel, Zwillingsvorsegel focs jumelés
doppelter Palstek noeud de chaise double
doppelter Schotstek noeud d'écoute double
doppeltwirkende Pumpe pompe à double effet
Doppelung doublage, gaine
Doppelvorsegelrigg, Kutterrigg gréement de cotre
Doppelwinkelmesser, Dreiarmtransporteur rapporteur à trois branches
Dopplungen (Stoßlappen) auf ein Segel setzen doubler une voile, gainer
Dopplungsplatte doublante, contreplaque
Dorade-Lüfter aérateur, ventilateur dorade
Dorn chasse-clou
Dose boîte
Dosenöffner ouvre-boîtes
Draggen, Suchanker grappin
Draht fil
Drahtbürste brosse métallique à manche
drahten, telegraphieren télégraphier
Drahtgewebe toile métallique
Drahtgitter treillis métallique
Drahtklemme serre-câble
Drahtkneifer tenailles à fil métallique
Drahtrolle, Leinenrolle dévidoir
Drahtschere pinces coupantes
Drahtseilschneider cisailles
Drahtseilstropp élingue métallique
Drahtstopper griffe
Drahttau fil, filin, câble d'acier
Drahtvorliek ralingue métallique de guindant, ralingue d'acier
Drahtzange pinces
draußen auf See en pleine mer
drehbar, schwenkbar émerillonné
Drehbrücke, Zugbrücke pont mobile, pont tournant
Drehen des Windes virement du vent
Drehen des Windes rechtdrehend (im Uhrzeigersinn) virement du vent en sens des aiguilles d'une montre

Drehen des Windes rückdrehend (gegen den Uhrzeiger) virement du vent en sens contraire des aiguilles
Drehfeuer feu tournant
Drehkreis diamètre d'évolution, diamètre de giration
Drehkreis rayon de giration, cercle de giration
Drehmoment couple
Drehmoment-Schraubenschlüssel tarière
Drehzahlmesser, Umdrehungsanzeiger tachymètre, compte-tours
Drehzapfenschnappschäkel mousquetons à tourillon jumelés
Dreiecksregatta course autour de trois bouées
Dreiecksregattasegler vireur de bouées
Dreieckszerlegung triangulation
Dreifarben-Masttopplaterne feu de tête de mât tricolore
Dreifarbentopplaterne feu tricolore en tête de mât
Dreimann-Besatzung équipage à trois
Dreimast-Stagsegelschuner trois-mâts goélette à voiles d'étai
Dreimast-Toppsegelschuner trois-mâts goélette à hunier
dreischäftiges Tauwerk cordage à trois
Dreivierteltonner trois-quarts de tonne
Dreiwegehahn robinet à trois voies
Drift, Driftströmung dérive de courant
driften, abtreiben dériver
Drifter (Leichtwetter-Vorsegel) drifter
Dringlichkeitsverkehr communication d'urgence
Dringlichkeitszeichen („Pan Pan") signal d'urgence
dritter Hilfsstander troisième substitut
Drosselschieber, Reglerventil papillon des gaz
Druck pression
Druck-Zug-Schalter contacteur à tirette
Druckdosenbarometer baromètre anéroide
drücken, einziehen sertir
Druckgefälle, Luftdruckunterschied gradient de pression
Druckkocher réchaud à pression
Drucklager, Schublager palier de butée
Drucklüfter capuchon de manche à air, manche à air
Druckmittelpunkt, Segeldruckpunkt, Segelschwerpunkt centre de poussée, centre de voilure, centre vélique
Druckwasseranlage groupe d'eau sous pression
Dschunkenrigg gréément de jonque
Dschunkensegel voile de jonque
Dübel, Pfropfen goujon
Ducht, Ruderbank traversin
Dückdalben dauphin, duc d'albe
dümpeln être soulevé par les vagues
Düne, Sanddüne dune
dünner Nebel (Stgr. 3) brouillard tenu
Dunst, dünner Nebel brume sèche, brumasse
Dünung houle
durch das Deck (gebolzter Beschlag) passe-pont
durch den Rumpf (gebolzter Beschlag) passe-coque
durch Schlechtwetter aufgehalten retenu par le mauvais temps
durch Untiefen gefährliches Wasser fonds diminuant

durchbiegen, durchsacken avoir du contre-arc, s'affaisser par le milieu
Durchbiegung nach oben, Aufbuchtung arc
Durchfahrtshöhe einer Bücke hauteur libre d'un pont
Durchfahrtshöhe unter einer Brücke tirant d'air, hauteur libre de pont
Durchgang, Meridiandurchgang passage méridien
Durchgehen, Blindschlagen des Propellers affolement de l'hélice
durchgehende Befestigung boulonnage traversant
durchgehender Bolzen boulonné à travers
durchgescheuertes Kardeel toron effiloché
durchschleusen sasser
Durchsteckbolzen boulon traversant
Dusche, Duschbad douche
Düse, Mundstück buse
Düsennadel aiguille de gicleur
dwars, querab par le travers
Dwarslinie ligne de front
Dwarswind, halber Wind, raumer Wind vent par le travers
Dwarswindsegeln, Segeln mit halbem Wind allure du vent de travers, vent de travers
Dweil vadrouille, faubert

E

Ebbanker ancre de jusant
Ebbe und Flut flot et jusant, flux et reflux
Ebbe, ablaufendes Wasser jusant, marée descendante
ebben, abströmen descendre
Ebbstrom courant de jusant, courant de sortie
Ebbzeit, während der Ebbe à marée descendante, au jusant
Ebenholz ébène
Echolot sondeur acoustique
Echolotung sondage acoustique, échosondage
effektive Pferdestärke puissance effective
Eiche, Eichenholz chêne
eigene Rettungsweste vêtement de flottaison individuel
Eigentum propriété
Eigentümer, Eigner propriétaire
Eigentumsnachweis titre de propriété, attestation de propriété, acte de propriété
Eimer, Wassereimer, Pütz seau
Ein-Ausschalter interrupteur marche-arrêt

Einbau in der Mittschiffslinie, in Kielrichtung installation dans l'axe, installation au milieu
Einbau von Elektronikgeräten installation d'appareils électroniques
Einbaum, Kanu pirogue
Einbaumotor moteur intérieur, moteur fixe
eindecken, mit einem Deck (Verdeck) versehen ponter
einfach auf den Strand zu ziehen facile à échouer
einfacher Takling surliure ordinaire, surliure à tour mort
Einfahrt, Bucht, Förde goulet
Einfallswinkel, Anströmwinkel angle d'incidence
Einfuhrbestimmungen règlementations d'importation
einführen importer
Einfuhrerlaubnis(schein) permis d'importation
Einfuhrzoll droits d'entrée
Eingang, Zugang entrée, accès
eingebaute Auftriebskörper flottabilité incorporée
eingebauter Hilfsmotor moteur auxiliaire fixe
eingebauter Kraftstofftank (Außenborder) réservoir de carburant incorporé
eingedeckt ponté
eingeeist, in Eisnot befindlich retenu par les glaces
eingegrabener Anker ancre pénétrante
eingelassener Rollenkasten clan
eingeweht, von ungünstigen Winden aufgehalten arrêté par le vent
eingezogen, eingewalzt serti
einhand segeln naviguer en solitaire
Einhand-Navigation navigation en solitaire
Einhandsegeln navigation en solitaire
Einhandseglerin femme en solitaire
Einheitsklasse série monotype
einhieven (eine Leine) nach dem Loswerfen lancer une manoeuvre
Einholeleine (eines Seeankers), Tripleine ligne de rappel
Einholeleine (Trippleine) scheren oringuer
Einholer, Einholleine hale-à-bord
Einkauf achat
einklarieren (ein Schiff) déclarer à l'entrée
Einklarierung déclaration à l'entrée
einkommendes Schiff navire rentrant au port
einlagern, aufspeichern emmagasiner, entreposer
einlaufen in den Hafen entrer au port
einlaufen in einen Hafen relâcher, faire relâche à un port
einlaufen in einen Nothafen entrer dans un port de relâche, de refuge
einlaufen mit Flut(strom) entrer avec le flot
einlaufen, einlaufen lassen (einen Motor) roder
Einlaßöffnung lumière d'entrée
Einlaßöffnung, Ansaugrohr lumière d'admission
Einlaßventil soupape d'admission
Einlegefenster, Decksglas verre mort
einlotsen piloter pour entrer
einmastig à un mât
einreffen, ein Segel reffen prendre un ris
einrichten, einsetzen mettre à poste, gréer

Einrichtung, Niederlassung, Anstalt établissement
Einrichtung, Unterbringung aménagement
Einrichtungen, Wohnräume aménagements, emménagements
Einrichtungsplan plan d'aménagement
Einrollen der Fock enroulement du foc
Einschaltstellung, „An"-Stellung position marche
einscheibiger Block poulie à anneau, poulie à anneau en travers
einschiffen, sich einschiffen, an Bord nehmen embarquer, s'embarquer
Einschiffung embarquement
Einschleppen remorquage à l'arivée
einschließen in eine Bucht, eingeschlossen sein encaper, être encapé
einschmieren radouber
Einseitenband bande latérale unique, BLU
Einspritzdüse injecteur
Einspritzung, Spritze injection
einstellbar réglable
einstellen, regulieren ajuster, régler
Einstellungsfehler (beim Sextanten) erreur de collimation
Einstellvorrichtung, Einstellung réglage, ajustage, ajustement
einteiliger Segelanzug combinaison cirée
Eintragung im Logbuch écriture dans un journal de bord
einwintern (einen Motor) préparer à l'hivernage
einzel gefertigt, nach Wunsch des Kunden construit sur mesure
Einzelbau construction sur mesure
Einzelkammer, Einbettkammer cabine simple
Einzelkoje couchette simple
Eisbrecher brise-glace
Eisen fer
Eisenbahnfähre ferryboat
Eisenbeton ferro-ciment
Eisfeld champ de glace
Eisgang embâcle
Eisgefahr risque de glaces
Eisscholle floe, floeberg
Eisscholle, kleine Eisscholle glaçon
Eissegeln yachting sur glace, voile sur glace
Ekliptik, scheinbare Sonnenbahn écliptique
elektrisch angetriebene Winsch winch électrique
elektrische Ankerwinde guindeau horizontal électrique
elektrische Bilgepumpe pompe de cale électrique
elektrische Taschenlampe lampe-torche, lampe électrique
elektrische Winsch winch électrique
elektrischer Kran grue électrique
elektrisches Rettungslicht lampe-torche de détresse, lampe électrique de détresse
elektro-hydraulische Winsch winch électro-hydraulique
elektrolytische Korrosion corrosion électrolytique
Elektromagnet solénoide
Elmsfeuer Feu de St-Elme
eloxieren anodiser
Emaille, Schmelz émail
Emaillefarbe, Emaillelack peinture vernissée
empfangen (Funk), erheben recevoir
Empfänger, Hörer récepteur

Endbeschlag, Endstück terminaison, embout
Ende! Beendigung! (Seefunk) Terminé!
endlos geschorener Klappläufer va-et-vient
Endschott, Abschlußschott cloison de bout
Energieanlage, Bootsenergiebox groupe électrogène
englische Marineflagge pavillon de la Royal Navy, enseigne blanche
englische Meile mille terrestre
englische Wache quart anglais
Entenmuscheln, Seepocken bernaches
entern, borden (Polizei und Marine) arraisonner (un navire)
Entfernung distance
Entfernungsmesser télémètre
entlasten, die Belastung nehmen soulager
entlasten, leichtern, lockern soulager
Entleeren (eines Bordtankes) vidange
entleeren, auspumpen (eine Bordtoilette) vidanger (une toilette marine)
Entleerungsstelle (für Fäkalientank) station de vidangeage
Entlüftungsschraube vis purgeur
entmasten démâter
entriegeln, einen Bolzen lösen déboulonner
Entwarnung (Aufhebung einer Sturmwarnung) avis d'accalmie, avis d'annulation
entwässern (einen Tank) vidanger
Entwässerungshahn robinet purgeur, robinet de vidange
entwerfen, zeichnen (eines Fahrzeuges) dessiner, concevoir un navire
Entwurf des Rumpfes plan de coque
Ephemeriden, Nautisches Jahrbuch éphémérides
EPIRB - Seenotfunkboje radiobalise de localisation de sinistre
Epoxid époxy
Epoxidharz résine époxy, résine époxyde
Epoxidleim, Epoxiddichtungsmasse colle époxyde, colle époxy
Epoxidverarbeitung époxyfication
erden (elektrisch) mettre à la masse
Erdplatte, Plattenerder (elektr.) plaque de mise à la masse
Erdschatten (am Mond) clair de terre
Erdung (des Riggs) zum Kiel vornehmen mettre à la masse sur la quille
Erdung, Erdschluß (elektr.) mise à la masse
Erdung, Masse (elektrisch) mise à la masse
erhöhter Kajütaufbau cabine à teugue
erhöhtes Deck teugue
Erkennungssignal signal d'identification
Erlaubnisschein permis
erloschenes Feuer feu éteint
Erprobung, Prüfung essais
errechnete Höhe hauteur calculée
Ersatz(teil), Reserve(teil) de secours, de rechange
Ersatzteile pièces détachées, pièces de rechange

Ersatzteilkasten trousse de réparation
Ersatzteillager
magasin de pièces détachées
Erstanstrich, Grundierung
primaire, apprêt
erster Hilfsstander
premier substitut
Erster Offizier second
extra, zusätzlich, besonders
extra, de rechange

F

Fabrikationsfehler, Mängel
défaut de fabrication, malfaçon
Fabrikationsmarke eines Segels
marque de fabrique du voilier
Fabrikmarke marque de fabrique
Fachzeitschrift revue professionelle
Faden, Faser, Garn (zur Seilfertigung)
filament, fibre
Faden, Tiefenmaß 1,83 m brasse
Fähranleger quai de bac
Fährboot bac
Fährbootverkehr service de bac,
service de ferry-boat
Fähre bac, bateau de passage
Fahren Sie fort! (Seefunk) Continuez!
fahren, laufen, steuern
faire route, courir, naviguer
Fahrensmann marin
Fahrerlaubnis permis de navigation
Fahrgast voyageur, passager
Fahrlässigkeitsklausel
clause de négligence
Fährmann passeur
Fahrradius, Aktionsradius
rayon d'action
Fahrrinne, Fahrwasser,
Schiffahrtsstraße chenal
Fahrt aufnehmen, in Fahrt kommen
prendre de l'erre
Fahrt bekommen, Fahrt voraus aufnehmen prendre de l'erre en avant
Fahrt machen ayant de l'erre
Fahrten- und Regattayacht
voilier de course-croisière
Fahrtenkreuzer
voilier de croisière , croiseur
Fahrtenkreuzer für Tagesfahrten
vedette de promenade
Fahrtensegeln mit der Familie
croisière familiale
fahrtensegeln, kreuzen
faire une croisière
Fahrtensegler(in) marin de croisière
Fahrtenyacht bateau de croisière
Fahrtmesser (in Knoten), Yachtlog
speedomètre
Fahrtrichtung ändern, Kurs ändern
changer de cap, changer de route
Fahrtrichtung, Steuerkurs am Kompaß
cap compas

Fahrtrichtungsänderung, Kursänderung changement de cap, changement de route
Fahrwasser eaux navigables
Fahrwasser, Fahrrinne chenal, passe, passage
Fahrwassertonne bouée de passe
Fahrwasserverbindung jonction
Fahrzeug navire, vaisseau
Fahrzeug in Fahrt navire faisant route
Fahrzeug mit Fahrt durchs Wasser navire ayant de l'erre
Fahrzeug vor Anker navire au mouillage, navire à l'ancre
Fahrzeug, Schiff bâtiment, embarcation
Fahrzeuge in Sicht voneinander navires en vue les uns des autres
faires Segeln navigation correcte, loyale
Fall drisse
Fallaustritt am Mast sortie de drisse de mât
Fallreep échelle de coupée
Fallreepsknoten noeud de tire-veille
Fallschirmlicht fusée à parachute
Fallschirmrakete (Notsignal) fusée à parachute
Fallstromvergaser carburateur inversé
Fallwinsch enrouleur de drisse
falschen Schlag segeln manquer à virer
Faltboot canot pliant
Faltboot, Boot aus Segeltuch berthon, canot en toile
Faltboot, faltbares Beiboot berthon, canot pliable
Faltdraggen grappin parapluie
Faltpropeller hélice en bec de canard, hélice à pales repliables
Familienboot ohne Kajüte voilier de promenade familiale
familiengerechter Fahrtenkreuzer mit Hilfsmotor voilier de croisière côtière familiale à moteur
farbiger Wasserpaß flottaison de couleur
Farbzeichen colorant
Faser fibre
Faser, Faden, Gewindegang fil
Faserseil cordage, filin, textile, filin en fibre
Fasertau cordage textile, cordage en fibre
Fasertautampen eines Falls bas de drisse textile, bas de drisse
fassen, beißen (des Ankers) crocher
Fassungsvermögen von Frischwasser contenance en eau
Fassungsvermögen von Kraftstoff contenance en carburant
Fassungsvermögen, Rauminhalt eines Behälters contenance
fauler Boden, schlechter Ankergrund fond mauvais, fond dangereux
Fäulnis pourriture
Faßtonne bouée tonne, tonne
Faß, Tonne baril
Feder ressort
Federring rondelle élastique
Federring, Unterlegscheibe rondelle éventai, rondelle de sureté, anneauressort
Federwolke, Cirrus cirrus
Fehlerdreieck chapeau
fehlerhafte Navigation navigation fautive
Fehlersuche, Störungsbeseitigung dépannage
Fehlweisung (Fw) erreur du compas, variation
fehlzünden, eine Fehlzündung haben avoir des ratés

Feiertag jour de fête
Feile lime
Feinabstimmung, Nachstimmung (eines Funkgerätes) calage fin
Feineinstellung des Riggs réglage fin du gréement
feinkörnig à grain fin
Feinschicht (aus Kunstharz) auftragen gelcoter
Feinschicht, Gelcoat gelcote
felsige, schroffe Küste côte à falaise
Fender défense, pare-battage
Fenderbrett planche de défense
Fenderpfahl, Reibepfahl pilotis
Fenster fenêtre
Fensterblende, Seebeschlagblende contre-hublot
Fernbetätigung, Fernsteuerung commande à distresse
Ferngespräch conversation interurbaine
Fernwirkung action à distance
Fertigungsstand, Stadium der Vollendung stade de finition
Fest! Stop! Aufhören! Tiens bons!
feste Flosse quille fixe
fester Kiel quille fixe
Festfeuer feu fixe
Festfeuer (F) feu fixe (F.f.)
festgemachtes Fahrzeug navire amarré à terre
Festhalten! Tiens-bon!
festkommen, auf Grund geraten s'échouer
festkommen, auflaufen échouer
Festmachen amarrage
festmachen (eines Bootes) an seinem Liegeplatz mouiller, accoster
festmachen an einem Kai amarrer à quai
festmachen zu vier Seiten, in Vierkant-Vertäuung amarrer à quatre
Festmachen, Heck zur Pier und Bug zur Muringleine mouillage arrière à quai et avant sur corps-mort
festmachen, im Hafen anlegen accoster
Festmachepoller bitte d'amarrage
Festmacher amarre
Festmacher einholen rentrer les amarres
Festmacherklampe chaumard de mouillage
Festmacherleine amarre
Festmachertonne, Muringboje coffre d'amarrage, bouée d'amarrage
Feststellschraube vis de serrage, vis de blocage
Fett graisse
Fettbüchse, Schmiergefäß pot de graissage
Fettspritze, Schmierpresse pompe de graissage
feucht humide, mouillé
feuchter Nebel brume mouillée
Feuchtigkeit humidité
Feuer (Brand) incendie
Feuer in Deckung alignement des feux
Feuer in Linie feux d'alignement de garde
Feueranzünder, Gasanzünder allumoir
Feuergefahr risque d'incendie
feuergefährlich inflammable
Feuerhöhe élévation
Feuerlöschboot bateau-pompe
Feuerlöscheimer seau à incendie
Feuerlöscher extincteur d'incendie
Feuerschiff bateau-feu
Feuerschiff (F-Sch.) bateau phare

Fier die Schoten! Mollissez l'écoute!
fieren filer
fieren und holen haler à coups
Filtern (von Flüssigkeiten) filtrage (des liquides)
Fingerling, aufrechter Zapfen aiguillot
Fingerpier ponterelle
Fingerzugöffnung (in Tür oder Klappe) doigtier
Finnsegler finniste
Firmensitz, Werftbüro siège social
fischendes Fahrzeug navire en train de pêcher
Fischereizone zone de pêche
Fischerknoten noeud de pêcheur
Fischerlicht feu de pêche
Fischermann-Stagsegel voile d'étai de flèche
Fischerstagsegel fisherman
Fischerstek, Roringstek noeud de grappin, noeud d'étalingure
flach (schneckenförmig) aufgeschossenes Tauwerk galette, glène plate
flach auf das Wasser gelegt couché à plat
flach spiralig aufgeschossene Leine galette
flache Gewässer, Flachwasser eaux peu profondes, eaux petits fonds
flache Innenleuchte plafonnier
flache Küste côte basse
flacher Bootsboden fond plat
Flachs lin
Flachstelle, Furt (zum Durchwaten) gué
Flachwasser fonds diminuant
Flackerfeuer, Notfeuer feu de fortune, feu aux flambeaux
Flagge (deutsche) führen, unter dtsch. Flagge segeln battre pavillon Allemagne
Flagge entrollen, entfalten déferler un pavillon
Flagge einholen rentrer un pavillon
Flagge einrollen ferler un pavillon
Flagge führen, Flagge setzen battre pavillon, envoyer un pavillon
Flagge halbstocks pavillon à mi-drisse
Flagge niederholen baisser une pavillon
Flagge setzen, heißen hisser (arborer) une pavillon
Flagge streichen baisser pavillon
Flagge, Fahne drapeau, bannière
Flaggen pavillons
flaggen über die Toppen pavoiser un navire
Flaggenbreite guindant de pavillon
Flaggenclip, Brummelhaken croc brummel
Flaggenführung jeu de pavillons
Flaggengala (angelegt) grand pavois, sous le grand pavois
Flaggengala, über die Toppen flaggen envoyer le grand pavois
Flaggengruß salut de pavillon
Flaggenkiste, Flaggenrack coffre à pavillons
Flaggenlänge, auswehender Teil battant de pavillon
Flaggenmast (an Land) mât de pavillon
Flaggenstock mât de pavillon
Flaggenstock am Heck mât de pavillon de poupe
Flaggenwerkstatt pavillonnerie
Flaggleine, Flaggenfall drisse de pavillon
Flammenschutz, Flammensicherung écran antiflamme, pareflamme

Flammpunkt point d'inflammation
Flansch collet, collerette
Flansch, Krempe rebord, collet, boudin
Flanschanschluß, angeflanscht bridé
Flanschverbindung joint à collet
Flasche bouteille
flattern (des Segels) fasseyer
Fleischhaken gendarme
flexibler Mast mât cintrable
fliegend gesetztes Segel voile établie sans draille
fliegend setzen établir sans draille
Flieger foc-en-l'air, Yankee
Flosse aileron
Flosse mit großem Tiefgang quille profonde
Flossenkiel, Kielflosse quille aileron, fin keel
Flossenkiel-Version version quille profonde, quille aileron ou quille fixe
Flossenkieler mit Leitkopfruder bateau à aileron de quille et de safran
flott, schwimmend à flot
Flottille flotille
Flottillencharter charte de flottille
Flottillenchartern, gecharterte Flottille flottille affrétée
flottmachen, wieder flottmachen renflouer
Flügel, Windfahne girouette
Flügelmutter écrou à oreilles, bague-écrou, vis papillon
Flügelpumpe pompe à ailettes
Flügelschraube papillon de serrage, vis à oreilles
Flugfunkfeuer aérophare
Flunken pattes
Flüstertüte, Sprachrohr mégaphone, porte-voix
Flut und Ebbe flot et jusant
Flut, steigendes Wasser flot, marée montante
Flutbecken, Fluthafen bassin à flot
Flutbecken, Schleusendock bassin à flot
Fluten, Sturmflut, Brandung flots
Flutlinie, Flutmarke laisse de haute mer
Flutschleuse, Schleusenkammer écluse de bassin à flot
Flutstrom courant de flot
Flutwelle (heftig, plötzlich) barre de flot
Flutwelle, Sturmflut, Tsunami raz de marée, tsunami
Flußmündung, Revier estuaire
Flußschiffahrt navigation fluvial
Flußhafen port fluvial
flußabwärts en aval
flußaufwärts en amont
flying bridge, sehr hoher Steuerstand passerelle
Fock anstecken endrailler le foc
Fock mit Stagreitern abschlagen dédrailler un fock
Fock wegnehmen rentrer le foc
Fock, Focksegel (auf Rahschiff) misaine
Fock, Stagfock, Vorsegel nahe am Mast foc
Fock-Ausbaumer tangon de foc
Fockbaum bôme de foc
Fockhals amure de foc, point d'amure de foc
Fockhalsniederholer, -strecker étarqueur de guindant de foc
Fockniederholer halebas de foc
Fockschot écoute de foc

Fockschotbeiholer déborder (de point de tire)
Fockschotschiene rail d'écoute de foc
Fockstag draille de foc, étai de foc
Fockstag (bei Kuttertakelung) étai de trinquette
Fockstagreiter mousqueton de foc, andraillot
Föhre, Tanne pin
Form des Unterwasserschiffes profil de plan de dérive, profil de carène
Form, Gestalt, Umriß marque, voyant
Formschwerpunkt, Verdrängungsschwerpunkt centre de carène, centre de flottabilité
Formstabilität stabilité de forme
formverleimtes Sperrholz contreplaqué moulé
Fracht, Ladung cargo
Frachtdampfer vapeur de charge
französische Flagge führen battre pavillon français
französisches Kanalschiff péniche
Fregatte frégate
Freibord franc-bord
Freibordmarken, Lademarken lignes de charge
freies Wasser eau claire, limpide
freifliegendes Segel (mit losem Vorliek) voile à guindant libre
freiholen, flottmachen, abschleppen se déhaler
freikreuzen nach Luv, sich freikreuzen craber, louvoyer en crabe
freikreuzen von einer Leeküste s'arracher d'une côte, se relever au vent d'une côte
freilegen, aufdecken découvrir
Freiraum über einem Mast(topp) tirant d'air d'un mât
freiwillige, gewollte Strandung échouement volontaire
Freizeitboot embarcation de plaisance
Freizeitschiffahrt navigation de plaisance, plaisance
frische Brise (Bft 5) assez fort, vent force 5
Frischluftzuführung conduit d'air frais
Frischwasser eau douce
Frischwasser-, Trinkwasserpumpe pompe à eau douce
Frischwassertank réservoir à eau douce
Frittbohrer vrille
Front front
Frostregatta, Wettfahrt im Winter régate des pieds gelés
Frostschutzmittel anti-gel
Frühjahrsinstandsetzung réarmement du printemps
Frühlings-Tag-und Nachtgleiche équinoxe du printemps
Frühlingspunkt méridien du point vernal, point vernal
Frühnebel brouillard mattinal (de rayonnement)
Fühlmeßlehre, Tastnadel jauge d'épaisseur, calibre à lames
führende Yacht (im Rennen) yacht de tête
Füllen Sie bitte die Gasflasche! Faites le plein!
füllen, auffüllen, voll machen faire le plein
Füllstoff, Füllmasse bouche-pores
Füllung, Einschuß (z.B. Sandwich-Segel) bouche-porage
Funkazimut (FuAz) azimut gonio(métrique)

Funkelfeuer mit dauerndem Funkeln (Fkl.) feu scintillant (F.sc.)
Funkelfeuer mit Gruppen von Funkeln (Fkl. [3]) feu à scintillements groupés
Funkfeuer radiophare
Funkgerät reparieren réparer un radio
Funknotsignal signal radio de détresse
Funkpeilempfänger radiocompas
Funkpeiler, Funkpeilkompaß gonio, radiogoniomètre
Funkpeilstandort point gonio
Funkpeilung relèvement radiogoniométrique
Funkpeilung relèvement gonio, radiogoniométrique
Funkrufzeichen, Rufname indicatif d'appel
Funksprechzeugnis, Seefunksprechzeugnis certificat de radiotéléphoniste
Funkspruch radiogramme
Funkstandort point gonio
Funkstille halten bei Funknotsignal! Silence mayday!
Funkstille halten im Seenotfunkverkehr! Silence détresse!
Funkstille, Schweigen (Funk) silence
Funkstörung, Peilstörung brouillage
Funktagebuch journal radio
Funktionär, Vorstandsmitglied administratuer, directeur, exécutif
Funkübertragung, Sendung transmission
Funkwache veille radio
Funkzeitsignal, Zeitzeichen über Funk top horaire
Futter, Laufbuchse garniture
Fußrah (eines Vorsegels) bôme de trinquette
Fußrah eines Gaffeltoppsegels bôme de flèche
Fußreling aus Metall mit Durchlaßöffnungen calepied métallique perforé, rail de fargue à dalots
Fußreling calepied
Fußknie, Hinterstevenknie courbe d'étambot
Fußpumpe pompe à pied
Fußpumpenhebel pédale de pompe à pied
Fußblock poulie de pied de mât
Fußliek, Fußtau ralingue de bordure
Fußbodenbelag plancher
Fußreling, Fußleiste cale-pied

G

Gabel, Gabelung fourchette
Gaffel corne
Gaffel-Toppsegel flèche
gaffelgetakelt à gréement aurique, gréé à corne
gaffelgetakelte Yawl yawl aurique, yawl franc
Gaffelklau mâchoire de corne
Gaffelklaufall, Klaufall drisse de mât (de voile aurique)
Gaffelpiekfall, Piekfall drisse de pic (de voile aurique)
Gaffelschuner goélette franche
Gaffelsegel voile aurique, voile à corne
Gaffeltakelung gréement à corne
Gaffeltreisegel artimon de cape, goélette de cape
Galeere galère
Galion, Galionsfigur poulaine
Galionsfigur, Bugfigur figure de proue
Galionsknie guibre
Gallone (England, 4,543 l) gallon impérial
Gallone (USA, 3,785 l) gallon Américain
galvanische Korrosion corrosion galvanique
galvanisieren, verzinken zinguer, chouper
ganz dichtholen, stark spannen étarquer
ganz langsam très lentement
Garantie garantie
Garantie für Teile und Funktionsfähigkeit garantie pièces et main d'oeuvre
Gardinenstange rail à rideau
Garn (ein) spinnen filer une touée
Garn, Faser fil de caret
Garn, Segelgarn fil à voile
Gasbehälter coffret gaz
Gasdrossel, Drosselventil commande de gaz
Gasflasche bouteille de gaz
Gashebel manette de gaz
Gaskocher, Gasofen réchaud à gaz
Gastflagge, Gästeflagge pavillon d'invité
Gastlandflagge pavillon de courtoisie, pavillon du pays visité
Gattchen, Segelöse oillet
gebauter (verleimter) Mast mât d'assemblage
gebauter Mast mât d'assemblage
Gebot der Funkstille imposition du silence
Gebrauchsanweisung mode d'emploi
gebrauchte Segelyacht zu verkaufen yacht d'occasion à vendre
gebrauchtes Boot bateau d'occasion
Gefahrengebiet zone de danger
Gefahrenpeilung relèvement de danger
Gefahrenwinkel angle de danger
Gefahrenzone zone de danger
geflochten tressé
gegen den Schlag (beim Spleißen) en sens inverse du commettage
gegen die Sonne, linksdrehend, rückdrehend contre le sens des aiguilles d'une montre
Gegenkurs route inverse, réciproque
Gegenmutter contre-écrou

Gegenrichtung bout-par-bout
Gegensee, Bugsee mer debout
Gegenstrom contre-courant
Gegenströmung, Unterströmung contre-courant
Gegenwind, vorlicher Wind vent debout
gegißter Schiffsort, gegißtes Besteck point estimé contrôlé, corrigé, rectifié
Gehäuse (eines Gerätes) logement, boîtier
geklinkert à clins
gekoppelte, gegißte Breite latitude estimée
gekoppelte, gegißte Länge longitude estimée
gekoppelten Schiffsort einzeichnen tracer un point estimé
gekoppelter, gegißter Schiffsort estime, point estimé
Gelcoat, Feinschicht gelcote
Geldstrafe amende
gelichtet, aus dem Grund gehoben(er Anker) dérapé
gelotete Wassertiefe aussingen chanter la sonde
genau querab à larges baux
genau Süd droit vers le sud
Genauigkeit précision
Genauigkeit des Bestecks précision de point
Genickstag, Stengestag marocain
Genua génois
Genua zum Einrollen génois sur enrouleur
Genuaschot écoute de génois
geographische Breite latitude
geographische Koordinaten eines Senders coordonnées géographiques d'un émetteur
geographische Länge longitude
geographische Position (eines Gestirns), Bildpunkt projection terrestre
Gepäck bagages
gerader Steven étrave droite
Gerät, Getriebe, Geschirr appareil, apparaux, dispositif
Geräumigkeit logeabilité, habitabilité
gerefftes Segel voilure réduite, voile rissé
geringe Verdrängung, Leichtdeplacement déplacement léger
Geröllvorland estran de galets
Gesamtentfernung, Generaldistanz distance vraie, sur le fond, corrigée
Geschirr zum Mastlegen dispositif de dématage
geschlagen (Tauwerk) commis
geschlagenes Tauwerk cordage toronné, cordage cablé
geschlepptes Fahrzeug bâtiment remorqué
geschlossene Klampe chaumard fermé
geschlossenzelliger Aufbau (von Schaumstoff) construction à cellules fermées
geschobenes Fahrzeug navire poussé en avant
geschützter Ankerplatz mouillage abrité
Geschwadersegeln veranstalten, „mackern“ naviguer de conserve
geschweißter Rumpf coque soudée
geschweißtes Knie gousset soudé
Geschwindigkeit des Kielwassers vitesse de sillage
gesegelte Zeit, abgelaufene Zeit temps réel
gesprochene Zahlzeichen (im Seefunkverkehr) chiffre parlé

Gestirn, Stern, Himmelskörper astre, corps céleste
gestopftes Loch (im Segel) videlle, point de videlle
gestrandet échoué (involontairement), échoué au plain
geteertes Tauwerk, schwarze Leine cordage goudronné
Getriebe auf Leerlauf geschaltet débrayé, au point mort
Getriebe auf rückwärts geschaltet en marche arrière
Getriebe auf vorwärts geschaltet en marche avant
Getriebe eingerückt embrayé
Getriebe einrücken, einen Gang einlegen embrayer
Getriebe umkehren, umsteuern renverser, inverser la marche
Getriebe(um)schaltung changement de marche
Getriebekasten carter
gewebt, geflochten tissé
gewellt ondulé
Gewicht poids
Gewichtsschwerpunkt, Massenschwerpunkt centre de gravité
Gewindebohrer taraud finisseur
Gewindebohrer taraudage
Gewindebolzen vis de fixation, vis d'assemblage
Gewindeterminal terminaison
gewinnen über ein Leck affranchir une voie d'eau
Gewitter orage
gewölbtes Deck pont à bouge
gewürfelt, schachbrettartig quadrillé
Gezeit marée
Gezeitenpegel, Tidenpegel échelle de marée, marégraphe
Gezeitentafel, Tidenkalender tables des marées, annuaire des marées
Gezeitenwechsel, Tidenkenterung changement (renversement) de la marée
gieren, ausscheren faire des embardées, embarder
Gieren, Gierbewegung embardée
Gillung, Gilling voûte
Gillungsspant, Kantspant couple dévoyé
Glanzteile (aus Metall) ferrures polies
Glas verre
Glasfaser fibre de verre
Glasfasermaterial auflegen stratifier
Glasfasermatte tissu de verre
Glasfasermatte, Glasseidenmatte mat de fibre de verre
Glasfaserschichten von Hand auflegen stratifier à la main
Glasfaserstrang fibre coupée
glasfaserverstärkter Kunststoff (GFK) polyester armé, reinforcé de fibre de verre
glasfaserverstärkter Polyester-Kunststoff (GFK) polyester armé de fibre de verre
Glasharzarbeiten, Kunststoffarbeiten façon, finition de la fibre de verre
Glasseidengewebe tissu de fibre de verre
Glasseidenmatte mat de tissu de verre
Glasseidenmatte mat de fibres coupées
glatt gedeckt, mit Glattdeck à pont ras
Glattdeck pont ras
Glattdecker, ohne Kajütaufbau à pont ras, à pont plat
glätten (eine Oberfläche) lisser, poncer, donner du fini à une surface
gleicher Bug même bord, même amure

gleichlastig, auf ebenem Kiel
dans son assiette, sans différence
Gleichtaktfeuer (Glt.)
feu isophase (F.i.)
gleiten planer, déjauger
Gleiten (eines Rumpfes)
planage, planing, déjaugeage
Gleitschiene (an einer Spiere) rail
Glocke cloche
Glockensteert (am Klöppel)
corde de cloche
Glockentonne (Gl-Tn.)
bouée sonore à cloche
Glühlampenfassung douille d'ampoule
gnomonisch gnomonique
Golf, Haff, Meerbusen golfe
Gondel gondole
Gongtonne bouée à gong
Goniometer, Funkpeiler goniomètre
Gradientwind vent de gradient
Gräting, Gitterrost caillebotis
Graupel grésil
Greenwicher Stundenwinkel
angle horaire à Greenwich
greifen, packen (eines Propellers)
mordre
Grenze frontière
Griff, Vorfuß (eines Bootes) brion
Griffelmutter, Flügelmutter
écrou à oreilles
Griffschiene, Griffstange
main courante
grobe Fahrlässigkeit
négligence, faute lourde
grobe See (Seeg. 5) mer forte
grobes Sandpapier
papier de verre à gros grains
grobkörnig à gros grain
Großbramsegel grand perroquet
Größe in aufgeblasenem Zustand
dimensions gonflé
große Verdrängung
déplacement lourd
Großhandel en gros
Großkreis grand cercle
Großkreiskurs
route de grand cercle
Großkreissegeln
navigation orthodromique
Großmast grand mât
Großschot
grande écoute, écoute de grand-voile
Großschotleitschiene barre d'écoute
Großschotleuwagen
barre d'écoute
Großschotwagen, Travellerläufer
chariot de barre d'écoute
Großsegel grand-voile, grand'voile
Großsegel bergen, herunternehmen
amener une grand-voile
Großsegelmastliekstopper
verrou de coulisseaux
Großsegel mit 3 Reffreihen
grand-voile avec 3 bandes de ris
Großsegel mit losem Unterliek
grand-voile à bordure libre
Großsegler grand voilier
Großstagsegel
grand-voile d'étai
Großtoppsegel
flèche de grand-voile
größte Breite maître-bau
größte erlaubte Zuladung
charge maximale permise
Grund berühren, auf Grund laufen
échouer
Grund berühren, auf Grund stoßen
toucher le fond
Grund mit dem Draggen absuchen
draguer le fond
Grund, Tiefe, Seegrund fond

Grundgeschirr, Ankergeschirr, Bojengeschirr dispositif de mouillage, apparaux de mouillage
Grundregel règle fondamentale
Grundsee houle de fond
gültige Klassenvorschriften règlements approuvés de série
Gummispanner, Spanngummi amortisseur à ressort
Gummistroppspanner sandow raidisseur, ramasse-mou
günstiges Wetter beau temps
Gunter-Takelung gréement houari nilitaire
Gurt, Gürtel, Halteband bretelle
Gurtmaß (eines Segels) largeur
Gurtstropp, Gurtschlinge élingue entoilée
gut ausgerüstet bien armé, bien gréé, bien équipé
gut geschützter Hafen port bien abrité
gute Kreuzeigenschaften bonne remontée au vent
gute Sicht (Stgr. 7) visibilité bonne
Guten Wind! Bons vents!
guter Ankergrund, reiner Grund fond de bonne tenue
guter Segeltrimm bon réglage des voiles
Gußeisen fonte
Gußstück, Abguß pièce de fonte

H

Haben Sie etwas Zollpflichtiges? N'avez vous rien à déclarer?
Hafen port
Hafen anlaufen faire escale à un port
Hafen ohne Einrichtungen, Kleinboothafen havre
Hafen, Hafenstadt mit allen Einrichtungen port (aménagé)
Hafenamt capitainerie
Hafenanker, Muringanker ancre de mouillage fixe
Hafenbarkasse vedette du port
Hafenbecken bassin
Hafenbehörde autorité du port
Hafendamm, Kai quai
Hafendamm, Wellenbrecher brise-lames
Hafeneinfahrt entrée d'un port
Hafeneinrichtungen installations portuaires
Hafenfeuer feu de port
Hafengebräuche, Gewohnheitsrecht usages du port, droit d'habitude
Hafengebühren, Hafenabgabe droits de port, frais de port
Hafenliegeplatz poste d'amarrage, espace à quai
Hafenmanöver, Manöver im Hafen manoeuvres portuaires
Hafenmeister capitaine de port

Hafenpolizei police du port
Hafenschlepper remorqueur portuaire
Hafenverwaltung
administration du port
Haftpflicht responsabilité
Haftpflichtversicherung
assurance contre la responsabilité civile
Hagel grêle
Hahn, Seehahn, Schieber
vanne de mer
Hahnepot patte d'oie
Haken mit Kausche croc à cosse
Haken, Riegel, Band croc
Hakenschlag
gueule de loup, noeud de bec d'oiseau
halber Schlag demi-clé
halber Wind vent de travers
halbgedeckt semi-ponté
halbmast, halbstocks flaggen
hisser un pavillon à mi-drisse
halbstocks en berne, à mi-drisse
halbstocks, halbmast à mi-drisse
Halbtonner demi-tonne
Halo (Hof um Sonne oder Mond) halo
Hals (eines Segels)
amure, point d'amure
Hals anschlagen amurer
Hals eines Segels anschlagen
amurer une voile
Hals(horn) eines Segels
amure (point d'...)
Halsbändsel bosse de point d'amure
Halse empannage
Halsen
empannage, virement lof pour lof
halsen empanner, virer lof pour lof
halsen, schiften empanner, gambeyer
Halshaken croc d'amure
Halskausch, Halslegel
oeil de point d'amure
Halsöse, Halsgattchen oeil de point
Halsschäkel manille d'amure
Halsstrecker halebas de point d'amure
Haltebügel, Wandhalterung étrier
Haltefähigkeit des Ankerplatzes
tenue du fond d'un mouillage
Haltefähigkeit des Grundes
tenue du fond
Haltekraft (eines Ankers)
tenue d'une ancre, puissance de tenue
halten, fassen, festhalten tenir
Hammer marteau
Hand-über-Hand holen
haler main-sur-main
Handankerwinde
guindeau horizontal manuel
handaufgelegte Glasfaserarmierung
construction en stratifié à la main
handaufgelegtes Glasfasererzeugnis
fibre de verre posée à la main
Handauftragen von Polyesterharz
stratification du polyester à la main
Handbilgepumpe
pompe de cale manuelle
Handbohrer und Bohrer
chignolle à main avec forets
Handbohrer, Handbohrmaschine
perceuse à main
Handbuch zum Fahrtensegeln
guide de croisière
Handelsmarine marine marchande
Handelsschiffskapitän
capitaine de navire marchand
Handfackel feu à main
Handfläche (einer Ankerflunke)
oreille
Handlauf main courante
Händlernetz (einer Firma)
réseau de concessionnaires
Handlog, Brettlog loch à bateau
Handlogleine ligne de loch
Handlot sonde à main

Handlot auswerfen
armer une sonde à main
Handpeilkompaß
compas de relèvement à main
Handpumpe pompe à main
Handscheinwerfer lampe Scott
Handtuch serviette
Handwerkskunst, Handwerksarbeit
finition, construction
Handwerkzeug outils
Handwinde treuil à main
Hanf chanvre
Hängematte hamac
Hanger, Gehänge, Stander pantoire
hart werden, verhärten (von Harz)
durcir
hart, schwerfällig auf dem Ruder
dur à la barre
Härter (für Harz) durcisseur
Härter, Katalysator catalyseur
Harz résine
Haufen, Anzahl von Teilen lot
Hauptruder gouvernail principal
Hauptschalter
coupe-circuit, interrupteur général
Hauptspant maître-couple
Hauptwasserleitung conduite d'eau
Hausboot
caravane flottante, house-boat
Hausflagge pavillon d'armateur
Hauszeitschrift
bulletin de la maison
Havarie avarie
Havarie erleiden souffrir des avaries
Havarie-Kommissar
dispacheur d'avaries
Havarie-Rundumlichter
feux d'impossibilité de manoeuvre
Hebebock vérin, cric
Hebel levier
Heck poupe
Heck tiefer trimmen
caler sur l'arrière, s'accroupir
Heck voran festmachen
amarrer sur l'arrière
Heck, hintere Schiffsrundung, Schnitt (im Linienriß) fesse
Heckanker ancre arrière
Heckverankerung
mouillage de l'arrière
Heckankerleine
embossure de l'ancre à croupiat
Heckausleger (bei Zweimastern)
boute-hors de tapecul, queue de malet
Heckbalken barre d'arcasse
Heckkorb balcon arrière
hecklastig, achterlastig
sur le cul, accroupi
Hecklicht feu arrière, feu de poupe
Heckreling lisse de couronnement
Heckruder gouvernail d'étambot
Heckschot, Baumnockschotführung
point d'écoute en bout de bôme
Heckspant (beim Holzschiff) arcasse
Heckspiegel tableau arrière
Heimathafen port d'attache
Heimreise, auf Heimatkurs, auf dem Rückweg sur le chemin du retour, sur le retour
Heizung chauffage
Heiß auf! Hisse!
Heiß einer Flagge (Breite am Stock)
guindant d'un pavillon
heißen, aufheißen, hissen hisser
Hellegat coffre à outils, cambuse
Helligkeit, Glanz éclat
Helling cale de construction
Hennegatt, Öffnung am Ruderkoker
jaumière
Herausforderer (im Rennsegeln)
aspirant, challenger
Heringsfischerboot harenguier

herkömmlich, traditionell traditionnel, classique
Herzkausch cosse en coeur
Heultonne (Hl-Tn.) bouée sonore à sifflet
Hier ist! Ici!
Hiev rund! Hiev auf! Ohé! Ôhe hisse!
Hilf mir! La main dessus!
Himmelshorizont horizon céleste
Himmelsmeridian cercle de déclinaison
Himmelspol pôle céleste
Himmelsraum, Himmelskugel sphère céleste
hinauskreuzen (aus dem Hafen) louvoyer pour sortir
Hindernis (beim Rennsegeln) obstacle
hinter, achter arrière
Hitzewelle vague de chaleur
Hobel rabot
hoch am Wind au plus près
hoch am Wind segeln courir au près, courir au plus près, serrer le vent
hoch und trocken échoué au sec, au plain
Hoch, Hochdruckgebiet anticyclone
hochbelastbar, überstark surdimensionné, surpuissant
Hochdruckkeil crête, dorsale
hochgehen, branden, wogen se lever
Hochkeil dorsale (anticyclonique) ou crête anticyclonique
hochklappbare Pinne barre relevable
Hochseefahrtensegeln, Transocean-segeln croisière hauturière
Hochseenavigation, Langstrecken-navigation navigation au long cours
Hochseerennsegler navigateur de course au large
Hochseerennyacht bateau de course-croisière
Hochseeschiff long-courrier
Hochseeschlepper remorqueur hauturier, remorqueur de haute-mer
Hochseesegeln, Blauwassersegeln navigation hauturière
Hochseesegler, Blauwassersegler marin de haute mer
Hochseeyacht, Langfahrtyacht yacht de haute mer, yacht de hauturier
Hochsegel voile triangulaire, bermudienne
Höchstbesatzung équipage maximal
Hochtakelung gréement triangulaire, bermudien
Hochwasser (H.W.), Flut pleine mer, haute mer
Hochwasser (stand) marée haute
Hochwassermarke laisse de haute mer
Hochwasserstillstand étale de pleine mer
hochwertiger Stahl, hochbelastbarer Stahl acier à haute résistance
hochwinden, die Winsch drehen virer au winch
Höhe hauteur
Höhe (einer Landmarke) nehmen, in Luv vorbeisegeln passer au vent de
Höhe laufen, kneifen, knüppeln pointer très près
hohe See (Seeg. 7) mer grosse
hohe See, hochgehende See mer grosse
hohe Tourenzahl, bei hoher Tourenzahl à haut régime
Höhe über dem Meeresspiegel, Höhe über NN altitude au-dessus du niveau de la mer
Höhe über Normalnull, Höhe über dem Meeresspiegel altitude (absolue)

hohe Wolken nuage supérieur
höher als der richtige Kurs au dessus de la route normale
höher als der richtige Kurs (segeln) plus près que, au-dessus de la route normale
höhere Gewalt force majeure
höheres Hochwasser pleine mer supérieur
hohes Ansichtsverhältnis grand allongement
Hohlkehle für ein Tauliek engoujure à ralingue
Hohlmeißel gouge
Hol dicht! Hol durch! Embraquez!
holen, ziehen haler
holende Part (einer Talje) garant, courant
holende Part, laufende Part courant
Holzbohrer tarière
Holzpfropfen cheville
Holzteile (die gepflegt werden müssen) bois vernis
Holzwerk, Holzbearbeitung boiserie, menuiserie
Hörfrequenz fréquence audible
Horizont absuchen, abtasten (mit Radar) scruter l'horizon
Horizontalknie courbe horizontale
Hubbrücke pont-levis
Hufeisen-Rettungsring bouée en fer à cheval
Hulk, Speicherschiff, abgetakelter Rumpf ponton
Hummerboot langoustier
Hundekoje couchette de quart, couchette de veille
Hundewache petit quart
Hundstage canicule
Hüsing, linksgeschlagen, dreischäftig lusin
Hutmutter, Überwurfmutter écrou à chapeau
Hütte, Heck (eines Großseglers) dunette
Hydrauliköl liquide hydraulique
hydraulische Steuereinrichtung commande de barre hydraulique
hydraulischer Achterstagspanner ridoir hydraulique de pataras
hydraulisches Achterstag pataras à ridoir hydraulique
Hydrographie, Meereskunde hydrographie

Ich wende! Je vire!
Ich wiederhole! (Seefunk) Je dis de nouveau!
im Ausland befindlich, auswärts à l'étranger
im Schlepp sein être à la remorque
im Strom mit Leebug laufen épauler la marée
im Wantschlag geschlagenes Tauwerk aussière en quatre
im Wind liegenbleiben, beim Wenden versagen dans les fers
in das Logbuch eintragen porter au journal de bord, enregister
in den Wind nez dans le vent
in den Wind gedreht nez dans le vent
in der Höhe (der Atmosphäre) en altitude
in Fahrt sein avoir de l'erre
in Fahrt, aber ohne Fahrt durchs Wasser (über Grund) faisant route mais n'ayant pas d'erre
in Lee von sous le vent de
in Lee von, im Schutz von sous le vent de, abrité de vent par
in Ordnung bringen mettre à poste
in Quarantäne legen mettre en quarantaine
in Rufweite, in Hörweite à portée de voix
in Schlepptau nehmen prendre en remorque
in See gehen prendre la mer, mettre en mer, quitter le port
in Sicht kommen poindre, apparaître à l'horizon, venir en vue
in Stagrichtung, auf und nieder à pic
in Transit nach (für) en transit pour
in Z-Richtung verseilt, Leine rechtsgeschlagen cordage commis à droite
Indexfehler (eines Sextanten) erreur instrumentale
Indexspiegel grand miroir
Indienststellung armement
indifferentes Gleichgewicht équilibre indifférent
innen intérieur
Innenhafen arrière-port, port intérieur
Innenkiel chapeau
Innenklüver grand foc, faux foc
innenlaufendes Fall drisse intérieure
Innenleuchte (mit Knie) applique
Innenleuchte mit kardanischer Aufhängung lampe de roulis
innenliegende Genua-Schotschiene rail de génois rentré
innenliegende Yacht yacht à l'intérieur
Innensteven contre-étambot
Innenteil des Bootsbodens fond
innere Strömungslinie trait intérieur de râblure
inneres Hafenbecken arrière-bassin
inneres Stampfstag martingale de petit foc
Insel erreichen, auf eine Insel zulaufen atteindre une île
Inselchen îlot
Inselsockel socle insulaire
Instandhaltung, Wartung entretien
Instrumentenbrett tableau de distribution, tableau de commande

internationale Einheitsklasse
monotype de série internationale
internationale Signalflagge
pavillon du code international
Internationale Wettsegelbestimmungen
règles de course, règles de régate internationale
Internationales hydrographisches Büro (Monaco) bureau hydrographique international
Internationales Signalbuch
code international des signaux
IOR-Formel (Vermessungsregeln)
jauge internationale pour la course au large
Isobare, Linie gleichen Luftdrucks
isobare
Isolierband ruban d'électricien, ruban isolant
Isolierung gegen Kälte
isolement, isolation du froid

J

Ja, Skipper! Verstanden!
Oui commandant! Bien commandant!
Jacke, Weste, Mantel gilet, capot
jährliche Änderung der Mißweisung
variation annuelle de la déclinaison
Jakobsleiter, Seefallreep
échelle de pilote
Jockeybaum, Ausleger für Spi-Achterholer tangon débordeur
Jolle, Segeljolle dériveur léger, yole
Jollenregatta régate légère
Jollensegelsport
yachting léger, yachting dériveur
Jolltau mit Mantel
bastaque simple
Jumpstag étai de guignol
Jumpstag hauban de losange
Jumpstagspreize
guignol, arc-boutant de guignol
Jungfer, Jungfernblock
cap-de-mouton
Jungfernfahrt (eines Seekreuzers)
baptême de la mer
Jungfernfahrt (mit einer Segelyacht)
première sortie
Jungfernreise (eines Schiffes)
premier voyage

K

kabbelige See, kurze, rauhe See clapot haché, mer hachée
Kabbelsee, kurze rauhe Wellen clapot haché
Kabelgarn, grobes Garn fil de caret
Kabellampe baladeuse
Kabellänge (185 m, 0,1 sm) encâblure
Kabelleger câblier
Kabelschlag (Verseilstufe von Tauwerk) cordage commis en grelin, câble
Kaffeemühle, starke Zweihandwinsch moulin à café
Kahn, Kleinboot esquif
Kahn, Lastkahn allège
Kahnschiffer marinier
Kai, Hafenanlage quai
Kaigeld, Liegegeld droits de quai
Kaike (Küstensegler der Ägäis) caique
Kajütaufbau rouf de cabine
Kajütbeleuchtung éclairage de cabine
Kajütdecksüll surbau, hiloire de rouf
Kajüte, Messe, Kabine carré, cabine
Kajüteinrichtung nach eigener Wahl emménagements aux choix
Kajütfußboden plancher de cabine
Kajütkompaß compas de cabine, compas intérieur
Kajütkompaß, Hängekompaß compas renversé, compas de couchette
Kajütkreuzer, Kreuzer vedette de croisière, vedette habitable
Kajütluk-Schiebekappe capot coulissant de rouf, capot de rouf à glissière
Kajütsalon, Salon carré
Kajütsegelboot, Kajütkreuzer voilier à rouf
Kajütyacht cabinier, ponté
Kalandern (Qualitätsverbesserung von Segeltuch) calandrage
Kalben (eines Eisbergs) vélage
Kalenderjahr année civile
Kalfat(er)hammer maillet de calfat
Kalfateisen ciseau de calfat, fer à calfat
Kalfaterarbeit travaux de calfatage
Kalfaterer calfat
kalfatern calfater
Kalmengürtel des Krebses, Roßbreiten Calmes du Cancer
Kalmengürtel des Steinbocks, arktische Roßbreiten Calmes du Capricorne
Kalmengürtel, Mallungen pot-au-noir, zone de convergence intertropicale
kalt verformtes Mahagonisperrholz acajou moulé à froid, ployé
Kaltfront front froid
Kanal (Seefunk), Sprechweg, Frequenzband voie, canal
Kanalabgaben droits de canal
Kanalschleuse écluse de canal
Kanalschleusentor porte d'écluse de canal
Kanalstrecke zwischen zwei Schleusen bief
Kanister bidon
Kante, Rand, Schneide can
Kanu mit einem Ausleger pirogue à balancier unique
Kanu mit zwei Auslegern pirogue à double balancier
Kanu, Paddelboot canoé
Kanuheck arrière de canoé
Kap, Huk, Landspitze cap, promontoire
Kapazität einer Batterie capacité

Kaperschiff corsaire
Kapitän, Kommandant, Schiffsführer capitaine
Kapok (Fruchtwolle als Auftriebsmaterial) kapok
Kapokschwimmweste gilet de sauvetage en kapok
Kappe, Kompaßhaube chape
kardanisch aufgehängt suspendu à la cardan, sur cardans
kardanisch aufhängen suspendre à la cardan, sur cardans
kardanisch gehalterter Kocher réchaud à cardan
kardanisch gehalterter Ofen four sur cardans
kardanische Aufhängung cardans, fixation sur ètrier à cardan
kardanische Aufhängung eingebaut à cardans internes
Kardanringe, kardanische Aufhängung balanciers, cardans
Kardinalsystem der Betonnung système cardinal de balisage
Kartenarbeit, Arbeit in der Seekarte travaux sur la carte
Kartenkurs (KaK) cap vrai, route vraie, cap souhaité, route souhaitée
Kartennull, Bezugslinie der (ausgeloteten) Wassertiefe niveau de référence, zéro des cartes
Kartentisch table à cartes
Kartentisch für große Seekarten (110 cm x 75 cm) table à carte format grand aigle (110 cm x 75 cm)
Kartentisch für Sportschiffahrtskarte (55 cm x 75 cm) table à carte format demi-aigle (55 cm x 75 cm)
Kartenwassertiefe sonde
karweel, kraweel à franc-bord
Karweelbeplankung bordage uni, bordage à franc-bord
karweelgebaut à bordé uni, à bordé franc
Kaskoversicherung assurance sur corps
Kastell, Achterschiff château
Kat, Katamaran catamaran
Katamaran mit Yawltakelung catamaran gréé en yawl
Katamaran-Transportwagen chariot de catamaran
Katboot, einmastiges Boot ohne Vorsegel catbote
Kattakelung, Rigg ohne Vorsegel gréement de catbote
Kattanker ancre d'empenelle
Katzenpfoten, leichte weiße Wellenkämme pattes de chat, griffes de chat
Kauf eines Bootes achat d'un navire
Kaufangebot für Motorboote bateau à moteur à vendre
Kaufangebot für Segelboote voiliers à vendre
Kaufbrief, Kaufvertrag contrat, acte de vente
Kaufpreis prix d'achat
Kaufvertrag contrat de vente
Kausch, Muffe cosse
Kaution caution, garantie
Kavitation (Hohlsog am Propeller) cavitation
Keep, Nut, Hohlkehle gorge, engoujure, coulisse
Keil, Klotz cale
Keil, spitzer Keil cale, coin
Keil, Splint, Vorstecker cheville
Kennfaden (in einer Leine) fil de marque
Kenterlage, Lage quer zur See chute en travers

Kentermoment, Kippmoment moment de chavirement
kentern, umschlagen, kippen chavirer
Kenterschäkel, Doppelhaken croc à ciseaux
Kenterung chavirage, chavirement
Kern (in Glasharz), Formträger âme
Kern, Seele âme, mêche
Kernmaterial von Kunststoff-Sandwich âme de fibre de verre en sandwich
Ketsch ketch
Ketsch mit Hochtakelung ketch bermudien
ketschgetakelt gréé en ketch
Ketschtakelung gréement de ketch
Kette (Segeltuch), Kettfaden chaîne
Kettenfähre, Seilfähre bac à câble
Kettenglied maille, maillon
Kettenglied, Kettenschäkel maillon de chaîne
Kettenkasten puits à chaîne
Kettenkastenauge, Schlipphaken im Kettenkasten oeil d'étalingure
Kettenklüse écubier de pont
Kettennuß, Kettenmitnehmer barbotin
Kettennuß, Kettenscheibe (auf Winsch oder Spill) barbotin, poupée
Kettenpinne barre à drosses
Kettenrohr, Kettendurchlauf écubier
Kettenspleiß (Tau an Kette) épissure chaîne-cordage
Kettenstich, Knoten im Kettenkasten noeud d'étalingure
Kettenstopper, Leinenklemme stoppeur à vis
Kettenumfang, Spantumfang chaîne
Kettenwirbel émerillon de chaîne
Kettfaden fil de chaîne
Kevlar kevlar
Kiefer, Kiefernholz pin
Kiel, Kielplanke quille
Kielbolzen boulon de quille
Kielboot quillard
Kielerdung (elektr.) mise à la masse sur la quille
Kielflosse, Flossenkiel quille aileron
Kielgang virure de galbord
Kielgeld, Hafengeld droits de mouillage, quillage
kielholen caréner
kielholen zur Bodenreinigung abattre en carène
Kiellinie, Mittschiffslinie ligne de quille
kieloben kentern chavirer, renverser, chavirer quille en l'air
Kielpalle, Kielstapelklotz tin
Kielreling (am Rettungsboot) tringle de quille
Kielschwein carlingue
Kielschwert quille-dérive
Kielschwert, Hubkiel quille relevable
Kielschwertboot voilier à quille-dérive
Kielschwerter mit Ballastschwert dériveur lesté
Kieltank réservoir de quille
Kielwasser, Wellenschlag sillage, houache
Kies, Schotter gravier
Kieselgrund galet
Kieselsteine, Felsbrocken gros galet, grosse pierre
Killen eines Segels fasseyement d'une voile
killen, flappen (eines Segels) fasseyer
Kimm, Kimmknick bouchain
Kimm, natürlicher Horizont, Seehorizont horizon visible, visuel, de la mer
Kimmkiel quille de bouchain
Kimmkieler biquille

Kimmkielschwein carlingue de bouchain
Kimmplanke bordage de bouchain
Kimmrundung bouchain
Kimmtiefe dépression de l'horizon
Kimmweger, Kimmknickleiste serre, lisse de bouchain
Kink (in einer Leine) coque, torsade
kinkenfreie Leine, unvertörnte Leine cordage sans coques, sans torsades
Kinnbackenblock, Fußblock, Klappblock poulie ouvrante
kippbarer Außenbordmotor moteur à bascule
kippen, umschlagen, kentern, umstürzen chavirer
Kipphebel, Wippe culbuteur
Kippvorrichtung (des Außenborders) aide au relevage
Klampe zum Abschleppen taquet permettant le remorquage
Klampe, Belegklampe taquet
Klampe, Klammer, Knebel taquet, serre, crampion, serre-joint
klappbar (mit Scharnier oder Gelenk) articulé
klappbares Ruder safran relevable
Klappbrücke pont à bascule
Klappkoje, Rohrkoje cadre
Klappmast mât à bascule, mât rabattable
Klappmast abnehmen démâter un mât à bascule
Klappmast, Mast im Maststuhl mât à bascule, mât rabattable
Klappstufe am Mast emplanture à bascule, tabernacle
Klapptisch, Kajüttisch mit klappbaren Seitenteilen table rabattable
Klapptisch, zusammenklappbarer Tisch table repliante
Klappventil soupape à clapet
Klappverdeck capote pliante
klar achteraus en route libre derrière
klar Deck, klares Deck pont dégagé
klar voraus en route libre devant
Klar zum Fallen des Ankers!, Klar zum Ankern! Parez à mouiller l'ancre!
klar zum Laufen (einer Leine) clair, prêt à filer
Klar zum Wenden! Parez à virer! Paré à virer!
klar, anständig, angemessen passable
klar, fertig, in Ordnung clair, dégagé
klarer Anker ancre claire
Klarierung (eines Schiffes) (Zoll) déclaration à la douane
Klasse, Bootsklasse série, classe
Klassenboot, Einheitsklassenboot monotype
Klassenflagge (in einer Regatta) pavillon de série
Klassenorganisation association des propriétaires
Klassenregatta compétition par série
Klassenrückruf (Rennen) rappel de série, d'une série
Klassenzeichen (im Segel) emblême de série
Klau gorge, point de mât
Klaue, Maul mâchoire
Klaufall drisse de mât, drisse de gorge
Klauhorn, Klauohr (des Gaffelsegels) point de drisse
Klausel „Zahlung nur im Erfolgsfall" clause «pas de résultat, pas de paiement»
Klebeband, Leukoplast ruban adhésif
klebrig collant
Klebstoff substance adhésive
Kleiden, Bekleiden (von Tauwerk) fourrage

Kleidkeule, Kleedkeule mailloche à fourrer
Kleinanzeige annonce par ligne
kleine Bucht crique, calanque
kleine Handtalje palan à main
kleine Welle vaguelette
kleiner Poller chariot de plage
Kleinfahrzeug petit bâtiment, petite embarcation
Klemme, Stecker raccord
Klemmfassung bride de fixation
Klemmklampe, Schotklemme, Curry-Klemme coinceur à came
Klemmschraube serre-joint
Klinkerbauweise construction à clins
Klinkerbeplankung bordage à clins
Klippe falaise
Klipperbug étrave à guibre
Klipperbug, ausladender Vorsteven étrave de clipper, étrave à guibre
Klüse, Ankerklüse écubier
Klüsendeckel tape d'écubier
Klüsenrohr manchon d'écubier
Klüver foc, voile avant, yankee
Klüverbaum bâton de foc
knallen, schlagen (eines Segels) battre, battre en ralingue
Knarrblock poulie-winch à cliquet
Knarrenschlüssel clé à rochet
Knebel mit Auge und Gabel cardan à oeil et chape
Knebel mit zwei Augen cardan à deux oeils
Knebel, Drehknüppel trésillon
Knebel, Knieverbindung cardan, cabillot, articulation
kneifen, zu hoch am Wind segeln chicaner le vent, serrer le vent de trop près
Kneifklampe, Schotklemme taquet à coincement
Kneifzange, Drahtzange pinces
Knick, Kink (in einer Leine, vor einem Block) portage de poulie
Knickspant bouchain vif
Knickspantboot bateau à bouchains vifs
Knie, Kniestück courbe
Knieholz courbe
Knoten (seemännisch und nautisch) noeud
Knoten abstecken, lösen larguer un noeud
Knoten aufmachen larguer un noeud
Knoten und Steke matelotage
Knoten, Stek noeud, noeud de tournage
Knotenblech gousset
Koch, Smutje cuisinier, ciustot, coq
Kochgehilfe aide-cuisinier
Kochtopf, Schmortopf casserole
Kofferkajüte, Kajüte im Decksaufbau cabine à rouf
Kohlenbürste brosse à dècalaminer
Kohlenstoffaser, Carbonfaser fibre de carbone
Koje für Erwachsene couchette pleine longeur
Koje in der Achterkajüte couchette de cabine arrière
Koje mit Polster couchette matelassée
Koje, Schlafkoje couchette
Kojenbrett, Kojensegel toile à roulis
Kojenpolster coussin de couchette
Kokos coco
Kolben piston, plongeur
Kolbenpumpe, Verdrängerpumpe pompe à piston
Kolbenring segment de piston
Kolbenring, Spaltring anneau fendu, anneau brisé
Kollisions(verhütungs)regeln règlements sur les abordages

Kollisionsgefahr risque d'abordage
Kollisionskurs route de collision
Kombüse cuisine
Komfort unter Deck (der Kajüteinrichtung) confort des emménagement
Kommandobrücke passerelle de commande, passerelle de navigation
Kommen Sie in Rufweite! Venez à portée de voix!
Kommodore (eines Clubs) commodore
Kommodore (Marinedienstgrad) capitaine de vaisseau
Kommodoredoppelstander pavillon de commodore
kommunaler Hafen port public
Kompaßdiopter, Azimutspiegel alidade (à miroir)
Kompaßstrich aire de vent, quart
Kompaß compas
Kompaß kompensieren compenser le compas
Kompaß mit Kehrbild, Deckenkompaß compas renversé, de plafond
Kompaßhaus, Nachthaus habitacle
Kompaßrose rose de compas
Kompaßpeilung relèvement au compas
Kompaßrose mit Frontablesung rose de compas à lecture verticale
Kompaßfehler, Fehlweisung variation du compas
Kompensierung des Kompasses compensation du compas
Kompensierungszertifikat planchette de déviation
Konserven, Dosenproviant conserves en boite
Konsole, Pult console
Konstrukteur architect naval
Konstrukteur, Entwerfer dessinateur, concepteur
Konstruktion, Entwurf conception
Konstruktionsspanten couples de tracé
Konstruktionswasserlinie flottaison prévue, théorique
Konstruktionswasserlinie, KWL, CWL ligne de flottaison
Kontermutter, Sicherungsmutter contre-écrou
Kontroll-Liste liste de contrôle
Kontrollampe (am Instrumentenbrett) lampe témoin
Kontrolle, Überprüfung vérification
kontrollierte Mastbiegung cintrage de mât contrôlé
Kontrollöffnung, Schauloch trappe de visite
konvexe Krümmung des Decks bouge, courbe du bouge
Koordinate coordonnée, droite de hauteur
Kopf (eines Segels) point de drisse
Kopfbrett planche de tête
Kopfhöhe, Deckenhöhe (unter dem Aufbau) pleine hauteur sous rouf
Kopfhörer casque, écouteurs
Kopfkissen oreiller
kopflastig sur le nez, piquant du nez
Kopfplatte, Kopfbrett têtière, planchette de tête
Kopfschlag, Törn um einen Poller tour de bitte
Koppelkurs über Grund (KüGk) route estimé (sur le fond), route combinée (sur le fond)
Koppeln estime
Koppeln (eines Kurses) traçage de la route
Koppelnavigation navigation à l'estime
Koppelort, Loggeort (Ol, Ok) point estimé

Koppeltabelle, Gradtafel table de point
Koppeltafel, Grad- und Strichtafel table de point
Koralle corail
Koralleninsel caye
Kork liège
Korken, Stöpsel bouchon
Korkenzieher tire-bouchon
Körner (Werkzeug) pointeau
Korrektor (eines Kompasses) compensateur
korrespondierende Höhen hauteurs égales
korrodieren, rosten se corroder
Korrosion, Rostbildung corrosion
Korrosionswirkung corrosivité
korrosiv, ätzend corrosif, corrodant
Korvette corvette
Kosten frais
kostenfrei sans frais
kostenlos gratuit
kostenlose Anzeige annonce gratuite
Kraft, Leistungsfähigkeit puissance
kräftig Lose geben choquer en grand
Kraftstoff, Treibstoff fioul, carburant, fuel
Kraftstoffkanister jerrican fuel, nourrice, bidon, jerricane
Kraftstoffpumpe pompe d'alimentation
Kraftstofftrichter entonnoir fuel
Kraftstoffuhr jauge de carburant
Kraftstoffverbrauch consommation de carburant
Kraftstoffverbrauch pro Stunde consommation horaire de carburant
Kraftstoffverbrauchsmessung calibrage du carburant
Kraftstoffvorrat contenance de fioul
Kraftwirkung action d'une force
Krähennest nid de pie
Kran grue
Kranausleger flèche de grue
Kranführer grutier
Krangebühr, Krangeld droit de grue
Krangebühren frais de grutage
Krangeld grutage
krängen, überliegen gîter
Krängungsfaktor composante de gîte
Krängungsfehler erreur due à la bande
Krängungsmesser clinomètre
Krängungspendel, Neigungsmesser inclinomètre
Krängungswinkel angle de gîte
Kräuselung, kleine Wellen ride
Kraut, Verkrautung joncs, herbes marines
Krebs (Tierkreiszeichen) Cancer
Kreisel rotor
Kreiselkompaß compas gyroscopique
Kreiselpumpe pompe centrifuge
Kreisstandlinie, Kreisstandhöhe cercle de position
Kreuzbramsegel perruche
kreuzen tirer des bords, louvoyer
kreuzen abseits üblicher Wege faire des sauts de puce, cabotiller
Kreuzen vor dem Wind virement de bord au portant
kreuzen, aufkreuzen tirer des bords
Kreuzen, Kreuzkurs louvoyage, au louvoyage
Kreuzfahrer, Fahrtensegler croiseur
Kreuzfahrt mit einer Yacht croisière en yacht
Kreuzfahrt, Seereise, Fahrt über See croisière
Kreuzknoten noeud plat
Kreuzkurs bord de louvoyage au près, au plus près

Kreuzpeilung relèvement croisé
Kreuzpoller bitte en croix
Kreuzschlag, Amwindstrecke bordée, bord
Kreuzschlag, Kurs auf einer Dreiecksbahn côté (du triangle)
Kreuzsee mer croisée
Kreuztonne bouée de jonction
Kreuzzurring amarrage en portugaise
Kriegseinwirkung acte de guerre
Kriegsgefahr risque de guerre
Kriegshafen port de guerre
Kriegsmarine, Flotte Marine Nationale
Krimpen (des wahren Windes) recul
krimpen, rückdrehen (des wahren Windes) reculer, haler
Kronenmutter écrou crénelé
krümmen (eines Bootes) wie ein Katzenrücken prendre de l'arc
Krümmung, Verwerfung déformation, gauchissement
Kubikfuß (0,028 m^3) pied cube
Kugelgelenk, Drehgelenk joint à rotule
Kugellager roulement à billes
Kugeltonne bouée sphérique, disque
Kühlbox mit Öffnung oben glacière ouvrant par le haut
Kühlbox, Eisschrank glacière
Kühler, Kühleinrichtung (des Motors) refroidisseur, radiateur
Kühlmittel réfrigérant
Kühlschrank réfrigérateur
Kühlschrank mit Seitentür frigidaire ouvrant sur le coté
Kühlsystem système de refroidissement
künstlicher Horizont horizon artificiel
Kunststoffboot bateau en plastique, en fibre de verre
Kupfer cuivre
Kupferdraht fil de cuivre
Kuppel coupole
Kurbel manivelle
Kurbelbohrer mit Bohreinsätzen vilebrequin et mèches
Kurbelgehäuse carter
Kurbelwelle arbre manivelle, vilebrequin
Kurs absetzen (durch Einzeichnen in die Seekarte) tracer une route
Kurs ändern changer de cap, changer de route
Kurs durchs Wasser ((KdW) route au compas
Kurs eines Schiffes kreuzen croiser un navire
Kurs halten tenir la route
Kurs halten auf eine Bahnmarke faire route vers une marque
Kurs halten, Weg erreichen tenir la route
Kurs platt vor dem Wind vent droit derrière
Kurs über Grund (KüG) route sur le fond
Kurs über Grund, wahrer Kurs route vraie, route sur le fond
Kurs zeichnen tracer la route
Kurs zum Wind allure
Kurs, Weg, Lauf cap, route
Kursänderung changement de route, changement de cap
Kurslinie (in der Karte eingezeichneter geplanter Weg) route projetée
Kursschreiber, Kurszeichengerät traceur de route
Kurssignal signal de parcours
kurze Schläge zu einer Marke machen courir des petits bords jusqu'à une marque

kurze Trompete, Verkürzungsstek gueule de raie
kurzer Schlag petit bord
kurzer Ton son bref
kurzes Pfeifensignal coup bref
kürzeste Entfernung distance la plus courte
Kurzschluß court-circuit
Kurzspleiß épissure courte, épissure carrée
kurzstag hieven virer à pic
Kurzwelle (Funk) onde courte
Küste, Strand, Ufer rivage
Küstendampfer, Kümo vapeur de cabotage
küsteneinwärts, unter Land près de la côte
Küstenfahrt, kleine Fahrt cabotage
Küstenfunkstelle station côtière
Küstenkreuzer, kleine Rennyacht voilier de course-promenade
Küstenlinie contour de la côte
Küstenlinie, Meeresküste littoral
Küstenmerkmale physionomie de la côte
Küstennavigation cabotage, navigation côtière
Küstenschiffahrtsweg zone de navigation côtière
Küstenvorfeld eaux abritées
Küstenwachstation poste de garde côtière
Küstenwacht garde côtière
Kutter (mit zwei Vorsegeln) cotre
Kutter mit Gaffeltakelung cotre franc, aurique
Kutter mit Hochtakelung cotre en tête de mât
Kutterrigg gréement de cotre
Kutteryacht chalutier de plaisance
KWL, CWL (Abk. für Konstruktionswasserlinie) flottaison en charge

L

Ladehafenbecken embarcadère
Ladewasserlinie flottaison en charge
Lager, Lagerung, Wellenlager palier
Lager, Speicher magasin, entrepôt
Lagerverwalter magasinier
Lagune lagune
laminare Strömung écoulement laminaire
laminieren laminer
Lampenhalterung mit Bajonettverschluß douille à baïonnette
Land an Steuerbord! Terre par tribord!
Land ansteuern mit Koppelkurs atterrir à l'estime
land(ein)wärts côté terre
landen, anlegen atterrir
Landenge isthme
Landfall atterrissage
Landfall machen faire un atterrissage, atterrir
Landfall nach gegißtem Besteck atterrissage à l'estime
Landgangstreppe, Fallreepstreppe échelle de coupée
Landliegeplatz (in der Saison), Bootsparkplatz parc à dériveurs
Landmarke amer
Landratte éléphant, terrien
Landspitze pointe de terre
landumschlossen entouré de terre
Landungsbrücke, senkrecht zum Ufer estacade
Landwind vent de terre, brise de terre
Landzunge, Landspitze pointe de terre
Länge der Schwimmwasserlinie longueur de la ligne de flottaison
Länge in der Wasserlinie longueur à la flottaison
Länge über alles (Lüa) longueur hors-tout, LHT
langen Pull hieven haler un grand coup
langer (Signal) Ton coup long
langer Blink éclat long
langer Kiel quille longue
langer Kreuzschlag, langer Schlag longue traite
langer Morsestrich trait long
langer Schlag, auf Amwindkurs long bord au près, long bord au plus près
langer Schlag, Streckbug long bord
langer Ton, langes Sirenensignal son prolongé
langfristige Wettervorhersage prévision à longue échéance
Langkiel(er) quille longue
Langsam zurück! En arrière doucement!
Langsam! Doucement!
Langschaft (eines Außenborders) arbre long
Längsdruck, Schub poussée
Langspleiß épissure longue
Längsschiffskoje couchette longitudinale
Längsschiffssitz(bank) banquette longitudinale
Längsschott cloison longitudinale
längsseits festmachen amarrer à couple
längsseits kommen venir à couple, venir bord à bord
längsseits liegen être à couple

längsseits schleppen remorquer à couple
längsseits, Bord an Bord à couple, le long du bord, côte à côte
Langwelle (Funk) onde longue
Langwimpel, Wimpel, Windfaden penon
Langzeitsegler, Aussteiger les gens, qui vivent à bord
laschen, verlaschen écarver
Laschenschnitt (eines Segels) coupe diagonale
Laschenverbindung, Verlaschung joint à écart, assemblage à écart
Laschung, Holzverbindung écart
Lastkahn chaland
Lastkahn mit Eigenantrieb chaland autonome
Lateinrah, Rute antenne
Lateinsegel voile latine
Lateralschwerpunkt centre de dérive
Lateralsystem système latéral
Laterne fanal
Latte, Segellatte latte
Lattentasche gousset, étui, gaine de latte
laufen, auslaufen, schießen lassen larguer
laufen, segeln, fahren naviguer, courir, faire route
Laufen, Treiben vor dem Sturm fuite, allure de fuite
laufen, vor dem Wind segeln fuir
laufende Part courant
laufender Palstek noeud de lagui
laufendes Gut gréement courant
Läufer, Leine einer Talje garant
Laufgang (über Seitendeck) passavant
Laufgang, Betriebsgang coursive
Laufplanke, „Katzensteg" passerelle, petite passerelle
Laufplanke, Gangway, Stelling passerelle, passerelle de débarquement
Laufrad, Impeller roue à aube, roue motrice
Laufrolle, Rolle avale-tout
Lauftau manoeuvre volante
Lautsprecher haut-parleur
Laß laufen! Larguez! Laissez filer! Laissez courir!
Leck stopfen aveugler une voie d'eau
Leck über der Wasserlinie fuite d'eau
Leck unter der Wasserlinie voie d'eau
leck, undicht non étanche, faisant eau
Leckage coulage
lecken, leckspringen faire eau
Leckschraube, Ablaßschraube, Ablaßhahn vis de vidange, robinet de purge
Leder cuir
Leebrett (an der Koje) planche à roulis
Leebug (Strom gegen die Leeseite) épaulement du courant
leegierig barre molle
leegierig sein être mou à la barre, avoir une barre molle
Leeküste côte sous le vent
Leemarke marque sous le vent
leer vide
Leereling unter Wasser lisse (sous le vent) dans l'eau
Leesegel (an der Koje) toile à roulis
Leesegel (auf einem Rahsegler) bonnette
Leeseite côté sous le vent
Leespinnaker, Big Boy big boy
leewärtig, in Lee sous le vent
leewärtige Bahnmarke marque sous le vent
leewärts sous le vent

leewärts absacken, vom Wind abfallen tomber sous le vent
leewärts, in Lee, nach Lee sous le vent
Legel, Lögel patte, patte à cosse
Legierung alliage
Lehm, Ton argile, glaise
Lehmgrund fond d'argile
Lehnstuhlsegler, Theoretiker marin de salon
leicht auf dem Ruder doux à la barre, facile à barrer
leicht bewegte See (Seeg. 3) mer peu agitée
leichte Brise (Bft 2) léger, vent force 2
leichte Handhabung maniabilité
leichter Luftstoß, Windstoß bouffée de vent
Leichtwasserlinie flottaison légère
Leichtwetter, leiser Zug air léger, vent léger, brise léger
Leichtwetter-Spinnaker spi léger
Leichtwetterfock foc de petit temps
Leichtwettergenua génois de petit temps
Leichtwindspinnaker floater
Leim, Klebstoff colle
Leine abrollen, eine Leine abwickeln délover un cordage
Leine an einer Klampe belegen tourner au taquet
Leine aufknoten démarrer un cordage
Leine belegen tourner une manoeuvre
Leine in Gegenrichtung legen tourner bout-par-bout
Leine in S-Richtung verseilt, links-geschlagen cordage commis à gauge
Leine in Schneckenform flach an Deck auslegen lover en galette
Leine klarieren, zum Einsatz klarmachen dégager un filin
Leine losmachen démarrer un cordage
Leine nachschleppen traîner une aussière
Leine schricken choquer en grand
Leinen los! Larguez les amarres!
Leinenverbindung eines Bootes lösen démarrer un bateau
Leinöl, Leinölfirniß huile de lin
Leinpfad, Treidelweg chemin de halage
leiser Zug (Bft 1) très léger, vent force 1
Leistung (eines Gerätes) performance
Leistung, Kraft puissance
Leistungsverbesserung, Vorsprung, Nutzen gain de puissance
Leistungsvermögen (z. B. einer Pumpe) capacité, débit
Leiter échelle
Leitfeuer feu directionnel, feu de direction
Leitkopfruder safran monté sur aileron
Leitstrahlsektor zone d'égale amplitude
Leitung conduite, conduit
Leitungsnetz câblage, filerie
Leitungswasser, Trinkwasser eau du robinet
Leitwagen barre d'écoute
Leitwinkel (der Schot) angle de tire
lenzen (vor dem Sturm) fuir
Lenzen in (vor) achterlicher See en fuite par mer arrière
lenzen, auspumpen, entleeren (einen Bordtank) vidanger
Lenzer (wasserschöpfendes Crewmitglied) écopeur
Leuchtbake balise lumineuse
Leuchtfeuergeld droits de phare
Leuchtfeuerkennung, Kennung feux catégories et caractéristiques

Leuchtfeuerverzeichnis livre des feux
Leuchtkugel, Feuersignal fusée
Leuchtpistole pistolet lance-fusée
Leuchtpistole als Taschenstift stylo lance-fusée
Leuchtsignalpistole lance-fusée Very
Leuchttonne bouée lumineuse
Leuchtturm (Lcht-Tm.) phare
Leuchtweite, Tragweite eines Leuchtfeuers portée lumineuse
Lichtstrahl, Ausstrahlung eines Leuchtfeuers faisceau de phare
Liegegeld frais de surestaries
Liegegeld, Hafengeld droits de quai, quaiage
Liegen mit Bug zur Pier und Heckanker mouillage avant, nez à quai
Liegen mit Bug zur Pier und Heckanker mouillage nez, avant à quai
Liegen mit Heck zur Pier und Buganker mouillage arrière à quai
liegenbleiben wegen Kraftstoffmangels tomber en panne sèche
Liegeplatz (am Steg, Kai) poste d'amarrage
Liegeplatz an einer Muring poste de mouillage
Liegeplatz an einer Muringboje mouillage sur bouée, mouillage de corps-mort
Liegeplatz, Anlegeplatz poste à quai, poste d'amarrage
Liegeplatzgebühren, Hafengeld quaiage, frais de quaiage
lieken, einlieken ralinguer
Liekgarn fil à ralinguer
Liektau ralingue
Limbus limbe
Linie der Tag- und Nachtgleiche équateur céleste
Linie gleicher Mißweisung ligne isogone
Linie gleicher Temperatur isotherme
Linie übersegeln franchir la ligne, couper la ligne
Linienschiff, Routenschiff paquebot de ligne
linksdrehend, linksgängig antihoraire
linksgeschlagen, in S-Richtung verseilt commis à gauche
linksgeschlagenes Garn filet à pas à gauche
Lippe, Führung, Verholklampe filoir
Lippklampe mit zwei Rollen chaumard à rouleau
Litze lacet
Litze, Tauwerkstrang toron
Locheisen zur Ösenfertigung matrice à oeilletons
Löffel cuiller
Löffelbug étrave en cuiller
Log (für Fahrt und Distanz) loch
Logbuch, Schiffstagebuch journal de bord
Logbuch-Auszug extrait du journal de bord
loggen, die Fahrt messen mesurer la vitesse au loch
Logglas sablier de loch
Logleine ligne de loch
Logscheit bateau de loch
losarbeiten (sich) prendre du jeu
lose lâche, mou
Lose durchholen embraquer le mou, prendre le mou
lose geben, langsam fieren, Druck wegnehmen choquer, mollir, larguer, donner du mou à
loses Unterliek bordure libre

losmachen, loslaschen défrapper, déssaisir
loswerfen, losmachen larguer
Lot sonde
loten jeter la sonde, sonder
Loten, Peilen (mit Lot) sondage
Lotkörper saumon, gueuse de plomb
Lotleine ligne de sonde
Lotse pilote
lotsen piloter
Lotsen, Navigation nach Sicht pilotage
Lotsenfahrzeug bateau-pilote
Lotsenflagge pavillon-pilote
Lotsenkoje couchette de navigateur
Lotsenleiter, Jakobsleiter échelle de pilote
Lotstandlinie ligne de sonde
Lotung sondage
Lotungen ausrufen, Lotungen „aussingen“ chanter la sonde
Loxodrome loxodromie
loxodromische Navigation navigation loxodromique
LP-Maß (Abkürzung für Luff-Perpendicular) largeur maximum des focs
Lüa, Länge über alles LHT, longueur hors-tout
Lücke, Spalte écartement
Luftabzug prise d'air
luftdicht, luftundurchlässig hermétique
Luftdruck pression atmosphérique
Lufteinlaß prise d'air
Lüfter dorade, manche à air
Lüfter, Lüftungsgebläse ventilateur
Lüfter, Ventilator aérateur, ventilateur, manche à air, éventail
Lüftersüll hiloire de manche à air
Luftfahrtfeuer feu aéronautique
Luftkanal conduit de ventilation
Luftkissenfahrzeug aéroglisseur
Luftmasse masse d'air
Luftpumpe, Blasebalg pompe à soufflet
Luftwirbel, Wirbel tourbillon
Luggersegel voile au tiers
Luggertakelung gréement au tiers
Luk écoutille
Luken verschalken condamner les panneaux
Lukendeckel capot, panneau d'écoutille
Lukengräting panneau à claire-voie
Lukenöffnung écoutille
Lukenquersüll surbau d'écoutille
Lukensüll hiloire d'écoutille
Lümmel, Hakenbeschlag am Baum vit de mulet de bôme
Luv gewinnen gagner au vent
Luv halten, möglichst hoch am Wind tenir le plus près
Luvanker ancre au vent
luven über einen Amwindkurs hinaus lofer au delà du près serré
luven, anluven lofer
Luven, Anluven (eines Bootes) auloffée
luven, segeln über einen Amwindkurs hinaus lofer au delà du près, du plus près
luvgierig sein être ardent à la barre, avoir une barre ardente
luvgierig, stark luvgierig sein être très ardent
Luvgierigkeit ardence, barre ardente
Luvgierigkeit, starke Luvgierigkeit (eines Bootes) très ardent
Luvküste côte au vent
Luvliek guindant, envergure
Luvliektau ralingue de guindant
Luvmarke (Rennen) marque au vent

Luvschot contre-écoute, écoute au vent
Luvseite bord au vent
Luvtide marée portant au vent
luvwärtige Bahnmarke marque au vent
luvwärts au vent
luvwärts krängen gîter à contre
luvwärts querab par le travers du vent
luvwärts von au vent de
luvwärts, nach Luv au loin, au vent, au côte du vent
LWL (Abk. für Länge in der (Schwimm-)Wasserlinie) longueur à la flottaison

M

Magnet, Magnetstab aimant
Magnetkompaßkurs (Istkurs) cap compas
Magnetkompaßablenkung (Abl), Magnetkompaßdeviation (Abl) déviation
Magnetkompaßfehlweisung (MgFw) indication erronée du compas, variation
Magnetkompaß-Nord (MgN) Nord compas (Nc)
Magnetkompaßpeilung (MgP) relèvement au compas
Magnetkompaßkurs (Sollkurs) (MgK) route compas
Mahagoni-Holz acajou
mallende, unstetige, umspringende Winde brises folles
Mallungen, Kalmengürtel pot-au-noir, zone des calmes équatoriaux
mangelhaft durch schlechte Verarbeitung défectueux par défaut de fabrication
Manila manille, abaca
Manila-Hanf manille, chanvre de manille
Manila-Tauwerk cordage de manille
Mann über Bord! Homme à la mer!
Mann-über-Bord-Schwimmflagge perche d'homme à la mer, perche IOR
Mannloch trou d'homme
Mannschaftsraum, Logis poste d'équipage
Mannschaftsregatta course d'équipe, course par équipe
Manntau, Strecktau, Greifleine ligne de vie
Manometer jauge de pression
Manöver mit begrenztem Raum manoeuvres rapprochées

manövrierbehindertes Fahrzeug navire à capacité de manoeuvre réduite
manövrierunfähig pas maître de sa manoeuvre
manovrierunfähiges Fahrzeug navire qui n'est pas maître de sa manoeuvre
Manschette, Muffe poignet
Marineleim, Vergußmasse, Decksverguß glu marine
Markenname (eines Produktes) nom de la marque
Markierungsboje bouée de veille
Marlleine merlin
Marlleine beim Bindereff hânet de ris
Marlschlag noeud de bosse
Marlspieker épissoir
Marlspieker aus Holz, Fid épissoir
Marlspieker, Ahle poinçon
Marlspiekerknoten, Marlspiekerschlag noeud de trésillon
Mars hune
Marsch, Vorland marais
Marssegel hunier
Maschinenfahrzeug navire à propulsion mécanique
Maschinenfahrzeug in Fahrt navire à propulsion mécanique faisant route
Maschinenfahrzeug, Motorfahrzeug embarcation à moteur
Maschinenschraube vis à métaux
massige See, schwere See mer grosse, mer clapoteuse
Mast mât
Mast abnehmen, entmasten démâter
Mast abstagen étayer un mât
Mast abtakeln dégréer le mât
Mast biegen cintrer le mât
Mast erden mettre le mât à la masse
Mast krümmen, biegen cintrer un mât
Mast querab! Mât par le travers!
Mast setzen mâter
Mastbacken jottereaux, capelage
Mastbacken aus Holz jumelles (de mât)
Mastbacken aus Metall flasques (de mât)
Mastbiegung cintrage du mât
Mastbruch, Mastverlust démâtage
Mastfall quête, inclinaison
Mastfall nach achtern quête
Mastfall, Mastneigung quête du mât
Mastfischung étambrai
Mastfuß pied de mât
Mastkeil cale d'étambrai, coin d'étambrai
Mastkoker emplanture
Mastkragen braie, jupe d'étambrai, bourrelet d'étambrai
Mastkurve arceau de mâtage
Mastleiter, am Fall geheißt échelle de mât gréé sur drisse
Mastlicht feu de mât
Mastlicht, weiß feu blanc de mât
Mastloch étambrai
Mastnut, Mastschlitz engoujure, gorge de mât
Mastring (beim Gaffelrigg) cercle de mât
Mastschiene chemin de fer de mât, rail de mât
Mastspitze, Mastknopf pomme de mât
Mastspur emplanture
Mastspurhaltebolzen verrou d'emplanture
Maststuhl, Mastkoker tabernacle de mât
Masttopp, Topp tête de mât
Masttoppbeschlag ferrure de tête de mât
Maßangabe in Yards (Meter) mètrage
Maßstab, Meßgerät jauge

mäßig bewegte See (Seeg. 4) mer agitée
mäßige Brise (Bft 4) modéré, vent force 4
mäßige Sicht (Stgr. 6) visibilité moyenne
mäßiger Nebel (Stgr. 2) brouillard
Materialstärke, Profil échantillonnage
Matratze matelas
Matratzenbezug houssage des matelas
Matrosenlogis, Unterkünfte der Crew postes de l'équipage
Matte, Glasseidenmatte paillette, natte, mat
Mayday relay! Mayday relay!
Mayday! Mayday!
Meerenge, enge Durchfahrt, schmale Fahrrinne passe, goulet
Meeresgrund, Seegrund fond de la mer
Meerstrudel, Wasserwirbel tourbillon, remous
Megaphon, Sprachrohr mégaphone, porte-voix
Meilenzähler loch totalisateur, loch enregistreur
Meißel ciseau à bois
Membranpumpe pompe à diaphragme
Mercatorprojektion projection de Mercator
Mercatorsegeln, loxodromisches Segeln navigation loxodromique
Mercatorsegeln, Segeln nach vergrößerter Breite navigation loxodromique
Meridian méridien
Meridiandurchgang passage méridien
Messer couteau
Messerbändsel amarre de couteau
Messing, Gelbmetall laiton, cuivre jaune
Messingdraht fil de laiton
Metall métal
Metalldübel goujon
Metallsäge scie à métaux
metazentrisch métacentrique
Metazentrum métacentre
metrische Tonne tonne métrique
Meßbrief (für Einheitsklassen) certificat de conformité
Meßbrief (für Rennyacht) certificat de jauge
Meßmarke, Umfangsmarke station de chaîne
miefige, ungelüftete Kajüte cabine mal aérée, cabine mal ventilée
Mini-Seekreuzer croiseur de poche
Minute, Bogenminute minute d'arc
Minute, Zeitminute minute de temps
Mischfeuer: Festfeuer mit Blitzen (Mi.) feu fixe avec éclats
mißweisend magnétique
mißweisend Nord (mwN) Nord magnétique (Nm)
mißweisende Peilung (mwP) relèvement magnétique
mißweisender Kurs (mwK) route magnétique
Mißweisung (Mw) déclinaison (magnétique)
Mißweisungsrose (in der Seekarte) rose de compas (avec cercle extérieur et intérieur)
mit Auge à oeil
mit Dwarswind segeln, mit halbem Wind segeln courir vent de travers
mit einem Band umwickeln enrubanner
mit guter Seemannschaft selon les bons usages maritimes
mit Kosten avec frais payable

mit Leebug im Strom segeln épauler du courant
mit Rahen getakelt gréé carré
mit raum-achterlichem Wind segeln courir grand largue
mit raum-seitlichem Wind segeln courir vent de travers
mit raum-vorlichem Wind segeln courir petit largue
mit raumem Wind segeln courir au largue, courir vent arrière
mit schlagenden Segeln, im Wind liegend debout au vent
mit Steuerbordhalsen, auf Backbordbug segeln courir, faire route tribord amure
mit Transistoren ausgerüstet transistorisé, à circuit intégré
mit Windstärke 4 par vent force 4
Miteigner copropriétaire
Mitglied (in einem Yachtclub) membre en règle
Mitglieder eines Clubs (Gesamtheit) les membres, les sociétaires
Mitgliedsbeitrag cotisation
Mitgliedschaft adhésion d'un membre, effectif des membres
Mitgliedschaft effectif des membres, adhésion d'un membre
Mitgliedskarte carte de membre
Mitkoppeln auf der Karte traçage sur la carte
Mitkoppeln von Kursen traçage
Mitsegler équipier
Mitsegler für Vordecksarbeiten équipier de pont avant
Mitsegler, erfahren und seefest yachtman chevronné
Mitseglerin équipière
Mittagsbesteck point de midi
Mittagshöhe, Meridianhöhe hauteur méridienne
Mittagsstandort point à midi
Mitte Schiff, Mittschiffslinie ligne de quille
mittelhohe Wolken nuage moyen
Mittelkielschwein carlingue centrale
Mittellängsschott cloison axiale
Mittellinie, Mittschiffslinie ligne de quille, axe longitudinal
Mittelplicht cockpit central
Mittelschot(führung) point d'écoute à mi-bôme
Mittelwasser mi-marée
mittlere Meereshöhe, Normalnull niveau moyen
mittlerer Nipptidenstieg amplitude moyenne en morte eau
mittlerer Springtidenstieg amplitude moyenne en vive eau
mittleres Hochwasser pleine mer moyenne
mittschiffs milieu, au milieu, du milieu
mittschiffs, in Kielrichtung, in der Mitte des Schiffes au milieu
Mittschiffsfestmacher traversier du milieu
Mole môle
Molenkopf musoir
Mondumlauf, Mondmonat lunaison
Monstersee, Riesenwelle lame monstrueuse
Monsun mousson
Morgendämmerung aube, aurore
Morsealphabet code Morse
Morsefeuer feu à signes morse
Morsefeuer, Buchstabe K (Mo. [K]) feu morse (lettre K)
Morselaterne lampe Scott

Morsestrich, Strich trait
Motor moteur
Motor anlassen mettre en marche
Motor auskuppeln débrayer
Motor einkuppeln embrayer
Motor, Maschine moteur, machine
Motorbarkasse canot automobile
Motorbefestigung an einem Beiboot support de hors-bord de youyou
Motorbeiboot canot à moteur
Motorboot vedette, bateau à moteur
Motorboot (mit Innenborder) canot automobile
Motorbootfahrer motonautiste
Motorbootsport motonautisme
motoren, mit Motor fahren naviguer au moteur, marcher au moteur
Motorenfundament carlingue de moteur
Motorenraum chambre du moteur
Motorenunterbau carlingage du moteur
Motorhaube (Außenbordmotoren) capot du moteur
Motorkahn chaland à moteur
Motorkajütboot vedette habitable, vedette de croisière
Motorkreuzer vedette habitable, vedette de croisière
Motorkreuzer mit Einbaumotor vedette à moteur fixe
Motorkreuzer mit Hilfsbesegelung moteur auxiliaire de voilier
Motorkurbel manivelle de moteur
Motorpumpe pompe mécanique
Motorsegler bateau mixte, motor-sailer
Motorsegler (halb und halb) voilier-vedette, cinquante-cinquante
Motorsegler, 50 : 50 voilier mixte, cinquante-cinquante
Motorwartung revision de moteurs de bateaux
Motoryacht yacht à moteur
Möwe goéland
Mülleimer, Papierkorb poubelle
Multiknickspant à bouchain vif multiple
Mundnebelhorn corne de brume
Muring, Ankerplatz mouillage
Muringleine aufnehmen prendre un mouillage
Muringschäkel émerillon d'affourche
Musing, Bändselung aiguillettage
Muskeule maillet à épisser
Mutter, Schraubenmutter écrou
Mylar mylar
Mylar-Sandwich (-Segel) temperkote

N

N über C (Notsignal in Flaggen) N au-dessus de C

nach auswärts bestimmt, auf der Ausreise sur le chemin de l'aller

nach Backbord à bâbord

nach Backbord drehen venir à bâbord

nach innen, nach mittschiffs vers le milieu, en dedans

nach Kundenwunsch gefertigt fait à l'unité, fait sur mesure

nach Lee sous le vent

nach Luv kentern chavirer à contre

nach Steuerbord à tribord

nach Steuerbord drehen venir à tribord

nachlassen, abflauen diminuer de force, tomber, accalmir

Nachmittag après-midi

Nachmittagswache quart de midi à quatre heures

Nachnahme, Zahlung bei Lieferung paiement à la livraison

Nachricht telegraphieren câbler, télégraphier un message

Nachrichten für Seefahrer avis aux navigateurs

nachschleppen, (längsseits) mitschleifen traîner

nachschleppen, schleifen, dreggen chasser

Nachstromziffer coefficient de sillage

Nachtwache quart de nuit

nackter Rumpf coque nue

Nadellager roulement à aiguilles

Nadelventil valve à pointeau

Nagel clou

Nagelbank ratelier de tournage, ratelier de mât

Nagelbohrer poinçon

Nähen im Fischgrätenstil videlle

Nahrungsmittel victuals

Naht, Ritze, Fuge couture

Nahtspantenbauweise construction à lisse couvre-joint

Namensschild am Heck eines Schiffes écusson

Namensverzeichnis liste nominative

Nationale Einheitsklasse monotype de série nationale

Nationalflagge couleurs, pavillon national, pavillon

Nationalflagge niederholen rentrer les couleurs

Nationalflagge setzen hisser les couleurs

Nationalitätenkennzeichen (im Segel) lettre de nationalité

Nautiker, Seemann marin, marin de profession

nautisch, seemännisch nautique

nautische Astronomie navigation astronomique

nautische Meile, Seemeile mille marin, mille nautique

nautischer Fachausdruck terme maritime, terme de marin

Nautisches Jahrbuch éphémérides nautiques

nautisches Lexikon lexique nautique, lexique maritime

Navigation nach Lotung navigation à la sonde

Navigation, Orientierung, Steuermannskunst navigation

Navigationsfehler faute nautique
Navigationshilfsmittel
aide à la navigation
Navigator, erfahren und seefest
navigateur chevronné
Navigator, Steuermann, Navigationsoffizier navigateur
navigieren, segeln, steuern naviguer
Naßthermometer
thermomètre mouillée
Naßschleifpapier enduit à poncer
Nebel (meteorologisch) brouillard
Nebel, Dunst, Nieselregen brumasse
Nebelhorn corne de brume
nebelig, trübe brumeux
Nebelnässen brouillard d'évaporation
Nebelsignalanlage (luft- oder wasserbetätigt) nautophone
Nebelsignale signaux de brume
Nebelsuchfeuer, Sichtweitenmeßgerät
feu détecteur de brume
nebeneinander angeordnete Motor-instrumente commande moteur montée sur colonne
Nebenmeridianbreite
latitude circumméridienne
Nebenmeridianhöhe
hauteur circumméridienne
Nebenwassergang, Innenwassergang
serre-gouttière
neblig, dunstig brumassant
Neerstrom contre-courant
negativer Spiegel, einfallender Spiegel
tableau inversé
negativer Sprung tonture inversée
Nehrung, Landzunge épi (naturel)
Neigung, Schräglage
inclinaison, bascule
Nennleistung puissance nominale
Nenntragweite (eines Feuers)
portée nominale
Neoprenanzug
combinaison de plongée
Netto-Registertonne, NRT
tonnage net officiel
Netto-Tonnengehalt
tonnage net, jauge nette
Netto-Vermessung, Netto-Tonnengehalt
jauge nette, tonnage net
Netz, Netzwerk filet
Neu für Alt (im Versicherungswesen)
différence du neuf au vieux
Neuausrüstung réarmement
neues Boot bateau neuf
Neufundlandbänke
Bancs de Terreneuve
nicht mittiger Einbau, außermittiger Einbau installation décentrée, décalée
Nickel nickel
Nieder das Ruder! (Pinne nach Lee!)
Barre dessous!
Niedergang descente
Niedergangskappe
panneau, capot de rouf
Niedergangsluke
écoutille de descente
Niedergangslukendeckel
capot, panneau de rouf
Niedergangsschiebekappe
panneau, capot coulissant de rouf
Niedergangsstufen
marches de la descente
niederholen peser, peser sur
Niederholer halebas
Niederschlag (atmosphärisch)
précipitations
Niederschlag bis zur Kenterlage
renversement, knockdown
niedrige Tourenzahl, bei niedriger Tourenzahl à bas régime
niedrige Wolken nuage inférieur

niedrigeres Hochwasser pleine mer inférieur
niedrigstes Niedrigwasser niveau des plus basses mers
Niedrigwasser marée basse, basses eaux
Niedrigwasser(stand) marée basse
Niedrigwasserlinie, Ebbemarke laisse de basse mer
Nieseln bruine
nieseln bruiner
Nieselregen crachin, bruine, boucaille
Niet, Niete rivet
nieten, vernieten river, riveter
Nimbostratus, Regenschichtwolke nimbo-stratus
Nimbuswolke, Regenwolke nimbus
Nippel raccord
Nippniedrigwasser basse mer de morte eau
Nipptide morte eau, marée de quadrature
Nipptidenhub amplitude en morte eau
Nockenwelle, Steuerwelle arbre à came
Nonius vernier
Nord(en) Nord
Nordatlantikströmung courant de l'Atlantique Nord
nördlicher Wind vent du nord
Nordlicht aurores boréales
Nordpol pôle Nord
Nordstern, Polarstern étoile polaire
Nordwest-Passage passage du nord-ouest
Nordweststurm coup de noroît
Normalnull zéro des marées
Notanker, Behelfsanker ancre de fortune
Nothafen port de relâche, port de refuge
Notlage, Notfall auf See urgence en mer
Notmast mât de fortune
Notpinne barre (franche) de secours
Notrigg errichten gréer un mât de fortune
Notruder gouvernail de fortune
Notruf, Mayday-Ruf appel de détresse
Notsender émetteur de secours
Nottakelung gréement de fortune
Nullachse, Nullinie ligne de foi
Nulleinstellung, Nullpunkteinstellung réglage du zéro
Nullmarke, Nullstrich marque zéro
Nullstellung zéro
Nüstergatt, Wasserlaufloch in Bodenwrange anguiller
Nutzeffekt (eines Gerätes) rendement
Nutzfahrzeug, Gebrauchsboot embarcation de servitude, embarcation de service
Nutzlast charge utile
Nutzleistung puissance active
Nylon, Perlon nylon

O

oben, über Kopf, darüber au plafond (du rouf)
Oberbramsegel perroquet volant
obere Koje couchette supérieur
Oberfeuer (hinteres Feuer) feu amont, feu postérieur
Oberfläche beschädigen abîmer une surface
Oberflächenwind vent au sol
oberhalb au-dessus
Oberlicht claire-voie
Oberlichtsüll hiloire de claire-voie
Obermarssegel hunier volant
Oberwant, Toppwant galhauban
offen, offenes Boot, nicht eingedeckt non ponté
offene Klampe taquet ouvert
offene Reede rade foraine
offene See pleine mer, large
offener Ankerplatz mouillage forain
offener Liegeplatz mouillage forain
offenes Boot für Tagesfahrten bateau de promenade
offenes Boot, Beiboot canot
offenes, nicht eingedecktes Boot embarcation non pontée
Öffnung, Pforte, Durchlaß sabord
ohne Kraftstoff, leere Tanks en panne sèche
ohnmachtsichere Schwimmweste gilet de sauvetage, gilet à retournement
Okklusion occlusion, front occlus
Oktant octant
Okular, Augenmuschel oculaire
Ölkanne burette à huile
Öllampe lampe à huile
Ölmaß doseur d'huile
Öltanker, Tanker pétrolier
olympische Einheitsklasse monotype de class olympique
Ölzeug cirés
Ölzeug, Ölkleidung ciré
optimale Einstellung der Segel réglage fin des voiles
Orkan (Bft 12) ouragan, vent force 12
orkanartiger Sturm (Bft 11) forte tempête, vent force 11
Orkanwache, Hurrikanwache veille d'ouragan
Orkanwarnung avertissement d'ouragan
Orthodrome, Großkreis(bogen) orthodrome, arc de grand cercle
orthodromische Navigation navigation orthodromique
Öse, Ring oeil
Ösfaß, Schöpfeimer écope
Osten est
östliche Mißweisung déclinaison est

P

Packeis pack
Packzettel, Prüfliste liste de contrôle
Paddel, Stechpaddel pagaie
Pall cliquet d'arrêt
Pallkranz (am Spill) rochet
Palstek (einfacher) noeud de chaise simple
Panne, Motorversagen panne de moteur
Parallele, Parallelstück parallèle
Pardune galhauban
Parteneigentum, geteiltes Eigentum propriété partagé
Passat alizés
Passatgürtel zone des vents d'est
Passatwinde vents alizés, vents prédominants de l'est
Patenthalse empannage chinois
Patenthalse, unfreiwillige Halse empannage involontaire, panne chinoise
Patentlog loch à hélice
Pause! Funkstille! Unterbrechung! Séparatif!
Pechtanne pitchpin
Pegelstand niveau de l'échelle fluviale
peilen, eine Peilung nehmen prendre un relèvement
peilen, sich in einer Richtung (zu) befinden être relevé à
Peilkompaß compas de relèvement
Peilscheibe, Peildiopter taximètre, pinnule
Peilstab (zum Ölstand messen) jaugeur d'huile
Peilstock sondeur
Peilung relèvement
Peilung vom Boot aus, Seitenwinkel gisement
Pelikan-Spannschraube ridoir à échappement
Pelikanhaken, Sliphaken croc à échappement
Persenning bâche, taud, prélart
Personalausweis carte d'identité
Personenzahl an Bord nombre de personnes embarquées
Petroleum, Paraffinöl pétrole
Petroleumkanister jerrican pétrole
Petroleumkocher réchaud à pétrole
Petroleumlampe lampe à pétrole
Petroleumtank réservoir à pétrole
Pfahl, Haufen, Stapel pieu, pilotis
Pfahlmastrigg (ohne Stengen) gréement à phares abaissés
Pfeffer poivre
Pferdestärke (PS) cheval-vapeur
Pflichten (in den Wegerechtsregeln) obligations
Pflugscharanker ancre soc, ancre CQR, C.Q.R., ancre charrue
Piek pic, point de pic
Piek (eines Gaffelsegels) pic, point de pic
Piekfall drisse de pic
Pier (Kai senkrecht zum Ufer) appontement
Pier, Landungsbrücke, Kai quai, warf, wharf, appontement
Pilzkopflüfter aérateur champignon, champignon d'aération
Pinne festgesetzt barre amarrée
Pinne hart auf! Barre toute au vent!

Pinne hart nach Backbord!
Barre toute à bâbord!
Pinne hart nach Lee!
Barre toute sous le vent! Envoyez!
Pinne hart nach Luv!
Barre toute au vent!
Pinne hart nach Steuerbord!
Barre toute à tribord!
Pinne hart über!
Barre toute au vent!
Pinne nach Lee! Pinne nach unten!
Barre sous le vent! Barre dessous!
Pinne nach Luv! Pinne nach oben!
Barre dessus!
Pinne, Ruderpinne barre franche
Pinnenverlängerung allonge de barre
Piratenflagge pavillon de pirate
Plan (auf einer Seekarte) cartouche
Planke bordage
Plankenstoß bordage abouté
platt vor dem Wind
au vent droit derrière, plein vent arrière
platt vor dem Wind segeln courir vent droit derrière, courir plein vent arrière
Plattbodenboot bateau à fond plat
Plattgattheck, Spiegelheck
arrière à tableau
Platz für Überholungsarbeiten, Reparaturbecken bassin de radoub, cale de carénage
Platz zum Sonnenbaden (an Deck)
bain de soleil
Pleuelstange, Kolbenstange bielle
Pleuelstange, Schubstange bielle
Plexiglas-Windschutzscheibe
pare-brise de plexiglass
Plicht baignoire, cockpit
Plicht mit Zeltdach
cabin-abri, rouf-abri
Plichtboden
semelle, plancher de cockpit
Plichteingang, Plichtdurchlaß
coupée de cockpit
Plichtentwässerung
vidange de cockpit
Plichtpersenning taud de cockpit
Plichtpolster coussin de cockpit
Plichtsüll hiloire de cockpit
Plichtzelt tente de cockpit
Polardiagramm polaire
polieren, glanzschleifen polir
Poller bitte d'amarrage
Poller belegen, eine Leine an einem Poller festmachen tourner une manoeuvre aux bittes
Poller, Belegpoller
boulard, bitte d'amarrage
Poller, Beting bitte
Poller, Doppelpoller
jambette, tête d'allonge
Polster, Kissen coussin
Polsterauflage coussin de banquette
Polyester polyester
Polyesterfaser (Trevira, Diolen)
tergal
Polyesterharz mit Glasfaserverstärkung résine armée de fibre de verre
Ponton-Brücke ponts-ponton
Popniet, Dornniet rivet aveugle
Position „Mast querab" herstellen
atteindre la position mât par le travers
Position nach dem Kardinalsystem
point cardinal
Positionslicht feu de route
Positionslichter
feux de position, feux de route
Pottwal cachalot
Prahm, Ponton ponton
Prallblech, Umlenkblech, Schallwand
chicane, déflecteur
Preis segelklar pris prêt à naviguer

Preisgabe, Abtretung eines Schiffes abandon, délaissement
Preisnachlaß, Diskonto remise
Preisvorstellung prix demandé
Preßluftnebelhorn avertisseur de brume (à air comprimé)
Preßluftsirene, Heuler diaphone
Privathafen port privé
Priwenter bastaque
Probefahrt, Jungfernfahrt baptême de mer
Probefahrt, Versuchsfahrt voyage d'essai
Profilstag étai caréné, étai profilé
Profiltiefe, Sehnentiefe flèche de corde
Profilvorstag étai caréné, profilé
Prop (Abk. Propeller) hélice
Propangaskocher réchaud à gaz, réchaud à propane
Propeller mit schartigen Flügeln hélice ébréchée
Propeller mit verstellbarer Steigung, Umkehrpropeller hélice à pas hélocoidal
Propellerflügel pale d'hélice
Propellerschlupf, Propellerschlip recul de l'hélice
Propellerschub poussée de l'hélice
Propellersteigung pas de l'hélice
Propellerwelle, Schraubenwelle, Schwanzwelle arbre porte-hélice
Propellerwellenträger, Propellerwellenstütze chaise de ligne d'arbre
Protest (in einer Regatta) réclamation
Protest einlegen déposer une réclamation
Protestentscheidungen jugement des réclamations
Protestflagge pavillon de réclamation
Protestgegner (Rennsegeln) yacht visé (par un réclamation)
protestierende Yacht yacht réclamant
protestierender Skipper skippeur réclamant
Protestverhandlung examen des réclamations
Prüfstand banc d'essai
Prüftank bassin d'essai
Prüftank, Schlepptank bassin d'essai
Pumpe mit großer Förderleistung pompe à gros débit
Pumpen (verbotene Segelbewegung im Rennen) pumping
Punktgleichheit (im Rennen) ex-aequo
Punktsystem mode de décompte des points
Pütting mit Innenbefestigung am Querschott cadène rentrée ancrée sur cloison
Pütting, Rüsteisen cadène
Pütz seau
Pütz aus Kunststoff seau plastique

Q

Quadrant (Spiegelinstrument zur Winkelmessung) quadrant
Quadrant, Ruderquadrant secteur
Quadratfuß pied carré
Quadratmeter mètre carré
Qualität eines Produktes qualité du produit
Qualle méduse
Quarantäne quarantaine
Quarantäneflagge, Flagge „Quebec", gelbe Flagge pavillon de quarantaine
quer vorm Bug à travers de l'avant
quer zur Tide, quer zum Strom par le travers de la marée
quer, querab, dwars du travers
querab à la hauteur de
querab, querschiffs par le travers
Querbalken barrotin
Querkeil axe transversal, clavette transversale
Querleine, Dwarsfestmacher, Beiholer traversier
querschiffs par le travers, transversal, en travers
querschiffs (verlaufend) transversal
querschiffs eingebaute Küche cuisine transversale
querschiffs gelegene Koje couchette transversale
querschiffs, dwars (gerichtet) au milieu (latéralement ou longitudinalement)
querschlagen, sich breitseits legen tomber, être jeté en travers
Querschnitt section transversale
Querspring traversier du milieu, amarre en belle
Quersüll hiloire transversale

R

Rack, fierbares Rack racage
Radarantenne antenne radar
Radarantwortbake balise radar répondeuse
Radarbake balise radar
Radarhaube, Radarkuppel dome radar
Radarreflektor réflecteur radar
Radarseitenpeilung (RaSP) relèvement (lateral) de radar
Radarwache veille radar
Radius, Halbmesser demi-diamètre
Radsteuerung barre à roue
Rah vergue
Rahkran potence
Rahmen(antenne) cadre
Rahmen, Fassung bâti
Rahmenspant porque
Rahnock fusée (de vergue)
Rahsegel voile carrée

Rahsegler, Rahschiff navire à voiles carrées, navire gréé carré
Rahtakelung gréement carré
Rakete fusée
rammen (ein Schiff) éperonner
Rampe rampe, cale
Rampe mit Winsch rampe de mise à l'eau avec treuil
Rampe, Helling cale, rampe de lancement
rank, kopflastig chargé dans les hauts
rank, weich gîtard
rankes Schiff navire instable, volage, rouleur
Raspel râpe
Ratsche, Sperrklinke cliquet
Ratschläge für Kleinfahrzeuge avis aux petites embarcations
Rattenschwanz (Tauwerk) queue de rat
Rattern, Zittern (bei Werkzeugbenutzung) claquement, cognement
Rauchsignal signal fumigène
Rauhreif gelée blanche
Raum geben donner de la place
Raum zum Schwojen zone d'évitage
Raum! (Rennsegeln) De l'eau!
Raum, Laderaum, Last cale, creux
Raum, Stauraum espace de rangement
raum-achterlich(er Wind) allure de grand largue
raum-achterlicher Kurs bord au grand largue
raum-seitlich(er Wind) allure du petit largue
raum-seitlicher Kurs bord au vent de travers
raum-vorlicher Kurs bord au petit largue
raumachterlich segeln courir grand largue par vent arrière
raume See, seitliche Hecksee mer par la hanche
raumen (des Windes) adonner, reculer
raumender Wind le vent adonne
raumer Wind vent arrière, vent portant
Raumgehalt capacité
Rauminhalt cubage
raumschots largue
raumschots (raumachterlich) segeln courir grand largue
raumschots (raumvorlich) segeln courir au petit largue
Raumschotskurs bord de largue
Raumschotsstrecke bord de largue
Raumtiefe (eines Rumpfes) creux d'une coque
Raumtonne tonne d'encombrement
Rechnung facture
recht achteraus, vierkant von achtern droit derrière
recht voraus, recht von vorn droit devant
Recht(s)drehung des Windes saute de vent horaire
rechtdrehen (des Windes), ausschießen virer, haler
rechtsgängig, im Uhrzeigersinn horaire, à droite, dextrotorsum
rechtsgängiger Propeller hélice à pas à droite
rechtsgeschlagen, in Z-Richtung verseilt commis à droite
Rechtvorausrichtung (rv) droit devant
rechtweisend vrai
rechtweisend Nord (rwN) Nord vrai (Nv)
rechtweisende Fahrtrichtung cap vrai
rechtweisende Funkpeilung (rwFuP) relèvement gonio(métrique) vrai

rechtweisende Peilung (rwP) relèvement vrai
rechtweisender Kurs (Istkurs) (rwK) cap vrai
rechtweisender Kurs (Sollkurs) (rwK) route vraie
Reckbelastung contrainte de traction
recken (von Tauwerk), sich recken donner
recken, kreuzzurren brider
Ree! Envoyez! Adieu-vat'!
Reede rade
Reff ris
Reff einbinden (mit Bindereff, Schlappreff) prendre un ris rapide
Reffbändsel bosse d'empointure de ris, bosse de ris, garcette de ris
reffen (ein Segel) ariser
Reffen mit Bindereff, Schlappreff, Schnellreff prise de ris rapide
Reffhaken (am Baum) crochet de ferlage
Reffkausch patte de ris
Reffklampe (am Baum) taquet de ris
Reffknoten, Kreuzknoten noeud plat
Reffleine bosse d'empointure de ris
Reffleine am Segelhals bosse d'amure de ris
Reffleine, Reihleine transfilage
Reffleinenknoten noeud de passeresse
Reffleiste für Bindereff bande de ris
Reffstander für Schmeerreep bosse de ris
Refftalje palan de ris
Regatta régate
Regeln für Mannschaftsregatta règlements de course d'équipe
Regelverletzung (beim Rennsegeln) infraction aux règlements
Regen pluie
Regenbogen arc-en-ciel
Regenfall, Regenschauer, Niederschlag averses de pluie
Regenschauer averse
Regenschichtwolke, Nimbostratus nimbo-stratus
Regenwolke, Nimbuswolke nimbus
Registertonne tonne de registre
Registertonne, Raumtonne tonneau
regulierbares Achterstag pataras réglable
Regulierleine im Achterliek nerf de chute
Regulierschraube vis d'ajustage, vis de réglage
Reibung friction
Reibungswert, Reibungskoeffizient composante de frottement
Reichweite alignement
Reif gelée blanche
Reihleine laçage, transfilage
Reihleine losmachen larguer un transfilage
Reise, Langfahrt unter Segeln voyage
Reisegeschwindigkeit, Marschfahrt vitesse de croisière
Reisepaß passeport
Reißverschluß fermeture éclair, glissière
Reißverschluß-Befestigung fermeture à glissière
Reißfestigkeit résistance à la traction
Reling lisse, lisse de pavois
Relingsdraht filière
Relingslog loch de couronnement
Relingstütze chandelier
Relingstütze, Schanzkleidstütze jambette de pavois

Relingstützenfassung embase de chandelier
Rennflagge pavillon de course
Rennjolle dériveur de cours
Rennkielboot quillard en course
Rennsegelsport régate
Rennsegler régatier, coursier
Rennwertregelung règle de jauge, jauge
Rennyacht bateau de course, coursier, yacht de course, coursier
Rennyacht, „Rennschlitten" machine de course
Reparaturarbeiten (außen) am Boot traveaux de bricolage sur le bateau
Reparaturwerft chantier de radoub
Reservebuganker ancre d'affourche, affourche
Residenz, offizielle Anschrift permanence
retten secourir, sauveter, rescaper
Rettung (einer Person) sauvetage
Rettungs(schwimm)körper ceinture de sauvetage
Rettungsboje bouée de sauvetage
Rettungsboje U-förmig mit Licht bouée en fer à cheval avec feu
Rettungsboot canot de survive
Rettungsfloß (-insel) radeau de sauvetage
Rettungsgürtel ceinture de sauvetage
Rettungsinsel radeau de survie
Rettungsring bouée couronne, brassière
Rettungsweste gilet de sauvetage, brassière de sauvetage
Rhombus bicône
Richtbaken alignements
Richtfeuer feux d'alignement (de route)
Richtig! Ja!, bejahend Affirmatif!
richtiger Kurs (im Rennen) route normale, route correcte
Riemen, Bootsriemen aviron
Riemenblatt pelle d'aviron
Riemendolle, Riemengabel dame de nage, tolet à fourche
Riemendollenbuchse toletière
Riemenscheibe poulie
Riff récif, écueil
Rigg mit (weiter) innenliegenden Püttings gréement rentré
Rindfleisch in Dosen boeuf de conserve
Ring organeau
Ritzel, Triebrad pignon
Riß déchirure
Riß, Sprung, Spalt fissure, fente, fêlure
Roheisen gueuse, saumon de fonte
Rohrbogen, Krümmung (in einem Rohr) coude
Rohrklemme collier de serrage
rollen, schlingern rouler bord sur bord
Rollenlager palier, roulement à rouleaux
Rollfock foc à rouleau
Rollfockeinrichtung dispositif de foc à rouleau
Rollreffanlage enrouleur, dispositif à rouleau
Rollreffgenua génois à rouleau
Rollreffkurbel manivelle de tour de rouleau
Rollwinkel angle de roulis
Roring, Ankerring cigale
Roringstek noeud de grappin, noeud d'étalingure
Rost rouille
rosten rouiller
rostfreier Stahl, Nirosta, Niro acier inoxydable, inox
Rostgefahr risque d'oxydation

rostschützend(er Anstrich)
antirouille, enduit antirouille
Rotguß bronze de canon
Roßbreiten, Mallungen
calmes de cancer, pot-au-noir
Ruck, Stoß choc, saccade
ruckartig (eine Leine) stoppen
cesser de filer, retenir, stopper
ruckartig (mit Ankerhilfe) die Fahrt abstoppen ralentir par un traînard
Ruckbelastung eines Festmachers dämpfen poser un stabilo, un amortisseur
Ruckbremse, Stoßdämpfer, Ruckgummi
stabilo, stabylo
Rücken, Kamm dorsale
Rückruf (Rennen) rappel
Rückschlagventil soupape de retenue
Rückseite eines Tiefs, Rückseitenwetter
traîne (arrière d'une dépression)
Rückspleiß, spanischer Takling
bout épissée
Rückwärts! Fahrt achteraus!
En arrière!
Ruder gouvernail, safran
Ruder (dem) gehorchen obéir à la barre, répondre à la barre
Ruder mittschiffs legen
redresser la barre
Ruder mittschiffs! Zéro la barre!
Ruder nach Steuerbord legen
mettre la barre à tribord
Ruder übernehmen prendre la barre
Ruder(lage)anzeiger
axiomètre, indicateur d'angle de barre
Ruderanlage, Rudergeschirr
appareil à gouverner
Ruderblatt safran
Ruderboot navire à l'aviron
Ruderer, Bootsgast rameur
Rudergänger, Bootssteuerer
barreur, homme de barre
Rudergängerin femme barreur
Rudergängersitz siège de barreur
Rudergräting caillebotis de timonier
Ruderhaus
timonerie, abri de navigation
Ruderjoch barre à tire-veille
Ruderkoker jaumière
Ruderkokeröffnung jaumière
Ruderkopf tête de gouvernail
Ruderleine, Steuerleine drosse
Ruderleitflosse, Skeg
aileron de gouvernail
rudern mit Riemen nager à l'aviron
Ruderpinne barre de gouvernail
Ruderquadrant secteur de gouvernail
Ruderschaft mèche de gouvernail
Ruderstopfbuchse
presse-étoupe de mèche
Ruderwache, Dienst am Ruder
tour de barre
Ruderwange joue de safran
Ruf, Anruf, Signal appel
rufen, zurufen, anpreien
héler, appeler à la voix
rufende Funkstelle station appelante
rufende, preiende Yacht
yacht qui a hélé
Rufzeichen indicatif d'appel
ruhige, gekräuselte See (Seeg. 1)
mer calme, ridée
ruhige, spiegelglatte See (Seeg. 0)
mer calme
Rumpf coque
Rumpf mit Seitenausfall
coque tulipée, coque à dévers
Rumpf mit Seiteneinfall
coque frégatée
Rumpffahrt, Rumpfgeschwindigkeit
vitesse critique

runde Kimm bouchain rond
Runde, Rundung manche
runden (eine Bahnmarke) virer, contourner (une marque)
Rundgattheck arrière rond
Rundkausch oeil de point
Rundspant membrure arrondie, bouchain rond
Rundtörn tour mort
Rundtörn mit zwei halben Schlägen tour mort et deux demi-clés
Rundumlicht, rundumscheinendes Feuer feu visible sur tout l'horizon
Rutscherschiene, Mastrutscher coulisseau
rutschfeste Schuhsohle semelle antidérapante
rütteln, stauchen tosser

S

S-Spant membrure en S
Säge scie
Sägeblatt lame de scie à métaux
Saling barre de flèche
Salingsockel, Salingbuchse embase de barre de flèche
Salon, Hauptkajüte carré
Salz sel
Salzbuckel, alter Seemann loup de mer
Salzwasser eau salée
Sammelanruf an alle Funkstellen appel à toutes les stations
Sammlerbatterie batterie d'accu
Sammlerbatterie, Akkumulatoren-batterie batterie d'accumulateurs
Sandbarre barre de sable
Sandpapierbelag, grobkörnig grain de papier de verre
Sandstrahler, Sandstrahlen sableuse
Sanduhr sablier
sanitäre Einrichtung an Bord installation sanitaire marine
Sanitäreinrichtung installation sanitaire
Satellitenstandort, Schiffsort von einem Satelliten point par satellite
Satz von Trockenbatteriezellen jeu de piles
Saugkorb crépine
Säule, Sockel colonne, socle
Säuremesser acidimètre
Schaber, Ziehklinke grattoir
Schablone gabarit
Schaden avarie, dommage
Schadenersatz dommages-intérêts
Schadenersatzanspruch geltend machen demander des dommages-intérêts
Schadenfall cas de dégât

Schadenfeststellung
constatation du dommage
Schäfchenwolken, Cirrocumulus
cirrocumulus
Schäkel manille
Schäkelbolzen axe de chape, boulon goupillé, manillon
Schale bol
Schalldichtigkeit der Kajüte
insonorisation de cabine
Schallwelle, akustische Welle
onde acoustique
Schaltertafel (der Bordelektrik), Schalttafel panneau de distribution
Schalthebel, Gashebel
levier de changement de vitesse
Schaltplan, Netzplan schéma des connexions, schema de câblage
Schamfil(blech)platte tôle de ragage
Schamfilen ragage, raguage
schamfilen an den Wanten
raguer sur les haubans
schamfilen, scheuern raguer
Schamfillatten latte de ragage
Schamfilleiste, Scheuerdopplung (auf dem Segel) placard, renfort
Schamfilmatte paillet de portage
Schamfilschutz (z. B. Tausendbein)
dispositif fourrure,
dispositif antiragage
Schandeck, Schandeckel plat-bord
Schandeckleiste liston
Schanzkleid pavois
Schapp, Schrank, Schubfach
placard, soute, coffre
Scharnier, Gelenk
penture, charnière
Schauer ondée
Schauermannsknoten
cul de porc simple
Schauerwetter temps à averses
Schaumbildung (auf einer See)
mousse, écume
Schaumstoff, Kernmaterial
matériau cellulaire
Scheibe und Scheibenbolzen
réa et axe
Scheibe, Rolle réa
Scheibengatt, in Mast und Baum eingelassene Scheibe clan
scheinbare Höhe, Kimmabstand
hauteur apparente
scheinbarer Horizont, scheinbare Kimm horizon apparent
scheinbarer Wind vent apparent
Scheitelpunkt point zénithal
scheren, einscheren, eine Leine scheren
passer
Scherenkran, Kranbock, Jütt potence
Schergang virure de carreau
Scherleine passeresse
Scherstift (eines Propellers)
goupille de cisaillement
Scheuerleiste liston, ceinture
Schiebeluk capot coulissant
Schiebeluk, Niedergangsluke
descente
Schiebeluke, Schiebeklappe
panneau d'écoutille à glissière
Schiebelukensüll
hiloire de panneau d'écoutille
Schieblehre, Feinmeßlehre
feuilles d'épaisseur
Schiemannsgarn, Takelgarn bitord
Schiene, Fußrelingsschiene mit Schlitzen rail de fargue, fargue
Schiff navire
Schiff aufgeben délaisser un navire, abandonner un navire
Schiff in Bergfahrt navire montant
Schiff mit Kieldurchbuchtung
navire contre-arqué

Schiff mit ordnungsgemäßen Papieren francisé
Schiff unter Segeln navire à la voile, navire sous voiles
Schiff versenken (durch Öffnen der Seeventile) saborder un navire, couler
Schiff voll Wasser, aber noch schwimmend navire rempli d'eau
Schiff voraus! Un navire droit devant!
Schiffahrtsbuchhandlung librairie maritime, de marine
Schiffahrtsgutachten expertise maritime
Schiffahrtsgutachter expert maritime
Schiffahrtslexikon dictionnaire maritime, marin
Schiffahrtsrecht droit maritime
Schiffahrtsrecht, Schiffahrtsregeln code maritime
Schiffahrtssachverständiger, Gutachter expert maritime
Schiffahrtssprache, Seemannssprache langage marine, maritime
Schiffahrtsweg voie de circulation
Schiffahrtsweg (einem) folgen suivre une voie de circulation
schiffbar navigable
schiffbarer Halbkreis (einer Sturmbahn) demi-cercle navigable, maniable
Schiffbarkeit, Befahrbarkeit navigabilité
Schiffbaukunst architecture navale
Schiffbruch erleiden faire naufrage, naufrager
Schiffbruch, Strandungsfall naufrage
schiffbrüchig sein, verschlagen sein faire naufrage
Schiffbrüchiger naufragé
Schiffsbedarfsfachgeschäft boutique de fournitures maritimes
Schiffsbohrwurm ver de mer, taret
Schiffseigentümer propriétaire du navire
Schiffseigner armateur
Schiffsexperte, Sachverständiger expert maritime
Schiffsglocke cloche de bord
Schiffsglocke anschlagen piquer l'heure
Schiffshändler fournisseur de navires
schiffsmäßig in bester Ordnung en parfait ordre
Schiffsmeßbrief (für Yachten) certificat de jaugeage
Schiffsmeßbrief mit Netto-Raumgehalt certificat de jauge nette en douane
Schiffsmodellbau modélisme naval
Schiffsort auf hoher See ohne Landsicht point hors de vue de terre
Schiffsort aus Kreuzpeilungen point par relèvements croisés
Schiffsort durch zwei Standlinien point par deux droites de position
Schiffsort nach Landsicht point en vue de terre
Schiffsort, Standort position
Schiffspapiere papiers de bord
Schiffsregister registre des navires
Schiffsregisterbrief, Schiffszertifikat acte de nationalisation, acte de francisation
Schiffsreparatur reparation des navires
Schiffstyp type de yacht
Schiffsuhr, Borduhr montre d'habitacle. montre de bord
Schiffsunfälle accidents maritimes
Schiffsuntergang ohne Überlebende perdu corps et biens

Schiffswerft chantier de construction navale
Schiffszertifikat certificat d'enregistrement, acte de francisation
Schiffszertifikat mit Tonnage-vermessung certificat de jauge en douane
Schiffszubehör-Händler fournisseur maritime
Schirmanker, Pilzanker ancre champignon
Schlafplatz im Vorschiff nehmen coucher à l'avant
Schlafplätze nombre de couchettes
Schlafsack sac de couchage
Schlag (Drehrichtung) von Tauwerk commettage
Schlag, Kreuzschlag, Amwindkurs bord au près, au plus près
Schlagseite bande, gîte
Schlagseite haben donner de la bande
Schlamm, Schlick, Mudd vase
Schlammbank vasière
Schlammgrund fond vaseux
schlammig vaseux, -euse
schlammiges, getrübtes Wasser eau boueuse
Schlappreff, Bindereff ris de fond
Schlauch tuyau flexibel, boyau
Schlauchboot, aufblasbares Dingi canot, youyou pneumatique, gonflable
Schlauchklemme collier de serrage
Schlaufe, Schleife noeud coulant
schlecht(er Empfang) mauvais (réception)
schlechter Ankergrund, unreiner Grund fond de mauvaise tenue
schlechter werden, sich verschlechtern se gâter
Schlechtwetterausrüstung (allg.), Ölzeug cirés
Schlechtwetterhose pantalons cirés
Schlechtwetterjacke, -mantel gilet ciré
Schlechtwetterkleidung vêtements cirés, cirés
Schleierwolke, Cirrostratus cirrostratus
Schleifmittel abrasif
Schleppen und Schieben remorquage et poussage
schleppen, in Schlepp nehmen remorquer
Schleppen, Schlepphilfe remorquage
schleppendes Schiff, Schlepper bâtiment remorqueur
Schlepper, Schleppboot remorqueur
Schleppgeschwindigkeit vitesse de traîne
Schleppkahn (ohne Motor) chaland sans moteur
Schlepplichter feux de remorquage
Schlepplohn frais de remorquage
Schleppnetz chalut
Schleppnetzfischer, Trawler chalutier
Schleppnetzfischerei chalutage
Schleppoller bitte de remorquage
Schleppring anneau de remorquage
Schlepptrosse remorque
Schleppversuchsbecken bassin d'essai
Schleppwiderstand (Reibungs- und Restwiderstand) résistance à l'avancement, résistance de carène
Schleppzug, Schleppanhang remorque
Schleuse, Dockschleuse écluse
Schleusenkammer chambre d'écluse
Schleusenmauer bajoyer
Schleusenmeister maître-éclusier
Schleusentor port d'écluse
Schleusenwärter éclusier
Schlickhafenbett souille
Schlickvorland estran de vase

Schlinge, Balkenschlinge, Kielschwein élongis
Schlingenknie courbe d'entremise
Schlingerdämpfungsflosse aileron anti-roulis
Schlingerkiel quille de roulis
Schlingerkiel (an Motoryacht) quille de roulis
Schlingerleiste eines Tisches violon de mer, fiche de roulis
Schlingertisch table de roulis
Schlippanlage slip de carénage
Schlippwagen, Schlippanlage slip
Schloßschraube mit Vierkantkopf boulon à tête carrée
Schloß, Verschluß, Riegel serrure, verrou
Schlüssel, Splint, Vorstecker clavette, broche
Schlüsselloch trou de clavette
Schlüssellochdeckplatte platine à trou de serrure
Schlüsselschäkel manillon imperdable à clé
schmale Fahrrinne, enge Durchfahrt, Meerenge goulet, passe
schmales Tief col
Schmarting limandage
Schmiedeeisen fer forgé
Schmiedestahl acier forgé
Schmiege, Anschrägung biseau
Schmieröl huile
Schmierstelle point de graissage
Schmirgelpapier toile d'émeri
Schmuggel contrebande
Schmuggelwaren marchandises de contrebande
Schmuggler contrebandier
Schmugglerschiff navire de contrebande, aventurier
Schmutzwassertank réservoir d'eaux usées
Schmutzwassertank, Fäkalientank réservoir septique, réservoir à eaux usées
Schnäpper, Drücker croc à gachette
Schnappschäkel, Patentschäkel mousqueton automatique, mousqueton
Schnappschloß, Klinkschloß pastille de fixation
Schneckengetriebe vis sans fin
Schneckenwelle arbre à vis sans fin, serpentin
Schnee neige
Schneesturm blizzard, tempête de neige
Schneide, Spitze (einer Ankerflunke) bec
schnell fieren, einfach fallenlassen affaler une voile
schnelles Fallen und Steigen des Wasserstandes soulèvement
Schnelles Funkelfeuer mit dauerndem Funkeln (SFkl.) feu scintillant rapide (F.sr.)
Schnelles Funkelfeuer mit Gruppen von Funkeln (SFkl.[3] feu à scintillements rapides groupés
Schnellkochtopf casserole à pression, cocotte-minute
Schnitt, Schnittfläche, Abschnitt section
Schnittholz, Gerümpel bric-à-bric, bois de charpente
Schnittwinkel von (zwei) Standlinien angle d'intersection
Schnürboden salle à traçer
Schoner, siehe Schuner goélette
Schot écoute
Schot anholen, einholen embraquer l'écoute

Schot aufstecken, lose geben choquer l'écoute
Schot dichtholen border, raidir une écoute
Schot mit der Winsch bedienen virer l'écoute
Schot schricken choquer une écoute
schoten nach Luv se border au vent
Schotenstopper bloqueur, stoppeur d'écoute
Schothorn point d'écoute
Schothorn, stumpfwinklig, bei einer Fock foc relevant l'écoute
Schothornaufholer bosse de point d'écoute, bosse d'empointure
Schothornbändsel bosse de point d'écoute
Schotklemme, Kneifklampe taquet coinceur
Schotklemme, röhrenförmig coinceur tubulaire, en sifflet
Schotklemme, Rohrklemme conduit coinceur
Schotschiene curseur, chariot d'écoute
Schotstek, Schotenstek noeud d'écoute
Schotstopper, Seilsperrung durch unrunde Scheiben stoppeur d'écoute à came
Schott cloison
Schott mit Glasharzverbindung zum Bootsrumpf cloison stratifiée à la coque
Schotwinsch winch d'écoute
schräglegen, kippen (den Außenborder) incliner
Schralen (des scheinbaren Windes) refus
schralen (des scheinbaren Windes) refuser
schralen, nach vorn holen (des Bordwindes) refuser
schralender Wind le vent refuse, vent qui refuse
Schrank coffre, placard, soute
Schratsegel voile longitudinale
Schrattakelung gréement longitudinale
Schraube vis
Schrauben (aller Art) visserie
Schraubenregulierung réglage par vis
Schraubenschlüssel clé à écrous, tourne à gouche
Schraubenstrom, Hecksee remous
Schraubenwasser, Schraubenstrom remous d'hélice
Schraubenzieher, Schraubendreher tournevis
Schraubstock, Schraubzwinge étau
Schraubstockbank pince-étau
Schraubzwinge, C-förmig serre-joint
schricken, bremsen, kontrollieren (eine Leine) choquer, filer à demande
Schricktau, Törntau retenue
schroffer Felsen aiguille
Schrubber brosse à récurer
Schubfahrzeug navire en train de pousser
Schulschiff navire-école
Schuner goélette
Schuner, Gaffelschuner voilier à gréement longitudinal
Schunerbark, Barkentine trois-mâts goélette
Schunerketsch, Zweieinhalbmaster ketch-goélette
Schunersegel misaine-goélette
Schunertakelung gréement en goélette
Schuneryacht goélette franche
Schute gabare, allège

Schutzkappe, Spritzverdeck capote
Schutzkleid, Spritzkappe capote
Schuß(faden)streckung
allongement sur trame
Schußfaden (eines Gewebes) trame
Schuß, Schußfaden trame
Schußfaden, Schußgarn fil de trame
Schwabber, Deckschwabber faubert
schwach bewegte See (Seeg. 2)
mer belle, vagulettes
schwach diesig (Stgr. 5)
visibilité réduite
schwache Brise (Bft 3) faible, vent force 3
Schwanenhals col de cygne
Schwanenhalslampe
lampe en col de cygne
Schwanzwelle, Propellerwelle
arbre porte-hélice, arbre d'hélice
schwarzer Ball und Viereckflagge (Notsignal) cercle et carré noirs
schwarzer Ball, Signalball, Ankerball
boule noir
Schweberuder, Spatenruder
gouvernail suspendu
Schweinsrücken, Deckshalterung des Ankers cale
Schweißstahl acier soudé
Schweißflansch brides soudées
Schweißnaht joint soudé
schweißbar soudable
Schweißbarkeit soudabilité
schweißen souder
Schweißen, Schweißung (Arbeit)
soudage
Schwenkhahn (für Waschtisch)
robinet orientable
schwerer Sturm (Bft 10)
tempête, vent force 10
schwerer Verdränger
bateau à déplacement lourd
schweres Wetter
mauvais temps, gros temps
Schwert dérive
Schwert fieren! Schwert runter!
Dérive basse!
Schwert hoch! Dérive haute!
Schwert, Metallschwert
dérive métallique
Schwert, Seitenschwert dérive latérale
Schwertkasten puits de dérive
Schwertwal, Killerwal épaulard
Schwerwetter, Sturmwetter
mauvais temps
Schwimmbalkensperre, Treibbalken (Hafenabsperrung) panne
Schwimmdock
dock flottant, chantier à flot
Schwimmebene aire de flottaison
schwimmen, auf dem Wasser treiben
flotter, être à flot
schwimmende Wurfleine
ligne d'attrape flottante
schwimmender Feuerträger
feu flottant
schwimmendes Fackelfeuer feu flottant
schwimmendes Rauchsignal
fumigène flottant
Schwimmer (einer Vorrichtung)
flotteur
Schwimmergehäuse (eines Vergasers)
cuve à niveau constant, cuve
Schwimmfähigkeit flottabilité
Schwimmkran grue flottante
Schwimmpier, Schwimmdock
dock flottant, chantier à flot
Schwimmsteg
ponton, ponton principal
Schwimmwasserlinie, Konstruktionswasserlinie flottaison en charge
Schwimmweste (mit viel Auftrieb)
gilet de flottabilité

Schwingungsweite einer Welle, Wellenamplitude creux d'une lame
Schwojen vor Anker évitage
schwojen vor Anker éviter au mouillage
Schwungrad volant, roue d'erre
Sechskantbolzen, Bolzen mit Sechskantkopf boulon à tête hexagonale, boulon six-pans
Sechskantmutter écrou hexagonal
Sechzig-Vierziger (übermotorisiert, untertakelt) soixante-quarante
Sécurité! (wörtl. „Sicherheitsgefühl!") Sécurité!
See von vorn debout à la lame
Seeamt cour de l'amirauté
Seeanker, Treibanker ancre flottante
Seebeine haben avoir le pied marin
Seebrasse dorade, birême de mer
Seedeich, Hafendamm, Mole digue de mer
seefähig en état de navigabilité
Seefähigkeit, Seetüchtigkeit qualités nautiques, tenue à la mer
seefahrend, zur Seefahrt gehörend marin, maritime
Seefahrer gens de mer, marin
Seefunkfrequenz radio à bande marine
Seefunksprechzeugnis, Funkzeugnis certificat d'opérateur
Seefunkstelle (Fachwort für Bordstation) station de navire
Seegang, bewegte See clapotage
Seegang (Seeg.) état de la mer
Seegerichtsbarkeit juridiction maritime
Seegesetz, Schiffahrtsrecht droit maritime
Seegras, Seetang goémon
Seehahn, Seeventil vanne de mer, vanne à boisseau
Seehandbuch, Segelhandbuch guide nautique, instructions nautiques
Seekarte, Admiralitätskarte carte hydrographique
Seekarte, Karte carte marine, carte
Seekartenmaßstab échelle des cartes
Seekartenverkaufsstelle distributeur de cartes hydrographiques
Seekoje couchette de mer
Seekreuzer voilier de croisière, croiseur
Seekreuzer mit Einbaumotor voilier à moteur auxiliaire fixe
Seekreuzer mit Hilfsmotor voilier de croisière à moteur auxiliaire
Seekreuzer mit Kimmkielen biquille
Seele, Kern von Tauwerk mèche, âme de cordage
Seelöwe otarie
Seemann, Fährmann, Kahnschiffer batelier, marinier
seemännisch de marin, de bon marin
seemännisch richtig arbeiten, entscheiden agir en bon marin
seemännische Fachsprache terminologie maritime
seemännische Handarbeit matelotage
seemännischer Ausdruck, nautisches Fachwort terme maritime, terme nautique
seemännisches Fachwörterverzeichnis vocabulaire marin, maritime, nautique
Seemannschaft mit Knoten und Spleißen matelotage
Seemannsleben vie de marin
Seemannslied, Shanty chanson de marin
Seemannssprache terminologie marine, maritime, nautique
Seemeile mille nautique, mille marin
Seemöwe mouette

Seenebel brouillard marin
Seenot(funk)verkehr communication en cas de détresse
Seenotrettungsausrüstung engins de sauvetage
Seenotrettungsstation station de sauvetage
Seenotsignal signal de détresse
Seenotfeuerwerk, Seenotraketen feux de détresse, fusées
Seenotfunkboje (EPIRB) radiobalise de localisation de sinistre
Seenotrakete fusée
Seenotrettungsboot bateau de sauvetage
Seepferd hippocampe
Seeraum espace de manoeuvre
Seereling filière, garde-corps
Seereling, Schutzgeländer garde-corps
Seesack sac passe-partout, sac de bord, sac de marin
Seestiefel botte de marin, botte de mer
Seetang, Seegras, Kelp goémon, algues, hermes marines
seetüchtig im Seegang marin
seetüchtiges Schiff navire hauturier
seetüchtiges, seefähiges Boot bateau vraiment marin
seeuntüchtig hors d'état de naviguer
seeuntüchtig werden devenir hors d'état de naviguer
seeuntüchtig, nicht seetüchtig innavigable, inapte à prendre la mer
Seeuntüchtigkeit état d'innavigabilité
Seeventil vanne
Seeventile an allen Bordwanddurchbrüchen vannes de mer sur tous les passe-coques
Seevermessung, hydrographische Vermessung levée hydrographique
Seeversicherer, Versicherungsgesellschaft assureur maritime
Seeversicherung assurance maritime
Seeversicherungspolice police d'assurance maritime
Seevogel oiseau marin, oiseau de mer
Seewache quart par bordée
seewärts vers le large
seewärts, nach See zu, auf See hinaus prendre le large
Seewasser eau de mer
Seeweg, Schiffahrtslinie voie maritime
Seewind brise de mer
Seewurf, ins Meer geworfener Unrat matériel jeté à la mer
Seezeichen mit Radarreflektor bouée à reflecteur radar
Seezeichen nach dem Kardinalsystem marque cardinale
Segel voile
Segel abdecken, den Wind wegnehmen déventer
Segel abschlagen dégréer une voile, déverguer une voile
Segel anholen border une voile à poste
Segel aus vertikalen Bahnen, parallel zum Achterliek voile à coupe verticale
Segel ausbringen déferler une voile
Segel ausholen déborder une voile
Segel bauchiger machen gonfler la voile
Segel bergen amener les voiles

Segel bergen und zurren
étouffer une voile
Segel beschlagen (...bergen)
ferler une voile
Segel entfalten, auswehen lassen
déferler une voile
Segel entrollen déferler une voile
Segel fieren amener une voile
Segel für einen Einzelbau
voiles à l'unité
Segel kürzen, Segelfläche verkleinern
réduire la toile, amener de la toile
Segel lösen dérabanter une voile
Segel losmachen déferler une voile
Segel mit Querbahnen im Normalschnitt
voile à coupe normale, horizontale
Segel mit Wind füllen
gonfler une voile
Segel setzen und trimmen
établir une voile
Segel setzen, unter Segel gehen
établir les voiles
Segel trimmen
régler une voile, orienter une voile
Segel wechseln changer de voiles
Segel zerreißen ^déchirer une voile
Segel(macher)handschuh
paumelle de voilier
Segelanweisung (Regatta)
instructions de course
Segelboot mit Gunter-Takelung
houari, voilier houari
Segelboot, Segelyacht, Segelfahrzeug
voilier, bateau à voile
Segelbootantrieb
transmission pour voilier
Segelbrett, Surfbrett planche à voile
Segelclub, Yachtclub club nautique
Segeldruckpunkt centre vélique
Segelfahrt, Segeltörn sortie à la voile
Segelfahrzeug navire à la voile
Segelfahrzeug in Fahrt
navire à voile faisant route
Segelfertigung voilerie
Segelfläche voilure, surface vélique, surface toilée, surface de voilure
Segelgarderobe, alle Segel
garde-robe de voiles
Segelgarn fil à voile
Segelhandbuch instructions nautiques
Segelhandschuh paumelle
Segeljolle, Schwertboot
dériveur, dériveur léger
segelklar machen, unter Segel gehen
appareiller à la voile
Segelkoje soute à voiles
Segelkraft, Windkraft am Segel
force aérodynamique
Segellast
soute, coffre à voile
Segellatte latte de voile
Segellattenbändsel hanet
Segelleinwand, Leinwand canevas
Segelliek, Segelsaum ralingue
Segelmacher voilier
Segelmacherhandschuh
paumelle de voilier
Segelmachermeister
maître-voilier
Segelmachersack, Reparaturbeutel
trousse de voilier
segeln faire voile, naviguer
segeln auf einem Binnensee
naviguer sur un lac
segeln auf einer Ketsch
naviguer sur un ketch
Segeln in unbekannten Gewässern
cabotillage
segeln lernen apprendre la voile
segeln mit dem Wind von der Leeseite
naviguer sur la mauvaise panne

segeln mit festgelaschtem Ruder naviguer barre bloquée
Segeln mit Koppelkurs navigation estimée
segeln mit raumem Wind courir, faire route au portant
segeln mit raumvorlichem Wind (nach Luv) gagner au vent
segeln mit Schmetterlingsstellung naviguer en ciseaux
segeln nach Koppelbesteck naviguer à l'estime
segeln, mit einem Segelboot unterwegs sein naviguer à la voile
Segelnadel aiguille
Segelnaht couture
Segelneuling, unerfahrener Mann marin d'eau douce
Segelnummer numéro de voilure
Segelpersenning prélart, taud, bâche
Segelriß plan de voilure
Segelsack sac à voile
Segelschiff, Windjammer grand voilier, navire à voile
Segelschlitten voilier à patins, voilier sur glace
Segelschnitt coupe d'une voile
Segelschule école de voile
Segelselbststeuerung, Schot mit Pinne verbunden naviguer barre amarrée
Segelsport navigation de plaisance
Segeltrimm, Richtungsgleichgewicht équilibre, balancement de la voilure
Segeltrimm, Trimmen eines Segels réglage d'une voile, orientation d'une voile
Segeltuch, Persenningstoff toile à voile
Segeltuchbahn laize
Segeltuchbezug, Plane, Schutzkleid couverture en toile
Segeltuchgewicht grammage
Segeltuchöse, Gattchen aus Metall oeilleton, bague à oeillet
Segeltuchpütz seau en toile
Segelwerk, alle Segel eines Schiffes voilure, surface de voilure
Segelwoche, Regattawoche semaine de la voile
Segelyacht yacht à voiles
Segelyacht mit guten Kreuzeigenschaften voilier remontant bien le vent, ... bien au près
Segler für eine Saison anheuern amariner un équipier, un équipage
seglerisch gut, wie ein guter Segler en bon plaisancier
seglerisch, seemännisch sich gut verhalten agir en bon plaisancier
Seglermütze casquette de plaisancier
Sehne corde
sehr grobe See (Seeg. 6) mer très forte
sehr gute Sicht (Stgr. 8) visibilité très bonne
sehr hohe See (Wellenhöhe 7-11 m) mer très grosse
sehr rauhe See (Wellenhöhe 3 -4,5 m) mer très houleuse
seichtes Gewässer petits fonds
Seife savon
Seilerei, Seilherstellung corderie
Seite, Außenseite flanc, bord
Seitenausfall der Bordwand am Bug tulipage, dévers
Seiteneinfall frégatage
Seitenfenster, (rundes) Klappfenster hublot d'aération
Seitenlicht feu de côté

Seitenpeilung (SP) gisement
Sektorenfeuer feu à secteur
Selbst(wieder)aufrichten auto-redresseur
selbstansaugende Pumpe pompe auto-amorçante
selbstaufrichtende Jolle dériveur auto-redresseur
Selbstbau (eines Bootes) construction amateur (de bateaux)
Selbstbau-Boot bateau à faire soi-même
Selbstbeteiligung franchise
selbstfassende (-holende) zweigängige Winsch winch autoembraqueur deux vitesses
selbstfassende selbstholende Schotwinsch winch débiteur d'écoute, auto-embraqueur
selbstfassender Winschenaufsatz tête coinceuse, wincheur, couronne coinceuse
selbstlenzend autovideur
selbstlenzende Plicht cockpit autovideur
Selbstlenzer, Selbstlenzeinrichtung dalot autovideur, autovideur
Selbststeueranlage pilote automatique, régulateur de cap
Selbstwendefock foc autovireur
Sender-Empfänger émetteur-récepteur
Senf moutarde
Senkblei sonde
senkrecht brechende Welle déferlante verticale
senkrechter Achtersteven arrière droit
senkrechter Mast mât à plomb
senkrechter Vorsteven étrave droite
Senkruder safran relevable
separater Kraftstofftank (eines Außenborders) réservoir de carburant séparé
serienmäßig, werkseitig eingebaut monté d'origine
Servicenetz (eines Produktes) réseau de centres de service qualifiés
Setzbord virure de fargue
Setzen der Segel établissement des voiles
Setzt die Segel!, Heiß auf! Hisse!
Sextantenhöhe, gemessene Höhe mit dem Sextanten hauteur observée
Shanty, Arbeitslied chanson de marin
sich festfressen gripper
sich krängen lassen, sich auf die Seite legen faire gîter
sich kräuseln (Wasseroberfläche) rider
sich neigen, überlegen, schräglegen, (kentern) chavirer
sich schlängeln, sich winden fileter
sich verjüngen, ausfasern effiler
sich wölben prendre de l'arc
sich zusammenballen, eine Wolkenbank bilden s'amonceler
sicherer Ankerplatz mouillage sûr
sicherer, geschützter Ankerplatz mouillage bien abrité
Sicherheit auf See sécurité
Sicherheitsgurt harnais, ceinture de sécurité
Sicherheitsgurt einpicken crocher le harnais
Sicherheitsgurt, Schwimmweste ceinture de sauvetage
Sicherheitsmutter écrou de sureté
Sicherheitsschnappschloß croc de sureté

Sicherung (elektrisch), Patronensicherung interrupteur à fusible
Sicherungsbändsel am Riemen sauvegarde d'aviron
Sicherungsbolzen goupille de verouillage
Sicht (Sichtigkeitsgrad=Stgr.) visibilité
Sichtbarkeitsbogen (eines Leuchtfeuers) secteur de visibilité
Sichtbarkeitsskala, Sichtbarkeitsgrad échelle de visibilité
Sichtbereich portée visuelle, secteur de visibilité
Sichtweite eines Feuers portée d'un phare
Sichtweite, Sichtbereich portée lumineuse
Sickern, leichte Leckage suintement
Signal ausmachen interpréter un signal
Signal(buch)flagge pavillon du code de signaux
Signalflagge pavillon de signalisation
Signalflaggen N + C (Seenot-Signal) pavillons N + C (signal de détresse)
Signalhorn, Tyfon tyfon
Signallampe fanal d'avertissement
Signalrah vergue à signaux
Signalschuß, Startschuß coup de canon
Signalton, Pfeifton coup, son
sinken, untergehen, versenken couler
Sisal sisal
Sitzhöhe (in einem Boot) hauteur assise sous rouf, sous barrots
Sitzpolster coussin de banquette
Skipper als Protestgegner skippeur visé
Skipper und Eigner (gleichzeitig) skippeur-propriétaire, capitaine-propiétaire
Skipper, Sportschiffer, Yachtkapitän chef de bord, skippeur, capitaine de yacht
Slipanlage (mit Schienen) slip de carénage
Sliptau (für Muringboje) amarre en double, amarre passée en double
Slup sloup
Slup mit Hochtakelung sloup bermudien
Sockel, Buchse douille
Sog, Kielwasser sillage
Sohle, Boden einer Slipanlage radier
Solarzellenplatte panneau solaire
Sonne schießen, die Sonnenhöhe messen faire une visée solaire
Sonnenbad an Deck prendre un bain de soleil à plat pont
Sonnenblende, Schutzschirm visière
Sonnensegel tente, taud de soleil
Sonnensegel über der Plicht tente de cockpit
Sonnensegelbändsel bosse de tente
Spanner raidisseur, tendeur
Spannschraube mit Auge und Gabel ridoir à chape et oeil
Spannschraube mit beidseitigen Gabeln ridoir à deux chapes, ridoir à chape et chape
Spannschraube mit geschlossener Hülse ridoir à cage fermée
Spannschraube mit offener Hülse ridoir à cage ouverte
Spannschraube, Wantenspanner ridoir
Spannungslinie trait de râblure

Spannungsregler régulateur de tension
Spant membre, membrure
Spant, Bauspant membre, couple
Spantenriß couples de tracé
Spantwerk membrure
Spatenruder, Schweberuder gouvernail suspendu
Speigatt in der Plicht dalot de cockpit
Speigatt, Wasserablauf dalot
Sperrholz bois contre-plaqué
Spiegel, Heckspiegel tableau
Spiel, Freiraum jeu, espace libre
Spiere auftoppen apiquer un espar
Spiere, Rundholz, Stange espar
Spierentonne bouée à espar
Spill, Ankerspill (mit vertikaler Welle) cabestan
Spillkopf poupée
Spillspake, Handspake barre de cabestan
Spindel, Achse broche
Spinnaker, Spi spinnaker, spi
Spinnaker bergen rentrer le spi
Spinnaker im Sternschnitt spi coupé en étoile
Spinnaker-Achterholer bras de spi
Spinnaker-Stagsegel trinquette de spi
Spinnakerbaum tangon de spinnaker, tangon de spi
Spinnakerbaum-Aufholer balancine de tangon de spi
Spinnakerbaum-Niederholer halebas de tangon de spi
Spinnakerbaumglocke cloche
Spinnakerpütz seau à spi
Spinnakersack sac à spi
Spinnakerschlauch sac à spi
Spinnakerstagsegel trinquette de spi
Spirituskocher réchaud à alcool
Spitze, Maximum coqueron
Spitztonne bouée conique, cône
spleißen épisser
Splint goupille fendue
Splint, Kegelstift, Konusbogen goupille conique
Splint, Vorstecknagel goupille
Sponsern einer Rennyacht patronage, commandite d'un régatier, sponsor
Sponsor einer Rennyacht commanditaire, patron d'un courseur, sponsor
Sponsor einer Wettfahrt commanditaire, patron d'une course, sponsor
Sportboot, Vergnügungsfahrzeug embarcation de plaisance
Sportbootführerschein brevet de pilotage de plaisance
Sportschiffahrt plaisance, navigation de plaisance
Sportschipper, Bootsführer pilote de bateau de plaisance
Sprachrohr (mit elektrischem Verstärker) porte-voix, mégaphone
Sprachrohr, Flüstertüte porte-voix, mégaphone
Spreizgaffel-Takelung gréement wishbone
Spreizgaffelketsch ketch wishbone
Sprietsegel livarde
Springstag, Genickstag (zwischen zwei Masttoppen) marocain, marquin
Springtide grande marée
Springverspätung, Alter der Gezeit âge de la marée
Spritzpistole, Presse für Dichtungsmasse pompe à calfater, pistolet de calfatage
Spritzwasserschutz pare-embruns

Sprosse, Stufe échelon
Spruce (Holz) spruce
Sprung tonture
Sprung mit Bucht nach oben tonture inversée
Spule, Windung bobine
Stababstagung (einer Rennyacht) gréement en barre
Stag étai
Stagreiter mousqueton
Stagreiter (der Fock) anstecken endrailler les mousquetons de foc
Stagreiter mit Kolbenfederverschluß mousqueton de foc à piston
Stagsegel voile d'étai
Stagsegelschoner goélette à voile d'étai
Stagspanner latte-ridoir
Stahl acier
Stahlstift (duch den Ruderschaft) paille de bitte
Stampfen tangage
stampfen und rollen, hin- und hergeworfen werden bourlinguer
stampfen, Stampfbewegungen machen tanguer
Stampfstag martingale
Stampfstock arc-boutant de martingale
Standardausrüstung équipement standard
Stander, Hausflagge guidon
Standerstock digon, hampe de fanion
ständiges Grundgeschirr corps-mort
Standlinie ligne de position, droite de position
starker Nebel (Stgr. 1) brouillard épais
starker Wind (Bft 6) fort, vent force 6
starkes Killen eines Segels battre follement en ralingue
starkes Überlegen (beim Schlingern) coup de rollis
Start départ
Start auf Backbordbug (mit Steuerbordhalsen) prendre le départ tribord amure
starten prendre le départ
Starter, als Starter einer Wettfahrt gelten considéré comme partant
Starterklappe volet de départ, starter
Startlinie ligne de départ
Startpunkt (eines Koppelkurses) point de départ
Startsignal signal de départ
Startzeit heure du départ
Startzeit einer Yacht feststellen chronométrer le départ d'un yacht
Startzone, Startvorfeld zone de départ
stauen arrimer
Stauplan plan d'arrimage
Stauraum surface de rangement
Stechzirkel pointes sèches
stecken, ausstecken (eine Leine), nachstecken laisser filer, filer
Steckschlüssel clé à douille
Steckschlüssel, Ringschlüssel clé polygonale, clé fermée contrecoudée
Steckschwert dérive sabre
Steckschwerthebevorrichtung relevage de dérive sabre
Steertblock, Block mit Hundsfott poulie à ringot
Steertspleiß épissure mixte
Stegkette maille à étai
stehende Part dormant
Stehhöhe hauteur debout sous rouf, sous barrots
Stehhöhe, Kopfraum (in der Kajüte) pleine hauteur sous barrots
stehlen voler
steif gesetzt(es Segel) hissé
steif, stramm étarqué, raidi à bloc

steifer Wind (Bft 7)
très fort, grand frais, vent force 7
Steifheit, Steifigkeit
raideur à la toile, stabilité initiale
steifholen, dichtholen raidir
steifholen, dichtholen (beim Hin- und Herholen) étarquer
steil abfallende Untiefe berge accore
steil abfallendes Ufer côte accore
steil aufsteigende Welle (See)
vague escarpée
Steilgaffelsegel
voile à faux houari, voile houarie
Steilküste côte accore
Steilküste, abschüssige Küste
côte escarpée, côte accore
Steilufer, Klippe, Kap
cap, promontoire
Steinbake tumulus de pierres
Steingut, Töpfergeschirr
vaisselier
Stek, Knoten noeud
Steuerbord tribord
Steuerbord querab
par le travers tribord
Steuerbordbug bâbord amure
Steuerbordhalsen tribord amure
Steuerbordhalsen, Backbordbug
bordée tribord amure
Steuerfähigkeit leicht und gut
douceur à la barre
steuerfrei exempte d'impôt
Steuerkette chaîne de drosse
Steuerkompaßkurs (StK)
cap au compas
Steuerkompaß compas de route
Steuermanns-Besprechung
réunion des skippeurs
Steuerrad barre à roue
Steuerreep drosse
Steuerreep, Jochleine tire-veille
Steuerruder, Pinne, Ruderpinne
barre
Steuersäule colonne de direction
Steuersäule mit Kompaß
barre à roue sur colonne avec compas
Steuerstand, Fahrstand
timonerie, poste de pilotage
Steuerstrich ligne de foi
Steuerung mit Leinen
commande par drosses
Stevenrolle, Bugrolle davier d'étrave
Stichbalken barrotin
Stift, Zapfen, Dübel goujon
Stiftbolzen boulon fileté
Stille (Bft 0) calme (ou nul), vent force 0
Stille, Windstille, zeitweises Nachlassen
accalmie, embellie
Stillstand des Niedrigwassers
étale de basse de mer
Stillstand zwischen zwei Gezeiten
étale de la marée
Stillwasserbereich, Gebiet zwischen Ebbe und Flut zone intercotidale
Stockanker ancre à jas
Stockflecken, Schimmel
mildiou
stockloser Anker ancre sans jas
Stopfbuchse presse-étoupe
Stopfbuchsenbrille gland, chapeau, couronne
stopfen, vernähen (einen Riß im Segel)
repriser par une videlle
Stopp! Aufhören!
Amarrez! Tournez comme ça!
Stopperknoten noeud de bosse
Stopperstek
noeud de bois, noeud de fouet
Stoppuhr chrono, chronomêtre
Stöpsel bouchon
stören (Seefunk) brouiller
Störung perturbation

Stoßlappen-Segelnadel aiguille à basaner
Strahlenschnitt eines Segels voile à coupe radiale, voile à coupe soleil
Strahlungsnebel brouillard de rayonnement
Strak, Decksprung tonture
Strand plage, grève
stranden s'échouer, faire côte
Strandgut, angeschwemmter Unrat objects jetés à la mer
Strandgut, angeschwemmtes Treibgut choses de flot et de mer
Strandläufer, Strandgutsammler collectionneur, pilleur d'épaves
Strandräuber vagabond de plage
Strandung échouement
strandungsgefährdet, mit Land besetzt encapé
Strandvogt, Berger von Wracks sauveteur
Strandwelle, brechende See déferlante, rouleau
stranggepreßtes Aluminium alu refoulé, aluminium épanché
Strangpreßverfahren, Strangpressung procédé de refoulement
Strecke, Kurs bord portant, route vent arrière
Streckertalje, Handtalje palan du dimanche, à main, à croc
Strecktau, Sorgleine ligne de vie
Streichhölzer allumettes
Strickleiter, Tauleiter, Jakobsleiter échelle de corde
Strom(aus)schalter, Unterbrecher disjoncteur
Strom, Strömung ruisseau
stromab en aval
stromabwärts, mit dem Strom avec le courant
stromauf fahren monter
stromaufwärts en amont
stromaufwärts von en amont de
Stromerzeuger-Anlage groupe électrogène
Stromkabbelung, Kabbelwasser clapotis, remous de marée
Stromrechner marémètre
stromrecht vor Anker liegend évité à la marée
Stromrichtung und Stromgeschwindigkeit direction et vitesse du courant
Stromtafel table des courants
Stromversetzung dérive de courant
Stromvorhalt tenir compte du courant
Stropp, Heißstropp, Tauschlinge élingue, sangle
Stumpftonne bouée plate, cylindre
Stundenglas sablier
Stundenwinkel angle horaire
Sturm (Bft 9) très violent, vent force 9
Sturm abwettern étaler un coup de vent
Sturm anzeigende Federwolken queue de cheval
Sturm ohne Regen violente tempête
Sturmberatung avis de coup de vent
Sturmfock tourmentin
Sturmglas, Barometer baromètre
Sturmgroßsegel grand-voile de cape
stürmischer Wind (Bft 8) violent, vent force 8
Sturmsegel voile de cape
Sturmspinnaker spinnaker de gros temps
Sturmstärke coup de vent et tempête
Sturmwarnung avertissement de coup de vent

Sturzsee, Brecher paquet de mer
Sturzsee, sehr hohe Welle lame de fond
Sturzseen, kurze Brecher remous
Stütze (unter Deck) épontille
Stütze, Pfeiler (unter Deck) épontille
Stütze, Stempel, Stapelstütze accore
Stütze, Strebe, Pfosten chandelier
Stützlager dossier
Suchanker, Draggen grappin
Suche und Rettung, Int. Organisation (SAR) Organisation de Recherches et de Sauvetage
suchen mit dem Draggen draguer pour retrouver
Suchhaken, Suchdraggen chatte
Suchleine, Schleppbucht drague hydrographique
südlicher Wind vent sud
Südwester suroit
Süll hiloire
Süllbereich équipet, fourre-tout, vide-poche d'hiloire
Surfbrett, Wellengleitbrett planche de surf
Surfen, Segelsurfen surf, surfing
surfen, windsurfen faire de la planche à voile
Surfer, Surferin, Segelsurfer surfeur, surfeuse
Surfschule école de planche à voile
System der Richtungsbezeichnung der Betonnung système cardinal de balisage

T

T-Eisen fer en t
T-förmige Plicht cockpit en t
Täfelung lambrissage, boisage
Tag- und Nachtgleiche équinoxe
Tag- und Nachtgleichenpunkt point vernal
Tagesanbruch lever du jour, pointe du jour
Tagesmarkierung balise de jour
Tagesrauchsignal signal fumigène de jour
Tagessegelboot (ohne Schlafkajüte) voilier de promenade
Tagessegeln voile de promenade
Tagessegler (Person) promeneur, amateur de promenade à voile
Taifun, Wirbelsturm typhon
Takelage überholen rafraîchir le portage
Takelgarn fil à surlier, fil goudronné
takeln, betakeln surlier
Takelung, Takelage gréement
Takelwerk, Takelage gréement

Takler gréeur
Takling, Betakelung surliure
Talg, Schmiermittel suif
Talje losschäkeln défrapper un palan
Talje, Schwerlasttalje palan, palan à poids lourds
Talje, Takel palan
Taljereepsknoten noeud de ride, demi-clés renversées
Tallboy trinquette tallboy, trinquette à grand allongement
Tallboy-Vorsegel tallboy, trinquette tallboy
Talwind vent de vallée
Tampen einer Leine bout de filin
Tampen mit eingebundenem Auge (wie ein Augspleiß) oeil à la flamande
tanken souter
Tanker, Tankschiff bateau-citerne
Tankerprobung, Prüfung im Testtank essai en bac
Tankstelle distributeur (d'essence), poste de carburante, station d'essence, pompe distributrice d'essence
tanzen (auf den Wellen), aus- und eintauchen ballotter
Taschenlampe lampe de poche, torche électrique
Tasse tasse
tatsächliche Leistung, Wirkleistung, Istleistung puissance effective
Tau (meteorolog.) rosée
Tau, Seil, Leine cordage, filin
Tauch(bilge)pumpe, Notlenzpumpe pompe de cale immergée, immergeable
Taucherglocke cloche à plongeur
Tauchschwingen soulèvement
tauchschwingen (eines Bootes) se soulever
Taukranz, Tauring erseau
Taupunkt (meteorolog.) point de rosée
Tauraumende eines Blockes gorge de poulie
Tauring, Tauwerksrolle glène
Tauscheibe, spiralförmig aufgeschossene Leine galette
Tauschleife, halbe Hahnepot noeud de ride, demi-clés renversées
Tausendbein, Schamfilschutz aus Garnresten fourrure
Tausendfüßler, Tausendbein (Schamfilschutz am Want) mille-pattes
Tauwerk cordage
Tauwerk bekleiden fourrer
Tauwerksabfälle vieux cordage, tronçon
Tauwerkslast soute à filin, coffre à cordage
Tauwerkstörn legen, schlagen prendre un tour
Teak teck
Teak aus Borneo ipil
Teak aus Burma teck de birmanie
Teakholz bois de teck
Teakholz, massiv teck massif
technische Vorschriften, technische (Bau)Beschreibung caractéristiques, fiche technique
technisches und seemännisches Gerät apparaux et équipements
Teer goudron
Teertuch, eingeöltes Gewebe, Persenning toile à prélart, toile goudronnée
Teil, Bestandteil, Glied brin
teilen, trennen, zerreißen se rompre, casser
Teilhaber associé
Teilhaberschaft association

Teilhaberschaft an einem Boot copropriété
Teiltief dépression secondaire
Teilzahlung acompte
Telefongespräch conversation téléphonique
Telefonnummer téléphone
Telefonverzeichnis annuaire téléphonique
Telegrammadresse adresse télégraphique
Teller assiette
Tesafilm scotch
Themseschute chalan de la tamise
Thermosflasche bouteille thermos
Tide, Gezeit marée
Tidebecken bassin d'échouage, bassin à flot
Tidenfall baissée
Tidengewässer eaux de marée
Tidenhafen, offener (Flut-) Hafen port à marée
Tidenhub marnage, amplitude de marée
Tidenmesser, Pegel marégraphe, échelle de marée
Tidensaum (an der Küste) laisse
Tidensignale signaux de marée
Tidenstieg montée
Tidenstrom courant de marée
Tidenströmung dérive de marée
Tief dépression
Tief, Sturmtief cyclone
Tief, Tiefdruckgebiet dépression, basse pression
Tiefausläufer, Schlechtwettergebiet creux barométrique
Tiefdrucksystem système dépressionaire
Tiefdrucktrog trough ou thalweg
Tiefe der See, Meeresgrund (poet.) le fond de la mer, la grande baille
Tiefenlinie (in der Seekarte) ligne de sonde, ligne de niveau
Tiefenlinie, Linie gleicher Wassertiefe ligne des sondes, isobathe
Tiefenmesser sondeur
Tiefenmessung, Tiefseemessung bathymétrie
tiefer Keel, Flossenkiel quille profonde
tiefer Luftdruck basse pression
Tiefgang tirant d'eau
Tiefgang des leeren Schiffes tirant d'eau lège
Tiefgang des segelklaren Schiffes tirant d'eau en charge
Tiefgang eines Bootes calaison, tirant d'eau d'un bateau
tiefgangbehindertes Fahrzeug navire handicapé par son tirant d'eau
Tiefgangsmarken (am Schiff) échelle de tirants d'eau
tiefgehen tirer, caler
tiefgehendes Schiff navire à grand tirant d'eau
Tiefsee, hohe See haute mer
Tiefwasserhafen port en eau profonde
Tintenfisch, Kalamaris calamare
Tisch table
Tisch (in der Plicht) table de cockpit
Tischlerarbeiten für Inneneinrichtung menuiserie, ébénisterie
Toilette toilette
Toilette ausspülen vidanger une toilette
Toilette mit Stehhöhe toilette pleine hauteur, toilette hauteur d'homme
Toilette, WC sanitaire, W.C., toilettes
Toilettenpapier papier hygiénique
Toilettenpapierhalter porte-papier de toilette

Tonfrequenz audiofréquence
Tonnage-Vermessung, Vermessung jaugeage
Tonne (Verdrängung, Masse) tonne forte
Tonne, Boje (Betonnung) bouée
Topfhalter (auf dem Kocher) serre-casserolle
Topp, Masttopp tête de mât
toppgetakelt grée en tête
Topplicht, Dampferlicht feu de tête de mât, feu (blanc) de mât
Toppmast, Stenge mât de hune
Toppsegel flèche
Toppsegelschuner goélette à hunier
Toppseitenspant, schräger Innenspant bâti en A
Toppstag étai de flêche
Topptakelung gréement en tête de mât
Topptakelung gréement, capelage, ferrures de tête de mât
Toppzeichen voyant
Törn um einen Poller tour de bitte
Tornado, Wirbelsturm tornade
total verlorengehen se perdre totalement
Totalverlust perte totale
tote Zone (Funk) zone de silence
Totenflaute, Totenstille calme plat
Totholz, Aufklotzung massif
Tourensegeln, Bootstourismus tourisme nautique
Träger, Decksunterzug serre
Trägerwelle (Funk) onde porteuse
Tragfähigkeit capacité portante, port en lourd
Tragfähigkeit (eines Bootes) limite de charge, charge limite
Tragfläche (im Wasser) aile portante, hydrofoil
Tragfläche (Tragflächenboot) aile portante
Tragflächenboot bateau à ailes portantes, à hydrofoil
Tragflügel aileron
Tragflügel, Segelprofil aile, forme d'aile
Tragflügelform en forme d'aile
Tragflügelprofil profil d'aile
Tragweite (eines Leuchtfeuers) portée
Tragweite eines Feuers portée d'un phare
trailerbarer kleiner Seekreuzer petit croiseur remorquable
trailern remorquer
Transit transit
Transozeanfahrt traversée océanique
Trapezgeschirr gréement de trapèze
Trapezhandgriff poignée de trapèze
Traveller nach Luv holen porter le chariot au vent
Traveller-Bedienungsleinen bouts de réglage de barre d'écoute
Traveller-Endbegrenzung butée de barre d'écoute
Traveller-Endstopper embout de barre d'écoute
Travellerschiene barre d'écoute
Travellerschiene für Großsegel barre d'écoute, rail de grande écoute
Travellerschlitten curseur de barre d'écoute
Travellift, fahrbarer Hebekran portique roulant, élévateur roulant
Treibanker, Dragganker, Bremsanker ancre flottante, ancre de cape
treiben dériver
treibend en dérive
Treiber (Besansegel Yawl) tapecul

Treiberbaum, Besanbaum
boute-hors de tapecul
Treibermast, Besanmast
mât de tapecul
Treibgut (auf See), über Bord geworfener Abfall
épaves flottantes, déchet
Treibriemen courroie
Treibsand, Mahlsand sable mouvant
Trennzone (Verkehrstrennungsgebiet)
zone de séparation
Trichter mit Filter entonnoir à filtre
Trimaran trimaran
Trimm (in Längsrichtung) ändern
varier l'assiette
Trimm eines Bootes (längsschiffs)
assiette (longitudinale) d'un bateau
Trimm, Trimmlage assiette
Trimmen der Fock réglage du foc
Trimmklappe trimmeur
Trinkgeld pourboire
Trinkwasser eau potable
Trinkwassererzeuger mit Sonnenernergie (Seenotgerät) alambic solaire
Triradial-Spinnaker
spinnaker triradial
Trockenbatteriezelle pile étanche
Trockendock
cale sèche, bassin de radoub
trockener, leichter Nebel
brume sèche
trockenfallen (lassen)
échouer, mettre à l'échouage
trockenfallende Höhe (über Kartennull)
cote de fond découvrant, sonde découvrante
trockenfallender Ankerplatz, Liegeplatz échouage
trockenfallender Hafen, Tidenhafen
port d'échouage
Trockenfäule carie sèche
trockengefallen in Tidengewässern
échoué au plain, échoué aux vives-eaux
Trockenheit sécheresse
trockensegelndes Boot voilier bien protégé, bien défendu
trocknen, trockenfallen assécher
Tröpfchen (Regen) gouttelette
tropfen, lecken purger, saigner
Tropfschale, Leckwanne gatte
Trosse aussière
Trossenschlag câblé
Trossenstek noeud d'étalingure
Trossenstek, Kreuzknoten
noeud d'ajut, noeud de carrick
trüber, bedeckter Himmel
ciel couvert
Trysegel, Treisegel voile de cape, grand-voile de cape
Türdrücker, Klinkrad verrou
Türkischer Bund bonnet Turc
Twist, Werg étoupe

U

über au-dessus
über alles hors tout
über Bord fallen tomber par dessus bord
über Bord gewaschen enlevé par-dessus bord, tombé à la mer
über Bord werfen (auch Abfall) jeter par-dessus bord
über Bord werfen, abwerfen (Ballast, Ladung) jeter par-dessus bord, jeter à la mer
über das Heck ankern faire croupiat
über Deck sur le pont
über Deck, in der Takelage en haut
über den ganzen Horizont sichtbares Licht, Rundumlicht feu visible sur tout l'horizon
über den richtigen Kurs hinaus luven, segeln lofer au delà de la route normale
über mittlerer Meereshöhe au-dessus du niveau moyen de la mer
über Stag gehen, wenden virer au vent, virer de bord vent devant
überbesegelt surtoilé, survoilé
Überbordwerfen jet à la mer
überbrechende See von achtern nehmen capeler une lame
überbrechende Welle déferlante
überdimensioniert surdimensionné
Überfahrt, Durchreise alignement
Überfahrt, Reise traversée, passage
überfällig en retard
Überflutung, Überschwemmung inondation
überfüllt (Kai, Hafen) encombré
Übergangsgebiet zone de transition
übergekommenes Wasser lenzen écoper
übergroße, überlange Koje couchette surdimensionnée
Überhandknoten noeud simple
Überhang élancement
Überhänge élancements
überholen (eine Leine) rafraîchir
überholen (Wegerecht) rattraper, trémater
Überholen eines Motors, einen Motor instandsetzen remettre un moteur en état
Überholen verboten trématage interdit
überholen, krängen, umschlagen (ein Boot) incliner, gîter, renverser
überholtes Fahrzeug navire rattrapé
überlappende Fock foc recouvrant
überlappende Yacht yacht engagé
überlappendes (Vor-)Segel lappant, voile antérieure lappante
Überlappung (beim Rennsegeln) engagement
Überlappung (eines Vorsegels) recouvrement
Überlappung herstellen und beibehalten (Rennen) établir et maintenir un engagement
Überlappungsbeschränkungen limitations de l'engagement
Überlappungsverbindung, Klinkerbauweise joint à clin
Überlassung eines Fahrzeugs an den Versicherer abandon, délaissement

überlasten, überladen (Batterie) surcharger
überlegen (durch Böen) bis zur Kenterlage coucher, renverser
überliegen bis zum Schandeck gîter plat-bord dans l'eau
Übernachtungsgast visiteur pour la nuit
Überquerung, Überfahrt traversée
Überschwemmung (an Land) inondation
übersegeln, überholen, totsegeln courir sur son erre
übertakelt, überbesegelt surtoilé, survoilé
Überwasserschiff, Aufbauten oeuvres mortes
Überwasserteile (eines Bootes) oeuvres mortes, bordé
Überwinterung im Wasser hivernage à flot
Überwinterungshafen port d'hivernage
Übung, Rollenmanöver exercice, pratique
Ufer, Damm, Untiefe rive, bord, berge
Uferdamm, Eindämmung digue
Uferstraße quai
UKW-Seefunkgerät radiotéléphone
Ultra-Funkelfeuer mit dauernden Ultra-Funkeln (UFkl.) feu scintillant ultra-rapide (F. su.)
Ultra-Sonar-Ortungssystem sonar ultrasonore
Ultrakurzwelle, UKW tres haute fréquence, VHF
Umdrehungen in der Minute (U/1) tours par minute
Umgang mit Segeln manoeuvre des voiles
umgekippt, gekentert chaviré
Umhüllung, Ummantelung, Isolierung chemise, gaine
umlaufende Winde vents variables
Umlenkblock poulie de retour, poulie de renvoi
Umrißlinien, Linien gleicher Wasserlinie lignes de sonde, lignes de niveau
umrunden (ein Kap) doubler (un cap)
umrunden, passieren (ein Kap) doubler un cap
Umrundung (eines Kaps) passage (d'un cap)
Umspringen des Windes saute de vent
umspringen, drehen varier, jouer, sauter
umspringen, drehen des Windes tourner
umspringender Wind sautes de vent
Umsteuerhebel levier d'inverseur
umsteuern, rückwärts gehen faire machine arrière, battre en arrière
Umsteuervorrichtung renversement, inversion de marche
umwandelbare Koje, Sofakoje couchette transformable
Umweltschutzbeitrag contribution à l'environnement
unausgeglichenes, nicht ausbalanciertes Ruder gouvernail non compensé
unbeabsichtigt durch den Wind drehen, „Eulen fangen" tomber en travers
unbewachtes Leuchtfeuer feu non gardé
Unfall, Unglücksfall, Zufall accident, cas fortuit
Unfallversicherung assurance accidents

ungeschickt arbeiten, fummeln
cafouiller, farfouiller
ungeschickter, unerfahrener Segler
éléphant
ungeteertes Werg
étoupe blanche
Universalschlüssel, Engländer
clé anglaise
unklar kommen
s'emmêler, s'entortiller
unklare Leine
manoeuvre emmêlée, entortillée
unklarer Anker ancre engagée
unklarer Propeller
hélice engagée
unsicherer Ankerplatz
mouillage peu sûr
Unsichtigkeit, Sicht unter 50 m
visibilité nulle
Unstabilität, Rankheit
sensibilité, instabilité initiale
unten und oben, unter und über Deck
en bas et en haut
unten, unter Deck
en bas
unter Deck sous le pont
unter der Kimm, gerade noch sichtbar
coque noyée
unter Motor au moteur
unter Segeln sous voiles, à la voile
unter Wasser (gesetzt), bespült von Wasser à fleur d'eau
unter Wasser (härtendes) Epoxidharz
époxy sous-marin
unterbesetzt, unterbemannt à court d'équipage, à équipage reduit
Unterbramsegel perroquet fixe
unterbrochenes Blitzfeuer
feu scintillant à occultations
unterbrochenes Feuer
feu à occultation
Unterbrochenes Feuer mit Einzelunterbrechungen (Ubr.) feu à coccultations simples (F.o.)
Unterbrochenes Feuer mit Gruppen (2) (Ubr. 2) feu à occultations groupés (F. 2o.)
unterbrochenes Feuer, Gleichtaktfeuer
feu intermittent
Unterbrochenes Funkelfeuer (Fkl. unt.)
feu à scintillements interrompus
Unterbrochenes schnelles Funkelfeuer (SFkl. unt.) feu à scintillements rapides interrompus
Unterdruck, Vakuum, luftleerer Raum
dépression
Unterdruckmesser dépressiomètre
Unterfeuer (vorderes Feuer)
feu aval, feu antérieur, feu inférieur
Untergang (eines Schiffes) naufrage
untergebolzter Kiel quille rapportée
untergehen (Schiff)
faire naufrage, couler
untergehen, auf Grund sinken
couler, aller au fond
untergehen, sinken sombrer
Unterhaltungskosten
frais d'entretien
Unterkunft im Achterschiff
emménagements arrière
Unterlegscheibe rondelle
Unterliek bordure d'une voile
Unterliek eines Segels
bordure d'une voile
Unterliek eines Segels ausholen, strecken haler dehors la bordure
Unterliek, Fußliek, Fußtau
ralingue de bordure
Untermarssegel hunier fixe
Untermast bas mât
Unterrand (von Sonne und Mond)
bord inférieur

Untersetzungsgetriebe démultiplicateur
untertakelt, unterbesegelt sous-toilé, sous-voilé
Untertasse soucoupe
Unterwant bas hauban
Unterwanten bas haubans
Unterwasseranstrich (Antifouling) auftragen peindre à l'antifouling
Unterwasserbewuchs am Rumpf salissures de la coque
Unterwasserfarbe, Bodenfarbe peinture sous-marine
Unterwasserschiff carène
Unterwasserschiff, lebendiges Werk carène, oeuvres vives
Unterwassersog, Unterstrom courant de fond, ressac
Unterwasserteil (eines Gerätes) capteur sous-marin
unterwegs, in Fahrt en route
Untiefe, Sandbank haut-fond
ununterbrochen, andauernd continu
unversichert non assuré, sans assurance
Ursprungszeugnis certificat d'origine
US-amerikanische Yachtflagge enseigne nautique américaine

V

V-Bodenform à fond en V
V-förmige Koje couchette en V
Vaseline vaseline
Ventil, Schieber soupape
Venturi-Lüfter ventilateur avec effet venturi
verankern, sicher befestigen ancrer
verankert mouillé, au mouillage
verankertes Boot schwojen lassen éviter un bateau mouillé
Verankerung mit Bug- und Heckanker embossage
Verbesserung, Verstellung (z. B. der Zündung) avance à l'allumage
Verbindung, Anschluß connection, raccordement
Verbindungskabel (bei Batterien) câble de survoltage
Verbindungskabel, Ersatzkabel câble de connexion, câble de secours
Verbindungsrohr tuyau de raccordement
Verbindungsstange tirant
Verbot interdiction
Verbrauch consommation
Verbrennung combustion
Verbrennungsofen incinérateur

verdecktes Feuer feu masqué
Verdichtung compression
verdoppeln (Leinen) doubler (les cordages)
Verdopplung (des Segeltuches) gaine, doublage
verdoppeln der Seitenpeilung doubler l'angle
Verdrängerrumpf coque à déplacement
Verdrängung, beladen déplacement en charge
Verdrängung, Verdrängungsvolumen volume de carène
Vergaser carburateur
Vergasergehäuse corps de carburateur
Vergaserlufttrichter corps de carburateur
Vergaserschwimmer flotteur de carburateur
Vergnügungsfahrzeug bateau de plaisance
Vergütung, Rennwert résultat de jauge, rating
Verholboje bouée de halage
verholen (mit Leinen, mit eigener Kraft) déhaler
verholen, längsseits anlegen an einen Kai accoster un quai, aborder à un quai
verholen, warpen (ein Boot) déhaler
Verholklampe chaumard
Verholklampe, Lippe, Lippklampe chaumard
Verholklüse filoir à oeil
Verholleine aussière de halage
Verholspill cabestan de touage
Verholwinde winch de déhalage
verjüngter Tampen cordage en queue de rat
Verjüngung effilage, conicité
Verkauf vente
Verkauf eines Bootes vente d'un navire
Verkäufer (allgemein) vendeur
Verkäufer, Kaufmann, Geschäftsmann vendeur
Verkaufspreis prix de vente
Verkehrsordnung für die Binnengewässer règlement des eaux intérieures
Verkehrstrennungsgebiet dispositif de séparation du traffic
verkeilen coincer, caler
Verklarung rapport de mer, protêt de mer
Verklarung belegen déposer le rapport de mer
Verklicker am Masttopp, Flögel girouette
Verklicker, Windrichtungsanzeiger an Bord indicateur d'allure
verkürztes Vorliek lof écourté
Verlängerungsschnur, elektrisch cordon de rallonge
verlassenes Schiff navire abandonné
verlorenen Anker suchen draguer une ancre
Verlust des Lebens, Tod perte de vie, perte d'homme
Vermesser jaugeur
Verneinend! Nein! Négatif! Non!
Verneinungsflagge (Buchstabe N) pavillon négatif
verrotten pourrir
verrottet, verfault pourri
Versaufloch, Vertiefung der Plicht baignoire de cockpit, puits de cockpit
verschiffen, verladen, versenden charger, embarquer
Verschleiß, Abnutzung usure
verschleißen, sich abnutzen s'user

verschließbar verrouillable
Verschlußstück, Fassung einer Lampe culot
verschmutztes, verunreinigtes Wasser (durch Öl usw.) eau polluée
Verschollenheit disparition
versegelte Peilung, Doppelpeilung point transporté, point par relèvements successifs
Versegelungspeilung relèvements successifs d'un même amer
verseilen commetre
Verseilen in Z-Richtung, rechtsgeschlagenes Tauwerk commettage à droite
verseilt in S-Richtung, 4. Verseilstufe, im Kabelschlag commis en grelin
verseilte Litze toron cablé, commis
versenkt sabordé
versenkte Mutter écrou noyé
versenkter Anker ancre enfouie
versenkter Griff poignée noyée
versenktes Schiff navire gabordé
versetzte Standlinie droite de relèvement déplacée
versetzter Steuerstrich (um 45°) ligne de foi à 45 degrés
Versetzung, Richtung (des Stromes) dérive, direction du courant
versichern assurer
versichern auf Zeit assurer pour un temps déterminé
versichern gegen Diebstahl assurer contre le vol
versichern gegen Feuer assurer contre l'incendie
versichern gegen jede Gefahr assurer contre tout risques
versichern gegen Kriegs- und Minengefahr assurer contre les risques de guerre et de mines
versichert bei assuré auprès de
Versicherung gegen Kriegsgefahren assurance contre les risques de guerre
Versicherung von persönlichem Eigentum assurance des effets personnels
Versicherungsbescheinigung certificat d'assurance
Versicherungsfall cas d'assurance
Versicherungsmakler courtier d'assurance
Verstanden! (Seefunk) Roger!
verstärkter Längsverband renfort longitudinal
verstärktes Polyesterharz polyester armé, renforcé
versteifen, verstreben, stützen se braquer
verstellbare (taktische) Kompaßrose rose réglable
verstellbare Schotleitöse filoire d'écoute réglable
verstellbarer Anschlag butée réglable
verstellbarer Schotholepunkt, Schotschlitten curseur réglable
verstellbarer Schraubenschlüssel clé à molette
verstellbarer Zeitschalter minuterie réglable
verstellbarer, regulierbarer Unterliekstrecker point d'écoute réglable, bosse d'empointure réglable
verstellbares Schothorn point d'écoute réglable
Verstellpropeller (verstellbare Steigung) hélice à pas réglable
Verstellschlüssel (Engländer) clé anglaise
Verstellschraube, Einstellschraube vis de réglage

verstopfter Luftfilter
filtre à air encrassé
Verstopfung encrassement
vertörnt, voller Kinken
entortillé, torsadé
vertreiben, abtreiben
dériver, partir à la dérive
vertrimmen (ein Segel)
trop border (une voile)
Verwaltung administration
verwandelbare Sofakoje
banquette-couchette
Verwendungsmöglichkeit
domaine d'application
Verwindung eines Segels
dévers d'une voile
Verwitterung
altération par les intempéries
verzinken zinguer, galvaniser
verzollen dédouaner
vier Strich achteraus, 45° achterlicher als querab par la hanche
Vierhundertsiebziger, 470er
quatre soixante dix, 470
vierkant festgemacht amarré à quatre
vierkantiger Platting tresse carrée
Vierkantmutter écrou carré
Vierkanttoppsegel flèche bômé
Vierkantvertäuung mouillage à quatre
Viermastbark quatre-mâts barque
Viermaster quatre mâts
Viermastschuner quatre mâts goélette
Vierstrichpeilung
relèvement à 4 quarts
Viertel, achteres Viertel, Achterschiff
hanche
Viertelkompaßstrich quart de rhumb
Vierteltonner (Boot, Pokal)
quart de tonne
Viertelwind, Vierungswind, Backstagswind vent par la hanche
Vierung, Quadratur, Mondviertel
quadrature
Violinblock
poulie à violon
Visum visa
Vizekommodore (eines Clubs)
vice-commodore
voll (mit Wind) gefülltes Segel
voile gonflée
voll ausgerüstet armé au complet
voll ausgerüstet zum Fahrtensegeln
entièrement armé en croisière
voll stehende Segel haben
avoir les voiles gonflées
voll und bei près et plein
voll Wasser gesogenes Holz
bois imprégné, imbibé d'eau
vollautomatisch
entièrement automatique
Volle Fahrt (... Kraft) zurück!
En arrière toute!
Volle Fahrt (..Kraft) voraus!
En avant toute!
volle Stehhöhe (unter dem Aufbau)
hauteur debout sous rouf
volle Stehhöhe (unter dem Deck)
plein hauteur sous barrots
voller segeln als den richtigen Kurs
laisser porter au-dessous de la route normale
volles Vorschiff à étrave droite
Vollgas, mit Vollgas à plein gaz
völlige Windstille, Flaute calme plat
Völligkeitsgrad der Konstruktionswasserlinie coefficient de ligne de flottaison
Völligkeitsgrad der Ladewasserlinie
coefficient de remplissage à la flottaison
Vollmatrose gabier
Vollschiff trois-mâts carré

volltanken remplir un réservoir
Voltmeter voltmètre
Volumen, Rauminhalt, Literinhalt eines Motors cylindrée
vom Kiel zum Flaggenkopf
de la quille à la pomme du mât
vom Steg, Kai ablegen
appareiller du quai
vom Wind abgefallen
au portant, aux allures portantes
von außen eingestoßen, eingedrückt
défoncé
von der Quarantäne befreien
donner la libre pratique
von der See her depuis le large
von der Tide beeinflußt, behindert
retenu par la marée
von innen nach außen gelegte Buchten
glène filante
von Luv auf etwas zusegeln
approcher vent arrière
vor Anker au mouillage
vor Anker liegen, fest verankert sein
être au mouillage
vor Anker schaukeln, stampfen
ballotter au mouillage
vor Anker treiben
chasser sur son ancre
vor dem Sturm laufen
fuir devant la tempête
vor dem Wind
vent arrière, vent portant
vor dem Wind kreuzen
virer des bords vent arrière
vor dem Wind laufen
courir vent arrière
vor dem Wind nach Lee segeln
courir sous le vent, naviguer sur la panne
vor dem Wind segeln
courir, naviguer, faire route vent arrière
vor Topp und Takel à la cape
vor Topp und Takel lenzen
fuir à sec de toile
vor Topp und Takel, mit nacktem Rigg
à la cape sêche, à sec de toile, à mâts et à cordes
vor Topp und Takel, treibend
à sec de toile, à la cape sèche
voraus, vorwärts, nach vorn
en avant, devant, sur l'avant
Vorausfahrt, Restfahrt voraus erre
vorausholen, schralen (des Bordwindes) refuser
vorausschleppen remorquer en flèche
Vorauszahlung payement d'avance
Vorbereitungssignal (Regatta)
signal d'avertissement
Vorbramsegel petit perroquet
Vordeck, Vorderdeck
pont avant, plage avant
Vorderkajüte poste avant
Vorderkajüte cabine avant, poste avant
Vorentwurf (einer Bauzeichnung)
étude
Vorfuß brion
vorgereckt (Tauwerk) pré-étiré
vorgerecktes Tauwerk
cordage à faible étirement
vorherrschende Winde
vents dominants
vorherrschender Wind vent dominant
Vorhersage, Wettervorhersage
prévisions
Vorkante des Vorstevens, Galion
taillemer
Vorland, Vorgebirge promontoire
vorlastig, kopflastig calé sur l'avant, sur le nez, canardant
Vorleine, Bugleine amarre avant
Vorleinenklampe
taquet d'amarrage avant

vorlich, am/im Vorschiff liegend à l'avant, sur l'avant
vorlicher als querab sur l'avant du milieu, sur l'avant du maître-bau
Vorliek guindant, envergure
Vorliekspannung tension de guindant
Vorliekstrecker étarqueur, halebas de guindant
Vorliektau ralingue de guindant
Vorlukkappe, vorderer Lukendeckel panneau, capot d'écoutille avant
vorm Bug vorbeilaufen couper la route sur l'avant d'étrave
vorn avant
Vorpiek coqueron avant
Vorratsraum, Vorratsspind, Deckskϋche cambuse
Vorschiff (auf Yachten) poste avant
Vorschiff, Bug avant
Vorschiffskoje couchette de poste avant
Vorschlaghammer, Maker masse
Vorschotmann, -frau focquier, focquière
Vorschuß, Handgeld avance
Vorsegel voile d'avant
Vorsegel mit Fußrah voile d'avant bômée
Vorsegelbaum bôme de trinquette
Vorsegeldreieck triangle avant
Vorsicht (im Umgang)! Attention!
Vorspring, vordere Spring garde descendante
Vorstag étai de tête de mât
Vorstag mit Rollreffanlage étai enrouleur, étai à rouleau
Vorstagsegel trinquette
Vorstagsegel mit Fußrah trinquette bômée
Vorstand, ausführendes Organ (eines Clubs) conseil de direction, comité exécutif
Vorsteven étrave
Vorwärts! Fahrt voraus! En avant!
Vorwind-Leistungsfähigkeit performance au portant, aux allures portantes
Vorwindkurs, Vor(m)windsegeln alllure de vent arrière

W

Wache an Deck quart en haut
Wache antreten, übernehmen prendre le quart
Wache um Wache, Zweiwachensystem quarts à courir
wachen, beobachten, überwachen veiller
Wachmannschaft (Crewmitglieder) bordée
Wachs cire
wachsen, bohnern, zunehmen cirer
Wachtörn (z. B. 4 Stunden) quart
Wachtposten, Mann (Frau) einer Wache homme de veille
wahre Abfahrtszeit heure vraie de départ
wahre Ankunftszeit heure vraie d'arrivée
wahre Höhe hauteur vraie
wahrer Horizont, wahre Kimm horizon rationel, horizon vrai
wahrer Wind vent réel
Wal baleine, cachalot
Walboot baleinière
Walfangboot, Walfänger chasseur de baleine
Walfänger baleinier
Walfangmutterschiff, Walkocherei baleinier-usine
Walschule, Schule von Walen banc de baleines
Walzterminal embout serti, terminaison sertie
Wange eines Blockes joue de poulie
Want hauban
Wantangriffstelle am Mast capelage
Wantenhänger latte-ridoir
Wantenspanner ridoir, latte-ridoir, latte à tous
Wantenspanner mit Auge und Gabel ridoir à chape et oeil
Wantenspanner mit zwei Augen ridoir à deux oeils
Wantenspanner, Spannschraube ridoir
Wantenterminal mit Gewinde embout de hauban à tige filetée
warme (Meeres)Strömung courant chaud
Wärmetauscher échangeur de chaleur
Warmfront front chaud
Warmsektor secteur chaud
Warnlicht, Kontrollicht feu d'avertissement
Warnschuß coup d'attention
Warnsignal, Gefahrensignal signal de danger
Warnung für Kleinfahrzeuge avertissement aux petites embarcations
Warpanker, Wurfanker ancre à jet
warpen touer
Warpen, Bootsbewegung mit Wurfankerhilfe déhalage sur ancre
Warpen, Verholen, Treideln déhalage, halage
Warpleine, Verholleine aussière de halage
Warschau von oben! Vorsicht an Deck! Deckung! Tout le monde en bas!
Waschbecken lavabo
Waschbord, Setzbord brise-lames, fargue
Waschraum salle d'eau

Wasser machen im Überwasserschiff présenter une fuite d'eau, fuir, faire eau
Wasser machen im Unterwasserschiff avoir une voie d'eau, faire eau, fuir, faire eau
Wasser (Trinkwasser) übernehmen faire de l'eau
Wasser(tank)boot bateau-citerne
Wasserballast lest liquide
wasserdicht imperméable
wasserdicht, regendicht étanche
wasserdichte Kleidung tissu imperméable
wasserdichte Plicht cockpit étanche
wasserdichter Lukendeckel panneau étanche
wasserdichter Raum compartiment étanche
wasserdichtes Nieten rivetage étanche
Wasserdichtigkeit étanchéité
Wasserdruck pression hydrostatique
Wasserfahrzeug embarcation, bateau
Wasserfläche, stehendes Gewässer plan d'eau
Wasserflugzeug hydravion
Wasserfront bord de l'eau
Wassergang (an Deck), Ablaufrinne gouttière
Wasserhahn robinet à eau
Wasserhahn, Zapfhahn robinet
Wasserhimmel ciel d'eau
Wasserhose, Wolkenbruch trombe
Wasserkessel, Kochkessel bouilloire
Wasserklosett toilette, sanitaire
Wasserkühlung refroidissement à eau
Wasserlinie, Schwimmwasserlinie flottaison, ligne de flottaison
Wasserlinien (hohle) im Achterschiff coulée arrière
Wasserlinienlänge longueur de la flottaison, à la flottaison
Wassermantel, Kühlmantel chemise d'eau
Wasserpaß bande de flottaison
Wasserplatz aiguade
Wasserpumpe pompe à eau
Wasserschlauchtrommel boyau enrouleur
Wasserspiegel, Wasserhöhe ligne de hautes-eaux
Wasserstag sous-barbe
Wasserstandslinie, Tidegrenze laisse de haute-mer
Wasserstrahl, Druckwasserstrahl jet d'eau
Wasserstraße, Fahrrinne voie navigable
Wasserstraßenamt service des cours d'eau
Wassertank réservoir à eau
Wassertank im Kiel réservoir à eau de quille
Wassertiefe hauteur d'eau, profondeur
Wasserverdrängung déplacement
Wasserwandern auf Binnengewässern tourisme fluvial
Wasserwirbel, Strudel tourbillon, remous
Wattenmeer, Untiefen hauts-fonds
Wattstützen béquilles
Webeleinen (der Wanten) enfléchures
Webeleinengut quarentenier
Webeleinenstek demi-clé
Wechselfeuer feu alternatif
Wechselstrom courant alternatif
Wechselstromgenerator alternateur
weg von, draußen, auf der Höhe von au large de
Weg, Fahrt erre
Wegerecht droit de priorité, priorité
Wegerechtsregel règles de route

Wegerechtsschiff, nicht ausweichpflichtiges Schiff navire privilégié
Wegerechtsyacht yacht prioritaire, yacht privilégie
Wegerungsplanke vaigre
wegfieren, laufen lassen filer
wegnehmen, aushängen rentrer, déposer, dégréer
weiten Abstand halten prendre du tour, déborder, contourner à distance
weiß blanc
weiße Bö grain blanc, grain sec
weiße Schaumkronen moutons
weißes Licht feu blanc
weißes Mastlicht feu blanc de mât
weißes Rundumlicht feu blanc horizon
Welle arbre
Wellenbereich(Funk), Frequenzbogen gamme d'ondes
Wellenbewegung mouvement des vagues
wellenbildender Widerstand résistance de rencontre, résistance de forme
wellenförmige Strömung courant ondulé
Wellenfrequenz fréquence d'onde
Wellenfront front de l'onde, front de la vague
Wellengeschwindigkeit vitesse de houle
Wellengleiten (eines Bootes) hydroplanage, surfing (navire)
Wellenlänge (Funk) longueur d'onde
Wellenmesser ondemètre
Wellenneigung déclivité de la houle
Wellenperiode période de la houle
Wellenprofil, Wellenlinie profil de la houle
Wellenreiten (mit Brett) surf, surfing
wellenreiten, surfen surfer
Wellenreiter surfeur
Wellental creux de vague
Wellenwiderstand résistance due aux vagues
Wellenzug train d'ondes
Weltumsegelung, Erdumsegelung circumnavigation
Weltumsegler, Erdumsegler circumnavigateur
Weltzeit (UT) temps universel (TU)
Weltzeit UTC temps universel, temps GMT
Wendebecken bassin d'évitage
Wendegetriebe marche arrière
Wendekreis (z. B. des Krebses) tropique
wenden virer de bord, virer de bord vent devant
wenden, über Stag gehen virer de bord vent devant
Wenden, Überstaggehen (Manöver) virement de bord (vent devant)
wendende Yacht yacht virant de bord
Werft chantier (naval)
Werkbank établi
Werkstatt atelier
Werkstatt für Motorwartung atelier pour les revisions de moteur
Werkstattzeichnung dessin d'exécution
Werkzeugkasten, Baukasten kit, nécessaire, trousse
wesentlich benachteiligte Yacht (Regatta) yacht notablement lésé
West ouest
westlich occidental, de l'ouest
westlich von à l'ouest de
westliche Mißweisung déclinaison ouest
Westwind vent d'ouest

Wetter erlaubend temps le permettant
Wetter(an)zeichen signes du temps
Wetter, Witterung temps
Wetteränderung changement du temps
Wetterbedingungen conditions météorologiques, état du temps
wetterbehindert, vom Wetter zurückgehalten bloqué par le gros temps
Wetterberater prévisioniste
Wetterbericht observation météorologique
Wetterbericht mit mittelfristiger Wettervorhersage prévisions à moyenne échéance
Wetterbericht, Wettermeldung bulletin météorologique
Wetterberichtssendung émission météorologique
wetterbeschädigt battu par la mer
wetterbewehrt, wetterbehindert retenu par le temps
Wetterdienst bureau météorologique
wetterfest résistant aux intempéries
Wetterglas, Barometer baromètre
wetterhart, see-erfahren battu par les intempéries
Wetterkarte carte météorologique
Wetterseite, Luvseite bord au vent, bord du vent
Wettersymbole (international) symboles météorologiques
Wetterverschlechterung aggraviation
Wettervorhersage bulletin, prévision météorologique
Wetterzeug, Wetterbekleidung prélart, cagnard
Wettfahrt beenden finir une course
Wettfahrt, Regatta régate
Wettfahrtkurs, Regattabahn parcours
Wettfahrtleitung comité de course
Wettsegelbestimmungen règles de course
wettsegeln auf Dreieckskurs courir autour des bouées
Wickelgarn, Trensgarn fil à congréer
Widerstand traînée
Wie verstehen Sie mich? (Seefunk) Comment recevez-vous?
Wiederaufnehmen, Wiederholen (aus dem Wasser) reprise
Wiedererlangung (eines Gegenstandes) récupération
Wiederholen Sie bitte Ihr Rufzeichen! Dites de nouveau votre indicatif d'appel!
Wiederholen Sie bitte! Dites de nouveau!
Wiederholungsflagge répétiteur
Wiederkehr période
Wimpel flamme
Wind fühlen, „riechen“ tâter le vent
Wind von vorn, gegen den Wind vent debout
Wind(geschwindigkeits)messer anémomètre
Wind(richtungs)pfeil flèche de vent
Wind-Kältegefühl refroidissement éolien
Windbahn aire de vent
Windbahn, Windbereich zwischen Luv- und Leeküste fetch du vent
Winddrehung saute de vent
Winde, Winsch winch
Windeisen für Gewindebohrer porte-taraud, tourne-à-gauche
winden, wickeln enrouler
Windenverholkopf tambour, poupée de guindeau
Windfaden (am Segel) penon
Windfahne, Verklicker girouette
Windfahne, Wetterfahne girouette

Windfahnen-Selbststeueranlage girouette automatique, régulateur d'allure
Windfahnenkopf pomme de girouette
Windfänger, Luftfänger oreille d'âne
Windgewölk varech
windiges Wetter temps venteux
Windjammer, Großsegler navire à voile, grand voilier
Windkanal soufflerie
Windkarte carte des vents
Windrose rose des vents
Windsack manche à air, saucisson
Windschatten cone de déventement
Windschutzscheibe pare-brise
Windschutzscheibe aus Glas pare-brise de verre
Windsee mer du vent
Windstärke (Bft) force du vent
Windstärke 10 grand vent, tempête
Windstärke 3 petite brise
Windstärke 7 grand frais
Windstärke 8 coup de vent
Windstärke 9 fort coup de vent
Windstärkenskala échelle de force du vent
Windstern, Winddiagramm diagramme anémométrique
Windstille, windstill, ruhig calme
Windstoß coup de vent
Windstoß, der zur Kenterung führt rafale couchante
Windsurfer véliplanchiste
Windversetzung fardage
Windvierung auf der Luvseite hanche au vent
Windwelle in engen Gewässern clapotis, clapot
Windwolke nuage de vent
Winkel équerre
Winkeleisen cornière
Winkeltransporteur rapporteur
Winsch mit Antrieb oben (am Kopf der Trommel) winch à manivelle, winch à manivelle en tête
Winsch mit Antrieb unten (am Fuß der Trommel) winch levier, à levier en pied de poupée
Winsch mit Bodenantrieb winch à manivelle en pied de poupée
Winsch mit Kopfantrieb winch à manivelle (en tête)
Winschen, nebeneinander montiert und betrieben winches montés en série
Winschentrommel poupée de winch
Winschentrommelkopf tête de poupée de winch
Winschkopf chapeau d'un winch
Winschkurbel levier, manivelle
Winschkurbeltasche gousset de manivelle de winch
Winschtrommel poupée de winch
Winterlagerkosten frais d'hivernage
Winterliegeplatz in der Halle hivernage au sec, remisage au sec
Wintersonnenwende solstice d'hiver
Wippe, Jolltau, einfach geschorener Klappläufer cartahu simple, cartahu
Wirbel, Windhose centre-oeil
Wirbel, Wirbelschäkel, Kettenwirbel émerillon
Wirbelblock mit Klinkschloß poulie à mousqueton orientable
Wirbelhaken, Drehhaken croc orientable, croc à émerillon
Wirbelsturm, Wasserhose, Tornado tornade
Wirbelwind, Windhose tourbillon (d'air)
wirkliche Entfernung distance réelle
Woche semaine
wöchentlich hebdomadaire

wogend, schwellend houleux
wogende See mer houleuse
Wölbungstiefe (eines Profils) flèche
Wölbungstiefe (eines Segels) creux d'une voile, creux, localisation, importance du creux
Wolkenhöhe, untere Wolkengrenze plafond
Wrack épave
wrack werden, Schiffbruch erleiden, scheitern faire naufrage
Wrack, ständig über Wasser épave toujours découverte
Wrack, ständig unter Wasser épave couverte
Wrackbezeichnung marque d'épave
Wrackdieb, Strandräuber pilleur d'épaves
Wrackteile, Schiffstrümmer débris, épaves
Wracktrümmer, Wrackgut restes d'épaves
wriggen (mit 1 Riemen), skullen (mit 2 Riemen) godiller
Wriggriemen godille
Wriggrundsel trou de godille
Wulstbug avant à bulbe
Wulstkiel quille à bulbe
Wurfanker, Verholanker ancre à jet
Wurfleine ligne d'attrape
Wurfleine, Hievleine va-et-vient

Y

Yacht (eine) anpreien héler un yacht
Yacht als Protestgegner yacht visé (par une réclamation)
Yacht auf einem Bug yacht sur un bord
Yacht in einer Wettfahrt yacht en course
Yacht, Segelboot, Sportfahrzeug yacht, bateau de plaisance
Yachtbeiboot annexe de yacht, tender
Yachtbeiboot, Beiboot canot, youyou de yacht
Yachteigner propriétaire d'un yacht
Yachten auf entgegengesetztem Bug yachts sur des bords opposés
Yachten auf gleichem Bug yachts sur les mêmes bords
Yachtflotte flotte de plaisance
Yachthafen port de plaisance
Yachtheck arrière à voûte
Yachtkonstrukteur architecte de yachts, architecte naval
Yachtmakler, Schiffsmakler courtier
Yachtmatrose, Yachtbootsman matelot de yacht

Yachtseemannschaft
usages de la plaisance
Yachtsegler, Sportsegler
plaisancier
Yachtseglerin, Sportseglerin
plaisancière
Yachtsport auf Binnenrevieren
plaisance fluviale
Yachttauwerk cordage marin
Yachtwerft
chantier de construction de yachts
Yard, Längenmaß (0,914 m) verge
Yawl (mit ungeteiltem Vorsegeldreieck)
yawl, sloup à tape-cul
Yawl (mit unterteiltem Vorsegeldreieck) yawl, cotre à tape-cul
Yawl mit Hochtakelung
yawl bermudien
Yawl mit Kutter-Vorsegeln
cotre à tape-cul,
yawl gréé en cotre
Yawl, Anderthalbmaster
yawl, sloup à tape-cul
yawlgetakelt gréé en yawl

Z

Z-Antrieb transmission en Z
Z-Drehung (beim Tauwerk), rechtsgeschlagen commettage à droite, toronnage à droite
Z-Drehung (beim Verseilen), rechtsgeschlagenes Tauwerk
cordage commis à droite
Zahlenwimpel flamme numérique
Zahltisch, Zähler
comptoir, plan de travail
Zahnrad pignon, roue d'engrenage, roue dentée
Zahnrad(ruder)quadrant
secteur denté
Zapfen, Bolzen fémelot
Zapfen, Drehzapfen tourillon
Zapfen, Stift, Nagel
axe, goupille, clavette
Zapfhahn, Gewindebohrer taraud
Zeichenbrett, Reißbrett
planche à dessin
Zeichnung eines Koppelkurses
tracé à l'estime
Zeigerarm, Alhidade (Sextant) alidade
Zeising, Beschlagzeising
raban, raban de ferlage
Zeising, Zurring
amarrage, aiguillettage
Zeit(plan) einer Seefunksendung
horaire de transmission
Zeitbegrenzung für den Zieldurchgang
limite de temps pour finir
Zeitcharter affrètement à temps
Zeitgleichung équation du temps
Zeitnehmer (der Besatzung)
chronométreur (équipier)

Zeitplan, Fahrplan horaire
Zeitschalter, elektrisch interrupteur à minuterie
zeitweise brennendes Feuer feu occasionnel
Zeitzone fuseau horaire
Zenit zénith
Zenitabstand distance zénithale
Zephyr, milder Westwind zéphyr
zerreißen fasseyer
zerspringen, zerbrechen, bersten casser, rompre, briser
Zickzackbewegung, Zickzackkurs course en zigzag, mouvement en zigzag
Zickzackkurs laufen zigzaguer
Zickzacknaht points zigzag
Zickzacknietung rivetage en quinconce
ziehen (ein Segel) porter
Ziehklinge racloire, vastringue
Ziellinie ligne d'arrivée
Ziellinie kreuzen franchir la ligne d'arrivée
Zimmermannsknoten, Balkenstek noeud de bois, d'anguille
Zink zinc
Zinkschutzplatte, Opferanode anode de zinc
Zinn étain
Zoll (als Amt) douane
Zollabfertigung dédouanage, dédouanement
Zollabgabe, Zoll droits de douane
Zollagent agent en douane
Zollamt bureau de douane
zollamtlich abgefertigt dédouané, avoir été soumis aux formalités en douane
Zollbeamter douanier, agent de douane
Zollformalitäten formalités en douane
zollfrei exempt de droits de douane
Zollordnung règlements de douane
Zollverschluß, unter Zollverschluß en entrepôt, sous fermeture de douane
Zonenzeit heure du fuseau
zu kaufen gesucht on recherche
zu Wasser lassen (... bringen) lancer, mettre à l'eau
Zubehör (-teil) accessoire
zudecken, abdecken couvrir
Zufall, Unfall, Unglücksfall cas fortuit, accident
zufällig accidentel
Zug, Hol, Ziehen hale
Zugang (zu einem Revier oder Hafen) atterrages, approches, abords
Zugang zu accès à
Zugang, Vorschiffslinien façons de l'avant
Zugangsschleuse écluse d'accès
Zügel, Hahnepot bride, patte d'oie
zuhalten, auf etwas zusteuern arriver, abattre, mettre le cap sur
zum Kentern liegen, kurz vor dem Kentern sein engagé
zum Schiffswesen gehörend naval
Zündflamme (am Kocher) flamme témoin
Zündkerze bougie
Zündpunkteinstellung avance à l'allumage
Zündung vorstellen avancer l'allumage
Zunehmen des Mondes croissement de la lune
zur Seefahrt gehörend, seefahrend maritime, marin
zurren, beibinden, beiholen aiguilleter, brider, génoper
zurren, festzurren, (an)laschen frapper, saisir, amarrer
zurren, zeisen amarrer, aiguilleter

Zurring saisine, amarrage, aiguillette
Zurück! En arrière!
Zurück! Rückwärts! En arrière!
zurückdrehen dévirer
zurücksetzen, achteraus fahren, davonlaufen sortir en culant, sortir en marche arrière
zurücktreiben acculer
Zuruf um Raum zum Wenden demander de l'eau pour virer
zusammenklappbares Boot berthon, canot en toile, canot pliable
zusammenlegbarer Tisch table escamotable
Zusammenstoß abordage, collision
zusammenstoßen mit faire collision avec
zusammenstoßen mit einem Schiff, unklar kommen entrer en collision avec un navire
Zusatzbatterie, Verstärkerbatterie batterie d'appoint, batterie de survoltage
Zweibeinmast, A-Mast mât bipode
Zweimann-Besatzung équipage en double
Zweimannjolle dériveur en double
zweiter Hilfsstander second substitut
Zwillingsblöcke, am Kopf verbunden poulies jumelées, poulies siamoises
Zwischenstecker, Verbindungsstück allonge, adapteur
Zwischenstrich (am Kompaß) point collatéral
Zylinderkopf culasse
Zylinderlaufbuchse chemise de cylindre
Zylinderreihe rangée de cylindres

A

à bâbord nach Backbord
à bas régime
niedrige Tourenzahl, bei n. T.
à bord an Bord
à bord d'un navire
an Bord eines Schiffes
à bordé uni, à bordé franc
karweelgebaut
à bouchain vif multiple
Multiknickspant
à cardans internes
kardanische Aufhängung eingebaut
à charge, non privilégié
ausweichpflichtig(es Schiff oder Boot)
à clins geklinkert
à contre back
à contrebord, sur amures opposées
auf entgegengesetzten Bugen
à couple, le long du bord, côte à côte
längsseits, Bord an Bord
à court d'équipage, à équipage reduit
unterbesetzt, unterbemannt
à étrave droite volles Vorschiff
à fleur d'eau unter Wasser (gesetzt), bespült von Wasser
à flot auf dem Wasser schwimmend, flott
à flot flott, schwimmend
à fond en V V-Bodenform
à fourmir avant (quantième)
Anzeigenschluß (Datum)
à franc-bord karweel, kraweel
à grain fin feinkörnig
à gréement aurique, gréé à corne
gaffelgetakelt
à gros grain grobkörnig
à haut régime hohe Tourenzahl, bei hoher Tourenzahl
à l'avant, sur l'avant
vorlich, am/im Vorschiff liegend
à l'étranger
im Ausland befindlich, auswärts
à l'intérieur binnenbords
à l'ouest de westlich von
à la barre am Ruder
à la cape beigedreht
à la cape vor Topp und Takel
à la cape courante
beiliegen unter Sturmsegel
à la cape sèche
Beidrehen (Segelschiffsausdruck)
à la cape sêche, à sec de toile, à mâts et à cordes vor Topp und Takel, mit nacktem Rigg
à la hauteur de querab
à larges baux genau querab
à marée descendante, au jusant
Ebbzeit, während der Ebbe
à mi-drisse halbstocks, halbmast
à oeil mit Auge
à pic auf und nieder
à pic in Stagrichtung, auf und nieder
À pic! Ankerkette auf und nieder!
à plein gaz Vollgas, mit Vollgas
à pont plat, à pont ras
Backdecker, mit Backdeck
à pont ras glatt gedeckt, mit Glattdeck
à pont ras, à pont plat
Glattdecker, ohne Kajütaufbau
à portée de voix
in Rufweite, in Hörweite
à sec de toile, à la cape sèche
vor Topp und Takel, treibend
à terre an Land, am Ufer
à travers de l'avant quer vorm Bug
à tribord nach Steuerbord

à un mât einmastig
abandon Aufgabe eines (sinkenden, treibenden) Fahrzeugs
abandon, délaissement Preisgabe, Abtretung eines Schiffes, Überlassung eines Fahrzeugs an den Versicherer
abandonner une ancre Anker (einen) aufgeben
abandonner, quitter aufgeben, verlassen
abattre en carène (Boot) zur Reinigung auf die Seite legen
abattre en carène kielholen zur Bodenreinigung
abattre, arriver, laisser porter abfallen, nachlassen
abattre, laisser porter abdrehen
abîmer une surface Oberfläche (eine) beschädigen
abordage, collision Zusammenstoß
abouter anstecken, festmachen, biegen
abrasif Schleifmittel
abréviation Abkürzung
acajou Mahagoni-Holz
acajou moulé à froid, ployé kalt verformtes Mahagonisperrholz
accalmie, embellie Stille, Windstille, zeitweises Nachlassen
accastillage de pont, petit accastillage Decksbeschläge
accastillage, ferrures marines Bootsbeschläge, Eisenwaren
accélération Beschleunigung
accepter, recevoir abnehmen, entgegennehmen
accès à Zugang zu
accessoire Zubehör (-teil)
accident, cas fortuit Unfall, Unglücksfall, Zufall
accidentel zufällig
accidents maritimes Schiffsunfälle
accore Stütze, Stempel, Stapelstütze
accostage Anlaufen einer Pier, Anlegen
accostage Docken, Eindocken
accoster festmachen, im Hafen anlegen
accoster un quai, aborder à un quai anlegen am Kai
accoster un quai, aborder à un quai verholen, längsseits anlegen an einen Kai
acculement, relevé des varangues Aufkimmung
acculer zurücktreiben
accusé de réception Bestätigung des Empfangs
acétone Aceton
acétylène (gaz a.) Acetylen
achat Einkauf
achat d'un navire Kauf eines Bootes
acidimètre Säuremesser
acier Stahl
acier à haute résistance hochwertiger Stahl, hochbelastbarer Stahl
acier forgé Schmiedestahl
acier inoxydable, inox rostfreier Stahl, Nirosta, Niro
acier soudé Schweißstahl
acompte Teilzahlung
acoustique akustisch, hörbar, verständlich
acte de guerre Kriegseinwirkung
acte de nationalisation, acte de francisation Schiffsregisterbrief, Schiffszertifikat
acte de propriété Eigentumsnachweis
action à distance Fernwirkung
action d'une force Kraftwirkung
adaptation d'antenne Antennenanpassung
adhésion d'un membre, effectif des membres Mitgliedschaft

adiabatique
adiabatisch, ohne Wärmeaustausch mit der Umgebung
Adieu-vat'! Envoyez! Ree!
administration Verwaltung
administration du port
Hafenverwaltung
administratuer, directeur, exécutif
Funktionär, Vorstandsmitglied
adonner raumen (des Windes)
adopter annehmen, einführen
adresse poste restante
Adresse postlagernd
adresse télégraphique
Telegrammadresse
aérateur champignon Pilzkopflüfter
aérateur, ventilateur dorade
Dorade-Lüfter
aérateur, ventilateur, manche à air
Lüfter, Ventilator
aéroglisseur Luftkissenfahrzeug
aérophare Flugfunkfeuer
aéroport de sortie Abflughafen
affaler une voile
schnell fieren, einfach fallenlassen
affichage digital Digitalanzeige
Affirmatif! Richtig! Ja! bejahend
affirmation Bestätigung
affolement de l'hélice Durchgehen, Blindschlagen des Propellers
affranchir la cale
Bilge lenzen bis zum Lenzschlagen
affranchir une voie d'eau
gewinnen über ein Leck
affrètement à temps Zeitcharter
affrètement, location
Chartern, Charterung
affrètement, location sans équipage
Chartern eines Bootes ohne Mannschaft
affréter, louer
Boot (ein) chartern, mieten
âge de la marée
Springverspätung, Alter der Gezeit
agent en douane Zollagent
aggraviation Wetterverschlechterung
agir en bon marin seemännisch richtig arbeiten, entscheiden
agir en bon plaisancier seglerisch, seemännisch sich gut verhalten
aide à la navigation
Navigationshilfsmittel
aide au relevage
Kippvorrichtung (des Außenborders)
aide-cuisinier Kochgehilfe
aiguade Wasserplatz
aiguille schroffer Felsen
aiguille Segelnadel
aiguille à basaner
Stoßlappen-Segelnadel
aiguille de gicleur Düsennadel
aiguilleter, brider, génoper
zurren, beibinden, beiholen
aiguillettage Musing, Bändselung
aiguillettage, bridage
Beifangen, Anreihen
aiguillette, amarre Bändsel, Taljereep
aiguillot Fingerling, aufrechter Zapfen
aile portante
Tragfläche (Tragflächenboot)
aile portante, hydrofoil
Tragfläche (im Wasser)
aile, forme d'aile Tragflügel, Segelprofil
aileron Tragflügel, Flosse
aileron anti-roulis
Schlingerdämpfungsflosse
aileron de gouvernail
Ruderleitflosse, Skeg
aileron porte-lest, quille
Ballastkiel, Schiffskiel, Kielflosse
aimant Magnet, Magnetstab
air léger, vent léger, brise léger
Leichtwetter, leiser Zug

aire de flottaison Schwimmebene
aire de vent Windbahn
aire de vent, quart Kompaßstrich
ajuster, régler einstellen, regulieren
alambic solaire Trinkwassererzeuger mit Sonnenernergie (Seenotgerät)
alésage Bohrung
aléser aufbohren, ausbohren
alidade Alhidade, Peillineal
alidade Zeigerarm, Alhidade (Sextant)
alidade (à miroir) Kompaßdiopter, Azimutspiegel
alidade à lunette Alhidade mit Fernrohr
alignement Deckpeilung
alignement Reichweite
alignement Überfahrt, Durchreise
alignement des feux Feuer in Deckung
alignements Richtbaken
alizés Passat
allège Kahn, Lastkahn
allégeance, handicap, temps rendu Ausgleich, Vorgabe, Handicap
aller à terre an Land gehen
alliage Legierung
alliage d'aluminium Aluminiumlegierung
allure de vent arrière Vorwindkurs, Vor(m)windsegeln
allonge de barre Ausreithaltestab zur Ruderpinne
allonge de barre Pinnenverlängerung
allonge, adapteur Zwischenstecker, Verbindungsstück
allongement Ansichtsverhältnis (Höhe zu Breite)
allongement sur trame Schuß(faden)streckung
allumettes Streichhölzer
allumoir Feueranzünder, Gasanzünder
allure Kurs zum Wind
allure de grand largue raum-achterlich(er Wind)
allure du petit largue raum-seitlich(er Wind)
allure du vent de travers, vent de travers Dwarswindsegeln, Segeln mit halbem Wind
altération par les intempéries Verwitterung
alternateur Wechselstromgenerator
altitude (absolue) Höhe über Normalnull, Höhe ü.d. Meeresspiegel
altitude au-dessus du niveau de la mer Höhe über dem Meeresspiegel, Höhe über NN
alu refoulé, aluminium épanché stranggepreßtes Aluminium
aluminium Aluminium
aluminium coulé, fonte d'aluminium Aluminiumguß
amariner un équipier, un équipage Segler für eine Saison anheuern
amarrage Festmachen
amarrage en étrive Augbändsel, Herzbändsel
amarrage en portugaise Kreuzzurring
amarrage, aiguillettage Zeising, Zurring
amarre Festmacherleine
amarré à quatre vierkant festgemacht
amarre avant Vorleine, Bugleine
amarre de couteau Bordmesserbändsel, Messerbändsel
amarre en double, amarre passée en double Sliptau (für Muringboje)
amarrer belegen, festmachen, vertäuen
amarrer à couple längsseits festmachen
amarrer à quai festmachen an einem Kai
amarrer à quatre festmachen zu vier Seiten, in Vierkant-Vertäuung

amarrer sur l'arrière
Heck voran festmachen
amarrer sur l'avant
Bug voran anlegen
amarrer un bateau Boot festmachen
amarrer, aiguilletter zurren, zeisen
Amarrez! Tournez comme ça!
Stopp! Aufhören!
âme Kern (in Glasharz), Formträger
âme de fibre de verre en sandwich
Kernmaterial von Kunststoff-Sandwich
âme, mêche Kern, Seele
aménagement
Einrichtung, Unterbringung
aménagements, emménagements
Einrichtungen, Wohnräume
amende Geldstrafe
amener les voiles Segel bergen
amener une grand-voile
Großsegel bergen, herunternehmen
amener une voile Segel fieren
amer Landmarke
amiral Admiral
amirauté Admiralität
amortisseur à ressort
Gummispanner, Spanngummi
amplitude de marée Tidenhub
amplitude en morte eau Nipptidenhub
amplitude moyenne en morte eau
mittlerer Nipptidenstieg
amplitude moyenne en vive eau
mittlerer Springtidenstieg
amure (point d'...)
Hals(horn) eines Segels
amure de foc, point d'amure de foc
Fockhals
amure, point d'amure
Hals (eines Segels)
amurer Hals anschlagen
amurer une voile
Hals eines Segels anschlagen
ancre à jas Stockanker
ancre à jet
Warpanker, Wurfanker, Verholanker
ancre à pic Anker(kette) auf und nieder
ancre à verge pleine
Anker mit massivem Schaft
ancre arrière Heckanker
ancre au vent Luvanker
ancre Britany
Britany-Anker, schwerer Plattenanker
ancre champignon
Schirmanker, Pilzanker
ancre claire klarer Anker
ancre d'affourche, affourche
Reservebuganker
ancre d'empenelle Kattanker
ancre Danforth, ancre à bascule
Danforth-Anker
ancre de bossoir Buganker
ancre de fortune
Notanker, Behelfsanker
ancre de jusant Ebbanker
ancre de l'amirauté, ancre à jas
Admiralitätsanker, Stockanker
ancre de mouillage fixe
Hafenanker, Muringanker
ancre de temps normal
Arbeitsanker, Hauptanker
ancre enfouie versenkter Anker
ancre engagée unklarer Anker
ancre flottante Seeanker, Treibanker
ancre flottante, ancre de cape
Treibanker, Dragganker, Bremsanker
ancre pénétrante eingegrabener Anker
ancre sans jas stockloser Anker
ancre soc, ancre CQR Pflugscharanker
ancrer verankern, sicher befestigen
anémomètre
Wind(geschwindigkeits)messer
angle d'attaque
Anstellwinkel, Anströmwinkel

angle d'incidence Einfallswinkel, Anströmwinkel
angle d'intersection Schnittwinkel von (zwei) Standlinien
angle de danger Gefahrenwinkel
angle de dérive de vent Abtriftwinkel
angle de gîte Krängungswinkel
angle de roulis Rollwinkel
angle de tire Leitwinkel (der Schot)
angle horaire Stundenwinkel
angle horaire à Greenwich Greenwicher Stundenwinkel
anguiller Nüstergatt, Wasserlaufloch in Bodenwrange
année civile Kalenderjahr
année de construction Baujahr
anneau d'écartement Abstandsring
anneau de bourrage Dichtungsring
anneau de halage, anneau d'étrave Bugauge
anneau de remorquage Schleppring
anneau fendu, anneau brisé Kolbenring, Spaltring
annexe de yacht, tender Yachtbeiboot
annonce Anzeige (in einer Zeitung)
annonce à la voix Ankündigung im Sprechfunk
annonce gratuite kostenlose Anzeige
annonce par ligne Kleinanzeige
annuaire téléphonique Telefonverzeichnis
annulation Aufhebung (einer Wettfahrt)
annulation de message Annullierung, Widerruf einer (Seefunk-) Meldung
anode de zinc Zinkschutzplatte, Opferanode
anodiser eloxieren
antenne Lateinrah, Rute
antenne radar Radarantenne
antenne, aérien Antenne
anti-gel Frostschutzmittel
anticyclone Hoch, Hochdruckgebiet
antihoraire linksdrehend, linksgängig
antirouille, enduit antirouille rostschützend(er Anstrich)
aperçu Antwortwimpel
aperçu Ausblick, Aussicht, Übersicht
apiquer un espar anpieken (eine Spiere)
apiquer un espar Spiere auftoppen
apparaux de mouillage Ankergeschirr
apparaux et équipements technisches und seemännisches Gerät
appareil à gouverner Ruderanlage, Rudergeschirr
appareil, apparaux, dispositif Gerät, Getriebe, Geschirr
appareiller absegeln, auslaufen, Fahrt aufnehmen
appareiller à la voile segelklar machen, unter Segel gehen
appareiller d'un mouillage ablegen von einer Boje
appareiller du quai vom Steg, Kai ablegen
appareiller ankerauf gehen
appel Ruf, Anruf, Signal
appel à toutes les stations Sammelanruf an alle Funkstellen
appel de détresse Notruf, Mayday-Ruf
appeler anrufen (im Seefunk)
applique Innenleuchte (mit Knie)
appontement Bootssteg
appontement Pier (Kai senkrecht zum Ufer)
apprendre la voile segeln lernen
approcher vent arrière von Luv auf etwas zusegeln
après-midi Nachmittag
arbre Welle
arbre à came Nockenwelle, Steuerwelle

arbre à vis sans fin, serpentin Schneckenwelle
arbre d'entraînement, arbre moteur Antriebswelle
arbre long Langschaft (eines Außenborders)
arbre manivelle, vilebrequin Kurbelwelle
arbre porte-hélice, arbre d'hélice Schwanzwelle, Propellerwelle
arbre porte-hélice Propellerwelle, Schraubenwelle, Schwanzwelle
arc Durchbiegung nach oben, Aufbuchtung
arc boutant de losange Diamantspreize
arc-boutant de martingale Stampfstock
arc-en-ciel Regenbogen
arcasse Heckspant (beim Holzschiff)
arceau de mâtage Mastkurve
architecte naval Schiffskonstrukteur
architecte de yachts, architecte naval Yachtkonstrukteur
architecture navale Schiffbaukunst
ardence Luvgierigkeit
argent comptant Bargeld
argile, glaise Lehm, Ton
ariser reffen (ein Segel)
armateur Schiffseigner
armé au complet voll ausgerüstet
armé en course hauturière ausgerüstet für Hochseeregatten
armé en croisière ausgerüstet zum Fahrtensegeln
armé en promenade ausgerüstet für Tagesfahrten
armé pour habiter à bord ausgerüstet für Langzeit-Bordleben
armement Ausrüsten, Indienststellung
armer en croisière hauturière ausrüsten zum Hochseesegeln
armer un bateau Boot in Dienst stellen
armer une sonde à main Handlot (ein) auswerfen
armer, équiper, gréer ausrüsten
arraisonner (un navire) entern, borden (Polizei und Marine)
arrêté par le vent eingeweht, von ungünstigen Winden aufgehalten
arrière achtern
arrière hinter, achter
arrière à tableau Plattgattheck, Spiegelheck
arrière à voûte Yachtheck
arrière de canoé Kanuheck
arrière droit senkrechter Achtersteven
arrière rond Rundgattheck
arrière, tableau (arrière) Achterschiff, Heck, Spiegel
arrière-bassin inneres Hafenbecken
arrière-bec Achterpiek
arrière-port Binnenhafen, Innenhafen
arrimer stauen
arrivée Ankunft
arriver, abattre, mettre le cap sur zuhalten, auf etwas zusteuern
articulé klappbar (mit Scharnier oder Gelenk)
artimon Besan(segel)(Ketsch)
artimon de cape, goélette de cape Gaffeltreisegel
artimon, brigantine Besan, Briggsegel
artimon, mât d'artimon Achtermast
aspirant, challenger Herausforderer (im Rennsegeln)
aspiration, succion Ansaugen
assèchement de la cale Ausösen, Lenzen der Bilge
assécher trocknen, trockenfallen
assez fort, vent force 5 frische Brise (Bft 5)
assiette Teller

assiette Trimm, Trimmlage
assiette (longitudinale) d'un bateau Trimm eines Bootes (längsschiffs)
association Teilhaberschaft
association des propriétaires Klassenorganisation
associé Teilhaber
assortiment de l'exposition Ausstellungsprogramm
assurance accidents Unfallversicherung
assurance contre la responsabilité civile Haftpflichtversicherung
assurance contre les risques de guerre Versicherung gegen Kriegsgefahren
assurance des effets personnels Versicherung von persönlichem Eigentum
assurance maritime Seeversicherung
assurance sur corps Kaskoversicherung
assuré auprès de versichert bei
assurer versichern
assurer contre l'incendie versichern gegen Feuer
assurer contre le vol versichern gegen Diebstahl
assurer contre les risques de guerre et de mines versichern gegen Kriegs- und Minengefahr
assurer contre tout risques versichern gegen jede Gefahr
assurer pour un temps déterminé versichern auf Zeit
assureur maritime Seeversicherer, Versicherungsgesellschaft
astre, corps céleste Gestirn, Stern, Himmelskörper
astronomie nautique astronomische Navigation
atelier Werkstatt
atelier pour les revisions de moteur Werkstatt für Motorwartung
atteindre la position mât par le travers Position „Mast querab" herstellen
atteindre une île Insel erreichen, auf eine Insel zulaufen
Attention! Vorsicht (im Umgang)!
atterrages, approches, abords Zugang (zu einem Revier oder Hafen)
atterrir landen, anlegen
atterrir à l'estime Land ansteuern mit Koppelkurs
atterrissage Landfall
atterrissage à l'estime Landfall nach gegißtem Besteck
attestation, certificat Bescheinigung
au bas ris dicht gerefft
au-dessus oberhalb
au-dessus über
au-dessus de la route normale höher als der richtige Kurs
au-dessus du niveau moyen de la mer über mittlerer Meereshöhe
au large de weg von, draußen, auf der Höhe von
au large de, à la hauteur de auf der Höhe von, querab (von)
au largue auf Raumschotskurs
au loin, au vent, au côte du vent luvwärts, nach Luv
au milieu mittschiffs, in Kielrichtung, in der Mitte des Schiffes
au milieu (latéralement ou longitudinalement) querschiffs, dwars (gerichtet)
au moteur unter Motor
au mouillage vor Anker
au plafond (du rouf) oben, über Kopf, darüber
au plus près hoch am Wind
au portant, aux allures portantes vom Wind abgefallen

au portant, vent arrière auf Vorwindkurs
au près am Wind, beim Wind
au près bâbord amure am Wind auf Steuerbordbug
au près bon plein Amwindkurs, Segel voll und bei
au près tribord amure am Wind auf Backbordbug
au vent luvwärts
au vent d'une côte an einer Leeküste
au vent de luvwärts von
au vent droit derrière, plein vent arrière platt vor dem Wind
aube, aurore Morgendämmerung
audiofréquence Tonfrequenz
auloffée Luven, Anluven (eines Bootes)
aurores boréales Nordlicht
aussière Trosse
aussière d'ancre Ankertrosse
aussière de halage Warpleine, Verholleine
aussière en quatre im Wantschlag geschlagenes Tauwerk
auto-redresseur Selbst(wieder)aufrichten
autorité du port Hafenbehörde
autovideur selbstlenzend(e Plicht)
avale-tout Block für zwei Schoten
avale-tout Laufrolle, Rolle
avance Vorschuß, Handgeld
avance à l'allumage Verbesserung, Verstellung (z. B. der Zündung)
avance à l'allumage Zündpunkteinstellung
avancer l'allumage Zündung (die) vorstellen
avant Vorschiff, Bug
avant vorn
avant à bulbe Wulstbug
Avant babord! Ab Backbord!
avant-bassin äußeres Hafenbecken
avant-cale Ablaufbahn-Ende
avant-port Außenhafen
avarie Havarie
avarie, dommage Schaden
avec frais payable mit Kosten
avec le courant stromabwärts, mit dem Strom
averse Regenschauer
averses de pluie Regenfall, Regenschauer, Niederschlag
avertissement aux petites embarcations Warnung für Kleinfahrzeuge
avertissement d'ouragan Orkanwarnung
avertissement de coup de vent Sturmwarnung
avertisseur de brume (à air comprimé) Preßluftnebelhorn
aveugler une voie d'eau Leck stopfen
aviron Riemen, Bootsriemen
aviron télescopique Ausziehriemen, zusammensteckbarer Riemen
avis Beratung
avis aux navigateurs Nachrichten für Seefahrer
avis aux petites embarcations Ratschläge für Kleinfahrzeuge
avis d'accalmie, avis d'annulation Entwarnung (Aufhebung einer Sturmwarnung)
avis de coup de vent Sturmberatung
aviso Avisoboot
avocat Anwalt
avocat de droit maritime Anwalt, Richter im Seerecht
avoir de l'erre in Fahrt sein
avoir des ratés fehlzünden, eine Fehlzündung haben
avoir du contre-arc, s'affaisser par le milieu durchbiegen, durchsacken

avoir le pied marin
Seebeine haben
avoir les voiles gonflées
voll stehende Segel haben
axe de chape, boulon goupillé, manillon
Schäkelbolzen
axe transversal, clavette transversale
Querkeil
axe, goupille, clavette
Zapfen, Stift, Nagel
axiomètre, indicateur d'angle de barre
Ruder(lage)anzeiger
ayant de l'erre Fahrt machen
azimut Azimut
azimut gonio(métrique)
Funkazimut (FuAz)

B

bâbord Backbord
bâbord amure Backbordhalsen
bâbord amure Steuerbordbug
bac Fährboot
bac à accus Batteriekasten
bac à câble Kettenfähre, Seilfähre
bac, bateau de passage Fähre
bâche, taud, prélart Persenning
bagages Gepäck
bague, buselure Buchse
baie Bucht, Bai, Meeresbucht
baignoire de cockpit, puits de cockpit
Versaufloch, Vertiefung der Plicht
baignoire, cockpit Plicht
baille à mouillage Ankerkasten
bain de soleil
Platz zum Sonnenbaden (an Deck)
baissée Tidenfall
baisser pavillon Flagge streichen
baisser une pavillon
Flagge niederholen
bajoyer Schleusenmauer
baladeuse Kabellampe
balancier
Ausleger (eines Auslegerbootes)
balanciers, cardans
Kardanringe, kardanische Aufhängung
balancine Dirk
balancine de tangon de spi
Spinnakerbaum-Aufholer
balcon arrière Heckkorb
balcon avant Bugkorb
baleine, cachalot Wal
baleinier Walfänger
baleinier-usine
Walfangmutterschiff, Walkocherei
baleinière Walboot
balisage Ausbaken, Bebakung
balise
Bake, landfestes Seezeichen
balisé betonnt
balise avec voyant
Bakentonne mit Toppzeichen
balise de jour Tagesmarkierung
balise lumineuse Leuchtbake
balise radar Radarbake

balise radar répondeuse Radarantwortbake
baliser ausbaken, bebaken
ballotter tanzen (auf den Wellen), aus- und eintauchen
ballotter au mouillage vor Anker schaukeln, stampfen
balsa Balsaholz
bambou Bambusrohr
bananier Banana-Boot
banc d'essai Prüfstand
banc de baleines Walschule, Schule von Walen
Bancs de Terreneuve Neufundlandbänke
bande Schlagseite
bande de flottaison Wasserpaß
bande de ris Reffleiste für Bindereff
bande latérale unique, BLU Einseitenband
bande, gîte Schlagseite
banquette Bank, Sitzbank, Werkbank
banquette longitudinale Längsschiffssitz(bank)
banquette-couchette verwandelbare Sofakoje
baptême de la mer Jungfernfahrt (eines Seekreuzers)
baptême de mer Probefahrt, Jungfernfahrt
barbotin Kettennuß, Kettenmitnehmer
barbotin, poupée Kettennuß, Kettenscheibe (auf Winsch oder Spill)
baril Faß, Tonne
baromètre Barometer, Sturmglas, Wetterglas
baromètre anéroide Druckdosenbarometer
barométrique barometrisch
barque, troits-mâts barque Bark, Dreimaster
barrage Damm, Deich
barre Barre, Sandbarre
barre Steuerruder, Pinne, Ruderpinne
barre (franche) de secours Notpinne
barre à drosses Kettenpinne
barre à roue Radsteuerung
barre à roue Steuerrad
barre à roue sur colonne avec compas Steuersäule mit Kompaß
barre à tire-veille Ruderjoch
barre amarrée Pinne festgesetzt
barre ardente Luvgierigkeit
barre d'arcasse Heckbalken
barre d'écoute Großschotleitschiene, Leitwagen
barre d'écoute Großschotleuwagen, Travellerschiene
barre d'écoute, rail de grande écoute Travellerschiene für Großsegel
barre de cabestan Spillspake, Handspake
barre de flèche Saling
barre de flèche de losange Diamantsaling
barre de flot Flutwelle (heftig, plötzlich)
barre de gouvernail Ruderpinne
barre de sable Sandbarre
Barre dessous! Nieder das Ruder! (Pinne nach Lee!)
Barre dessus! Pinne nach Luv! Pinne nach oben!
barre franche Pinne, Ruderpinne
barre molle leegierig
barre relevable hochklappbare Pinne
Barre sous le vent! Barre dessous! Pinne nach Lee! Pinne nach unten!
Barre toute à bâbord! Pinne hart nach Backbord!
Barre toute à tribord! Pinne hart nach Steuerbord!

Barre toute au vent!
Pinne hart nach Luv!
Barre toute au vent! Pinne hart auf!
Barre toute au vent! Pinne hart über!
Barre toute sous le vent! Envoyez!
Pinne hart nach Lee! Ree!
barrer, tenir la barre du bateau à voile
Boot (ein) segeln, ein Segelboot steuern
barreur, homme de barre
Rudergänger, Bootssteuerer
barrière de récifs Dammriff, Riffbarre
barrotin Querbalken
barrotin Stichbalken
bas de drisse textile, bas de drisse
Fasertautampen eines Falls
bas hauban Unterwant
bas haubans Unterwanten
bas mât Untermast
basse mer de morte eau
Nippniedrigwasser
basse pression tiefer Luftdruck
bassin Becken, Hafenbecken
bassin Hafenbecken
bassin à flot
Flutbecken, Schleusendock
bassin à flot Flutbecken, Fluthafen
bassin à flot Tidebecken
bassin d'échouage Tidebecken
bassin d'essai Prüftank, Schlepptank
bassin d'essai Schleppversuchsbecken
bassin d'évitage Wendebecken
bassin de radoub Trockendock
bassin de radoub, cale de carénage
Platz für Überholungsarbeiten, Reparaturbecken
bastaque Backstag, Priwenter
bastaque simple Jolltau mit Mantel
bateau à aileron de quille et de safran
Flossenkieler mit Leitkopfruder
bateau à ailes portantes, à hydrofoil
Tragflächenboot
bateau à arrière pointu
Doppelender (Boot)
bateau à bouchains vifs
Knickspantboot
bateau à déplacement lourd
schwerer Verdränger
bateau à faire soi-même
Selbstbau-Boot
bateau à fond plat Plattbodenboot
bateau à moteur à vendre
Kaufangebot für Motorboote
bateau affrété avec équipage
Charterboot mit bezahlter Besatzung
bateau d'occasion gebrauchtes Boot
bateau de course, coursier Rennyacht
bateau de course-croisière
Hochseerennyacht
bateau de croisière Fahrtenyacht
bateau de loch Logscheit
bateau de plaisance
Vergnügungsfahrzeug
bateau de promenade
offenes Boot für Tagesfahrten
bateau de sauvetage
Seenotrettungsboot
bateau en détresse Boot in Seenot
bateau en plastique, en fibre de verre
Kunststoffboot
bateau loué, bateau affrété
Charterboot, gechartertes Boot
bateau mixte, motor-sailer
Motorsegler
bateau neuf neues Boot
bateau vraiment marin
seetüchtiges, seefähiges Boot
bateau, embarcation
Boot, Fahrzeug, Wasserfahrzeug
bateau-citerne Tanker, Tankschiff
bateau-citerne Wasser(tank)boot
bateau-feu Feuerschiff
bateau-phare Feuerschiff (F-Sch.)

bateau-pilote Lotsenfahrzeug
bateau-pompe Feuerlöschboot
batelier, marinier Seemann, Fährmann, Kahnschiffer
bathymétrie Tiefenmessung, Tiefseemessung
bâti Rahmen, Fassung
bâti en A Toppseitenspant, schräger Innenspant
bâtiment remorqué geschlepptes Fahrzeug
bâtiment remorqueur schleppendes Schiff, Schlepper
bâtiment, embarcation Fahrzeug, Schiff
bâton de foc Klüverbaum
bâton de pavillon Bugflaggenstock, Flaggenstock
battant de pavillon Flaggenlänge, auswehender Teil
batterie d'accu, batterie électrique Akkumulatoren-Batterie, Sammlerbatterie
batterie d'accumulateurs Batterie, Akku
batterie d'accumulateurs Sammlerbatterie, Akkumulatorenbatterie
batterie d'appoint, batterie de survoltage Zusatzbatterie, Verstärkerbatterie
batterie d'accu Sammlerbatterie
battre follement en ralingue starkes Killen eines Segels
battre pavillon Allemagne Flagge (deutsche) führen, unter dtsch. Flagge segeln
battre pavillon français französische Flagge führen
battre pavillon, envoyer un pavillon Flagge führen, Flagge setzen
battre, battre en ralingue knallen, schlagen (eines Segels)
battu par la mer wetterbeschädigt
battu par les intempéries wetterhart, see-erfahren
bau à la flottaison Breite in der Wasserlinie
bau, barrot Decksbalken
bauquière Balkweger
beau temps günstiges Wetter
beaupré Bugsprit
bec Schneide, Spitze (einer Ankerflunke)
béquille de bôme Baumstütze, Baumschere
béquilles Wattstützen
ber, berceau Bootsbock, Bootswagen
berge accore steil abfallende Untiefe
bernaches Entenmuscheln, Seepocken
berthon, canot en toile Faltboot, Boot aus Segeltuch
berthon, canot en toile, canot pliable zusammenklappbares Boot
berthon, canot pliable Faltboot, faltbares Beiboot
bicône Rhombus
bidon Kanister
bidon en fer-blanc Blechkanister
bief Kanalstrecke zwischen zwei Schleusen
bielle Pleuelstange, Schubstange, Kolbenstange
bien armé, bien gréé, bien équipé gut ausgerüstet
big boy Leespinnaker, Big Boy
biquille Doppelkiel, Kimmkiel (am Seekreuzer)
biquille Kimmkieler, Doppelkieler, Seekreuzer mit Kimmkielen
biseau Schmiege, Anschrägung
biseauter, chanfreiner anschrägen, abkanten
bitord Schiemannsgarn, Takelgarn

bitte Poller, Beting
bitte d'amarrage Festmachepoller, Poller
bitte de remorquage Schleppoller
bitte en croix Kreuzpoller
bitte jumellée, bitton jumelé Doppelpoller
blanc weiß
blizzard, tempête de neige Schneesturm
blooper Blooper (Raumballon)
bloqué par le gros temps wetterbehindert, vom Wetter zurückgehalten
bloqueur, stoppeur d'écoute Schotenstopper
bobine Spule, Windung
boeuf de conserve Rindfleisch in Dosen
bois contre-plaqué Sperrholz
bois de teck Teakholz
bois imprégné, imbibé d'eau voll Wasser gesogenes Holz
bois vernis Holzteile (die gepflegt werden müssen)
boiserie, menuiserie Holzwerk, Holzbearbeitung
boîte Dose
bol Schale
bôme Baum
bôme de flèche Fußrah eines Gaffeltoppsegels
bôme de foc Fockbaum
bôme de trinquette Fußrah (eines Vorsegels), Vorsegelbaum
bon réglage des voiles guter Segeltrimm
bonne remontée au vent gute Kreuzeigenschaften
bonnet Turc Türkischer Bund
bonnete de grand miroir Blende (am Sextanten)
bonnette Leesegel (auf einem Rahsegler)
Bons vents! Guten Wind!
bord Bordrand, Bord, Brett
bord au grand largue raum-achterlicher Kurs
bord au petit largue raum-vorlicher Kurs
bord au près, au plus près Schlag, Kreuzschlag, Amwindkurs
bord au vent Luvseite
bord au vent de travers raum-seitlicher Kurs
bord au vent, bord du vent Wetterseite, Luvseite
bord d'attaque Anströmkante, Windanschnittskante
bord de fuite Ablaßkante
bord de l'eau Wasserfront
bord de largue Raumschotsstrecke, Raumschotskurs
bord de louvoyage au près, au plus près Kreuzkurs
bord inférieur Unterrand (von Sonne und Mond)
bord portant, route vent arrière Strecke, Kurs
bordage Planke
bordage à clins Klinkerbeplankung
bordage abouté Plankenstoß
bordage de bouchain Kimmplanke
bordage uni, bordage à franc-bord Karweelbeplankung
bordé Beplankung
bordé à contre backgeschotet
bordé exterieur Außenbeplankung
bordée Wachmannschaft (Crewmitglieder)
bordée tribord amure Steuerbordhalsen, Backbordbug
bordée, bord Kreuzschlag, Amwindstrecke
border beiholen (ein Segel), Schot weiter zuholen

border à contre, prendre à contre backschoten (ein Segel), backholen
border une voile à poste Segel anholen
border, raidir une écoute Schot (eine) dichtholen
bordure Fußliek, Segelkante, Unterliek
bordure d'une voile Unterliek eines Segels
bordure libre loses Unterliek
borne de batterie Batterieklemme
bosco Bootsmann
bosse d'amure de ris Reffleine am Segelhals
bosse d'embarcation Bootsschleppleine, Bootsfangleine
bosse d'empointure Bändsel
bosse d'empointure de ris Reffleine
bosse d'empointure de ris, bosse de ris Reffbändsel
bosse de point d'amure Halsbändsel
bosse de point d'écoute Schothornbändsel
bosse de point d'écoute, bosse d'empointure Schothornaufholer
bosse de ris Reffstander für Schmeerreep
bosse de tente Sonnensegelbändsel
bossoir Davit, beweglicher Bootskran
bossoir d'embarcation Bootsdavit
botte de marin, botte de mer Seestiefel
bouchain Kimm, Kimmknick
bouchain Kimmrundung
bouchain rond Rundspant, runde Kimm
bouchain vif Knickspant
bouche-porage Füllung, Einschuß (z.B. Sandwich-Segel)
bouche-pores Füllstoff, Füllmasse
bouchon Korken, Stöpsel
bouchon de nable Ablaßschraube
bouchon de nable Ablaßstopfen
bouée Tonne, Boje (Betonnung)
bouée à espar Spierentonne
bouée à fuseau Bakentonne
bouée à gong Gongtonne
bouée à reflecteur radar Seezeichen mit Radarreflektor
bouée conique, cône Spitztonne
bouée couronne Rettungsring
bouée d'atterrissage Ansteuerungstonne
bouée de corps-mort Ankerboje
bouée de halage Verholboje
bouée de jonction Kreuztonne
bouée de passe Fahrwassertonne
bouée de sauvetage Rettungsboje
bouée de veille Markierungsboje
bouée en fer à cheval Hufeisen-Rettungsring
bouée en fer à cheval avec feu Rettungsboje U-förmig mit Licht
bouée lumineuse Leuchttonne
bouée plate, cylindre Stumpftonne
bouée sonore à cloche Glockentonne (Gl-Tn.)
bouée sonore à sifflet Heultonne (Hl-Tn.)
bouée sphérique, disque Kugeltonne
bouée tonne, tonne Faßtonne
bouffée de vent leichter Luftstoß, Windstoß
bouge de barrot Deckswölbung, Decksbalkenbucht
bouge de pont Balkenbucht
bouge, courbe du bouge konvexe Krümmung des Decks
bougie Zündkerze
bouilloire Wasserkessel, Kochkessel
boulard, bitte d'amarrage Poller, Belegpoller
boule noir schwarzer Ball, Signalball, Ankerball

boulon Bolzen
boulon à tête carrée
Schloßschraube mit Vierkantkopf
boulon à tête hexagonale, boulon six-pans Sechskantbolzen, Bolzen mit Sechskantkopf
boulon de quille Kielbolzen
boulon fileté Stiftbolzen
boulon traversant Durchsteckbolzen
boulonnage traversant
durchgehende Befestigung
boulonné à travers
durchgehender Bolzen
bourlinguer stampfen und rollen, hin- und hergeworfen werden
bourrelet d'étambrai Mastkragen
bout de cordage effiloché aufgedrehter, aufgescheuerter Tampen
bout de filin Tampen einer Leine
bout épissée
Rückspleiß, spanischer Takling
bout surlié betakeltes Ende
bout-par-bout Gegenrichtung
boute-hors de tapecul
Treiberbaum, Besanbaum
boute-hors de tapecul, queue de malet
Heckausleger (bei Zweimastern)
bouteille Flasche
bouteille de gaz Gasflasche
bouteille thermos Thermosflasche
boutique de fournitures maritimes
Schiffsbedarfsfachgeschäft
bouts de réglage de barre d'écoute
Traveller-Bedienungsleinen
boyau enrouleur
Wasserschlauchtrommel
braie, jupe d'étambrai Mastkragen
bras Arm (eines Ankers)
bras Brasse (einer Rah)
bras de spi Spinnaker-Achterholer
brasse Faden, Tiefenmaß 1,83 m
brassière Rettungsring
bretelle Gurt, Gürtel, Halteband
brevet de pilotage de plaisance
Sportbootführerschein
bric-à-bric, bois de charpente
Schnittholz, Gerümpel
brick Brigg
bricoleur
Bastler, Praktiker, Mann für alles
bridé Flanschanschluß, angeflanscht
bride de fixation Klemmfassung
bride, patte d'oie Zügel, Hahnepot
brider recken, kreuzzurren
brides soudées
Schweißflansch
bridge-deck Brückendeck
brin Teil, Bestandteil, Glied
brion Griff, Vorfuß (eines Bootes)
bris, rupture, cassure
Bruch, Beschädigung
brisants
blinde Klippen, Wellenbrecher
brise Brise, leichter Segelwind
brise de mer Seewind
brise de terre Landwind
brise-glace Eisbrecher
brise-lames
Hafendamm, Wellenbrecher
brise-lames, fargue
Waschbord, Setzbord
brisements (des flots)
Brecher, Brandung, Sturzsee
brises folles mallende, unstetige, umspringende Winde
broche Spindel, Achse
bronze Bronze
bronze de canon Rotguß
brosse à dècalaminer Kohlenbürste
brosse à récurer Schrubber
brosse métallique à manche
Drahtbürste

brouillage Funkstörung, Peilstörung
brouillard mäßiger Nebel (Stgr. 2)
brouillard d'évaporation Nebelnässen
brouillard de rayonnement Strahlungsnebel
brouillard épais starker Nebel (Stgr. 1)
brouillard marin Seenebel
brouillard mattinal (de rayonnement) Frühnebel
brouillard tenu dünner Nebel (Stgr. 3)
brouillard très épais dicker Nebel (Stgr. 0)
brouiller stören (Seefunk)
bruine Nieseln
bruiner nieseln
brumassant neblig, dunstig
brumasse Nebel, Dunst, Nieselregen
brume dichter Nebel
brume mouillée feuchter Nebel
brume sèche trockener, leichter Nebel
brume sèche, brumasse Dunst, dünner Nebel
brumeux nebelig, trübe
bulle Blase (im Gelcoat)
bulletin de la maison Hauszeitschrift
bulletin météorologique Wetterbericht, Wettermeldung
bulletin, prévision météorologique Wettervorhersage
bureau de douane Zollamt
bureau hydrographique international Internationales hydrographisches Büro (Monaco)
bureau météorologique Wetterdienst
burette Ölkanne
burette à huile Ölkanne
buse Düse, Mundstück
butée de barre d'écoute Traveller-Endbegrenzung
butée réglable verstellbarer Anschlag

C

C'est exact! Das ist richtig!
C.Q.R., ancre charrue Pflugscharanker
caban Bordjacke, Matrosenjacke
cabestan Ankerspill (aufrechtstehende Welle)
cabestan Spill, Ankerspill (mit vertikaler Welle)
cabestan de touage Verholspill
cabillot de ratelier Belegnagel, Koffeynagel
cabin-abri, rouf-abri Plicht mit Zeltdach
cabine à rouf Kofferkajüte, Kajüte im Decksaufbau
cabine à teugue erhöhter Kajütaufbau
cabine arrière Achterkajüte
cabine avant, poste avant Vorderkajüte
cabine double Doppelkammer, Zweibettkammer
cabine mal aérée, cabine mal ventilée miefige, ungelüftete Kajüte

cabine simple Einzelkammer, Einbettkammer
cabinier, ponté Kajütyacht
câblage, filerie Leitungsnetz
câblé Trossenschlag
câble de batterie Batteriekabel
câble de connexion, câble de secours Verbindungskabel, Ersatzkabel
câble de survoltage Verbindungskabel (bei Batterien)
câbler, télégraphier un message Nachricht (eine) telegraphieren
câblier Kabelleger
câblot, ligne de mouillage Ankerleine (auf kleinen Seekreuzern)
cabotage Küstenfahrt, kleine Fahrt
cabotage, navigation côtière Küstennavigation
cabotillage Segeln in unbekannten Gewässern
cabotilleur abenteuerlicher Fahrtensegler
cachalot Pottwal
cadène Pütting, Rüsteisen
cadène rentrée ancrée sur cloison Pütting mit Innenbefestigung am Querschott
cadre Klappkoje, Rohrkoje
cadre Rahmen(antenne)
cafouiller, farfouiller ungeschickt arbeiten, fummeln
caillebotis Gräting, Gitterrost
caillebotis de timonier Rudergräting
caique Kaike (Küstensegler der Ägäis)
caisson Behälter, Tank, Auftriebstank
caisson de flottabilité Auftriebstank, Auftriebskammer
calage fin Feinabstimmung, Nachstimmung (eines Funkgerätes)
calaison, tirant d'eau d'un bateau Tiefgang eines Bootes
calamare Tintenfisch, Kalamaris
calandrage Kalandern (Qualitätsverbesserung von Segeltuch)
calculatrice de temps-vitesse-distance Bordcomputer (für Zeit-Fahrt-Distanz)
cale Keil, Klotz
cale Schweinsrücken, Deckshalterung des Ankers
cale d'ancre Ankerhalterung an Deck (Schweinsrücken)
cale d'étambrai Mastkeil
cale de construction Helling
cale de lancement Ablaufbahn
cale sèche, bassin de radoub Trockendock
calé sur l'avant, sur le nez, canardant vorlastig, kopflastig
cale, coin Keil, spitzer Keil
cale, creux Raum, Laderaum, Last
cale, fonds Bilge
cale, rampe de lancement Rampe, Helling
calepied Fußreling, Fußleiste
calepied Fußreling
calepied métallique perforé, rail de fargue à dalots Fußreling aus Metall mit Durchlaßöffnungen
caler sur l'arrière, s'accroupir Heck tiefer trimmen
calfat Kalfaterer
calfatage Abdichten, Kalfatern, Vergießen von Nähten
calfater kalfatern
calibrage du carburant Kraftstoffverbrauchsmessung
calme (ou nul) Stille (Bft 0)
calme Windstille, windstill, ruhig
calme plat Totenflaute, Totenstille, völlige Windstille, Flaute
calmer, se calmer abflauen, sich beruhigen

calmes de cancer, pot-au-noir Roßbreiten, Mallungen
Calmes du Cancer Kalmengürtel des Krebses, Roßbreiten
Calmes du Capricorne Kalmengürtel des Steinbocks, arktische Roßbreiten
cambrure, courbure Bauch, Ausbuchtung, Segelwölbung
cambuse Vorratsraum, Vorratsspind, Decksküche
cambuse, magasin du bosco Bootsmannshellegatt
can Kante, Rand, Schneide
Cancer Krebs (Tierkreiszeichen)
canevas Segelleinwand, Leinwand
canicule Hundstage
canoé Kanu, Paddelboot
canot offenes Boot, Beiboot
canot Yachtbeiboot, Beiboot
canot à moteur Motorbeiboot
canot automobile Motorboot (mit Innenborder)
canot de survive Rettungsboot
canot pliant Faltboot
canot pneumatique aufblasbare Rettungsinsel
canot, youyou pneumatique, gonflable Schlauchboot, aufblasbares Dingi
canotier Bootsführer, Bootsmann
cap au compas Steuerkompaßkurs (StK)
cap compas Fahrtrichtung, Steuerkurs am Kompaß
cap compas Magnetkompaßkurs (Istkurs)
cap vrai rechtweisender Kurs (Istkurs) (rwK)
cap vrai rechtweisende Fahrtrichtung
cap vrai, route vraie, cap souhaité, route souhaitée Kartenkurs (KaK)
cap, promontoire Kap, Huk, Landspitze, Steilufer, Klippe
cap, route Kurs, Weg, Lauf
cap-de-mouton Jungfer, Jungfernblock
capacité Kapazität einer Batterie
capacité Raumgehalt
capacité d'une antenne Antennenleistung
capacité portante Tragfähigkeit
capacité, débit Leistungsvermögen (z. B. einer Pumpe)
cape Beidrehen
capelage Wantangriffstelle am Mast
capelé par l'arrière achtern überkommende See
capeler une lame überbrechende See von achtern nehmen
capeyer, tenir la cape beigedreht liegen, beiliegen
capitaine Kapitän, Kommandant, Schiffsführer
capitaine de navire marchand Handelsschiffskapitän
capitaine de port Hafenmeister
capitaine de vaisseau Kommodore (Marinedienstgrad)
capitainerie Hafenamt
capot coulissant Schiebeluk
capot coulissant de rouf, capot de rouf à glissière Kajütluk-Schiebekappe
capot du moteur Motorhaube (Außenbordmotoren)
capot, panneau d'écoutille Lukendeckel
capot, panneau de rouf Niedergangslukendeckel
capote Schutzkappe, Spritzverdeck, Schutzkleid
capote pliante Klappverdeck
capteur sous-marin Unterwasserteil (eines Gerätes)
capuchon de manche à air Drucklüfter
capuchon, pavillon d'évent Ablufthaube

caractéristiques, fiche technique technische Vorschriften, technische (Bau)Beschreibung
caravane flottante, house-boat Hausboot
carburateur Vergaser
carburateur inversé Fallstromvergaser
cardan à deux oeils Knebel mit zwei Augen
cardan à oeil et chape Knebel mit Auge und Gabel
cardan, cabillot, articulation Knebel, Knieverbindung
cardans kardanische Aufhängung
carène Unterwasserschiff
carène, oeuvres vives Bootsboden, Unterwasserschiff
caréner kielholen
cargo Fracht, Ladung
carguette Auffangleine für Segel, Faulenzer
carie sèche Trockenfäule
carlingage du moteur Motorenunterbau
carlingue Kielschwein
carlingue centrale Mittelkielschwein
carlingue de bouchain Kimmkielschwein
carlingue de moteur Motorenfundament
carnet de commande Auftragsbuch
carré Kajütsalon, Salon
carré Salon, Hauptkajüte
carré, cabine Kajüte, Messe, Kabine
cartahu simple, cartahu Wippe, Jolltau, einfach geschorener Klappläufer
carte d'identité Personalausweis
carte de membre Mitgliedskarte
carte des vents Windkarte
carte hydrographique Seekarte, Admiralitätskarte
carte marine, carte Seekarte, Karte
carte météorologique Wetterkarte
carter Getriebekasten
carter Kurbelgehäuse
cartouche Plan (auf einer Seekarte)
cas d'assurance Versicherungsfall
cas de dégât Schadenfall
cas fortuit, accident Zufall, Unfall, Unglücksfall
casque, écouteurs Kopfhörer
casquette de plaisancier Seglermütze
cassant brüchig, spröde, zerbrechlich
casser, rompre, briser zerspringen, zerbrechen, bersten
casserole Kochtopf, Schmortopf
casserole à pression, cocotte-minute Schnellkochtopf
catalyseur Härter, Katalysator
catamaran Kat, Katamaran
catamaran gréé en yawl Katamaran mit Yawltakelung
catbote Katboot, einmastiges Boot ohne Vorsegel
caution, garantie Kaution
cavitation Kavitation (Hohlsog am Propeller)
caye Koralleninsel
ceinture Scheuerleiste
ceinture de sauvetage Rettungs(schwimm)körper, Rettungsgürtel
ceinture de sauvetage Sicherheitsgurt, Schwimmweste
centre de carène, centre de flottabilité Formschwerpunkt, Verdrängungsschwerpunkt
centre de dérive Lateralschwerpunkt
centre de gravité Gewichtsschwerpunkt, Massenschwerpunkt
centre de poussée, centre de voilure, centre vélique Druckmittelpunkt, Segeldruckpunkt, Segelschwerpunkt

centre vélique Segeldruckpunkt
centre-oeil Wirbel, Windhose
cercle de déclinaison Himmelsmeridian
cercle de mât
Mastring (beim Gaffelrigg)
cercle de position
Kreisstandlinie, Kreisstandhöhe
cercle et carré noirs
schwarzer Ball und Viereckflagge (Notsignal)
certificat d'assurance
Versicherungsbescheinigung
certificat d'enregistrement, acte de francisation Schiffszertifikat
certificat d'opérateur
Seefunksprechzeugnis, Funkzeugnis
certificat d'origine
Ursprungszeugnis
certificat de conformité
Meßbrief (für Einheitsklassen)
certificat de jauge
Meßbrief (für Rennyacht)
certificat de jauge en douane Schiffszertifikat mit Tonnagevermessung
certificat de jauge nette en douane
Schiffsmeßbrief mit Netto-Raumgehalt
certificat de jaugeage Schiffsmeßbrief (für Yachten)
certificat de radiotéléphoniste Funksprechzeugnis, Seefunksprechzeugnis
certificat de visite
Besichtigungsschein, Schiffspatent
certificat restreint de radiotéléphoniste
beschränkt gültiges Sprechfunkzeugnis
cesser de filer, retenir, stopper
ruckartig (eine Leine) stoppen
Cessez!
Belege! (Widerruf einer Anweisung)
chaîne Kettenumfang, Spantumfang
chaîne Kette (Segeltuch), Kettfaden
chaîne d'ancre Ankerkette
chaîne de câble
Ankerkette, enge Ringkette
chaîne de drosse Steuerkette
chaise de calfat Bootsmannsstuhl
chaise de gabier Bootsmannsstuhl
chaise de ligne d'arbre Propellerwellenträger, Propellerwellenstütze
chaise de moteur
Außenborder-Halterung
chalan de la tamise Themseschute
chaland Lastkahn
chaland à moteur Motorkahn
chaland autonome
Lastkahn mit Eigenantrieb
chaland sans moteur
Schleppkahn (ohne Motor)
chaland, péniche Binnenschiff
chalut Schleppnetz
chalutage Schleppnetzfischerei
chalutier Schleppnetzfischer, Trawler
chalutier de plaisance Kutteryacht
chambre d'écluse Schleusenkammer
chambre du moteur Motorenraum
chambrière Beschlagleine (geflochten)
champ de glace Eisfeld
champignon d'aération Pilzkopflüfter
chandelier Relingstütze, Stütze, Strebe, Pfosten
chanfreiner abschrägen, abkanten
changement de cap, changement de route Fahrtrichtungsänderung, Kursänderung
changement de marche
Getriebe(um)schaltung
changement de route, changement de cap Kursänderung
changement du temps Wetteränderung
changer d'amure
Bug wechseln, kreuzen
changer de cap, changer de route
Fahrtrichtung ändern, Kurs ändern

changer de route Kurs ändern
changer de voiles Segel wechseln
chanson de marin Seemannslied, Shanty
chanter la sonde Lotungen ausrufen, Lotungen „aussingen“
chantier (naval) Werft
chantier de bateaux Bootswerft, Bauwerft
chantier de construction de yachts Yachtwerft
chantier de construction navale Schiffswerft
chantier de radoub Reparaturwerft
chanvre Hanf
chanvre de manille Manilahanf
chape Kappe, Kompaßhaube
chape, fouchette, mâchoire Bügel, Haken
chapeau Fehlerdreieck
chapeau Innenkiel
chapeau d'un winch Winschkopf
chargé dans les hauts rank, kopflastig
charge de rupture Bruchfestigkeit, Knickfestigkeit, Reißfestigkeit
charge de sécurité Arbeitsbelastung
charge maximale permise größte erlaubte Zuladung
charge utile Nutzlast
charger, embarquer verschiffen, verladen, versenden
chargeur de batterie Batterieladegerät
chariot de barre d'écoute Großschotwagen, Travellerläufer
chariot de catamaran Katamaran-Transportwagen
chariot de plage kleiner Poller
charpentier de bateau Bootsbauer
charte de flottille Flottillencharter
charte partie Charterpartie, Chartervertrag
chasse-clou Dorn
chasser nachschleppen, schleifen, dreggen
chasser sur l'ancre Anker schliert (schleppt)
chasser sur son ancre vor Anker treiben
chasseur de baleine Walfangboot, Walfänger
château Kastell, Achterschiff
château arrière Achterkastell
chatte Bootshaken, Enterhaken
chatte Suchhaken, Suchdraggen
chauffage Heizung
chaumard Verholklampe, Lippe, Lippklampe
chaumard à rouleau Lippklampe mit zwei Rollen
chaumard de l'avant, chaumard d'étrave Bugschutzplatte, Buglippe
chaumard de mouillage Festmacherklampe
chaumard fermé geschlossene Klampe
chavirage, chavirement Kenterung
chaviré umgekippt, gekentert
chavirer kippen, umschlagen, kentern, umstürzen
chavirer sich neigen, überlegen, schräglegen, (kentern)
chavirer à contre nach Luv kentern
chavirer quille en l'air kieloben kentern
chavirer un bateau quille en l'air Boot zum Kentern bringen, umschlagen
chavirer, renverser kieloben kentern
chef de bord, skippeur, capitaine de yacht Skipper, Sportschiffer, Yachtkapitän
chemin de fer de mât, rail de mât Mastschiene
chemin de halage Leinpfad, Treidelweg

chemise d'eau Wassermantel, Kühlmantel
chemise de cylindre Zylinderlaufbuchse
chemise, gaine Umhüllung, Ummantelung, Isolierung
chenal Fahrrinne, Fahrwasser, Schiffahrtsstraße
chenal, passe, passage Fahrwasser, Fahrrinne
chêne Eiche, Eichenholz
cheval-vapeur Pferdestärke (PS)
chevillage Befestigung (Art der ...)
cheville Keil, Splint, Vorstecker, Holzpfropfen
chicane, déflecteur Prallblech, Umlenkblech, Schallwand
chicaner le vent, serrer le vent de trop près kneifen, zu hoch am Wind segeln
chiffre parlé gesprochene Zahlzeichen (im Seefunkverkehr)
chignolle à main avec forets Handbohrer und Bohrer
choc, saccade Ruck, Stoß
choquer en grand kräftig Lose geben
choquer en grand Leine (eine) schricken
choquer l'écoute Schot aufstecken, lose geben
choquer une écoute Schot schricken
choquer, filer à demande schricken, bremsen, kontrollieren (eine Leine)
choquer, mollir, larguer, donner du mou à lose geben, langsam fieren, Druck wegnehmen
choses de flot et de mer Strandgut, angeschwemmtes Treibgut
chrome Chrom
chrono, chronomêtre Stoppuhr
chronométrer le départ d'un yacht Startzeit einer Yacht feststellen
chronométreur (équipier) Zeitnehmer (der Besatzung)
chute Achterliek
chute en travers Kenterlage, Lage quer zur See
ciel couvert trüber, bedeckter Himmel
ciel d'eau Wasserhimmel
cigale Ankerschäkel, Verbindungsschäkel
cigale Roring, Ankerring
cigale, organeau Anker(verbindungs)schäkel
cinquante-cinquante, voilier-vedette Motorsegler, 50 : 50
cintrage de mât contrôlé kontrollierte Mastbiegung
cintrage du mât Mastbiegung
cintrer le mât Mast biegen
cintrer un mât Mast (einen) krümmen, biegen
circumnavigateur Weltumsegler, Erdumsegler
circumnavigation Weltumsegelung, Erdumsegelung
cire Wachs
ciré Ölzeug, Ölkleidung
cirer wachsen, bohnern, zunehmen
cirés Schlechtwetterausrüstung (allg.), Ölzeug
cirrocumulus Schäfchenwolken, Cirrocumulus
cirrostratus Schleierwolke, Cirrostratus
cirrus Federwolke, Cirrus
cisailles Drahtseilschneider
ciseau à bois Meißel
ciseau de calfat Kalfateisen
clair de terre Erdschatten (am Mond)
clair, dégagé klar, fertig, in Ordnung
clair, prêt à filer klar zum Laufen (einer Leine)
claire-voie Oberlicht

clan Scheibengatt, in Mast und Baum eingelassene Scheibe
clapotage Seegang, bewegte See
clapot haché Kabbelsee, kurze rauhe Wellen
clapot haché, mer hachée kabbelige See, kurze, rauhe See
clapotis, clapot Windwelle in engen Gewässern
clapotis, remous de marée Stromkabbelung, Kabbelwasser
claquement, cognement Rattern, Zittern (bei Werkzeugbenutzung)
clause «pas de résultat, pas de paiement» Klausel „Zahlung nur im Erfolgsfall“
clause de négligence Fahrlässigkeitsklausel
clause de non-préjudice d'abandon Annahmeverweigerungsklausel
clavette, broche Schlüssel, Splint, Vorstecker
clé à douille Steckschlüssel
clé à écrous, tourne à gouche Schraubenschlüssel
clé à molette verstellbarer Schraubenschlüssel
clé à rochet Knarrenschlüssel
clé anglaise Verstellschlüssel (Engländer)
clé polygonale, clé fermée contrecoudée Steckschlüssel, Ringschlüssel
clé, clef verstellbarer Schraubenschlüssel
clinfoc Außenklüver, Jager
clinomètre Krängungsmesser
cliquet Ratsche, Sperrklinke
cliquet d'arrêt Pall
cloche Glocke, Spinnakerbaumglocke
cloche à plongeur Taucherglocke
cloche de bord Schiffsglocke
cloison Schott
cloison axiale Mittellängsschott
cloison de bout Endschott, Abschlußschott
cloison longitudinale Längsschott
cloison stratifiée à la coque Schott mit Glasharzverbindung zum Bootsrumpf
clou Nagel
club nautique Segelclub, Yachtclub
club-house Clubhaus
cockpit arrière Achterplicht
cockpit autovideur selbstlenzende Plicht
cockpit central Mittelplicht
cockpit en t T-förmige Plicht
cockpit étanche wasserdichte Plicht
coco Kokos
code international des signaux Internationales Signalbuch
code maritime Schiffahrtsrecht, Schiffahrtsregeln
code Morse Morsealphabet
coefficient de ligne de flottaison Völligkeitsgrad der Konstruktionswasserlinie
coefficient de remplissage à la flottaison Völligkeitsgrad der Ladewasserlinie
coefficient de sillage Nachstromziffer
coffre à outils, cambuse Hellegat
coffre à pavillons Flaggenkiste, Flaggenrack
coffre d'amarrage, bouée d'amarrage Festmachertonne, Muringboje
coffre, placard, soute Schrank
coffret gaz Gasbehälter
coin d'étambrai Mastkeil
coincé, engagé, grippé blockiert, verklemmt
coincer, caler verkeilen
coinceur à came Klemmklampe, Schotklemme, Curry-Klemme

coinceur tubulaire, en sifflet Schotklemme, röhrenförmig
col schmales Tief
col de cygne Schwanenhals
collant klebrig
colle Leim, Klebstoff
colle époxyde, colle époxy Epoxidleim, Epoxiddichtungsmasse
collectionneur, pilleur d'épaves Strandläufer, Strandgutsammler
collet d'ancre Ankerhals
collet, collerette Flansch
collier de serrage Rohrklemme
collier de serrage Schlauchklemme
colonne de direction Steuersäule
colonne, socle Säule, Sockel
colorant Farbzeichen
combinaison cirée einteiliger Segelanzug
combinaison de plongée Neoprenanzug
combustion Verbrennung
comité de course Wettfahrtleitung
commande à distresse Fernbetätigung, Fernsteuerung
commande de barre hydraulique hydraulische Steuereinrichtung
commande de gaz Gasdrossel, Drosselventil
commande moteur montée sur colonne nebeneinander angeordnete Motorinstrumente
commande par drosses Steuerung mit Leinen
commande, transmission Antrieb
commanditaire, patron d'un courseur, sponsor Sponsor einer Rennyacht
commanditaire, patron d'une course, sponsor Sponsor einer Wettfahrt
commençant Anfänger
Comment recevez-vous? Wie verstehen Sie mich? (Seefunk)
commetre verseilen
commettage Schlag (Drehrichtung) von Tauwerk
commettage à droite Verseilen in Z-Richtung, rechtsgeschlagenes Tauwerk
commettage à droite, toronnage à droite Z-Drehung (beim Tauwerk), rechtsgeschlagen
commis geschlagen (Tauwerk)
commis à droite rechtsgeschlagen, in Z-Richtung verseilt
commis à gauche linksgeschlagen, in S-Richtung verseilt
commis en grelin verseilt in S-Richtung, 4. Verseilstufe, im Kabelschlag
commodore Kommodore (eines Clubs)
communication d'urgence Dringlichkeitsverkehr
communication en cas de détresse Seenot(funk)verkehr
compartiment étanche wasserdichter Raum
compas Kompaß
compas de cabine, compas intérieur Kajütkompaß
compas de relèvement Peilkompaß
compas de relèvement à main Handpeilkompaß
compas de route Steuerkompaß
compas gyroscopique Kreiselkompaß
compas renversé, compas de couchette Kajütkompaß, Hängekompaß
compas renversé, compas de couchette Deckenkompaß, Hängekompaß
compas renversé, de plafond Kompaß mit Kehrbild, Deckenkompaß
compensateur Korrektor (eines Kompasses)
compensation du compas Kompensierung des Kompasses

compenser le compas Kompaß kompensieren
compétition par série Klassenregatta
compétition par série à formule de jauge Ausgleichsrennen
composante de frottement Reibungswert, Reibungskoeffizient
composante de gîte Krängungsfaktor
compression Verdichtung
comptabilité, tenue des livres Buchhaltung, Buchführung
comptoir, plan de travail Zahltisch, Zähler
conception Konstruktion, Entwurf
condamner les panneaux Luken verschalken
conditions météorologiques, état du temps Wetterbedingungen
conditions, situation-méteo générales (e) allgemeine Wetterlage
conduit coinceur Schotklemme, Rohrklemme
conduit d'air frais Frischluftzuführung
conduit de ventilation Luftkanal
conduite d'eau Hauptwasserleitung
conduite, conduit Leitung
cone de déventement Windschatten
Confirmez! Bestätigen Sie bitte! (Seefunk)
confort des emménagement Komfort unter Deck (der Kajüteinrichtung)
connection, raccordement Verbindung, Anschluß
conseil de direction, comité exécutif Vorstand, ausführendes Organ (eines Clubs)
conseiller Berater, Kaufberater
conserves en boite Konserven, Dosenproviant
considéré comme partant Starter, als Starter einer Wettfahrt gelten
console Konsole, Pult
consommation Verbrauch
consommation de carburant Kraftstoffverbrauch
consommation horaire de carburant Kraftstoffverbrauch pro Stunde
constatation du dommage Schadenfeststellung
constructeur (de bateau) amateur Amateur-Bootsbauer, Selbstbauer
constructeur de bateaux Bootsbauer
constructeur de yachts, de bateaux Bootsbauhandwerker
construction à cellules fermées geschlossenzelliger Aufbau (von Schaumstoff)
construction à clins Klinkerbauweise
construction à lisse couvre-joint Nahtspantenbauweise
construction amateur (de bateaux) Selbstbau (eines Bootes)
construction en stratifié à la main handaufgelegte Glasfaserarmierung
construction sur mesure Einzelbau
construit sur mesure einzel gefertigt, nach Wunsch des Kunden
contacteur à tirette Druck-Zug-Schalter
contenance Fassungsvermögen, Rauminhalt eines Behälters
contenance de fioul Kraftstoffvorrat
contenance en carburant Fassungsvermögen von Kraftstoff
contenance en eau Fassungsvermögen von Frischwasser
continu ununterbrochen, andauernd
Continuez! Fahren Sie fort ! (Seefunk)
contour de la côte Küstenlinie
contrainte de traction Reckbelastung
contrat de vente Kaufvertrag
contrat, acte de vente Kaufbrief, Kaufvertrag

contre le sens des aiguilles d'une montre gegen die Sonne, linksdrehend, rückdrehend
contre-courant Gegenströmung, Unterströmung
contre-courant Neerstrom
contre-écoute, écoute au vent Luvschot
contre-écrou Gegenmutter
contre-écrou Kontermutter, Sicherungsmutter
contre-étambot Innensteven
contre-étrave Binnenvorsteven
contre-hublot Fensterblende, Seebeschlagblende
contrebande Schmuggel
contrebandier Schmuggler
contreplaqué marine Bootsbausperrholz
contreplaqué moulé formverleimtes Sperrholz
contribution à l'environnement Umweltschutzbeitrag
conversation interurbaine Ferngespräch
conversation téléphonique Telefongespräch
convoyeur de bateaux Bootsbegleiter
coordonnée, droite de hauteur Koordinate
coordonnées géographiques d'un émetteur geographische Koordinaten eines Senders
copropriétaire Miteigner
copropriété Teilhaberschaft an einem Boot
coque Rumpf
coque à bordage double doppelt geplankter Rumpf
coque à déplacement Verdrängerrumpf
coque frégatée Rumpf mit Seiteneinfall
coque noyée unter der Kimm, gerade noch sichtbar
coque nue nackter Rumpf
coque soudée geschweißter Rumpf
coque tulipée, coque à dévers Rumpf mit Seitenausfall
coque, torsade Kink (in einer Leine)
coqueron Spitze, Maximum
coqueron avant Vorpiek
corail Koralle
cordage Tauwerk
cordage à faible étirement vorgerecktes Tauwerk
cordage à trois dreischäftiges Tauwerk
cordage commis à droite in Z-Richtung verseilt, Leine rechtsgeschlagen
cordage commis à gauge Leine in S-Richtung verseilt, linksgeschlagen
cordage commis en grelin, câble Kabelschlag (Verseilstufe von Tauwerk)
cordage de manille Manila-Tauwerk
cordage en queue de rat verjüngter Tampen
cordage goudronné geteertes Tauwerk, schwarze Leine
cordage marin Yachttauwerk
cordage mixte bekleidetes Stahltau, Fasertau mit Drahtseele
cordage sans coques, sans torsades kinkenfreie Leine, unvertörnte Leine
cordage textile, cordage en fibre Fasertau
cordage toronné, cordage cablé geschlagenes Tauwerk
cordage, filin Tau, Seil, Leine
cordage, filin, textile, filin en fibre Faserseil
corde Sehne
corde de cloche Glockensteert (am Klöppel)
corderie Seilerei, Seilherstellung

cordon de rallonge Verlängerungsschnur, elektrisch
corne Gaffel
corne de brume Nebelhorn, Mundnebelhorn
cornière Winkeleisen
corps de carburateur Vergasergehäuse, Vergaserlufttrichter
corps-mort ständiges Grundgeschirr
correction du vent Beschickung für Wind (BW)
correction du courant Beschickung für Strom (BS)
corrosif, corrodant korrosiv, ätzend
corrosion Korrosion, Rostbildung
corrosion électrolytique elektrolytische Korrosion
corrosion galvanique galvanische Korrosion
corrosivité Korrosionswirkung
corsaire Kaperschiff
corvette Korvette
cosse Kausch, Muffe
cosse en coeur Herzkausch
côté (du triangle) Kreuzschlag, Kurs auf einer Dreiecksbahn
côte à falaise felsige, schroffe Küste
côte accore Steilküste
côte accore steil abfallendes Ufer
côte accore, côte escarpée abschüssige Küste
côte au vent Luvküste
côte basse flache Küste
côté de bâbord Backbordseite
cote de fond découvrant, sonde découvrante trockenfallende Höhe (über Kartennull)
côte escarpée , côte accore Steilküste, abschüssige Küste
côté favorable bevorzugte Seite (einer Startlinie)
côte sous le vent Leeküste
côté sous le vent Leeseite
côté terre land(ein)wärts
cotisation Mitgliedsbeitrag
coton Baumwolle
cotre Kutter (mit zwei Vorsegeln)
cotre à tape-cul, yawl gréé en cotre Yawl mit Kutter-Vorsegeln
cotre en tête de mât Kutter mit Hochtakelung
cotre franc, aurique Kutter mit Gaffeltakelung
couché à plat flach auf das Wasser gelegt
coucher à l'avant Schlafplatz im Vorschiff nehmen
coucher, renverser überlegen (durch Böen) bis zur Kenterlage
couchette Koje, Schlafkoje
couchette de cabine arrière Koje in der Achterkajüte
couchette de mer Seekoje
couchette de navigateur Lotsenkoje
couchette de poste avant Vorschiffskoje
couchette de quart, couchette de veille Hundekoje
couchette double Doppelbett, Doppelkoje
couchette double en V Doppelkoje in V-Form
couchette en V V-förmige Koje
couchette longitudinale Längsschiffskoje
couchette matelassée Koje mit Polster
couchette pleine longeur Koje für Erwachsene
couchette simple Einzelkoje
couchette supérieur obere Koje
couchette surdimensionnée übergroße, überlange Koje

couchette transformable umwandelbare Koje, Sofakoje
couchette transversale querschiffs gelegene Koje
coude Rohrbogen, Krümmung (in einem Rohr)
coulage Leckage
coulée arrière achterer Bootsboden, Wasserlinien im Achterschiff
couler sinken, untergehen, versenken
couler, aller au fond untergehen, auf Grund sinken
couleurs Nationalflagge
coulisseau Rutscherschiene, Mastrutscher
coup bref kurzer (Signal) Ton
coup d'attention Warnschuß
coup de canon Signalschuß, Startschuß
coup de noroît Nordweststurm
coup de rollis starkes Überlegen (beim Schlingern)
coup de vent Sturmbö, Windstoß
coup de vent Windstärke 8
coup de vent et tempête Sturmstärke
coup long langer (Signal) Ton
coup, son Signalton, Pfeifton
coupe d'une voile Segelschnitt
coupe diagonale Laschenschnitt (eines Segels)
coupe-boulons Bolzenschneider
coupe-circuit, interrupteur général Hauptschalter
coupée de cockpit Plichteingang, Plichtdurchlaß
couper la route sur l'avant d'étrave vorm Bug vorbeilaufen
couple Drehmoment
couple de redressement aufrichtendes Kräftepaar
couple dévoyé Gillungsspant, Kantspant
couples de tracé Spantenriß, Konstruktionsspanten
coupole Kuppel
cour de l'amirauté Seeamt
courant holende Part, laufende Part
courant laufende Part
courant alternatif Wechselstrom
courant chaud warme (Meeres)Strömung
courant d'antenne Antennenstrom
courant de flot Flutstrom
courant de fond, ressac Unterwassersog, Unterstrom
courant de jusant, courant de sortie Ebbstrom
courant de l'Atlantique Nord Nordatlantikströmung
courant de marée Tidenstrom
courant ondulé wellenförmige Strömung
courbe Biegung, Krümmung (im Fahrwasser)
courbe Knie, Kniestück, Knieholz
courbe d'entremise Schlingenknie
courbe d'étambot Fußknie, Hinterstevenknie
courbe horizontale Horizontalknie
courir au largue mit raumem Wind segeln
courir au petit largue raumschots (raumvorlich) segeln
courir au près, courir au plus près hoch am Wind segeln
courir autour des bouées wettsegeln auf Dreieckskurs
courir bâbord amure auf Steuerbordbug laufen
courir des petits bords jusqu'à une marque kurze Schläge zu einer Marke machen
courir grand largue mit raum-achterlichem Wind segeln

courir grand largue raumschots (raumachterlich) segeln
courir grand largue par vent arrière raumachterlich segeln
courir petit largue mit raum-vorlichem Wind segeln
courir sur son erre übersegeln, überholen, totsegeln
courir vent arrière vor dem Wind segeln
courir vent arrière vor dem Wind laufen
courir vent de travers mit raum-seitlichem Wind segeln
courir vent de travers mit Dwarswind segeln, mit halbem Wind segeln
courir vent droit derrière, courir plein vent arrière platt vor dem Wind segeln
courir, faire route au portant segeln mit raumem Wind
courir, faire route tribord amure mit Steuerbordhalsen, auf Backbordbug segeln
courir, naviguer, faire route vent arrière vor dem Wind segeln
courroie Treibriemen
cours de change (de devise) Devisenkurs
course autour de trois bouées Dreiecksregatta
course d'équipe, course par équipe Mannschaftsregatta
course en zigzag, mouvement en zigzag Zickzackbewegung, Zickzackkurs
course invalidée, course interrompue abgebrochene Wettfahrt
course longue distance Atlantikregatta, Weltregatta
coursive Laufgang, Betriebsgang
court-circuit Kurzschluß
courtier Yachtmakler, Schiffsmakler
courtier d'assurance Versicherungsmakler
coussin Polster, Kissen
coussin de banquette Sitzpolster, Polsterauflage
coussin de cockpit Plichtpolster
coussin de couchette Kojenpolster
couteau Messer
couture Naht, Ritze, Fuge
couture Segelnaht
couture diagonale Diagonalnaht
couvert bedeckt
couverture Decke, Schlafdecke, Bedeckung
couverture en toile Segeltuchbezug, Plane, Schutzkleid
couvrir zudecken, abdecken
craber, louvoyer en crabe freikreuzen nach Luv, sich freikreuzen
crachin, bruine, boucaille Nieselregen
crépine Saugkorb
crépuscule Dämmerung, Zwielicht
crète, dorsale Hochdruckkeil
creuser, se gonfler ausbauchen (eines Segels), bauchig werden
creux barométrique Tiefausläufer, Schlechtwettergebiet
creux d'une coque Raumtiefe (eines Rumpfes)
creux d'une lame Schwingungsweite einer Welle, Wellenamplitude
creux d'une voile Bauch eines Segels
creux d'une voile Wölbungstiefe (eines Segels)
creux de vague Wellental
creux, localisation, importance du creux Wölbungstiefe (eines Segels)
cric à vis, vérin Daumkraft, Wagenheber
crique, calanque kleine Bucht

croc Haken, Riegel, Band
croc à ciseaux Kenterschäkel, Doppelhaken
croc à cosse Haken mit Kausche
croc à échappement Pelikanhaken, Sliphaken
croc à gachette Schnäpper, Drücker
croc brummel Flaggenclip, Brummelhaken
croc d'amure Halshaken
croc de palan Blockhaken, Takelhaken
croc de sureté Sicherheitsschnappschloß
croc orientable, croc à émerillon Wirbelhaken, Drehhaken
crocher fassen, beißen (des Ankers)
crocher le harnais Sicherheitsgurt (einen) einpicken
crochet de ferlage Reffhaken (am Baum)
croiser un navire Kurs eines Schiffes kreuzen
croiseur Kreuzfahrer, Fahrtensegler
croiseur de poche Mini-Seekreuzer
croisière Kreuzfahrt, Seereise, Fahrt über See
croisière en yacht Kreuzfahrt mit einer Yacht
croisière familiale Fahrtensegeln mit der Familie
croisière hauturière Hochseefahrtensegeln, Transozeansegeln
croissement de la lune Zunehmen des Mondes
cubage Rauminhalt
cuiller Löffel
cuir Leder
cuisine Kombüse
cuisine transversale querschiffs eingebaute Küche
cuisinier, ciustot, coq Koch, Smutje
cuivre Kupfer
cul Blockherd, Blockverschlußstück
cul de porc simple Schauermannsknoten
culasse Zylinderkopf
culbuteur Kipphebel, Wippe
culer achteraus sacken, achteraus fahren
culot Verschlußstück, Fassung einer Lampe
culot à baïonnette Bajonettfassung (einer Lampe)
Cunningham, hâlebas de Cunningham Cunningham-Geschirr, ...-Strecker
curseur de barre d'écoute Travellerschlitten
curseur réglable verstellbarer Schotholepunkt, Schotschlitten
curseur, chariot d'écoute Schotschiene
cuve à niveau constant, cuve Schwimmergehäuse (eines Vergasers)
cyclone Tief, Sturmtief
cylindrée Volumen, Rauminhalt, Literinhalt eines Motors

D

dalot Speigatt, Wasserablauf
dalot autovideur, autovideur Selbstlenzer, Selbstlenzeinrichtung
dalot de cockpit Speigatt in der Plicht
dame de nage, tolet à fourche Riemendolle, Riemengabel
dans les fers im Wind liegenbleiben, beim Wenden versagen
dans son assiette, sans différence gleichlastig, auf ebenem Kiel
dauphin Delphin
dauphin, duc d'albe Dalben, Dückdalben
dauphin, duc d'albe Dückdalben
davier à rouleau Bugrolle
davier d'étrave Bugrolle für den Anker
davier d'étrave Stevenrolle, Bugrolle
de fortune behelfsmäßig
De l'eau! Raum! (Rennsegeln)
de la quille à la pomme du mât vom Kiel zum Flaggenkopf
de marin, de bon marin seemännisch
de secours, de rechange Ersatz(teil), Reserve(teil)
débarcadère Abladeplatz, Anlegestelle zum Löschen (Ausladen)
débarquer ausladen, ausschiffen
débarquer ausbooten, an Land gehen (setzen)
débarquer le lest Ballast ausladen, Ballast löschen
déborder (de point de tire) Fockschotbeiholer
déborder une voile Segel ausholen
déboucheur Ahle, Sticker, Pricker
déboulonner entriegeln, einen Bolzen lösen
debout à la lame See von vorn
debout au vent mit schlagenden Segeln, im Wind liegend
débrayé, au point mort Getriebe auf Leerlauf geschaltet
débrayer Motor auskuppeln
débris, épaves Wrackteile, Schiffstrümmer
déchirer une voile Segel zerreißen
déchirure Riß
déclaration à l'entrée Einklarierung
déclaration à la douane Klarierung (eines Schiffes) (Zoll)
déclaration à la sortie ausklarieren
déclaration de sortie Ausklarierung
déclarer à l'entrée einklarieren (ein Schiff)
déclinaison Abweichung, Deklination
déclinaison Magnetkompaßablenkung (Abl)
déclinaison (magnétique) Mißweisung (Mw)
déclinaison est östliche Mißweisung
déclinaison ouest westliche Mißweisung
déclivité de la houle Wellenneigung
décommettre aufdrehen, ein Tau aufdrehen
découvrir freilegen, aufdecken
décrocher aushaken
décrocher, déraper l'ancre Anker ausbrechen
décroissement de la lune abnehmender Mond
dédouanage, dédouanement Zollabfertigung
dédouané, avoir été soumis aux formalités en douane zollamtlich abgefertigt

dédouaner verzollen
dédrailler un fock Fock (eine) mit Stagreitern abschlagen
défaut de fabrication, malfaçon Fabrikationsfehler, Mängel
défectueux par défaut de fabrication mangelhaft durch schlechte Verarbeitung
défense d'étrave Bugfender
défense, pare-battage Fender
déferlante überbrechende Welle
déferlante verticale senkrecht brechende Welle
déferlante, rouleau Strandwelle, brechende See
déferler branden, brechen (einer See)
déferler brechen (eine Welle)
déferler un pavillon Flagge entrollen, entfalten
déferler une voile Segel ausbringen, Segel entrollen, Segel losmachen
déferler une voile Segel entfalten, auswehen lassen
défoncé von außen eingestoßen, eingedrückt
déformation, gauchissement Krümmung, Verwerfung
déformer, gauchir, se déformer biegen, sich verziehen (eine Oberfläche)
défrapper un palan Talje (eine) losschäkeln
défrapper une poulie Block (einen) ausschäkeln
défrapper, déssaisir losmachen, loslaschen
dégager un filin Leine klarieren, zum Einsatz klarmachen
dégager une ancre Anker klarieren
dégréer abtakeln
dégréer le mât Mast (den) abtakeln
dégréer une voile Segel abschlagen
déhalage sur ancre Warpen, Bootsbewegung mit Wurfankerhilfe
déhalage, halage Warpen, Verholen, Treideln
déhaler verholen (mit Leinen, mit eigener Kraft)
déhaler verholen, warpen (ein Boot)
déjauger anheben, liften, steigen
délaisser un navire, abandonner un navire Schiff (ein) aufgeben
délaminer delaminieren, sich in Schichten lösen
délester un bateau Ballast aus einem Boot nehmen
délover un cordage Leine (eine) abrollen, eine Leine abwickeln
démailler, démaniller abschäkeln, losschäkeln
demander de l'eau pour virer Zuruf um Raum zum Wenden
demander des dommages-intérêts Schadenersatzanspruch geltend machen
démarrer un bateau Leinenverbindung eines Bootes lösen
démarrer un cordage Leine losmachen, Leine aufknoten
démâtage Mastbruch, Mastverlust
démâter Mast abnehmen, entmasten
démâter un mât à bascule Klappmast (einen) abnehmen
demi-cercle navigable, maniable schiffbarer Halbkreis (einer Sturmbahn)
demi-clé halber Schlag
demi-diamètre Radius, Halbmesser
demi-tonne Halbtonner
démonter abbauen, abtakeln
démultiplicateur Untersetzungsgetriebe
dépannage Fehlersuche, Störungsbeseitigung

départ Start
dépasser ausscheren, eine Leine aus einem Block ausscheren
déplacement Wasserverdrängung
déplacement en charge Verdrängung, beladen
déplacement léger geringe Verdrängung, Leichtdeplacement
déplacement lourd große Verdrängung
déposer le rapport de mer Verklarung belegen
déposer une réclamation Protest einlegen
dépressiomètre Unterdruckmesser
dépression Unterdruck, Vakuum, luftleerer Raum
dépression Tief
dépression de l'horizon Kimmtiefe
dépression secondaire Teiltief
dépression, basse pression Tief, Tiefdruckgebiet
depuis le large von der See her
dérabanter une voile Segel lösen
dérader abtreiben nach See
dérapage de l'ancre Ankeraufgehen (das)
dérapé aus dem Grund, los
dérapé gelichtet, aus dem Grund gehoben(er Anker)
Dérapé! Anker ist aus dem Grund (gelichtet)!
Dérapé! Anker ist aus dem Grund!
déraper Anker lichten
Déraper! Anker lichten!
déraper, lever l'ancre Anker aus dem Grund brechen
dérive Abtrift, Abdrift, Drift
dérive Schwert
Dérive basse! Schwert fieren! Schwert runter!
dérive de courant Drift, Driftströmung, Stromversetzung
dérive de marée Tidenströmung
dérive de vent Abdrift, Leeweg
Dérive haute! Schwert hoch!
dérive latérale Schwert, Seitenschwert
dérive lestée Ballastschwert
dérive métallique Schwert, Metallschwert
dérive sabre Steckschwert
dérive, direction du courant Versetzung, Richtung (des Stromes)
dériver driften, abtreiben, treiben
dériver, partir à la dérive vertreiben, abtreiben
dériveur auto-redresseur selbstaufrichtende Jolle
dériveur de cours Rennjolle
dériveur en double Zweimannjolle
dériveur léger Jolle, Segeljolle
dériveur lesté Kielschwerter mit Ballastschwert
dériveur, dériveur léger Segeljolle, Schwertboot
désarmé außer Betrieb, außer Dienst
désarmement Außerdienststellung
désarmer auflegen, abtakeln, einwintern
descendre ebben, abströmen
descente Niedergang
descente Schiebeluk, Niedergangsluke
déséchouer abbringen vom Grund
déséchouer, renflouer aufschwimmen, (wieder) flottmachen
dessin d'exécution Werkstattzeichnung
dessinateur, concepteur Konstrukteur, Entwerfer
dessiner, concevoir un navire entwerfen, zeichnen (eines Fahrzeuges)
détails Besonderheiten
détalinguer une ancre Anker (einen) abschäkeln, einen Anker abschlagen

détermination de la distance Distanzbestimmung
devenir hors d'état de naviguer seeuntüchtig werden
déventer backhalten (ein Segel)
déventer Segel abdecken, den Wind wegnehmen
déverguer une voile Segel abschlagen
dévers d'une voile Verwindung eines Segels
déviation Deviation, Ablenkung
déviation Magnetkompaßdeviation (Abl)
dévidoir Drahtrolle, Leinenrolle
dévirer zurückdrehen
devis d'armement Ausrüstungs-Kostenanschlag
devis de tracé Aufmaße, Schnürbodenaufmaße
dévisser abschrauben, losschrauben
diagramme anémométrique Windstern, Winddiagramm
diamant de l'ancre Ankerkreuz
diamètre d'évolution, diamètre de giration Drehkreis
diaphone Preßluftsirene, Heuler
dictionnaire maritime, marin Schiffahrtslexikon
diéséliste Dieselmechaniker
différence du neuf au vieux Neu für Alt (im Versicherungswesen)
digon, hampe de fanion Standerstock
digue Uferdamm, Eindämmung
digue de mer Seedeich, Hafendamm, Mole
dimensions Abmessungen
dimensions gonflé Größe in aufgeblasenem Zustand
diminuer de force, tomber, accalmir nachlassen, abflauen
dinette Dinette, Eß- und Sitzraum
direction et vitesse du courant Stromrichtung und Stromgeschwindigkeit
disjoncteur Strom(aus)schalter, Unterbrecher
dispacheur d'avaries Havarie-Kommissar
disparition Verschollenheit
dispositif de démâtage Geschirr zum Mastlegen
dispositif de foc à rouleau Rollfockeinrichtung
dispositif de mouillage, apparaux de mouillage Grundgeschirr, Ankergeschirr, Bojengeschirr
dispositif de rangement de l'ancre Ankerhalterung, Art der ...
dispositif de séparation du traffic Verkehrstrennungsgebiet
dispositif fourrure, dispositif antiragage Schamfilschutz (z. B. Tausendbein)
disposition, plan du pont Decksausstattung
distance Abstand, Entfernung
distance la plus courte kürzeste Entfernung
distance réelle wirkliche Entfernung
distance vraie, parcourue au nord Distanz in nördlicher Richtung
distance vraie, sur le fond, corrigée Gesamtentfernung, Generaldistanz
distance zénithale Zenitabstand
distributeur (d'essence) Tankstelle
distributeur de cartes hydrographiques Seekartenverkaufsstelle
Dites de nouveau votre indicatif d'appel! Wiederholen Sie bitte Ihr Rufzeichen!
Dites de nouveau! Wiederholen Sie bitte!
divergence Divergenz, (meteorol.) Abweichung

dock flottant, chantier à flot Schwimmdock
dock flottant, chantier à flot Schwimmpier, Schwimmdock
doigtier Fingerzugöffnung (in Tür oder Klappe)
domaine d'application Verwendungsmöglichkeit
dome radar Radarhaube, Radarkuppel
dommages-intérêts Schadenersatz
donner recken (von Tauwerk), sich recken
donner de la bande Schlagseite haben
donner de la place Raum geben
donner la libre pratique von der Quarantäne befreien
dorade, birême de mer Seebrasse
dorade, manche à air Lüfter
dormant stehende Part
dormir à plat point an Deck schlafen
dorsale Rücken, Kamm
dorsale (anticyclonique) ou crête anticyclonique Hochkeil
doseur d'huile Ölmaß
dossier Stützlager
douane Zoll (als Amt)
douanier, agent de douane Zollbeamter
doublage de la carène Bodenbeschichtung, Wurmhaut
doublage, gaine Dopplung
doublante, contreplaque Dopplungsplatte
double Bucht eines Taus, Taubucht
doubler (les cordages) verdoppeln (Leinen)
doubler l'angle verdoppeln der Seitenpeilung
doubler un cap umrunden, passieren (ein Kap)
doubler une marque, contourner une marque Bahnmarke passieren, vorbeisegeln
doubler unc voilc, gainer Dopplungen (Stoßlappen) auf ein Segel setzen
Doucement! Langsam!
douceur à la barre Steuerfähigkeit leicht und gut
douche Dusche, Duschbad
douille Sockel, Buchse
douille à baïonnette Lampenhalterung mit Bajonettverschluß
douille d'ampoule Glühlampenfassung
doux à la barre, facile à barrer leicht auf dem Ruder
dragage Baggern
drague hydrographique Suchleine, Schleppbucht
draguer ausbaggern
draguer le fond Grund mit dem Draggen absuchen
draguer pour retrouver suchen mit dem Draggen
draguer une ancre verlorenen Anker suchen
dragueur, drague Bagger
draille de foc, étai de foc Fockstag
drap Bettlaken
drapeau, bannière Flagge, Fahne
drifter Drifter (Leichtwetter-Vorsegel)
drisse Fall
drisse de mât (de voile aurique) Gaffelklaufall, Klaufall
drisse de mât, drisse de gorge Klaufall
drisse de pavillon Flaggleine
drisse de pavillon Flaggleine, Flaggenfall
drisse de pic Piekfall
drisse de pic (de voile aurique) Gaffelpiekfall, Piekfall
drisse intérieure innenlaufendes Fall

droit de grue Krangebühr, Krangeld
droit de priorité, priorité Wegerecht
droit derrière recht achteraus, vierkant von achtern
droit devant Rechtvorausrichtung (rv)
droit devant recht voraus, recht von vorn
droit maritime Seegesetz, Schiffahrtsrecht
droit vers le sud genau Süd
droite de position Standlinie
droite de relèvement déplacée versetzte Standlinie
droits d'entrée Einfuhrzoll
droits de canal Kanalabgaben
droits de douane Zollabgabe, Zoll
droits de mouillage, quillage Kielgeld, Hafengeld, Ankergebühren
droits de phare Leuchtfeuergeld
droits de port, frais de port Hafengebühren, Hafenabgabe
droits de quai Kaigeld, Liegegeld
droits de quai, quaiage Liegegeld, Hafengeld
drosse Ruderleine, Steuerleine
drosser, dépaler à la côte an Land treiben
du travers quer, querab, dwars
dune Düne, Sanddüne
dunette Hütte, Heck (eines Großseglers)
dur à la barre hart, schwerfällig auf dem Ruder
durcir hart werden, verhärten (von Harz)
durcisseur Härter (für Harz)

E

eau boueuse schlammiges, getrübtes Wasser
eau claire, limpide freies Wasser
eau de cale Bilgenwasser
eau de mer Seewasser
eau distillée destilliertes Wasser
eau douce Frischwasser
eau du robinet Leitungswasser, Trinkwasser
eau polluée verschmutztes, verunreinigtes Wasser (durch Öl usw.)
eau potable Trinkwasser
eau salée Salzwasser
eau saumâtre Brackwasser
eaux abritées Küstenvorfeld
eaux de marée Tidengewässer
eaux intérieures Binnengewässer
eaux navigables Fahrwasser
eaux peu profondes, eaux petits fonds flache Gewässer, Flachwasser
ébène Ebenholz
ébréché ausgezackt, gekerbt
ébréché, bosselé angestoßen, eingebeult
écart Laschung, Holzverbindung

écartement Lücke, Spalte
écarvage Ausschärfung, Verblattung
écarver laschen, verlaschen
échangeur de chaleur Wärmetauscher
échantillonnage Abmessungen der Bauteile, Materialbesteck
échelle Leiter
échelle d'intelligibilité Bewertung der Verständlichkeit (Seefunk)
échelle de bain Badeleiter
échelle de Beaufort Beaufortskala
échelle de corde Strickleiter, Tauleiter, Jakobsleiter
échelle de coupée Fallreep
échelle de coupée Landgangstreppe, Fallreepstreppe
échelle de force du vent Windstärkenskala
échelle de marée, marégraphe Gezeitenpegel, Tidenpegel
échelle de mât gréé sur drisse Mastleiter, am Fall geheißt
échelle de pilote Jakobsleiter, Seefallreep
échelle de pilote Lotsenleiter, Jakobsleiter
échelle de tirants d'eau Tiefgangsmarken (am Schiff)
échelle de visibilité Sichtbarkeitsskala, Sichtbarkeitsgrad
échelle des cartes Seekartenmaßstab
échelon Sprosse, Stufe
échouage Holen (Ziehen) auf den Strand
échouage Auflaufen, Stranden (freiwillig)
échouage trockenfallender Ankerplatz, Liegeplatz
échouage par l'avant Bug voran auf den Strand ziehen
échoué aufgelaufen, festgekommen, auf Grund
échoué (involontairement), échoué au plain gestrandet
échoué au plain, échoué aux vives-eaux trockengefallen in Tidengewässern
échoué au sec, au plain hoch und trocken
échouement Auflaufen, Stranden (unfreiwillig)
échouement volontaire freiwillige, gewollte Strandung
échouer un bateau Boot (ein) auf Strand ziehen, setzen
échouer festkommen, auflaufen, Grund berühren
échouer sur le rivage auf Strand setzen
échouer, mettre à l'échouage trockenfallen (lassen)
éclairage de cabine Kajütbeleuchtung
éclairir, rendre brillant aufhellen, blank machen
éclat Blink, Aufblitzen
éclat Helligkeit, Glanz
éclat long langer Blink
éclatant, brillant blank, strahlend, glänzend
écliptique Ekliptik, scheinbare Sonnenbahn
écluse Schleuse, Dockschleuse
écluse d'accès Zugangsschleuse
écluse de bassin à flot Flutschleuse, Schleusenkammer
écluse de canal Kanalschleuse
éclusier Schleusenwärter
école de planche à voile Surfschule
école de voile Segelschule
écope Ösfaß, Schöpfeimer
écoper ausösen, ausschöpfen, lenzen
écopeur Lenzer (wasserschöpfendes Crewmitglied)
écoulement laminaire laminare Strömung

écoute Schot
écoute de foc Fockschot
écoute de génois Genuaschot
écoutille Luk, Lukenöffnung
écoutille arrière Achterluke
écoutille de descente Niedergangsluke
écran antiflamme, pareflamme Flammenschutz, Flammensicherung
écriture dans un journal de bord Eintragung im Logbuch
écrou Mutter, Schraubenmutter
écrou à chapeau Hutmutter, Überwurfmutter
écrou à oreilles Flügelmutter
écrou à oreilles Griffelmutter, Flügelmutter
écrou à oreilles, bague-écrou Flügelmutter
écrou carré Vierkantmutter
écrou crénelé Kronenmutter
écrou de sureté Sicherheitsmutter
écrou hexagonal Sechskantmutter
écrou noyé versenkte Mutter
écubier Kettenrohr, Kettendurchlauf
écubier Klüse, Ankerklüse
écubier de pont Kettenklüse
écusson Namensschild am Heck eines Schiffes
effectif des membres, adhésion d'un membre Mitgliedschaft
effectuer le parcours Absegeln der Regattabahn
effilage, conicité Verjüngung
effiler sich verjüngen, ausfasern
élancements Überhänge
élément d'accumulateur Akkumulatorzelle, Batteriezelle
éléphant ungeschickter, unerfahrener Segler
éléphant, terrien Landratte
élévation Feuerhöhe
élingue entoilée Gurtstropp, Gurtschlinge
élingue métallique Drahtseilstropp
élingue, sangle Stropp, Heißstropp, Tauschlinge
élonger ausbringen (eine Leine)
élongis Schlinge, Balkenschlinge, Kielschwein
émail Emaille, Schmelz
embâcle Eisgang
embarcadère Ladehafenbecken
embarcation à moteur Maschinenfahrzeug, Motorfahrzeug
embarcation de plaisance Freizeitboot
embarcation de plaisance Sportboot, Vergnügungsfahrzeug
embarcation de servitude, embarcation de service Nutzfahrzeug, Gebrauchsboot
embarcation non pontée offenes, nicht eingedecktes Boot
embarcation, bateau Wasserfahrzeug
embardée Gieren, Gierbewegung
embargo Beschlagnahme (eines Schiffes)
embarquement Einschiffung
embarquer, monter à bord an Bord kommen, einschiffen
embarquer, s'embarquer einschiffen, sich einschiffen, an Bord nehmen
embase de barre de flèche Salingsockel, Salingbuchse
embase de chandelier Relingstützenfassung
emblême de série Klassenzeichen (im Segel)
embossage Ankern (Verankerung) mit Bug- und Heckanker
embossure de l'ancre à croupiat Heckankerleine
embout à clé Bolzenterminal

embout de barre d'écoute
Traveller-Endstopper
embout de hauban à tige filetée
Wantenterminal mit Gewinde
embout serti, terminaison sertie
Walzterminal
embout, terminaison à oeil
Augterminal
embraquer l'écoute
Schot anholen, einholen
embraquer le mou Lose durchholen
embraquer le mou, prendre le mou
Lose durchholen
Embraquez! Hol dicht! Hol durch!
embrayé Getriebe eingerückt
embrayer Getriebe einrücken, einen Gang einlegen
embrayer Motor einkuppeln
émerillon Wirbel, Wirbelschäkel, Kettenwirbel
émerillon d'affourche Muringschäkel
émerillon de chaîne Kettenwirbel
émerillonné drehbar, schwenkbar
émetteur de secours Notsender
émetteur-récepteur Sender-Empfänger
émission météorologique
Wetterberichtssendung
emmagasiner, entreposer
einlagern, aufspeichern
emménagements arrière
Unterkunft im Achterschiff
emménagements aux choix
Kajüteinrichtung nach eigener Wahl
empannage Halsen, Halse
empannage chinois Patenthalse
empannage involontaire, panne chinoise
Patenthalse, unfreiwillige Halse
empanner halsen
empanner, gambeyer halsen, schiften
empenneler une ancre
Anker (einen) verkatten

emplanture Mastspur
emplanture Mastkoker
emplanture à bascule, tabernacle
Klappstufe am Mast
en altitude
in der Höhe (der Atmosphäre)
en amont flußaufwärts
en amont stromaufwärts
en amont de stromaufwärts von
En arrière doucement!
Langsam zurück!
En arrière toute!
Volle Fahrt (... Kraft) zurück!
En arrière!
Rückwärts! Fahrt achteraus!
En arrière! Zurück! Rückwärts!
en aval flußabwärts, stromab
En avant toute!
volle Fahrt (..Kraft) voraus!
En avant! Vorwärts! Fahrt voraus!
en avant, devant, sur l'avant
voraus, vorwärts, nach vorn
en bas unten, unter Deck
en bas et en haut unten und oben, unter und über Deck
en berne, à mi-drisse halbstocks
en bon plaisancier
seglerisch gut, wie ein guter Segler
en ciseaux ausgebaumte Segel (zu beiden Seiten)
en dehors außenbords
en dérive treibend
en entrepôt, sous fermeture de douane
Zollverschluß, unter Zollverschluß
en état de navigabilité seefähig
en forme d'aile Tragflügelform
en fuite par mer arrière
Lenzen in (vor) achterlicher See
en gros Großhandel
en haut über Deck, in der Takelage
En haut les gabiers! Aufentern!

en haute mer, au grand large auf hoher See
en huit achtförmig
en l'arrière, sur l'arrière, vers l'arrière, derrière achtern, hinten, achteraus, rückwärts
en marche arrière Getriebe auf rückwärts geschaltet
en marche avant Getriebe auf vorwärts geschaltet
en panne sèche ohne Kraftstoff, leere Tanks
en parfait ordre schiffsmäßig in bester Ordnung
en pleine mer draußen auf See
en rafale, turbulent böig
en retard überfällig
en route unterwegs, in Fahrt
en route libre derrière klar achteraus
en route libre devant klar voraus
en sens inverse du commettage gegen den Schlag (beim Spleißen)
en transit pour in Transit nach (für)
encâblure Kabellänge (185 m, 0,1 sm)
encalminer abflauen, bekalmen
encapé strandungsgefährdet, mit Land besetzt
encaper, être encapé einschließen in eine Bucht, eingeschlossen sein
encombré überfüllt (Kai, Hafen)
encrassement Verstopfung
endrailler anstecken, anhängen
endrailler le foc Fock anstecken
endrailler les mousquetons de foc Stagreiter (der Fock) anstecken
enduit à poncer Naßschleifpapier
enfléchures Webeleinen (der Wanten)
engagé zum Kentern liegen, kurz vor dem Kentern sein
engagement Überlappung (beim Rennsegeln)
engins de sauvetage Seenotrettungsausrüstung
engoujure à ralingue Hohlkehle für ein Tauliek
engoujure, gorge de mât Mastnut, Mastschlitz
enlevé par-dessus bord, tombé à la mer über Bord gewaschen
énorme außergewöhnlich schwere See (Seeg. 9)
enroulement du foc Einrollen der Fock
enrouler winden, wickeln
enrouleur de drisse Fallwinsch
enrouleur, dispositif à rouleau Rollreffanlage
enrubanner mit einem Band umwickeln
enseigne nautique américaine US-amerikanische Yachtflagge
entièrement armé en croisière voll ausgerüstet zum Fahrtensegeln
entièrement automatique vollautomatisch
entonnoir à filtre Trichter mit Filter
entonnoir fuel Kraftstofftrichter
entortillé, torsadé vertörnt, voller Kinken
entouré de terre landumschlossen
entrée d'un port Hafeneinfahrt
entrée, accès Eingang, Zugang
entrer au port einlaufen in den Hafen
entrer avec le flot einlaufen mit Flut(strom)
entrer dans un port de relâche, de refuge einlaufen in einen Nothafen
entrer en collision avec un navire zusammenstoßen mit einem Schiff, unklar kommen
entretien Instandhaltung, Wartung
enverguer anschlagen (ein Segel an einer Spiere)

envoyer le grand pavois Flaggengala, über die Toppen flaggen
Envoyez! Ree!
épaulard Schwertwal, Killerwal
épaulement du courant Leebug (Strom gegen die Leeseite)
épauler du courant mit Leebug im Strom segeln
épauler la marée im Strom mit Leebug laufen
épave Wrack
épave couverte Wrack, ständig unter Wasser
épave toujours découverte Wrack, ständig über Wasser
épaves flottantes, déchet Treibgut (auf See), über Bord geworfener Abfall
épellation en alphabet phonétique Buchstabiertafel, phonetisches Alphabet
éperonner rammen (ein Schiff)
éphémérides Ephemeriden, Nautisches Jahrbuch
éphémérides nautiques Nautisches Jahrbuch
épi Bewuchs am Unterwasserschiff
épi (naturel) Nehrung, Landzunge
épisser spleißen
épissoir Marlspieker, Fid
épissure chaîne-cordage Kettenspleiß (Tau an Kette)
épissure courte, épissure carrée Kurzspleiß
épissure longue Langspleiß
épissure mixte Steertspleiß
épontille Stütze, Pfeiler (unter Deck)
époxy Epoxid
époxy sous-marin unter Wasser (härtendes) Epoxidharz
époxyfication Epoxidverarbeitung
équateur céleste Linie der Tag- und Nachtgleiche
équation du temps Zeitgleichung
équerre Winkel
équilibre indifférent indifferentes Gleichgewicht
équilibre, balancement de la voilure Segeltrimm, Richtungsgleichgewicht
équinoctial äquinoktial, Tag- und Nachtgleiche betreffend
équinoxe Tag- und Nachtgleiche
équinoxe du printemps Frühlings-Tag-und Nachtgleiche
équipage à trois Dreimann-Besatzung
équipage en double Zweimann-Besatzung
équipage maximal Höchstbesatzung
équipage, membres d'équipage Besatzung
équipement standard Standardausrüstung
équipet, fourre-tout, vide-poche d'hiloire Süllbereich
équipier Mitsegler
équipier de pont avant Mitsegler für Vordecksarbeiten
équipier, équipière, membre d'équipage Besatzungsmitglied, Mitsegler(in)
équipier, homme d'équipage Besatzungsmitglied, aktiver Mitsegler
équipière Mitseglerin
erre Vorausfahrt, Restfahrt voraus
erre Weg, Fahrt
erreur de collimation Einstellungsfehler (beim Sextanten)
erreur du compas, variation Fehlweisung (Fw)
erreur due à la bande Krängungsfehler
erreur instrumentale Indexfehler (eines Sextanten)
erseau Taukranz, Tauring
escale Anlaufen eines Hafens, Zwischenstopp

escarpé breit, voll, steil
espace de manoeuvre Seeraum
espace de rangement Raum, Stauraum
espar Spiere, Rundholz, Stange
esquif Kahn, Kleinboot
essai en bac Tankerprobung, Prüfung im Testtank
essais Erprobung, Prüfung
esse Ankerstocksplint
essence Benzin
est Osten
estacade Landungsbrücke, senkrecht zum Ufer
estime Koppeln
estime, point estimé gekoppelter, gegißter Schiffsort
estran de galets Geröllvorland
estran de vase Schlickvorland
estrope de poulie Blockstropp, Blockbügel
estuaire Flußmündung, Revier
établi Werkbank
établir et maintenir un engagement Überlappung herstellen und beibehalten (Rennen)
établir les voiles Segel setzen, unter Segel gehen
établir sans draille fliegend setzen
établir une voile Segel setzen und trimmen
établissement Einrichtung, Niederlassung, Anstalt
établissement des voiles Setzen der Segel
étai Stag
étai caréné, étai profilé Profilstag, Profilvorstag
étai de tête de mât Vorstag
étai de flêche Toppstag
étai de guignol Jumpstag
étai de losange Diamantstag
étai de trinquette Fockstag (bei Kuttertakelung)
étai double Doppelstag, Zwillingsstag
étai enrouleur, étai à rouleau Vorstag mit Rollreffanlage
étain Zinn
étale de basse de mer Stillstand des Niedrigwassers
étale de la marée Stillstand zwischen zwei Gezeiten
étale de pleine mer Hochwasserstillstand
étaler abwettern (einen Sturm)
étaler un coup de vent Sturm abwettern
étalinguer la chaîne Ankerkette anschäkeln
étambot Achtersteven
étambrai Mastfischung, Mastloch
étanche wasserdicht, regendicht
étanchéité Wasserdichtigkeit
étarqué, raidi à bloc steif, stramm
étarquer ganz dichtholen, stark spannen
étarqueur de guindant Vorliekstrecker
étarqueur de guindant de foc Fockhalsniederholer, -strecker
étarqueur, halebas de guindant Vorliekstrecker
état côtier limitrophe angrenzender Küstenstaat
état d'innavigabilité Seeuntüchtigkeit
état de la mer Seegang (Seeg.)
étau Schraubstock, Schraubzwinge
étau d'établi Bankschraubstock
étayer un mât Mast (einen) abstagen
étoile polaire Nordstern, Polarstern
étouffer une voile Segel bergen und zurren
étoupe Twist, Werg
étoupe blanche ungeteertes Werg

étrave Vorsteven, Bug
étrave à guibre Klipperbug
étrave de clipper, étrave à guibre Klipperbug, ausladender Vorsteven
étrave droite gerader Steven, senkrechter Vorsteven
étrave élancée ausfallender Vorsteven
étrave en cuiller Löffelbug
être à couple längsseits liegen
être à la cape (courante) beiliegen
être à la cape, tenir la cape beigedreht sein, beigedreht liegen
être à la remorque im Schlepp sein
être ardent à la barre, avoir une barre ardente luvgierig sein
être au mouillage vor Anker liegen, fest verankert sein
être dans son assiette, être sans différence auf ebenem Kiel sein, gleichlastig
être jeté à la côte auf Strand getrieben werden
être membre d'équipage Besatzungsmitglied sein
être mou à la barre, avoir une barre molle leegierig sein
être relevé à peilen, sich in einer Richtung (zu) befinden
être soulevé par les vagues dümpeln
être très ardent luvgierig, stark luvgierig sein
étrier Haltebügel, Wandhalterung
étrier de bôme Baumaufhänger
étrier de bôme, barette de bôme Baumbügel
étude Vorentwurf (einer Bauzeichnung)
évier Abwaschbecken
évitage Schwojen vor Anker
évité à la marée stromrecht vor Anker liegend
éviter à la marée auf dcm Strom liegen
éviter au mouillage schwojen vor Anker
éviter au vent auf dem Wind liegen
éviter un bateau mouillé verankertes Boot schwojen lassen
ex-aequo Punktgleichheit (im Rennen)
examen des réclamations Protestverhandlung
exempt de droits de douane zollfrei
exempte d'impôt steuerfrei
exercice, pratique Übung, Rollenmanöver
expansion adiabatique adiabatische Ausdehnung
expert maritime Schiffahrtssachverständiger, Gutachter
expertise maritime Schiffahrtsgutachten
extincteur d'incendie Feuerlöscher
extra, de rechange extra, zusätzlich, besonders
extra-plat, à plat besonders flach
extra-souple besonders biegsam
extrait du journal de bord Logbuch-Auszug
extrémité de barrot Balkenende, Balkenkopf

F

facile à échouer einfach auf den Strand zu ziehen

façon, fabrication Ausführung, Bearbeitung

façon, finition de la fibre de verre Glasharzarbeiten, Kunststoffarbeiten

façons de l'avant Zugang, Vorschiffslinien

facture Rechnung

faible, vent force 3 schwache Brise (Bft 3)

faire collision avec zusammenstoßen mit

faire côte stranden, auf Strand geraten

faire croupiat über das Heck ankern

faire de la planche à voile surfen, windsurfen

faire de l'eau Wasser (Trinkwasser) übernehmen

faire des embardées, embarder gieren, ausscheren

faire des sauts de puce, cabotiller kreuzen abseits üblicher Wege

faire du rappel ausreiten (eine Jolle)

faire eau lecken, leckspringen Wasser machen, ein Leck haben

faire escale à un port Hafen anlaufen

faire gîter sich krängen lassen, sich auf die Seite legen

faire la déclaration de sortie, déclarer à la sortie ausklarieren

faire le plein füllen, auffüllen, voll machen

faire le point Besteck nehmen

faire machine arrière, battre en arrière umsteuern, rückwärts gehen

faire naufrage schiffbrüchig sein, verschlagen sein

faire naufrage wrack werden, Schiffbruch erleiden, scheitern

faire naufrage, couler untergehen (Schiff)

faire naufrage, naufrager Schiffbruch erleiden

faire porter l'ancre par un canot Anker (einen) ausfahren

faire route au-dessus, au vent d'une marque Bahnmarke (eine) überlaufen

faire route vers une marque Bahnmarke anliegen, holen

faire route vers une marque Kurs halten auf eine Bahnmarke

faire route, courir, naviguer fahren, laufen, steuern

faire un atterrissage, atterrir Landfall machen

faire une croisière fahrtensegeln, kreuzen

faire une visée solaire Sonne schießen, die Sonnenhöhe messen

faire voile segeln

faisant route mais n'ayant pas d'erre in Fahrt, aber ohne Fahrt durchs Wasser (über Grund)

faisceau de phare Lichtstrahl, Ausstrahlung eines Leuchtfeuers

fait à l'unité, fait sur mesure nach Kundenwunsch gefertigt

fait de teck taillé dans la masse aus massivem Teak gefertigt

Faites le plein! Füllen Sie bitte die Gasflasche!

falaise Klippe

fanal Laterne

fanal combiné doppelfarbige Laterne
fanal d'avertissement Signallampe
fanal de mouillage Ankerlaterne
fardage Windversetzung
fasseyement d'une voile Killen eines Segels
fasseyer flattern (des Segels)
fasseyer killen, flappen (eines Segels)
fasseyer zerreißen
fatiguer, travailler arbeiten, wirken, Dienst tun
faubert Schwabber, Deckschwabber
faute nautique Navigationsfehler
fémelot Zapfen, Bolzen
femme barreur Rudergängerin
femme en solitaire Einhandseglerin
fendre, fissurer, fêler, craqueler aufreißen, platzen, bersten
fenêtre Fenster
fer Eisen
fer à calfat Kalfateisen
fer de gaffe, pointe de gaffe Bootshakenspitze
fer en t T-Eisen
fer forgé Schmiedeeisen
ferler un pavillon Flagge einrollen
ferler une voile Segel beschlagen (...bergen)
ferlette, raban Beschlagzeising
fermeture à glissière Reißverschluß-Befestigung
fermeture éclair, glissière Reißverschluß
ferro-ciment Eisenbeton
ferrure d'étrave Bugplatte
ferrure de tête de mât Masttoppbeschlag
ferrure, accessoire, dispositif Beschlag
ferrures polies Glanzteile (aus Metall)
ferryboat Eisenbahnfähre
fesse Heck, hintere Schiffsrundung, Schnitt (im Linienriß)
fetch du vent Windbahn, Windbereich zwischen Luv- und Leeküste
feu à éclats groupés (F. 2é) Blitzfeuer mit Gruppen von Blitzen (Blz. [3])
feu (blanc) de mât Buglicht, Dampferlicht
feu à occultations simples (F.o.) Unterbrochenes Feuer mit Einzelunterbrechungen (Ubr.)
feu à éclats (F.é.) Blitzfeuer mit Einzelblitzen (Blz.)
feu à éclats longs (F.él.) Blinkfeuer (Blk.)
feu à main Handfackel
feu à occultation unterbrochenes Feuer
feu à occultations groupés (F. 2o.) Unterbrochenes Feuer mit Gruppen (2) (Ubr. 2)
feu à scintillements groupés Funkelfeuer mit Gruppen von Funkeln (Fkl. [3])
feu à scintillements interrompus Unterbrochenes Funkelfeuer (Fkl. unt.)
feu à scintillements rapides groupés Schnelles Funkelfeuer mit Gruppen von Funkeln (SFkl.[3]
feu à scintillements rapides interrompus Unterbrochenes schnelles Funkelfeuer (SFkl. unt.)
feu à secteur Sektorenfeuer
feu à signes morse Morsefeuer
feu aéronautique Luftfahrtfeuer
feu alternatif Wechselfeuer
feu amont, feu postérieur Oberfeuer (hinteres Feuer)
feu arrière, feu de poupe Hecklicht
feu aval, feu antérieur, feu inférieur Unterfeuer (vorderes Feuer)
feu blanc weißes Licht

feu blanc de mât weißes Mastlicht
feu blanc horizon weißes Rundumlicht
feu d'avertissement Warnlicht, Kontrollicht
feu de côté Seitenlicht
feu de direction Leitfeuer
feu de fortune, feu aux flambeaux Flackerfeuer, Notfeuer
feu de mât Mastlicht
feu de mouillage Ankerlicht
feu de pêche Fischerlicht
feu de port Hafenfeuer
feu de route Positionslicht
Feu de St-Elme Elmsfeuer
feu de tête de mât tricolore Dreifarben-Masttopplaterne
feu de tête de mât, feu (blanc) de mât Topplicht, Dampferlicht
feu détecteur de brume Nebelsuchfeuer, Sichtweitenmeßgerät
feu directionnel Leitfeuer
feu éteint erloschenes Feuer
feu fixe Festfeuer
feu fixe (F.f.) Festfeuer (F)
feu fixe avec éclats Mischfeuer: Festfeuer mit Blitzen (Mi.)
feu flottant schwimmendes Fackelfeuer
feu flottant schwimmender Feuerträger
feu gardé bewachtes Feuer
feu intermittent unterbrochenes Feuer, Gleichtaktfeuer
feu isophase (F.i.) Gleichtaktfeuer (Glt.)
feu masqué verdecktes Feuer
feu morse (lettre K) Morsefeuer, Buchstabe K (Mo. [K])
feu non gardé unbewachtes Leuchtfeuer
feu occasionnel zeitweise brennendes Feuer
feu scintillant Blitzfeuer
feu scintillant (F.sc.) Funkelfeuer mit dauerndem Funkeln (Fkl.)
feu scintillant à occultations unterbrochenes Blitzfeuer
feu scintillant rapide (F.sr.) Schnelles Funkelfeuer mit dauerndem Funkeln (SFkl.)
feu scintillant ultra-rapide (F. su.) Ultra-Funkelfeuer mit dauernden Ultra-Funkeln (UFkl.)
feu tournant Drehfeuer
feu tricolore en tête de mât Dreifarbentopplaterne
feu visible sur tout l'horizon Rundumlicht, rundumscheinendes Feuer
feu visible sur tout l'horizon über den ganzen Horizont sichtbares Licht, Rundumlicht
feu, brûleur Brenner (eines Kochers)
feuilles d'épaisseur Schieblehre, Feinmeßlehre
feux catégories et caractéristiques Leuchtfeuerkennung, Kennung
feux d'alignement (de route) Richtfeuer
feux d'alignement de garde Feuer in Linie
feux d'impossibilité de manoeuvre Havarie-Rundumlichter
feux de détresse, fusées Seenotfeuerwerk, Seenotraketen
feux de position, feux de route Positionslichter
feux de remorquage Schlepplichter
feux de route Positionslichter
fibre Faser
fibre coupée Glasfaserstrang
fibre de carbone Kohlenstoffaser, Carbonfaser
fibre de verre Glasfaser

fibre de verre posée à la main
handaufgelegtes Glasfasererzeugnis
figure de proue Galionsfigur, Bugfigur
fil Draht
fil Faser, Faden, Gewindegang
fil à congréer Wickelgarn, Trensgarn
fil à ralinguer Liekgarn
fil à surlier Takelgarn
fil à voile Garn, Segelgarn
fil de caret Garn, Faser
fil de caret Kabelgarn, grobes Garn
fil de chaîne Kettfaden
fil de cuivre Kupferdraht
fil de laiton Messingdraht
fil de marque
Kennfaden (in einer Leine)
fil de trame Schußfaden, Schußgarn
fil goudronné Takelgarn
fil, filin, câble d'acier Drahttau
filament, fibre
Faden, Faser, Garn (zur Seilfertigung)
filer fieren, wegfieren, laufen lassen
filer par le bout Anker schlippen
filer un erseau de chaîne
Bergering für unklare Anker
filer une touée Garn (ein) spinnen
filet Netz, Netzwerk
filet à pas à gauche
linksgeschlagenes Garn
fileter sich schlängeln, sich winden
filière Relingsdraht
filière, garde-corps Seereling
filoir Lippe, Führung, Verholklampe
filoir à oeil Verholklüse
filoir d'écoute réglable
verstellbare Schotleitöse
filtrage (des liquides)
Filtern (von Flüssigkeiten)
filtre à air encrassé verstopfter Luftfilter
finesse Bootswiderstand im Verhältnis zur Vortriebskraft
finir un parcours réduit
abgekürzte Bahn beenden
finir une course
Wettfahrt (eine) beenden
finition, construction
Handwerkskunst, Handwerksarbeit
finniste Finnsegler
fioul, carburant, fuel
Kraftstoff, Treibstoff
fisherman Fischerstagsegel
fissure, fente, fêlure Riß, Sprung, Spalt
fixation sur ètrier à cardan
kardanische Aufhängung
flamme Wimpel
flamme numérique Zahlenwimpel
flamme témoin
Zündflamme (am Kocher)
flanc, bord Seite, Außenseite
flasques (de mât)
Mastbacken aus Metall
flèche Gaffel-Toppsegel
flèche Wölbungstiefe (eines Profils)
flèche bômé Vierkanttoppsegel
flèche de corde Profiltiefe, Sehnentiefe
flèche de grand-voile Großtoppsegel
flèche de grue Kranausleger
flèche de vent Wind(richtungs)pfeil
floater Leichtwindspinnaker
floe, floeberg Eisscholle
flot et jusant Flut und Ebbe
flot et jusant, flux et reflux
Ebbe und Flut
flot, marée montante
auflaufendes Wasser, Flut
flot, marée montante
Flut, steigendes Wasser
flotille Flottille
flots Fluten, Sturmflut, Brandung
flottabilité Schwimmfähigkeit
flottabilité incorporée
eingebaute Auftriebskörper

flottaison de couleur farbiger Wasserpaß
flottaison en charge Schwimmwasserlinie, Konstruktionswasserlinie, Ladewasserlinie
flottaison en charge KWL, CWL (Abk. für Konstruktionswasserlinie)
flottaison légère Leichtwasserlinie
flottaison prévue, théorique Konstruktionswasserlinie
flottaison, ligne de flottaison Wasserlinie, Schwimmwasserlinie
flotte de plaisance Yachtflotte
flotter, être à flot schwimmen, auf dem Wasser treiben
flotteur Schwimmer (einer Vorrichtung)
flotteur de carburateur Vergaserschwimmer
flottille affrétée Flottillenchartern, gecharterte Flottille
foc Fock, Stagfock, Vorsegel nahe am Mast
foc Klüver
foc à rouleau Rollfock
foc autovireur Selbstwendefock
foc ballon, voile ballon Ballonfock, Ballonsegel, leichtes Raumschotssegel
foc bômé Baumfock
foc de petit temps Leichtwetterfock
foc de route Arbeitsfock
foc recouvrant überlappende Fock
foc relevant l'écoute Fock mit stumpfwinkligem Schothorn
foc tangonné ausgebaumte Fock
foc-en-l'air, Yankee Flieger
focquier, focquière Vorschotmann, -frau
focs jumelés doppelte Vorsegel, Zwillingsvorsegel
fonctionnement Arbeitsvorgang, Betrieb
fond Grund, Tiefe, Seegrund
fond Innenteil des Bootsbodens
fond d'argile Lehmgrund
fond de bonne tenue guter Ankergrund, reiner Grund
fond de la mer Meeresgrund, Seegrund
fond de mauvaise tenue schlechter Ankergrund, unreiner Grund
fond en V profond Bootsboden mit tiefem V
fond mauvais, fond dangereux fauler Boden, schlechter Ankergrund
fond plat flacher Bootsboden
fond vaseux Schlammgrund
fonds diminuant Flachwasser, durch Untiefen gefährliches Wasser
fonte Gußeisen
force aérodynamique Segelkraft, Windkraft am Segel
force du vent Windstärke (Bft)
force majeure höhere Gewalt
formalités en douane Zollformalitäten
fort coup de vent Windstärke 9
fort, vent force 6 starker Wind (Bft 6)
forte tempête, vent force 11 orkanartiger Sturm (Bft 11)
foudre Blitz
four sur cardans kardanisch gehalterter Ofen
fourchette Gabel, Gabelung
fournisseur de navires Schiffshändler
fournisseur maritime Schiffszubehör-Händler
fourrage Kleiden, Bekleiden (von Tauwerk)
fourrer Tauwerk bekleiden
fourrure Tausendbein, Schamfilschutz aus Garnresten
frais Kosten
frais d'entretien Unterhaltungskosten
frais d'hivernage Winterlagerkosten

frais de grutage Krangebühren
frais de remorquage Schlepplohn
frais de sauvetage, prix de sauvetage Bergelohn
frais de surestaries Liegegeld
franc-bord Freibord
franchir la ligne d'arrivée Ziellinie kreuzen
franchir la ligne, couper la ligne Linie übersegeln
franchir une barre Barre (eine) überqueren
franchise Selbstbeteiligung
francisé Schiff mit ordnungsgemäßen Papieren
frapper, saisir, amarrer zurren, festzurren, (an)laschen
frégatage Seiteneinfall
frégate Fregatte
frein Bremse, Bremsvorrichtung
fréquence audible Hörfrequenz
fréquence d'onde Wellenfrequenz
friction Reibung
frigidaire ouvrant sur le coté Kühlschrank mit Seitentür
front Front
front chaud Warmfront
front de l'onde, front de la vague Wellenfront
front froid Kaltfront
frontière Grenze
fuir laufen, vor dem Wind segeln, lenzen (vor dem Sturm)
fuir à sec de toile vor Topp und Takel lenzen
fuir devant la tempête vor dem Sturm laufen
fuite d'eau Leck über der Wasserlinie
fuite, allure de fuite Laufen, Treiben vor dem Sturm
fumigène flottant schwimmendes Rauchsignal
fuseau horaire Zeitzone
fusée Leuchtkugel, Feuersignal
fusée Seenotrakete, Rakete
fusée (de vergue) Rahnock
fusée à parachute Fallschirmrakete (Notsignal)
fusée à parachute Fallschirmlicht

G

gabare, allège Schute
gabarit Schablone
gabier Vollmatrose
gaffe Bootshaken
gagner au vent Luv gewinnen
gagner au vent segeln mit raumvorlichem Wind (nach Luv)
gaillard d'avant Back (auf Segelschiff)
gaillard de l'arrière Achterdeck, Schanz(e)
gain de puissance Leistungsverbesserung, Vorsprung, Nutzen
gaine, doublage Verdopplung (des Segeltuches)
galère Galeere
galet Kieselgrund
galette Tauscheibe, spiralförmig aufgeschossene Leine
galette, glène plate flach (schneckenförmig) aufgeschossenes Tauwerk
galhauban Oberwant, Toppwant
gallon Américain Gallone (USA, 3,785 l)
gallon impérial Gallone (England, 4,543 l)
galvaniser verzinken
gamme d'ondes Wellenbereich (Funk), Frequenzbogen
garant Läufer, Leine einer Talje
garant, courant holende Part (einer Talje)
garantie Garantie
garantie pièces et main d'oeuvre Garantie für Teile und Funktionsfähigkeit
garcette de ris Reffbändsel
garde côtière Küstenwacht
garde descendante Vorspring, vordere Spring
garde montante Achterleine, Heckspring
garde montante de la hanche Achterspring
garde-corps Seereling, Schutzgeländer
garde-robe de voiles Segelgarderobe, alle Segel
garder, surveiller bewachen
gardiennage bewachter Liegeplatz, Bootslagerplatz
garniture Futter, Laufbuchse
garniture, joint Dichtung
gatte Tropfschale, Leckwanne
gazole, gas-oil Dieselkraftstoff, Dieselöl
gelcote Feinschicht, Gelcoat
gelcoter Feinschicht (aus Kunstharz) auftragen
gelée blanche Rauhreif
gendarme Fleischhaken
génois Genua
génois à rouleau Rollreffgenua
génois de petit temps Leichtwettergenua
génois sur enrouleur Genua zum Einrollen
gens de mer, marin Seefahrer
gilet ciré Schlechtwetterjacke, -mantel
gilet de flottabilité Schwimmweste (mit viel Auftrieb)
gilet de sauvetage en kapok Kapokschwimmweste
gilet de sauvetage, brassière de sauvetage Rettungsweste
gilet de sauvetage, gilet à retournement ohnmachtsichere Schwimmweste
gilet, capot Jacke, Weste, Mantel

girouette Flügel, Windfahne
girouette Verklicker am Masttopp, Flögel
girouette Windfahne, Verklicker
girouette automatique, régulateur d'allure Windfahnen-Selbststeueranlage
gisement Seitenpeilung (SP), Peilung vom Boot aus
gîtard rank, weich
gîter krängen, überliegen
gîter à contre luvwärts krängen
gîter plat-bord dans l'eau überliegen bis zum Schandeck
glacière Kühlbox, Eisschrank
glacière ouvrant par le haut Kühlbox mit Öffnung oben
glaçon Eisscholle, kleine Eisscholle
gland, chapeau, couronne Stopfbuchsenbrille
glène Tauring, Tauwerksrolle
glène en huit achtförmig aufgeschossenes Tauwerk
glène filante von innen nach außen gelegte Buchten
glu marine Marineleim, Vergußmasse, Decksverguß
gnomonique gnomonisch
godille Wriggriemen
godiller wriggen (mit 1 Riemen), skullen (mit 2 Riemen)
goéland Möwe
goélette Schuner
goélette Schoner, siehe Schuner
goélette à hunier Toppsegelschuner
goélette à voile d'étai Stagsegelschoner
goélette franche Gaffelschuner, Schuneryacht
goémon Seegras, Seetang
goémon, algues, hermes marines Seetang, Seegras, Kelp
golfe Golf, Haff, Meerbusen
gondole Gondel
gonfler la voile Segel bauchiger machen
gonfler une voile Segel mit Wind füllen
gonio, radiogoniomètre Funkpeilkompaß
gonio, radiogoniomètre Funkpeiler
goniomètre Goniometer, Funkpeiler
gorge de poulie Tauraumende eines Blockes
gorge, engoujure, coulisse Keep, Nut, Hohlkehle
gorge, point de mât Klau
goudron Teer
gouge Hohlmeißel
gouger ausmeißeln, aushöhlen
goujon Stift, Zapfen, Dübel, Pfropfen
goulet Einfahrt, Bucht, Förde
goulet, passe schmale Fahrrinne, enge Durchfahrt, Meerenge
goupille Splint, Vorstecknagel
goupille conique Splint, Kegelstift, Konusbogen
goupille de cisaillement Scherstift (eines Propellers)
goupille de verouillage Sicherungsbolzen
goupille fendue Splint
gousset Knotenblech
gousset de manivelle de winch Winschkurbeltasche
gousset soudé geschweißtes Knie
gousset, étui, gaine de latte Lattentasche
gouttelette Tröpfchen (Regen)
gouttière Wassergang (an Deck), Ablaufrinne
gouvernail compensé actif Aktivruder
gouvernail compensé, safran compensé Balanceruder

gouvernail d'étambot Heckruder
gouvernail de fortune Notruder
gouvernail extérieur außen angehängtes Ruder
gouvernail non compensé unausgeglichenes, nicht ausbalanciertes Ruder
gouvernail principal Hauptruder
gouvernail suspendu Schweberuder, Spatenruder
gouvernail suspendu Spatenruder, Schweberuder
gouvernail, safran Ruder
gradient de pression Druckgefälle, Luftdruckunterschied
grain blanc, grain sec weiße Bö
grain de papier de verre Sandpapierbelag, grobkörnig
graisse Fett
grammage Segeltuchgewicht
grand allongement hohes Ansichtsverhältnis
grand canot, chaloupe, vedette Barkasse
grand cercle Großkreis
grand foc, faux foc Innenklüver
grand frais Windstärke 7
grand mât Großmast
grand miroir Indexspiegel
grand pavois, sous le grand pavois Flaggengala (angelegt)
grand perroquet Großbramsegel
grand vent, tempête Windstärke 10
grand-voile Großsegel
grand-voile d'étai Großstagsegel
grand voilier Großsegler
grand voilier Segelschiff, Windjammer
grand-voile à bordure libre Großsegel mit losem Unterliek
grand-voile avec 3 bandes de ris Großsegel mit 3 Reffreihen
grand-voile bermudienne Bermuda-Großsegel
grand-voile de cape Sturmgroßsegel
grande écoute, écoute de grand-voile Großschot
grande marée Springtide
grande marée, marée d'équinoxe Äquinoktialtide
grappin Draggen, Suchanker
grappin parapluie Faltdraggen
grattoir Schaber, Ziehklinke
gratuit kostenlos
gravier Kies, Schotter
gréage Ausrüsten
gréé carré mit Rahen getakelt
gréé en ketch ketschgetakelt
gréé en tête toppgetakelt
gréé en yawl yawlgetakelt
gréé temporairement, en catastrophe behelfsmäßig getakelt, mit Notrigg
gréement Takelung, Takelage
gréement à corne Gaffeltakelung
gréement à phares abaissés Pfahlmastrigg (ohne Stengen)
gréement au tiers Luggertakelung
gréement bermudien, Marconi Bermudarigg, Hochtakelung
gréement carré Rahtakelung
gréement courant laufendes Gut
gréement de catbote Kattakelung, Rigg ohne Vorsegel
gréement de cotre Doppelvorsegelrigg, Kutterrigg
gréement de fortune Nottakelung
gréement de jonque Dschunkenrigg
gréement de ketch Ketschtakelung
gréement de trapèze Trapezgeschirr
gréement en barre Stababstagung (einer Rennyacht)
gréement en goélette Schunertakelung
gréement en tête de mât Topptakelung

gréement houari nilitaire Gunter-Takelung
gréement longitudinale Schrattakelung
gréement rentré Rigg mit (weiter) innenliegenden Püttings
gréement triangulaire, bermudien Hochtakelung
gréement, capelage, ferrures de tête de mât Topptakelung
gréement wishbone Spreizgaffel-Takelung
gréer aufriggen, auftakeln
gréer un mât de fortune Notrigg errichten
gréer, mettre à poste an Bord bringen, verladen
gréeur Ausrüster, Takler
grêle Hagel
grésil Graupel
griffe Drahtstopper
gripper sich festfressen
gripper, se coincer bekneifen, festklemmen
gros galet, grosse pierre Kieselsteine, Felsbrocken
groupe d'eau sous pression Druckwasseranlage
groupe électrogène Energieanlage, Bootsenergiebox
groupe électrogène Stromerzeuger-Anlage
grue Kran
grue électrique elektrischer Kran
grue flottante Schwimmkran
grutage Krangeld
grutier Kranführer
gué Flachstelle, Furt (zum Durchwaten)
gueule de loup, noeud de bec d'oiseau Hakenschlag
gueule de raie kurze Trompete, Verkürzungsstek
gueuse, saumon Ballasteisen, Eisenballast
gueuse, saumon de fonte Roheisen
guibre Galionsknie
guide de croisière Handbuch zum Fahrtensegeln
guide nautique, instructions nautiques Seehandbuch
guidon Stander, Hausflagge
guidon de club Clubstander, Yachtclubstander
guidon en queue d'arronde, guidon à deux pointes Doppelstander, schwalbenschwanzartiger Wimpel
guignol, arc-boutant de guignol Jumpstagspreize
guindant d'un pavillon Heiß einer Flagge (Breite am Stock)
guindant de pavillon Flaggenbreite
guindant, envergure Luvliek, Vorliek
guindeau horizontal Ankerwinde (liegende Welle)
guindeau horizontal électrique elektrische Ankerwinde
guindeau horizontal manuel Handankerwinde

H

habitacle Kompaßhaus, Nachthaus
hale Zug, Hol, Ziehen
hale-à-bord Einholer, Einholleine
hale-dehors, étarqueur Ausholer
halebas Niederholer
halebas de bôme Baumniederholer, Baumniederhalter
halebas de foc Fockniederholer
halebas de point d'amure Halsstrecker
halebas de tangon de spi Spinnakerbaum-Niederholer
haler holen, ziehen
haler à bord binnenbords holen, an Bord holen
haler à coups fieren und holen
haler à terre aufziehen, aufschleppen
haler de l'arrière achteraus verholen
haler dehors la bordure Unterliek eines Segels ausholen, strecken
haler main-sur-main Hand-über-Hand holen
haler un grand coup langen Pull hieven
halo Halo (Hof um Sonne oder Mond)
hamac Hängematte
hanche Viertel, achteres Viertel, Achterschiff
hanche au vent Windvierung auf der Luvseite
hânet Segellattenbändsel
hânet de ris Marlleine beim Bindereff
hangar à bateaux Bootshaus
harenguier Heringsfischerboot
harnais, ceinture de sécurité Sicherheitsgurt
hauban Want
hauban de losange Jumpstag, Diamantwant
haut-fond Untiefe, Sandbank
haut-parleur Lautsprecher
haute mer blaues Wasser, hohe See
haute mer Tiefsee, hohe See
haute-pression des Açores Azorenhoch
hauteur Höhe
hauteur apparente scheinbare Höhe, Kimmabstand
hauteur assise sous rouf, sous barrots Sitzhöhe (in einem Boot)
hauteur calculée errechnete Höhe
hauteur circumméridienne Nebenmeridianhöhe
hauteur d'eau, profondeur Wassertiefe
hauteur debout sous rouf volle Stehhöhe (unter dem Aufbau)
hauteur debout sous rouf, sous barrots Stehhöhe
hauteur des yeux Augenhöhe
hauteur libre d'un pont Durchfahrtshöhe einer Bücke
hauteur méridienne Mittagshöhe, Meridianhöhe
hauteur observée beobachtete Höhe
hauteur observée Sextantenhöhe, gemessene Höhe mit dem Sextanten
hauteur vraie wahre Höhe
hauteurs égales korrespondierende Höhen
hauts-fonds Wattenmeer, Untiefen
havre Hafen ohne Einrichtungen, Kleinboothafen
hebdomadaire wöchentlich
héler un yacht Yacht (eine) anpreien

héler, appeler à la voix rufen, zurufen, anpreien
hélice Propeller, Abk. Prop
hélice à pas à droite rechtsgängiger Propeller
hélice à pas hélocoidal Propeller mit verstellbarer Steigung, Umkehrpropeller
hélice à pas réglable Verstellpropeller (verstellbare Steigung)
hélice ébréchée Propeller mit schartigen Flügeln
hélice en bec de canard, hélice à pales repliables Faltpropeller
hélice engagée unklarer Propeller
hélice incurvée ausgehöhlter Propeller, eingekerbter Propeller
hélices jumelées Doppelschrauben, Zwillingsschrauben, zwei Schrauben
hermétique luftdicht, luftundurchlässig
herminette Breitbeil, Schiffbaueraxt
heure du départ Startzeit
heure du fuseau Zonenzeit
heure vraie d'arrivée wahre Ankunftszeit
heure vraie de départ wahre Abfahrtszeit
heures de service, heures de bureau Dienststunden
hiloire Süll
hiloire d'écoutille Lukensüll
hiloire de claire-voie Oberlichtsüll
hiloire de cockpit Plichtsüll
hiloire de manche à air Lüftersüll
hiloire de panneau d'écoutille Schiebelukensüll
hiloire transversale Quersüll
hippocampe Seepferd
hissé steif gesetzt(es Segel)
Hisse! Setzt die Segel!, Heiß auf!
hisser heißen, aufheißen, hissen
hisser (arborer) une pavillon Flagge setzen, heißen
hisser les couleurs Nationalflagge setzen
hisser un pavillon à mi-drisse halbmast, halbstocks flaggen
hivernage Bootswinterlager
hivernage à flot Überwinterung im Wasser
hivernage au sec, remisage au sec Winterliegeplatz in der Halle
Ho! Ahoi!
Homme à la mer! Mann über Bord!
homme de veille Wachtposten, Mann (Frau) einer Wache
horaire Zeitplan, Fahrplan
horaire de transmission Zeit(plan) einer Seefunksendung
horaire, à droite, dextrotorsum rechtsgängig, im Uhrzeigersinn
horizon apparent scheinbarer Horizont, scheinbare Kimm
horizon artificiel künstlicher Horizont
horizon céleste Himmelshorizont
horizon rationel, horizon vrai wahrer Horizont, wahre Kimm
horizon visible, visuel, de la mer Kimm, natürlicher Horizont, Seehorizont
hors d'état de naviguer seeuntüchtig
hors tout über alles
houari, voilier houari Segelboot mit Gunter-Takelung
houle Dünung
houle de fond Grundsee
houleux wogend, schwellend
houssage des matelas Matratzenbezug
housse Bezugsstoff für Sitzpolster
hublot Bullauge
hublot d'aération Seitenfenster, (rundes) Klappfenster

hublot dormant, oeil-de-boeuf Bullauge, rundes Seitenfenster
huile Schmieröl
huile de lin Leinöl, Leinölfirniß
huile tout-usage Allzwecköl, Schmierstoff
humide, mouillé feucht
humidité Feuchtigkeit
hune Mars
hunier Marssegel
hunier fixe Untermarssegel
hunier volant Obermarssegel
hydravion Wasserflugzeug
hydrographie Hydrographie, Meereskunde
hydroplanage, surfing (navire) Wellengleiten (eines Bootes)

I

Ici! Hier ist!
îlot Inselchen
imperméable wasserdicht
importer einführen
imposition du silence Gebot der Funkstille
inaptitude d'un bateau à prendre la mer Bedingungen der Seeuntüchtigkeit eines Bootes
incassable bruchsicher, unzerbrechlich
incendie Feuer
incinérateur Verbrennungsofen
inclinaison, bascule Neigung, Schräglage
incliner schräglegen, kippen (den Außenborder)
incliner, gîter, renverser überholen, krängen, umschlagen (ein Boot)
inclinomètre Krängungspendel, Neigungsmesser
indicateur d'allure Verklicker, Windrichtungsanzeiger an Bord
indicatif d'appel Funkrufzeichen, Rufname
indication erronée du compas, variation Magnetkompaßfehlweisung (MgFw)
inflammable brennbar
inflammable feuergefährlich
infraction aux règlements Regelverletzung (beim Rennsegeln)
injecteur Einspritzdüse
injection Einspritzung, Spritze
innavigable, inapte à prendre la mer seeuntüchtig, nicht seetüchtig
inondation Überflutung, Überschwemmung
inox éclatant blinkendes, strahlendes Edelstahl
insonorisation de cabine Schalldichtigkeit der Kajüte

installation d'appareils électroniques Einbau von Elektronikgeräten
installation dans l'axe, installation au milieu Einbau in der Mittschiffslinie, in Kielrichtung
installation décentrée, décalée nicht mittiger Einbau, außermittiger Einbau
installation sanitaire marine sanitäre Einrichtung an Bord
installations portuaires Hafeneinrichtungen
instructions nautiques Segelhandbuch
instructions de course Segelanweisung (Regatta)
instructions nautiques Seehandbuch, Segelhandbuch
instructions nautiques américaines amerikanisches Seehandbuch
interdiction Verbot
intérieur innen
interpréter un signal Signal (ein) ausmachen
interrompre, invalider abbrechen (eine Wettfahrt)
interrupteur à fusible Sicherung (elektrisch), Patronensicherung
interrupteur à minuterie Zeitschalter, elektrisch
interrupteur marche-arrêt Ein-Ausschalter
interruption, invalidation Abbruch einer Wettfahrt (nach dem Startsignal)
ipil Teak aus Borneo
iroko afrikanisches Teak
isobare Isobare, Linie gleichen Luftdrucks
isolateur d'antenne Antennenisolator
isolement, isolation du froid Isolierung gegen Kälte
isotherme Linie gleicher Temperatur
isthme Landenge
itague de corps-mort Bojenstander

J

isthme Landenge
itague de corps-mort Bojenstander
jambette de pavois Relingstütze, Schanzkleidstütze
jambette, tête d'allonge Poller, Doppelpoller
jas d'ancre Ankerstock
jauge Maßstab, Meßgerät
jauge d'épaisseur, calibre à lames Fühlmeßlehre, Tastnadel
jauge de carburant Kraftstoffuhr
jauge de pression Manometer
jauge internationale pour la course au large IOR-Formel (Vermessungsregeln)
jauge nette, tonnage net Netto-Vermessung, Netto-Tonnengehalt
jaugeage Tonnage-Vermessung, Vermessung
jauger bemessen, schätzen, klassifizieren
jaugeur Vermesser
jaugeur d'huile Peilstab (zum Ölstand messen)
jaumière Ruderkoker, Öffnung am Ruderkoker
Je dis de nouveau! Ich wiederhole! (Seefunk)
Je vire! Ich wende!
jerrican essence Benzinkanister
jerrican fuel Kraftstoffkanister
jerrican gas-oil Dieselkanister
jerrican pétrole Petroleumkanister
jet à la mer Überbordwerfen
jet d'eau Wasserstrahl, Druckwasserstrahl
jeté à la côte angespült, angetrieben (an die Küste)
jetée Anlegebrücke, Bootssteg
jeter la sonde, sonder loten, das Lot auswerfen
jeter par-dessus bord, jeter à la mer über Bord werfen, abwerfen (Ballast, Ladung)
jeter par-dessus bord über Bord werfen (auch Abfall)
jeu de pavillons Flaggenführung
jeu de piles Satz von Trockenbatteriezellen
jeu, espace libre Spiel, Freiraum
joint à clin Überlappungsverbindung, Klinkerbauweise
joint à collet Flanschverbindung
joint à écart, assemblage à écart Laschenverbindung, Verlaschung
joint à francs bords bündiges Gefüge, karweelbauweise
joint à rotule Kugelgelenk, Drehgelenk
joint soudé Schweißnaht
joncs, herbes marines Kraut, Verkrautung
jonction Fahrwasserverbindung
jottereaux, capelage Mastbacken
joue de poulie Wange eines Blockes
joue de safran Ruderwange
joue de vache, demi-joue Block mit nur einer Wange, an Mast oder Spiere
jour de fête Feiertag
journal de bord Logbuch, Schiffstagebuch
journal radio Funktagebuch
jugement des réclamations Protestentscheidungen
jumelles (de mât) Mastbacken aus Holz

jumelles marines Doppelglas, Nachtglas
juridiction maritime
Seegerichtsbarkeit
jury Berufungsinstanz (Rennsegeln)
jusant, marée descendante
Ebbe, ablaufendes Wasser

K

kapok Kapok (Fruchtwolle als Auftriebsmaterial)
ketch Ketsch
ketch bermudien
Ketsch mit Hochtakelung
ketch wishbone Spreizgaffelketsch
ketch-goélette
Schunerketsch, Zweieinhalbmaster
kevlar
Kevlar
kit, nécessaire, trousse
Werkzeugkasten, Baukasten

L

l'ancre croche, tient Anker hält
La main dessus! Hilf mir!
la vie à bord Bordleben
laçage, transfilage Reihleine
lacet Litze
lâche, mou lose
lagune Lagune
laisse Tidensaum (an der Küste)
Laisse courir! Laß laufen!
laisse de basse mer Niedrigwasserlinie, Ebbemarke
laisse de haute mer Flutlinie, Flutmarke
laisse de haute-mer Wasserstandslinie, Tidegrenze
laisser filer, filer stecken, ausstecken (eine Leine), nachstecken
laisser porter abhalten
laisser porter au-dessous de la route normale voller segeln als den richtigen Kurs
laisser porter, laisser arriver, laisser abattre abfallen (vom Wind), ablaufen
laisser toutes les marques à bâbord alle Bahnmarken an Backbord lassen
laiton, cuivre jaune Messing, Gelbmetall
laize Segeltuchbahn
lambrissage, boisage Täfelung
lame d'étrave, moustache Bugsee, Bugwelle
lame de fond Sturzsee, sehr hohe Welle
lame de scie à métaux Sägeblatt
lame monstrueuse Monstersee, Riesenwelle
lame de fond blinder Roller, über Felsen nicht brechende See, Welle
laminer laminieren
lampe à huile Öllampe
lampe à pétrole Petroleumlampe
lampe de poche, électrique torche Taschenlampe
lampe de roulis Innenleuchte mit kardanischer Aufhängung
lampe en col de cygne Schwanenhalslampe
lampe Scott Morselaterne, Handscheinwerfer
lampe témoin Kontrollampe (am Instrumentenbrett)
lampe-torche de détresse, lampe électrique de détresse elektrisches Rettungslicht
lampe-torche, lampe électrique elektrische Taschenlampe
lance-fusée Very Leuchtsignalpistole
lancer une manoeuvre einhieven (eine Leine) nach dem Loswerfen
lancer, mettre à l'eau zu Wasser lassen (... bringen)
langage marine, maritime Schiffahrtssprache, Seemannssprache
langoustier Hummerboot
lappant, voile antérieure lappante überlappendes (Vor-)Segel
large breit, sehr breit
largement dimensionné Abmessungen voll ausgenutzt
largeur Gurtmaß (eines Segels)
largeur au fort Breite über alles
largeur au maître-bau, maître-bau Breite, Schiffsbreite
largeur maximum des focs LP-Maß (Abkürzung für Luff-Perpendicular)

largeur, bau Breite
largeur, plus grand largeur Breite, größte Breite
largue raumschots
larguer loswerfen, losmachen, schießen lassen
larguer les amarres ablegen, Leinen loswerfen
larguer un noeud Knoten abstecken, lösen
larguer un ris ausreffen, ein Reff ausschütten
larguer un transfilage Reihleine (eine) losmachen
Larguez les amarres! Leinen los!
Larguez! Laissez filer! Laß laufen!
latitude geographische Breite
latitude estimée gekoppelte, gegißte Breite
latitude circummeridienne Nebenmeridianbreite
latitude observée beobachtete Breite
latte Latte, Segellatte
latte de ragage Schamfillatten
latte de voile Segellatte
latte-ridoir Stagspanner
latte-ridoir Wantenhänger
lavabo Waschbecken
le fond de la mer, la grande baille Tiefe der See, Meeresgrund (poet.)
le plus sur l'arrière achterlichst, ganz achtern
le vent adonne raumender Wind
le vent refuse, vent qui refuse schralender Wind
léger, vent force 2 leichte Brise (Bft 2)
les gens, qui vivent à bord Langzeitsegler, Aussteiger
les membres, les sociétaires Mitglieder eines Clubs (Gesamtheit)
lest Ballast
lest liquide Wasserballast
lester ballasten, mit Ballast beschweren
lettre de nationalité Nationalitätenkennzeichen (im Segel)
levée hydrographique Seevermessung, hydrographische Vermessung
lever du jour, pointe du jour Tagesanbruch
lever, déraper l'ancre aufhieven (den Anker)
Levez l'ancre!, Dérapez! Anker auf!
levier Hebel
levier d'inverseur Umsteuerhebel
levier de bastaque Backstagspanner
levier de changement de vitesse Schalthebel, Gashebel
levier, manivelle Winschkurbel
lexique nautique, lexique maritime nautisches Lexikon
LHT, longueur hors-tout Lüa, Länge über alles
librairie maritime, de marine Schiffahrtsbuchhandlung
liège Kork
ligne d'amarrage Bändselgut
ligne d'arrivée Ziellinie
ligne d'attrape Wurfleine
ligne d'attrape flottante schwimmende Wurfleine
ligne d'orin, orin Bojenleine
ligne de départ Startlinie
ligne de flottaison Konstruktionswasserlinie, KWL, CWL
ligne de foi Nullachse, Nullinie, Steuerstrich
ligne de foi à 45 degrés versetzter Steuerstrich (um 45°)
ligne de front Dwarslinie
ligne de hautes-eaux Wasserspiegel, Wasserhöhe
ligne de loch Handlogleine, Logleine

ligne de pont, livet de pont Deckstrak
ligne de position, droite de position Standlinie
ligne de quille Kiellinie, Mittschiffslinie
ligne de quille, axe longitudinal Mittellinie, Mittschiffslinie
ligne de rappel Einholeleine (eines Seeankers), Tripleine
ligne de sonde Lotstandlinie
ligne de sonde, ligne de niveau Tiefenlinie (in der Seekarte)
ligne de tonture Deckstrak
ligne de vie Strecktau, Sorgleine, Greifleine
ligne des sondes, isobathe Tiefenlinie, Linie gleicher Wassertiefe
ligne isogone Linie gleicher Mißweisung
lignes de charge Freibordmarken, Lademarken
lignes de sonde, lignes de niveau Umrißlinien, Linien gleicher Wasserlinie
limandage Schmarting
limander bekleiden, schmarten
limbe Limbus
lime Feile
limitations de l'engagement Überlappungsbeschränkungen
limite de charge, charge limite Arbeitslast, Arbeitskraft einer Talje
limite de charge, charge limite Tragfähigkeit (eines Bootes)
limite de temps pour finir Zeitbegrenzung für den Zieldurchgang
lin Flachs
liquide hydraulique Hydrauliköl
lisse (sous le vent) dans l'eau Leereling unter Wasser
lisse de couronnement Heckreling
lisse de plat-bord Abdecken (durch eine Kappe)
lisse, lisse de pavois Reling
lisser, poncer, donner du fini à une surface glätten (eine Oberfläche)
liste de contrôle Kontroll-Liste
liste de contrôle Packzettel, Prüfliste
liste nominative Namensverzeichnis
liston Scheuerleiste
littoral Küstenlinie, Meeresküste
livarde Sprietsegel
livre des feux Leuchtfeuerverzeichnis
location avec capitaine Chartern mit Schiffsführer
loch Log (für Fahrt und Distanz)
loch à bateau Handlog, Brettlog
loch à hélice Patentlog
loch de couronnement Deckslog, Patentlog
loch de couronnement Relingslog
loch enregistreur Meilenzähler
loch totalisateur Meilenzähler
lof écourté verkürztes Vorliek
lofer andrehen, aufkommen
lofer luven, anluven, in den Wind kommen
lofer au delà de la route normale über den richtigen Kurs hinaus luven, segeln
lofer au delà du près serré luven über einen Amwindkurs hinaus
lofer au delà du près, du plus près luven, segeln über einen Amwindkurs hinaus
logeabilité, habitabilité Geräumigkeit
logement de l'ancre Ankerhalterung an Deck
logement, boîtier Gehäuse (eines Gerätes)
loger à bord an Bord unterbringen
long bord langer Schlag, Streckbug

long bord au près, long bord au plus près langer Schlag, auf Amwindkurs
long-courrier Hochseeschiff
longitude geographische Länge
longitude estimée
gekoppelte, gegißte Länge
longitude observée beobachtete Länge
longue traite
langer Kreuzschlag, langer Schlag
longueur d'onde Wellenlänge (Funk)
longueur de la flottaison, à la flottaison
Wasserlinienlänge, Länge in der Wasserlinie
longueur de la ligne de flottaison
Länge der Schwimmwasserlinie
longueur hors-tout, LHT
Länge über alles (Lüa)
lot Haufen, Anzahl von Teilen
louer Boot (ein) verchartern, vermieten
loup de mer Salzbuckel, alter Seemann
louvoyage, au louvoyage
Kreuzen, Kreuzkurs
louvoyer pour sortir
hinauskreuzen (aus dem Hafen)
lover aufschießen (eine Leine)
lover à grands plets
aufschießen in langen Buchten
lover à plat
aufschießen in flachen Buchten
lover en galette Leine in Schneckenform flach an Deck auslegen
lover, lover en glène
aufschießen (eine Leine)
loxodromie Loxodrome
lumière d'admission
Einlaßöffnung, Ansaugrohr
lumière d'échappement
Auspufföffnung, Auspuffschlitz
lumière d'entrée
Einlaßöffnung
lunaison
Mondumlauf, Mondmonat
lusin Hüsing, linksgeschlagen, dreischäftig

M

machine de course Rennyacht, „Rennschlitten“
mâchoire Klaue, Maul
mâchoire de corne Gaffelklau
magasin de pièces détachées Ersatzteillager
magasin du maître d'équipage Bootsmannshellegatt
magasin, entrepôt Lager, Speicher
magasinier Lagerverwalter
magnétique mißweisend
maille à étai Stegkette
maille, maillon Kettenglied
mailler anschäkeln
maillet à épisser Muskeule
maillet de calfat Kalfat(er)hammer
mailloche à fourrer Kleidkeule, Kleedkeule
maillon de chaîne Kettenglied, Kettenschäkel
main courante Griffschiene, Griffstange, Handlauf
maître d'équipage Bootsmann (auf einem Segelschiff)
maître-bau größte Breite
maître-couple Hauptspant
maître-éclusier Schleusenmeister
maître-voilier Segelmachermeister
manche Runde, Rundung
manche à air Drucklüfter
manche à air, saucisson Windsack
manchon d'écubier Klüsenrohr
manette de gaz Gashebel
maniabilité leichte Handhabung
manille Schäkel
manille d'amure Halsschäkel
manille d'étalingure Ankerkettenverbindungsschäkel
manille d'étalingure, cigale Ankerschäkel
manille, abaca Manila
manille, chanvre de manille Manila-Hanf
manillon Schäkelbolzen
manillon imperdable à clé Schlüsselschäkel
manivelle Kurbel
manivelle de moteur Motorkurbel
manivelle de tour de rouleau Rollreffkurbel
manoeuvre de mouillage Ankermanöver
manoeuvre de redresse Aufrichtmanöver
manoeuvre des voiles Umgang mit Segeln
manoeuvre emmêlée, entortillée unklare Leine
manoeuvre volante Lauftau
manoeuvres portuaires Hafenmanöver, Manöver im Hafen
manoeuvres rapprochées Manöver mit begrenztem Raum
manoeuvres retournées au cockpit alle Leinen werden aus der Plicht bedient
manquer à virer falschen Schlag segeln
marais Marsch, Vorland
marchandises de contrebande Schmuggelwaren
marche arrière Wendegetriebe
marches de la descente Niedergangsstufen
marée Gezeit

marée Tide, Gezeit
marée basse Niedrigwasser(stand)
marée basse, basses eaux Niedrigwasser
marée haute Hochwasser(stand)
marée portant au vent Luvtide
marégraphe, échelle de marée Tidenmesser, Pegel
marémètre Stromrechner
marguerite Anker(reit)gewicht
marin Fahrensmann
marin seetüchtig im Seegang
marin d'eau douce Segelneuling, unerfahrener Mann
marin de croisière Fahrtensegler(in)
marin de haute mer Hochseesegler, Blauwassersegler
marin de salon Lehnstuhlsegler, Theoretiker
marin, marin de profession Nautiker, Seemann
marin, maritime seefahrend, zur Seefahrt gehörend
marine marchande Handelsmarine
Marine Nationale Kriegsmarine, Flotte
marinier Kahnschiffer
maritime, marin zur Seefahrt gehörend, seefahrend
marnage, amplitude de marée Tidenhub
marocain Genickstag, Stengestag
marocain, marquin Springstag, Genickstag (zwischen zwei Masttoppen)
marque Bahnmarke, Marke
marque au vent Luvmarke (Rennen)
marque cardinale Seezeichen nach dem Kardinalsystem
marque d'arrivée Begrenzungsmarke der Ziellinie
marque d'épave Wrackbezeichnung
marque de fabrique Fabrikmarke
marque de fabrique du voilier Fabrikationsmarke eines Segels
marque de largue Bahnmarke für den Raumschotskurs
marque de parcours Bahnmarke
marque sous le vent Leemarke (Rennen)
marque zéro Nullmarke, Nullstrich
marque, voyant Form, Gestalt, Umriß
marteau Hammer
martingale Stampfstag
martingale de grand foc äußeres Stampfstag
martingale de petit foc inneres Stampfstag
masse Vorschlaghammer, Maker
masse d'air Luftmasse
masse d'air arctique arktische Luftmassen
massif Totholz, Aufklotzung
mastic Dichtungsmasse, Spachtelmasse
mât Mast
mat Matte, Glasseidenmatte
mât à bascule, mât rabattable Klappmast, Mast im Maststuhl
mât à bascule, mât rabattable Klappmast
mât à plomb senkrechter Mast
mât bipode Zweibeinmast, A-Mast
mât cintrable flexibler Mast
mât d'artimon Besanmast (Ketsch)
mât d'assemblage gebauter (verleimter) Mast
mat de fibre de verre Glasfasermatte, Glasseidenmatte
mat de fibres coupées Glasseidenmatte
mât de fortune Notmast
mât de hune Toppmast, Stenge
mât de pavillon Flaggenstock
mât de pavillon Flaggenmast (an Land)

mât de pavillon de poupe Flaggenstock am Heck
mât de perroquet Bramstenge
mât de tapecul Besanmast (Yawl)
mât de tapecul Treibermast, Besanmast
mat de tissu de verre Glasseidenmatte
mât haubanné, mât étayé abgestagter Mast
Mât par le travers! Mast querab!
mât rabattable, mât à bascule Klappmast
matelas Matratze
matelot Bordkamerad, Arbeitskamerad, Matrose
matelot de pont Decksmann
matelot de yacht Yachtmatrose, Yachtbootsmann
matelotage Seemannschaft mit Knoten und Spleißen
mâter Mast setzen
matériau cellulaire Schaumstoff, Kernmaterial
matériau de construction Baumaterial
matériau de bourrrage, d'étanchage Dichtungsmasse
matériel jeté à la mer Seewurf, ins Meer geworfener Unrat
matrice à oeilletons Locheisen zur Ösenfertigung
mauvais schlecht(er Empfang)
mauvais temps Schwerwetter, Sturmwetter
mauvais temps, gros temps schweres Wetter
Mayday relay! Mayday relay!
Mayday! Mayday!
mèche Achse, Welle
mèche Docht
mèche de gouvernail Ruderschaft
mèche, âme de cordage Seele, Kern von Tauwerk
méduse Qualle
mégaphone, porte-voix Megaphon, Sprachrohr
membre d'équipage Besatzungsmitglied
membre en règle Mitglied (in einem Yachtclub)
membre fondateur Charterer, Mitglied einer Charterbesatzung
membre, couple Spant, Bauspant
membre, membrure Spant
membrure Spantwerk
membrure arrondie bouchain rond Rundspant
membrure en S S-Spant
même bord, même amure gleicher Bug
menuiserie, ébénisterie Tischlerarbeiten für Inneneinrichtung
mer agitée mäßig bewegte See (Seeg. 4)
mer belle, vagulettes schwach bewegte See (Seeg. 2)
mer calme ruhige, spiegelglatte See (Seeg. 0)
mer calme, ridée ruhige, gekräuselte See (Seeg. 1)
mer croisée Kreuzsee
mer de l'arrière achterliche See
mer debout Gegensee, Bugsee
mer du vent Windsee
mer forte grobe See (Seeg. 5)
mer grosse hohe See (Seeg. 7)
mer grosse, mer clapoteuse massige See, schwere See
mer houleuse wogende See
mer intérieure Binnenmeer, Inlandsee
mer par la hanche raume See, seitliche Hecksee
mer peu agitée leicht bewegte See (Seeg. 3)

mer très forte sehr grobe See (Seeg. 6)
mer très grosse sehr hohe See (Wellenhöhe 7-11 m)
mer très houleuse sehr rauhe See (Wellenhöhe 3 -4,5 m)
méridien Meridian
méridien du point vernal, point vernal Frühlingspunkt
merlin Marlleine
merliner bekleiden, marlen
mesurer la vitesse au loch loggen, die Fahrt messen
métacentre Metazentrum
métacentrique metazentrisch
métal Metall
mètrage Maßangabe in Yards (Meter)
mètre carré Quadratmeter
mettre à contre ausholen nach Luv (ein Segel)
mettre à la masse erden (elektrisch)
mettre à la masse sur la quille Erdung (des Riggs) zum Kiel vornehmen
mettre à poste in Ordnung bringen
mettre à poste, gréer einrichten, einsetzen
mettre en marche Motor anlassen
mettre en quarantaine in Quarantäne legen
mettre l'embargo sur un navire beschlagnahmen (ein Schiff)
mettre la barre à tribord Ruder nach Steuerbord legen
mettre le cap sur anliegen nach (Kurs), zulaufen auf
mettre le cap sur le large abstehen von, seewärts halten von, entfernt sein von
mettre le mât à la masse Mast erden
mi-marée Mittelwasser
mildiou Stockflecken, Schimmel
milieu, au milieu, du milieu mittschiffs
mille marin, mille nautique nautische Meile, Seemeile
mille nautique, mille marin Seemeile
mille terrestre englische Meile
mille-pattes Tausendfüßler, Tausendbein (Schamfilschutz am Want)
minute d'arc Minute, Bogenminute
minute de temps Minute, Zeitminute
minuterie réglable verstellbarer Zeitschalter
misaine Fock, Focksegel (auf Rahschiff)
misaine-goélette Schunersegel
mise à l'air Atempause, Verschnaufer (des Windes)
mise à la masse Erdung, Erdschluß (elektr.)
mise à la masse Erdung, Masse (elektrisch)
mise à la masse sur la quille Kielerdung (elektr.)
mode d'emploi Gebrauchsanweisung
mode de décompte des points Punktsystem
modélisme naval Schiffsmodellbau
modéré, vent force 4 mäßige Brise (Bft 4)
modulation d'amplitude Amplituden-Modulation
môle Mole
mollir, faiblir beruhigen, erleichtern, ermatten
mollir, redresser la barre aufkommen (mit dem Ruder)
Mollissez l'écoute! Fier die Schoten!
moment de chavirement Kentermoment, Kippmoment
moment de redressement aufrichtendes Moment
monotype Klassenboot, Einheitsklassenboot

monotype de class olympique olympische Einheitsklasse
monotype de série internationale internationale Einheitsklasse
monotype de série nationale Nationale Einheitsklasse
montage interne sans passe-coque Binnenbordshalterung ohne Bordwand-durchbruch
monté à ras, encastré bündig montiert
monté d'origine serienmäßig, werkseitig eingebaut
montée Tidenstieg
monter stromauf fahren
monter à bord, embarquer an Bord gehen, sich einschiffen
monter sur le pont an Deck kommen, hochsteigen
montre d'habitacle Beobachtungsuhr, Navigationsuhr
montre d'habitacle. montre de bord Schiffsuhr, Borduhr
mordre greifen, packen (eines Propellers)
morte eau, marée de quadrature Nipptide
moteur Motor
moteur à bascule kippbarer Außenbordmotor
moteur auxiliaire de voilier Motorkreuzer mit Hilfsbesegelung
moteur auxiliaire fixe eingebauter Hilfsmotor
moteur diesel Dieselmotor
moteur intérieur, moteur fixe Einbaumotor
moteur, machine Motor, Maschine
motonautisme Motorbootsport
motonautiste Motorbootfahrer
moucheter un croc bemusen, sichern (einen Haken)
mouette Seemöwe
mouillage Muring, Ankerplatz
mouillage à quatre Vierkantvertäuung
mouillage abrité geschützter Ankerplatz
mouillage arrière à quai Liegen mit Heck zur Pier und Buganker
mouillage arrière à quai et avant sur corps-mort Festmachen, Heck zur Pier und Bug zu Muringleine
mouillage avant, nez à quai Liegen mit Bug zur Pier und Heckanker
mouillage bien abrité sicherer, geschützter Ankerplatz
mouillage de l'arrière Heckanker
mouillage de quarantaine Ankerplatz im Quarantänehafen
mouillage fixe, corps-mort Bojenliegeplatz mit Grundgeschirr
mouillage forain Ankerplatz auf offener Reede, offener Ankerplatz
mouillage forain offener Liegeplatz
mouillage nez, avant à quai Liegen mit Bug zur Pier und Heckanker
mouillage peu sûr unsicherer Ankerplatz
mouillage sûr sicherer Ankerplatz
mouillage sur bouée, mouillage de corps-mort Liegeplatz an einer Muringboje
mouillage, poste de mouillage Ankerplatz
mouillé, au mouillage verankert
mouiller ankern, vor Anker gehen, verankern (ein Boot)
mouiller à poste anlegen, festmachen (ein Boot)

mouiller l'ancre Anker fallen lassen
mouiller, accoster festmachen (eines Bootes) an seinem Liegeplatz
moulin à café Kaffeemühle, starke Zweihandwinsch
mousqueton Stagreiter
mousqueton automatique, mousqueton Schnappschäkel, Patentschäkel
mousqueton de foc à piston Stagreiter mit Kolbenfederverschluß
mousqueton de foc, andraillot Fockstagreiter
mousquetons à tourillon jumelés Drehzapfenschnappschäkel
mousse, écume Schaumbildung (auf einer See)
mousson Monsun
moutarde Senf
moutons weiße Schaumkronen
mouvement des vagues Wellenbewegung
mur d'accès Ansteuerungsmauer (einer Schleuse)
musoir Molenkopf
mylar Mylar

N

N au-dessus de C N über C (Notsignal in Flaggen)
N'avez vous rien à déclarer? Haben Sie etwas Zollpflichtiges?
nable Ablaufloch
nager à l'aviron rudern mit Riemen
naufrage Schiffbruch, Strandungsfall
naufrage Untergang (eines Schiffes)
naufragé Schiffbrüchiger
nautique nautisch, seemännisch
nautophone Nebelsignalanlage (luft- oder wasserbetätigt)
naval zum Schiffswesen gehörend
navigabilité Schiffbarkeit, Befahrbarkeit
navigable schiffbar
navigateur Navigator, Steuermann, Navigationsoffizier
navigateur chevronné Navigator, erfahren und seefest
navigateur de course au large Hochseerennsegler
navigation Navigation, Orientierung, Steuermannskunst
navigation à l'estime Koppelnavigation
navigation à la sonde Navigation nach Lotung
navigation à voile en eaux intérieures Binnensegeln
navigation astronomique nautische Astronomie
navigation au long cours Hochsee-navigation, Langstreckennavigation
navigation correcte, loyale faires Segeln

navigation de plaisance Segelsport
navigation de plaisance, plaisance Freizeitschiffahrt
navigation en solitaire Einhandsegeln
navigation en solitaire Einhand-Navigation
navigation estimée Segeln mit Koppelkurs
navigation fautive fehlerhafte Navigation
navigation fluvial Flußschiffahrt
navigation hauturière Hochseesegeln, Blauwassersegeln
navigation intérieure Binnenschiffahrt
navigation loxodromique loxodromische Navigation
navigation loxodromique Mercatorsegeln, Segeln nach vergrößerter Breite
navigation orthodromique Großkreissegeln
navigation orthodromique orthodromische Navigation
naviguer navigieren, segeln, steuern
naviguer à l'estime segeln nach Koppelbesteck
naviguer à la voile segeln, mit einem Segelboot unterwegs sein
naviguer au moteur, marcher au moteur motoren, mit Motor fahren
naviguer barre amarrée Segelselbststeuerung, Schot mit Pinne verbunden
naviguer barre bloquée segeln mit festgelaschtem Ruder
naviguer de conserve Geschwadersegeln veranstalten, „mackern"
naviguer en ciseaux segeln mit Schmetterlingsstellung
naviguer en solitaire einhandsegeln
naviguer sur la mauvaise panne segeln mit dem Wind von der Leeseite
naviguer sur un ketch segeln auf einer Ketsch
naviguer sur un lac segeln auf einem Binnensee
naviguer, courir, faire route laufen, segeln, fahren
navire Schiff
navire à capacité de manoeuvre réduite manövrierbehindertes Fahrzeug
navire à grand tirant d'eau tiefgehendes Schiff
navire à l'aviron Ruderboot
navire à la voile Segelfahrzeug
navire à la voile, navire sous voiles Schiff unter Segeln
navire à propulsion mécanique Maschinenfahrzeug
navire à propulsion mécanique faisant route Maschinenfahrzeug in Fahrt
navire à voile Segelschiff, Windjammer
navire à voile faisant route Segelfahrzeug in Fahrt
navire à voile, grand voilier Windjammer, Großsegler
navire à voiles carrées, navire gréé carré Rahsegler, Rahschiff
navire abandonné aufgegebenes Schiff
navire amarré à terre festgemachtes Fahrzeug
navire au mouillage, navire à l'ancre Fahrzeug vor Anker
navire ayant de l'erre Fahrzeug mit Fahrt durchs Wasser
navire contre-arqué Schiff mit Kieldurchbuchtung
navire de conserve, navire d'escorte Begleitfahrzeug, Mitfahrer
navire de contrebande, aventurier Schmugglerschiff
navire en train de pêcher fischendes Fahrzeug

navire en train de pousser Schubfahrzeug
navire faisant route Fahrzeug in Fahrt
navire gabordé versenktes Schiff
navire handicapé par son tirant d'eau tiefgangbehindertes Fahrzeug
navire hauturier seetüchtiges Schiff
navire instable, volage, rouleur rankes Schiff
navire montant Schiff in Bergfahrt
navire non-privilégié ausweichpflichtiges Fahrzeug
navire poussé en avant geschobenes Fahrzeug
navire privilégié Wegerechtsschiff, nicht ausweichpflichtiges Schiff
navire qui n'est pas maître de sa manoeuvre manovrierunfähiges Fahrzeug
navire rattrapé überholtes Fahrzeug
navire rempli d'eau Schiff voll Wasser, aber noch schwimmend
navire rentrant au port einkommendes Schiff
navire, vaisseau Fahrzeug
navire-école Schulschiff
navires en vue les uns des autres Fahrzeuge in Sicht voneinander
navire ne gouvernant plus Boot gehorcht dem Ruder nicht mehr
Négatif! Non! Verneinend! Nein!
négligence, faute lourde grobe Fahrlässigkeit
neige Schnee
nerf de chute Regulierleine im Achterliek
nez Bug, Spitze, Nase
nez dans le vent in den Wind gedreht
nickel Nickel
nid de pie Krähennest
nimbo-stratus Regenschichtwolke, Nimbostratus
nimbus Nimbuswolke, Regenwolke
nimbus Regenwolke, Nimbuswolke
niveau de l'échelle fluviale Pegelstand
niveau de référence, zéro des cartes Kartennull, Bezugslinie der (ausgeloteten) Wassertiefe
niveau des plus basses mers niedrigstes Niedrigwasser
niveau moyen mittlere Meereshöhe, Normalnull
noeud Knoten, Stek
noeud Knoten (seemännisch und nautisch)
noeud coulant Schlaufe, Schleife
noeud d'ajut, noeud de carrick Trossenstek, Kreuzknoten
noeud d'écoute chotstek, Schotenstek
noeud d'écoute double doppelter Schotstek
noeud d'étalingure Kettenstich, Knoten im Kettenkasten
noeud d'étalingure Trossenstek
noeud de bois Balkenstek
noeud de bois, d'anguille Zimmermannsknoten, Balkenstek
noeud de bois, noeud de fouet Stopperstek
noeud de bosse Marlschlag
noeud de bosse Stopperknoten
noeud de chaise Palstek
noeud de chaise double doppelter Palstek
noeud de chaise simple Palstek (einfacher)
noeud de grappin, noeud d'étalingure Fischerstek, Roringstek
noeud de lagui laufender Palstek
noeud de passeresse Reffleinenknoten
noeud de pêcheur Fischerknoten

noeud de ride, demi-clés renversées Taljereepsknoten
noeud de tire-veille Fallreepsknoten
noeud de trésillon Marlspiekerknoten, Marlspiekerschlag
noeud de vache, noeud d'ajut Altweiberknoten
noeud en huit, noeud en lacs Achtknoten
noeud plat Reffknoten, Kreuzknoten
noeud simple Überhandknoten
noeud, noeud de tournage Knoten, Stek
nom de la marque Markenname (eines Produktes)
nom du vapeur Dampfername
nombre Anzahl
nombre de couchettes Anzahl der Kojen (in einem Boot)
nombre de personnes embarquées Personenzahl an Bord
nombre de places couchées Anzahl der Schlafplätze
nombre de postes Anzahl der Liegeplätze (in einem Hafen)
non assuré, sans assurance unversichert
non étanche, faisant eau leck, undicht
non ponté offen, offenes Boot, nicht eingedeckt
Nord Nord(en)
Nord compas (Nc) Magnetkompaß-Nord (MgN)
Nord magnétique (Nm) mißweisend Nord (mwN)
Nord vrai (Nv) rechtweisend Nord (rwN)
nourrice, bidon, jerricane Kraftstoffkanister
nuage de vent Windwolke
nuage inférieur niedrige Wolken
nuage moyen mittelhohe Wolken
nuage supérieur hohe Wolken
nuageux bewölkt
numéro de voilure Segelnummer
nylon Nylon, Perlon

O

obéir à la barre Ruder (dem) gehorchen
objects jetés à la mer Strandgut, angeschwemmter Unrat
obligations Pflichten (in den Wegerechtsregeln)
observation Beobachtung, Wetterbeobachtung
observation météorologique Wetterbericht
obstacle Hindernis (beim Rennsegeln)
occidental, de l'ouest westlich
occlusion, front occlus Okklusion
octant Oktant
oculaire Okular, Augenmuschel
oeil Auge, Öse
oeil à la flamande Tampen mit eingebundenem Auge (wie ein Augspleiß)
oeil d'ancre Ankerauge
oeil d'étalingure Kettenkastenauge, Schlipphaken im Kettenkasten
oeil d'un ouragan Auge eines Hurrikans (Wirbelsturms)
oeil de la tempête Auge eines Sturms (Orkans)
oeil de point Halsöse, Halsgattchen
oeil de point Rundkausch
oeil de point d'amure Halskausch, Halslegel
oeil épissé, épissure à oeil Augspleiß
oeil sur platine, platine à oeil Augplatte
oeillet de Cunningham Cunningham-Kausch
oeilleton, bague à oeillet Segeltuchöse, Gattchen aus Metall
oeuvres mortes Überwasserschiff, Aufbauten
oeuvres mortes, bordé Überwasserteile (eines Bootes)
offre Angebot, Anzeigenangebot
Ohé! Ôhe hisse! Hiev rund! Hiev auf!
oillet Gattchen, Segelöse
oiseau marin, oiseau de mer Seevogel
on recherche zu kaufen gesucht
onde acoustique Schallwelle, akustische Welle
onde courte Kurzwelle (Funk)
onde longue Langwelle (Funk)
onde porteuse Trägerwelle (Funk)
ondée Schauer
ondemètre Wellenmesser
ondulé gewellt
orage Gewitter
oreille Handfläche (einer Ankerflunke)
oreille d'âne Bonnet, Zusatzsegel, Segelverlängerung
oreille d'âne Windfänger, Luftfänger
oreille de patte d'ancre Ankerflunkenhand(fläche)
oreiller Kopfkissen
organeau Ring
Organisation de Recherches et de Sauvetage Suche und Rettung, Int. Organisation (SAR)
orin, lève-nez Bojenreep
oringuer Einholeleine (Trippleine) scheren
oringuer une ancre Bojenreep zum Anker ausbringen
orthodrome, arc de grand cercle Orthodrome, Großkreis(bogen)
otarie Seelöwe
ouest West

Oui commandant! Bien commandant! Ja, Skipper! Verstanden!
ouragan, vent force 12 Orkan (Bft 12)
outils Handwerkzeug
ouvre-boîtes Dosenöffner
ouvrier Arbeiter

P

pack Packeis
pagaie Paddel, Stechpaddel
paiement à la livraison Nachnahme, Zahlung bei Lieferung
paille de bitte Stahlstift (durch den Ruderschaft)
paillet de portage Schamfilmatte
palan Talje, Takel
palan à croc Arbeitstalje, Handtalje
palan à main kleine Handtalje
palan de halebas de bôme Baumniederholtalje
palan de pataras Achterstagtalje
palan de ris Refftalje
palan du dimanche, à main, à croc Streckertalje, Handtalje
palan, palan à poids lourds Talje, Schwerlasttalje
pale d'hélice Propellerflügel
palier Lager, Lagerung, Wellenlager
palier de butée Drucklager, Schublager
palier, roulement à rouleaux Rollenlager
panne Schwimmbalkensperre, Treibbalken (Hafenabsperrung)
panne de moteur Panne, Motorversagen
panneau à claire-voie Lukengräting
panneau d'affichage Anschlagtafel, Schwarzes Brett
panneau d'écoutille à glissière Schiebeluke, Schiebeklappe
panneau de distribution Schaltertafel (der Bordelektrik), Schalttafel
panneau étanche wasserdichter Lukendeckel
panneau solaire Solarzellenplatte
panneau, capot coulissant de rouf Niedergangsschiebekappe
panneau, capot d'écoutille avant Vorlukkappe, vorderer Lukendeckel
panneau, capot de rouf Niedergangskappe
pantalons cirés Schlechtwetterhose
pantoire Hanger, Gehänge, Stander
papier de verre à gros grains grobes Sandpapier
papier hygiénique Toilettenpapier
papiers de bord Schiffspapiere
papillon de serrage, vis à oreilles Flügelschraube
papillon des gaz Drosselschieber, Reglerventil

paquebot de ligne Linienschiff, Routenschiff
paquet de mer Sturzsee, Brecher
par la hanche vier Strich achteraus, 45° achterlicher als querab
par le travers dwars, querab, querschiffs
par le travers bâbord Backbord querab
par le travers de la marée quer zur Tide, quer zum Strom
par le travers du vent luvwärts querab
par le travers tribord Steuerbord querab
par vent force 4 mit Windstärke 4
parallèle Parallele, Parallelstück
parc à bateaux Bootslagerplatz
parc à dériveurs Landliegeplatz (in der Saison), Bootsparkplatz
parcourir Distanz ablaufen und messen
parcours Wettfahrtkurs, Regattabahn
pare-brise Windschutzscheibe
pare-embruns Spritzwasserschutz
pare-brise de plexiglass Plexiglas-Windschutzscheibe
pare-brise de verre Windschutzscheibe aus Glas
parer abfendern
Parez à mouiller l'ancre! Klar zum Fallen des Ankers!, Klar zum Ankern!
Parez à virer! Paré à virer! Klar zum Wenden!
partie arrière Achterschiff
partir à la dérive abtreiben
partir au surf sur les crêtes (navire à voile) auf den Wellenkämmen surfen (Seekreuzer)
partir en penon auswehen lassen (ein Fall, unbeabsichtigt)
pas de l'hélice Propellersteigung
pas maître de sa manoeuvre manövrierunfähig
passable klar, anständig, angemessen
passage (d'un cap) Umrundung (eines Kaps)
passage du nord-ouest Nordwest-Passage
passage méridien Durchgang, Meridiandurchgang
passage méridien Meridiandurchgang
passavant Laufgang (über Seitendeck)
passe, goulet Meerenge, enge Durchfahrt, schmale Fahrrinne
passe-coque durch den Rumpf (gebolzter Beschlag)
passe-pont durch das Deck (gebolzter Beschlag)
passeport Reisepaß
passer scheren, einscheren, eine Leine scheren
passer au vent de Höhe (einer Landmarke) nehmen, in Luv vorbeisegeln
passerelle flying bridge, sehr hoher Steuerstand
passerelle de commande Kommandobrücke
passerelle de navigation Kommandobrücke
passerelle, passerelle de débarquement Laufplanke, Gangway, Stelling
passerelle, petite passerelle Laufplanke, „Katzensteg“
passeresse Scherleine
passeur Fährmann
pastille de fixation Schnappschloß, Klinkschloß
pataras à ridoir hydraulique hydraulisches Achterstag
pataras réglable regulierbares Achterstag
pataras, étai arrière Achterstag
patronage, commandite d'un régatier, sponsor Sponsern einer Rennyacht

patte d'oie Hahnepot
patte de ris Reffkausch
patte, patte à cosse Legel, Lögel
pattes Flunken
pattes de chat, griffes de chat Katzenpfoten, leichte weiße Wellenkämme
paumelle Segelhandschuh
paumelle de voilier Segel(macher)handschuh
paumelle de voilier Segelmacherhandschuh
pavillon Nationalflagge
pavillon à mi-drisse Flagge halbstocks
pavillon d'armateur Hausflagge
pavillon d'invité Gastflagge, Gästeflagge
pavillon de beaupré Bugflagge
pavillon de commodore Kommodoredoppelstander
pavillon de course Rennflagge
pavillon de courtoisie, pavillon du pays visité Gastlandflagge
pavillon de la Royal Navy, enseigne blanche englische Marineflagge
pavillon de partance Abfahrtssignal, Blauer Peter
pavillon de pirate Piratenflagge
pavillon de quarantaine Quarantäneflagge, Flagge „Quebec", gelbe Flagge
pavillon de réclamation Protestflagge
pavillon de série Klassenflagge (in einer Regatta)
pavillon de signalisation Signalflagge
pavillon du code de signaux Signal(buch)flagge
pavillon du code international internationale Signalflagge, Nationalflagge
pavillon négatif Verneinungsflagge (Buchstabe N)
pavillon pour une marque Bahnmarkensignal
pavillon-pilote Lotsenflagge
pavillonnerie Flaggenwerkstatt
pavillons Flaggen
pavillons N + C (signal de détresse) Signalflaggen N + C (Seenot-Signal)
pavois Schanzkleid
pavoiser un navire flaggen über die Toppen
payement d'avance Vorauszahlung
payer en espèces, payer au comptant bar zahlen
péage Brückengeld
pédale de pompe à pied Fußpumpenhebel
peindre à l'antifouling Unterwasseranstrich (Antifouling) auftragen
peinture marine Bootsfarbe
peinture sous-marine Unterwasserfarbe, Bodenfarbe
peinture vernissée Emaillefarbe, Emaillelack
pelle Riemenblatt
pelle d'aviron Riemenblatt
péniche französisches Kanalschiff
penon Langwimpel, Wimpel, Windfaden
penture, charnière Scharnier, Gelenk
percer bohren, ausbohren
perceuse à main Handbohrer, Handbohrmaschine
perche d'homme à la mer, perche IOR Mann-über-Bord-Schwimmflagge
perdu corps et biens Schiffsuntergang ohne Überlebende
performance Leistung (eines Gerätes)
performance au portant, aux allures portantes Vorwind-Leistungsfähigkeit
performance au près, au louvoyage Amwind-Leistungsfähigkeit

période Wiederkehr
période de la houle Wellenperiode
permanence Residenz, offizielle Anschrift
permis Erlaubnisschein
permis d'importation Einfuhrerlaubnis(schein)
permis de navigation Fahrerlaubnis
perroquet Bramsegel
perroquet fixe Unterbramsegel
perroquet volant Oberbramsegel
perruche Kreuzbramsegel
perte de vie, perte d'homme Verlust des Lebens, Tod
perte totale Totalverlust
perturbation Störung
pèse-acide, densimètre Batterie-Säuredichtemesser
pèse-acide, densimètre Dichtigkeitsmesser, Hydrometer
peser anholen, etwas nach oben ziehen
peser la balancine Dirk anholen, Toppnant anholen
peser, peser sur niederholen
petit accastillage Deckshandwerksmaterial
petit bâtiment, petite embarcation Kleinfahrzeug
petit bord kurzer Schlag
petit croiseur remorquable trailerbarer kleiner Seekreuzer
petit étai, baux étai, bas étai Babystag
petit foc Binnenklüver
petit perroquet Vorbramsegel
petit quart Hundewache
petite brise Windstärke 3
petits fonds seichtes Gewässer
pétrole Petroleum, Paraffinöl
pétrolier Öltanker, Tanker
phare Leuchtturm (Lcht-Tm.)
physionomie de la côte Küstenmerkmale
pic, point de pic Piek (eines Gaffelsegels)
pic, point de pic Piek
pièce d'accastillage Deckbeschlag
pièce de fonte Gußstück, Abguß
pièces détachées, pièces de rechange Ersatzteile
pied carré Quadratfuß
pied cube Kubikfuß (0,028 m^3)
pied de mât Mastfuß
pieu, pilotis Pfahl, Haufen, Stapel
pignon Ritzel, Triebrad
pignon, roue d'engrenage Zahnrad
pile étanche Trockenbatteriezelle
pilleur d'épaves Wrackdieb, Strandräuber
pilotage Lotsen, Navigation nach Sicht
pilotage automatique automatische Steueranlage
pilote Lotse
pilote automatique, régulateur de cap Selbststeueranlage
pilote de bateau de plaisance Sportschipper, Bootsführer
piloter lotsen
piloter pour entrer einlotsen
pilotis Fenderpfahl, Reibepfahl
pin Föhre, Tanne
pince à cosses de batterie Batteriepolklemmen
pince à levier Brechstange, Kuhfuß
pince, attache, serre Clip, Klemme
pince-étau Schraubstockbank
pinces Kneifzange, Drahtzange
pinces coupantes Drahtschere
piquer l'heure Schiffsglocke anschlagen
pirogue à balancier Auslegerkanu
pirogue à balancier unique Kanu mit einem Ausleger

pirogue à double balancier Kanu mit zwei Auslegern
pirogue Einbaum, Kanu
pistolet lance-fusée Leuchtpistole
piston, plongeur Kolben
pitchpin Pechtanne
piton à oeil Augbolzen
placard, renfort Schamfilleiste, Scheuerdopplung (auf dem Segel)
placard, soute, coffre Schapp, Schrank, Schubfach
plafond Wolkenhöhe, untere Wolkengrenze
plafonnier Deckenbeleuchtung
plage, grève Strand
plaisance fluviale Yachtsport auf Binnenrevieren
plaisance, navigation de plaisance Sportschiffahrt
plaisance, sports nautiques Bootssport
plaisancier Yachtsegler, Sportsegler
plaisancière Yachtseglerin, Sportseglerin
plan d'aménagement Einrichtungsplan
plan d'arrimage Stauplan
plan d'eau Wasserfläche, stehendes Gewässer
plan de coque Entwurf des Rumpfes
plan de pont Decksplan
plan de voilure Segelriß
planage, planing, déjaugeage Gleiten (eines Rumpfes)
planche à dessin Zeichenbrett, Reißbrett
planche à pain Brot(schneide)brett
planche à roulis Leebrett (an der Koje)
planche à voile Segelbrett, Surfbrett
planche de défense Fenderbrett
planche de surf Surfbrett, Wellengleitbrett
planche de tête Kopfbrett
plancher Fußbodenbelag
plancher de cabine Kajütfußboden
planchette de déviation Kompensierungszertifikat
planer, déjauger gleiten
plaque de fondation Auflagerplatte
plaque de mise à la masse Erdplatte, Plattenerder (elektr.)
plaque du constructeur Bootsbauer-Firmenzeichen
plastique expansé ausgeschäumter Kunststoff
plat-bord Schandeck
platine à trou de serrure Schlüssellochdeckplatte
plein hauteur sours barrots volle Stehhöhe (unter dem Deck)
pleine hauteur sous barrots Stehhöhe, Kopfraum (in der Kajüte)
pleine hauteur sous rouf Kopfhöhe, Deckenhöhe (unter dem Aufbau)
pleine mer inférieur niedrigeres Hochwasser
pleine mer moyenne mittleres Hochwasser
pleine mer supérieur höheres Hochwasser
pleine mer, haute mer Hochwasser (H.W.), Flut
pleine mer, large offene See
plet Bucht, Tauwindung, Kettenbucht
plet en huit achtförmig ausgelegtes Tauwerk
plomb Blei
pluie Regen
pluies équatoriales Äquatorialregen
plus près que, au dessus de la route normale höher als der richtige Kurs (segeln)
pneumatique, gonflable aufblasbar
poêle à frire Bratpfanne
poids Gewicht

poignée de trapèze Trapezhandgriff
poignée noyée versenkter Griff
poignet Manschette, Muffe
poinçon Marlspieker, Ahle
poindre, apparaître à l'horizon in Sicht kommen
point à midi Mittagsstandort
point astro, point astronomique astronomischer Standort
point astronomique, astro astronomisches Besteck
point cardinal Position nach dem Kardinalsystem
point collatéral Zwischenstrich (am Kompaß)
point d'amure, amure Hals
point d'ancrage, point d'amarrage Befestigungspunkt
point d'arrivée Ankunftsort
point d'écoute Schothorn
point d'écoute à mi-bôme Mittelschot(führung)
point d'écoute en bout de bôme Heckschot, Baumnockschotführung
point d'écoute réglable verstellbares Schothorn
point d'écoute réglable, bosse d'empointure réglable verstellbarer, regulierbarer Unterliekstrecker
point d'inflammation Flammpunkt
point de départ Startpunkt (eines Koppelkurses)
point de drisse Klauhorn, Klauohr (des Gaffelsegels)
point de drisse Kopf (eines Segels)
point de graissage Schmierstelle
point de midi Mittagsbesteck
point de rosée Taupunkt (meteorolog.)
point en vue de terre Schiffsort nach Landsicht
point estimé Koppelort, Loggeort (Ol, Ok)
point estimé contrôlé, corrigé, rectifié gegißter Schiffsort, gegißtes Besteck
point exact, point observé beobachteter Ort (Ob)
point gonio Funkpeilstandort
point gonio Funkstandort
point hors de vue de terre Schiffsort auf hoher See ohne Landsicht
point par deux droites de position Schiffsort durch zwei Standlinien
point par relèvements croisés Schiffsort aus Kreuzpeilungen
point par satellite Satellitenstandort, Schiffsort von einem Satelliten
point transporté Doppelpeilung, abgestumpfte Doppelpeilung
point transporté, point par relèvements successifs versegelte Peilung, Doppelpeilung
point vernal Tag- und Nachtgleichenpunkt
point zénithal Scheitelpunkt
pointe de terre Landzunge, Landspitze
pointeau Körner (Werkzeug)
pointer très près Höhe laufen, kneifen, knüppeln
pointes sèches Stechzirkel
points zigzag Zickzacknaht
poire de remplissage Batteriefüllkolben
poivre Pfeffer
polaire Polardiagramm
pôle céleste Himmelspol
police d'assurance maritime Seeversicherungspolice
police du port Hafenpolizei
polir polieren, glanzschleifen
polyester Polyester

polyester armé de fibre de verre glasfaserverstärkter Polyester-Kunststoff (GFK)
polyester armé, reinforcé de fibre de verre glasfaserverstärkter Kunststoff (GFK)
polyester armé, renforcé verstärktes Polyesterharz
pomme de girouette Windfahnenkopf
pomme de mât Mastspitze, Mastknopf
pompe à ailettes Flügelpumpe
pompe à calfater, pistolet de calfatage Spritzpistole, Presse für Dichtungsmasse
pompe à diaphragme Membranpumpe
pompe à double effet doppeltwirkende Pumpe
pompe à eau Wasserpumpe
pompe à eau douce Frischwasser-, Trinkwasserpumpe
pompe à gros débit Pumpe mit großer Förderleistung
pompe à main Handpumpe
pompe à pied Fußpumpe
pompe à piston Kolbenpumpe, Verdrängerpumpe
pompe à soufflet Luftpumpe, Blasebalg
pompe auto-amorçante selbstansaugende Pumpe
pompe centrifuge Kreiselpumpe
pompe d'alimentation Kraftstoffpumpe
pompe de cale Bilgenpumpe, Lenzpumpe
pompe de cale électrique elektrische Bilgepumpe
pompe de cale immergée, immergeable Tauch(bilge)pumpe, Notlenzpumpe
pompe de cale manuelle Handbilgepumpe
pompe de graissage Fettspritze, Schmierpresse
pompe mécanique Motorpumpe
pont Deck
pont à bascule Klappbrücke
pont à bouge gewölbtes Deck
pont arrière Achterdeck
pont avant, plage avant Vordeck, Vorderdeck
pont cantilever Auslegerbrücke
pont de dunette Achterdeck, Kajütdeck
pont dégagé klar Deck, klares Deck
pont mobile, pont tournant Drehbrücke, Zugbrücke
pont ras Glattdeck
pont-levis Hubbrücke
ponté eingedeckt
ponter eindecken, mit einem Deck (Verdeck) versehen
ponterelle Fingerpier
pontet Decksauge, Augstropp
ponton Hulk, Speicherschiff, abgetakelter Rumpf
ponton Prahm, Ponton
ponton, ponton principal Schwimmsteg
ponts-ponton Ponton-Brücke
porque Rahmenspant
port Hafen
port (aménagé) Hafen, Hafenstadt mit allen Einrichtungen
port à flot Dockhafen
port à marée Tidenhafen, offener (Flut-) Hafen
port bien abrité gut geschützter Hafen
port d'attache Heimathafen
port d'échouage trockenfallender Hafen, Tidenhafen
port d'écluse Schleusentor
port d'escale Anlaufhafen
port d'hivernage Überwinterungshafen

port de barques Bootshafen
port de guerre Kriegshafen
port de plaisance Yachthafen
port de relâche, port de refuge Nothafen
port en eau profonde Tiefwasserhafen
port en lourd Tragfähigkeit
port fluvial Flußhafen
port privé Privathafen
port public kommunaler Hafen
portage de poulie Knick, Kink (in einer Leine, vor einem Block)
porte d'écluse de canal Kanalschleusentor
porte-conteneur Containerschiff
porte-lof, minot, boute-lof blinde Rah, Braßbaum (auf Rahseglern)
porte-manteau, bossoir Davits
porte-papier de toilette Toilettenpapierhalter
porte-taraud, tourne-à-gauche Windeisen für Gewindebohrer
porte-voix, mégaphone Sprachrohr, Flüstertüte
porte-voix, mégaphone Sprachrohr (mit elektrischem Verstärker)
portée Tragweite (eines Leuchtfeuers)
portée d'un phare Sichtweite eines Feuers
portée d'un phare Tragweite eines Feuers
portée lumineuse Leuchtweite, Sichtweite, Sichtbereich
portée nominale Nenntragweite (eines Feuers)
portée visuelle Sichtbereich
porter bewegen, zu-, abhalten
porter ziehen (ein Segel)
porter au journal de bord, enregister in das Logbuch eintragen
porter le chariot au vent Traveller nach Luv holen
portique de bôme Baumauflager, Baumgalgen
portique roulant, élévateur roulant Travellift, fahrbarer Hebekran
poser un stabilo, un amortisseur Ruckbelastung eines Festmachers dämpfen
position Schiffsort, Standort
position arrêt Ausschaltstellung (elektrisch)
position marche Einschaltstellung, „An"-Stellung
poste à quai, poste d'amarrage Liegeplatz, Anlegeplatz
poste avant Vorschiff, Vorderkajüte
poste d'amarrage Liegeplatz (am Steg, Kai)
poste d'amarrage, espace à quai Hafenliegeplatz
poste d'équipage Mannschaftsraum, Logis
poste de carburante Tankstelle
poste de garde côtière Küstenwachstation
poste de mouillage Liegeplatz an einer Muring, Ankerplatz
postes de l'équipage Matrosenlogis, Unterkünfte der Crew
pot de graissage Fettbüchse, Schmiergefäß
pot-au-noir, zone de convergence intertropicale Kalmengürtel, Mallungen
pot-au-noir, zone des calmes équatoriaux Mallungen, Kalmengürtel
potence Scherenkran, Kranbock, Jütt
poubelle Mülleimer, Papierkorb
poulaine Galion, Galionsfigur
pouliage Blöcke und Taljen

poulie Block, Scheibe, Rolle
poulie à anneau, poulie à anneau en travers einscheibiger Block
poulie à mousqueton orientable Wirbelblock mit Klinkschloß
poulie à oeil orientable Block mit Wirbelauge
poulie à ringot Steertblock, Block mit Hundsfott
poulie à violon Violinblock
poulie d'écoute à ressort, autoredressante aufrechter Schotblock
poulie de coinceur à came Block mit Schotklemme
poulie de pied de mât Fußblock
poulie de retour, poulie de renvoi Umlenkblock
poulie double Doppelblock
poulie ouvrante Kinnbackenblock, Fußblock, Klappblock
poulie-winch à cliquet Knarrblock
poulies jumelées, poulies siamoises Zwillingsblöcke, am Kopf verbunden
poupe Heck
poupée Spillkopf
poupée de winch Winschtrommel
poupée de winch Winschentrommel
pourboire Trinkgeld
pourri verrottet, verfault
pourrir verrotten
pourriture Fäulnis
poussée Längsdruck, Schub
poussée de l'hélice Propellerschub
poussée verticale Auftrieb, Auftriebskraft
pré-étiré vorgereckt (Tauwerk)
préceinte Bordleiste
préceintes Berghölzer
précipitations Niederschlag (atmosphärisch)
précision Genauigkeit
précision de point Genauigkeit des Bestecks
prélart, cagnard Wetterzeug, Wetterbekleidung
prélart, taud, bâche Segelpersenning
premier substitut erster Hilfsstander
premier voyage Jungfernreise (eines Schiffes)
première sortie Jungfernfahrt (mit einer Segelyacht)
prendre à bord, embarquer an Bord nehmen
prendre à contre backnehmen, backsetzen
prendre à contre backstehen, (ungewollt) backgekommen
prendre de l'arc krümmen (eines Bootes) wie ein Katzenrücken
prendre de l'arc sich wölben
prendre de l'erre Fahrt aufnehmen, in Fahrt kommen
prendre de l'erre en avant Fahrt bekommen, Fahrt voraus aufnehmen
prendre du jeu losarbeiten (sich)
prendre du tour, déborder, contourner à distance weiten Abstand halten
prendre en remorque in Schlepptau nehmen
prendre la barre Ruder übernehmen
prendre la cape, mettre à la cape beidrehen, beiliegen
prendre la mer auslaufen, in See gehen
prendre la mer, mettre en mer in See gehen
prendre le départ starten
prendre le départ tribord amure Start auf Backbordbug (mit Steuerbordhalsen)
prendre le large seewärts, nach See zu, auf See hinaus

prendre le quart
Wache antreten, übernehmen
prendre un bain de soleil à plat pont
Sonnenbad an Deck
prendre un mouillage an die Boje gehen, Fangleine aufnehmen
prendre un relèvement
peilen, eine Peilung nehmen
prendre un ris
einreffen, ein Segel reffen
prendre un ris rapide Reff einbinden (mit Bindereff, Schlappreff)
prendre un tour
Tauwerkstörn legen, schlagen
préparer à l'hivernage
einwintern (einen Motor)
près de la côte
küsteneinwärts, unter Land
près et plein voll und bei
présenter une fuite d'eau
Wasser machen im Überwasserschiff
presse-étoupe Stopfbuchse
presse-étoupe de mèche
Ruderstopfbuchse
pression Druck
pression atmosphérique Luftdruck
pression de régime Betriebsdruck
pression hydrostatique Wasserdruck
prévision à longue échéance
langfristige Wettervorhersage
prévisioniste Wetterberater
prévisions
Vorhersage, Wettervorhersage
prévisions à moyenne échéance
Wetterbericht mit mittelfristiger Wettervorhersage
primaire, apprêt
Erstanstrich, Grundierung
pris prêt à naviguer Preis segelklar
prise d'air
Lufteinlaß, Luftabzug
prise de ris rapide Reffen mit Bindereff, Schlappreff, Schnellreff
prix d'achat Kaufpreis
prix de vente Verkaufspreis
prix demandé Preisvorstellung
probabilités Aussichten
procédé de refoulement
Strangpreßverfahren, Strangpressung
profil d'aile Tragflügelprofil
profil de la houle
Wellenprofil, Wellenlinie
profil de plan de dérive, profil de carène
Form des Unterwasserschiffes
programme de course
Ausschreibung einer Regatta
projection de Mercator
Mercatorprojektion
projection terrestre geographische Position (eines Gestirns), Bildpunkt
promeneur, amateur de promenade à voile Tagessegler (Person)
promontoire Vorland, Vorgebirge
propriétaire Eigentümer, Eigner
propriétaire d'un yacht
Yachteigner
propriétaire du navire
Schiffseigentümer
propriété Eigentum
propriété partagé
Parteneigentum, geteiltes Eigentum
propulseur d'étrave
Bugpropeller, Bugstrahlruder
puissance
Kraft, Leistung, Leistungsfähigkeit
puissance active Nutzleistung
puissance effective
effektive Pferdestärke
puissance effective tatsächliche Leistung, Wirkleistung, Istleistung
puissance nominale Nennleistung
puits à chaîne Kettenkasten

puits de dérive
Schwertkasten
pumping
Pumpen (verbotene Segelbewegung im Rennen)
purge, soupape de décharge
Ablaßventil, Bodenpfropfen
purger, saigner tropfen, lecken
pylône d'antenne, mât d'antenne
Antennenmast

Q

quadrant Quadrant (Spiegelinstrument zur Winkelmessung)
quadrature
Vierung, Quadratur, Mondviertel
quadrillé gewürfelt, schachbrettartig
quai Hafendamm, Kai, Uferstraße
quai de bac Fähranleger
quai, warf, wharf, appontement
Pier, Landungsbrücke, Kai
quaiage, frais de quaiage
Liegeplatzgebühren, Hafengeld
qualité du produit
Qualität eines Produktes
qualités nautiques, tenue à la mer
Seefähigkeit, Seetüchtigkeit
quarantaine Quarantäne
quarantenier Bändselleine, geschlagen, Webeleinengut
quarantièmes rugissants
Brüllende Vierziger
quart Becher
quart Wachtörn (z. B. 4 Stunden)
quart anglais englische Wache
quart au mouillage Ankerwache
quart de midi à quatre heures
Nachmittagswache
quart de nuit Nachtwache
quart de rhumb Viertelkompaßstrich
quart de tonne
Vierteltonner (Boot, Pokal)
quart en haut Wache an Deck
quart par bordée Seewache
quarts à courir Wache um Wache, Zweiwachensystem
quatre mâts Viermaster
quatre mâts goélette Viermastschuner
quatre soixante dix, 470
Vierhundertsiebziger, 470er
quatre-mâts barque Viermastbark
quête Mastfall nach achtern
quête du mât Mastfall, Mastneigung
quête, inclinaison Mastfall
queue de cheval
Sturm anzeigende Federwolken
queue de rat Rattenschwanz (Tauwerk)
quillard Kielboot
quillard en course Rennkielboot
quille Kiel, Kielplanke
quille à bulbe Wulstkiel
quille aileron Kielflosse, Flossenkiel
quille aileron, fin keel
Flossenkiel, Kielflosse

quille de bouchain Kimmkiel
quille-dérive Kielschwert
quille de roulis Schlingerkiel
quille de roulis
Schlingerkiel (an Motoryacht)
quille fixe fester Kiel, feste Flosse
quille lestée Ballastkiel
quille longue langer Kiel
quille longue Langkiel(er)
quille profonde
Flosse mit großem Tiefgang
quille rapportée untergebolzter Kiel
quille relevable
Kielschwert, Hubkiel
quitter le port, prendre la mer
in See gehen

R

raban à oeil et cabillot
Beschlagzeising mit Auge und Knebel
raban de ferlage
Beschlagleine, -bändsel
raban, ferlette Beschlagzeising
raban, raban de ferlage
Zeising, Beschlagzeising
rabot Hobel
racage Rack, fierbares Rack
raccord Klemme, Stecker, Nippel
racloire, vastringue Ziehklinge
rade Reede
rade foraine offene Reede
radeau de sauvetage
Rettungsfloß (-insel)
radeau de survie Rettungsinsel
radeau de survie pneumatique aufblasbares Rettungsfloß, Rettungsinsel
radeau pneumatique, radeau gonflable
aufblasbares Floß
radier Sohle, Boden einer Slipanlage
radio à bande marine
Seefunkfrequenz
radiobalise de localisation de sinistre
EPIRB - Seenotfunkboje
radiobalise de localisation de sinistre
Seenotfunkboje (EPIRB)
radiocompas Funkpeilempfänger
radiogramme Funkspruch
radiophare Funkfeuer
radiotéléphone UKW-Seefunkgerät
radouber einschmieren
rafale Bö, Windstoß
rafale couchante
Windstoß, der zur Kenterung führt
rafraîchir überholen (eine Leine)
rafraîchir le portage
Takelage überholen
ragage, raguage Schamfilen
raguer schamfilen, scheuern
raguer sur les haubans
schamfilen an den Wanten
raideur à la toile, stabilité initiale
Steifheit, Steifigkeit
raidir steifholen, dichtholen
raidisseur, tendeur Spanner

rail Gleitschiene (an einer Spiere)
rail à rideau Gardinenstange
rail d'écoute de foc Fockschotschiene
rail de fargue, fargue Schiene, Fußrelingsschiene mit Schlitzen
rail de génois rentré innenliegende Genua-Schotschiene
rail en I Doppel-T-Gleitschiene, Doppel-T-Träger
ralentir par un traînard ruckartig (mit Ankerhilfe) die Fahrt abstoppen
ralingue Segelliek, Segelsaum
ralingue d'acier Drahtvorliek
ralingue de bordure Unterliek, Fußliek, Fußtau
ralingue de guindant Luvliektau
ralingue métallique de guindant Drahtvorliek
ralinguer lieken, einlieken
ralinque de chute Achterliektau, Außenliektau
rameur Ruderer, Bootsgast
rampe de mise à l'eau avec treuil Rampe mit Winsch
rampe, cale Rampe
rangée Bank, Ruderbank
rangée de cylindres Zylinderreihe
rangement de banquette de cockpit Backskiste in der Plicht
râpe Raspel
rappel Ausreiten
rappel Rückruf (Rennen)
rappel de série, d'une série Klassenrückruf (Rennen)
rappel général allgemeiner Rückruf (Rennen)
rapport alésage-course Bohrung-Hub-Verhältnis
rapport de mer, protêt de mer Verklarung
rapporteur Winkeltransporteur
rapporteur à trois branches Doppelwinkelmesser, Dreiarmtransporteur
rase-pont Deckfeger (für Vorsegel-Unterliek)
ratelier Nagelbank
ratelier de tournage, ratelier de mât Nagelbank
rattraper, trémater überholen (Wegerecht)
rayon d'action Aktionsradius, Fahrradius
rayon d'action Fahrradius, Aktionsradius
rayon de giration, cercle de giration Drehkreis
raz de marée, tsunami Flutwelle, Sturmflut, Tsunami
réa Scheibe, Rolle
réa et axe Scheibe und Scheibenbolzen
réarmement Neuausrüstung
réarmement du printemps Frühjahrsinstandsetzung
rebord, collet, boudin Flansch, Krempe
récepteur Empfänger, Hörer
recevoir empfangen (Funk), erheben
réchaud à alcool Spirituskocher
réchaud à cardan kardanisch gehalterter Kocher
réchaud à gaz Gaskocher, Gasofen
réchaud à pétrole Petroleumkocher
réchaud à pression Druckkocher
réchaud à propane Propangaskocher
récif, écueil Riff
réclamation Beanstandung, Reklamation, Schadensforderung
réclamation Protest (in einer Regatta)
réclamation, plainte Beschwerde
récognition Anerkenntnis, Bestätigung
recouvrement Überlappung (eines Vorsegels)

recul Krimpen (des wahren Windes)
recul de l'hélice Propellerschlupf, Propellerschlip
reculer raumen (des Windes)
reculer, haler krimpen, rückdrehen (des wahren Windes)
récupération Wiedererlangung (eines Gegenstandes)
redresser aufrichten
redresser la barre Ruder mittschiffs legen
redresser un bateau Boot (wieder) aufrichten
réduire la toile, amener de la toile Segel kürzen, Segelfläche verkleinern
réflecteur radar Radarreflektor
réfrigérant Kühlmittel
réfrigérateur Kühlschrank
refroidissement à eau Wasserkühlung
refroidissement éolien Wind-Kältegefühl
refroidisseur, radiateur Kühler, Kühleinrichtung (des Motors)
refus Schralen (des scheinbaren Windes)
refuser schralen, nach vorn holen (des Bordwindes)
regardant par le travers de sa place normale Blick des Rudergängers von der üblichen Pos. querab
régate Wettfahrt, Regatta
régate des pieds gelés Frostregatta, Wettfahrt im Winter
régate légère Jollenregatta
régates de sélection Ausscheidungswettfahrten
régatier Rennsegler
régatier, coursier Rennsegler
registre des navires Schiffsregister
réglable einstellbar
réglage automatique de la fréquence automatische Frequenzregelung
réglage d'une voile, orientation d'une voile Segeltrimm, Trimmen eines Segels
réglage du foc Trimmen der Fock
réglage du gréement Abstimmen, Trimmen des Riggs
réglage du zéro Nulleinstellung, Nullpunkteinstellung
réglage fin des voiles optimale Einstellung der Segel
réglage fin du gréement Feineinstellung des Riggs
réglage par vis Schraubenregulierung
réglage, ajustage, ajustement Einstellvorrichtung, Einstellung
règle de jauge, jauge Rennwertregelung
règle fondamentale Grundregel
règlement des eaux intérieures Verkehrsordnung für die Binnengewässer
règlementations d'importation Einfuhrbestimmungen
règlements approuvés de série gültige Klassenvorschriften
règlements de course d'équipe Regeln für Mannschaftsregatta
règlements de douane Zollordnung
règlements sur les abordages Kollisions(verhütungs)regeln
régler l'assiette (longitudinale) Boot (längsschiffs) trimmen
régler une voile, orienter une voile Segel trimmen
règles de course, règles de régate internationale Internationale Wettsegelbestimmungen
règles de route Ausweichregeln
régleur de pataras à roue Achterstagspanner mit Drehgriff

régulateur de tension Spannungsregler
régulation du compas Deviationsbestimmung
relâcher, faire relâche à un port einlaufen in einen Hafen
relevage de dérive sabre Steckschwerthebevorrichtung
relèvement Peilung
relèvement (lateral) de radar Radarseitenpeilung (RaSP)
relèvement à 4 quarts Vierstrichpeilung
relèvement au compas Magnetkompaßpeilung (MgP)
relèvement croisé Kreuzpeilung
relèvement de danger Gefahrenpeilung
relèvement gonio(métrique) vrai rechtweisende Funkpeilung (rwFuP)
relèvement gonio, radiogoniométrique Funkpeilung
relèvement magnétique mißweisende Peilung (mwP)
relèvement vrai rechtweisende Peilung (rwP)
relèvements successifs d'un même amer Versegelungspeilung
relever anpeilen (ein Objekt)
remettre un moteur en état Überholen eines Motors, einen Motor instandsetzen
remise Preisnachlaß, Diskonto
remorquage Schleppen, Schlepphilfe
remorquage à l'arivée Einschleppen
remorquage et poussage Schleppen und Schieben
remorque Schleppzug, Schleppanhang
remorque Schlepptrosse
remorque, remorque porte-bateau Bootstrailer
remorquer schleppen, in Schlepp nehmen
remorquer trailern
remorquer à couple längsseits schleppen
remorquer en arbalète achteraus schleppen
remorquer en flèche vorausschleppen
remorqueur Schlepper, Schleppboot
remorqueur hauturier, remorqueur de haute-mer Hochseeschlepper
remorqueur portuaire Hafenschlepper
remous Schraubenstrom, Hecksee, Kielwasser, Sturzseen, kurze Brecher
remous d'hélice Schraubenwasser, Schraubenstrom
remplir un réservoir volltanken
rendement Nutzeffekt (eines Gerätes)
renflé de l'avant breiter Bug
renflouage Abbringen, Flottmachen
renflouer flottmachen, wieder flottmachen
renflouer un bateau abbringen, ein Boot wieder flottmachen
renfort longitudinal verstärkter Längsverband
rentrer le foc Fock wegnehmen
rentrer le spi Spinnaker bergen
rentrer les amarres Festmacher einholen
rentrer les couleurs Nationalflagge niederholen
rentrer un pavillon Flagge einholen
rentrer, déposer, dégréer wegnehmen, aushängen
renversement de la marée Gezeitenwechsel, Tidenkenterung
renversement, inversion de marche Umsteuervorrichtung
renversement, knockdown Niederschlag bis zur Kenterlage
renverser, inverser la marche Getriebe umkehren, umsteuern

réparation des navires Schiffsreparatur
réparer un radio Funkgerät reparieren
répétiteur Wiederholungsflagge
répétiteur de cockpit Anzeigegerät in der Plicht, Tochtergerät
répondeur actif aktives Antwortfeuer
Répondez! À vous! Bitte kommen! Ich höre jetzt! (Seefunk)
répondre à la barre Ruder (dem) gehorchen
réponse Antwort, Rückmeldung
reprise Wiederaufnehmen, Wiederholen (aus dem Wasser)
repriser par une videlle stopfen, vernähen (einen Riß im Segel)
réseau de centres de service qualifiés Servicenetz (eines Produktes)
réseau de concessionnaires Händlernetz (einer Firma)
réservoir à eau Wassertank
réservoir à eau de quille Wassertank im Kiel
réservoir à eau douce Frischwassertank
réservoir à pétrole Petroleumtank
réservoir d'eaux usées Schmutzwassertank
réservoir de carburant Brennstofftank
réservoir de carburant incorporé eingebauter Kraftstofftank (Außenborder)
réservoir de carburant séparé separater Kraftstofftank (eines Außenborders)
réservoir de quille Kieltank
réservoir septique, réservoir à eaux usées Schmutzwassertank, Fäkalientank
résine Harz
résine armée de fibre de verre Polyesterharz mit Glasfaserverstärkung
résine époxy, résine époxyde Epoxidharz
résistance à l'avancement, résistance de carène Schleppwiderstand (Reibungs- und Restwiderstand)
résistance à la traction Reißfestigkeit
résistance de rencontre, résistance de forme wellenbildender Widerstand
résistance due aux vagues Wellenwiderstand
résistant aux intempéries wetterfest
responsabilité Haftpflicht
ressac, deferler sur la plage Brandung
ressort Feder
restes d'épaves Wracktrümmer, Wrackgut
résultat de jauge, rating Vergütung, Rennwert
retenu par la marée von der Tide beeinflußt, behindert
retenu par le mauvais temps durch Schlechtwetter aufgehalten
retenu par le temps wetterbewehrt, wetterbehindert
retenu par les glaces eingeeist, in Eisnot befindlich
retenue Backstag, Priwenter
retenue Schricktau, Törntau
réunion des skippeurs Steuermanns-Besprechung
revêtement, couche Anstrich, Überzug
revision de moteurs de bateaux Motorwartung
revue professionelle Fachzeitschrift
ride Kräuselung, kleine Wellen
rider sich kräuseln (Wasseroberfläche)
ridoir Spannschraube, Wantenspanner
ridoir Wantenspanner
ridoir Wantenspanner, Spannschraube
ridoir à cage fermée Spannschraube mit geschlossener Hülse
ridoir à cage ouverte Spannschraube mit offener Hülse

ridoir à chape et oeil Spannschraube mit Auge und Gabel
ridoir à deux chapes, ridoir à chape et chape Spannschraube mit beidseitigen Gabeln
ridoir à deux oeils Spannschraube mit zwei Augen
ridoir à échappement Pelikan-Spannschraube
ridoir du pataras à volant Achterstagspanner mit Handradbedienung
ridoir hydraulique de pataras hydraulischer Achterstagspanner
ridoir, latte-ridoir, latte à tous Wantenspanner
rinçage de toilette marine Auspumpen der Bordtoilette
ris Reff
ris de fond Schlappreff, Bindereff
risque d'abordage Kollisionsgefahr
risque d'incendie Feuergefahr
risque d'oxydation Rostgefahr
risque de glaces Eisgefahr
risque de guerre Kriegsgefahr
risque de vol Diebstahlsgefahr
rivage Küste, Strand, Ufer
rive, bord, berge Ufer, Damm, Untiefe
river, riveter nieten, vernieten
rivet Niet, Niete
rivet aveugle Popniet, Dornniet
rivetage en quinconce Zickzacknietung
rivetage étanche wasserdichtes Nieten
robinet Wasserhahn, Zapfhahn
robinet à eau Wasserhahn
robinet à trois voies Dreiwegehahn
robinet d'arrêt, vanne d'arrêt Absperrventil, Schieber
robinet de purge, robinet de vidange Ablaßhahn
robinet orientable Schwenkhahn (für Waschtisch)
robinet purgeur, robinet de vidange Entwässerungshahn
rochet Pallkranz (am Spill)
roder einlaufen, einlaufen lassen (einen Motor)
Roger! Verstanden! (Seefunk)
rond, arrondi Achterlieksrundung
rondelle Unterlegscheibe
rondelle élastique Federring
rondelle éventai, rondelle de sureté, anneauressort Federring, Unterlegscheibe
rose de compas Kompaßrose
rose de compas (avec cercle extérieur et intérieur) Mißweisungsrose (in der Seekarte)
rose de compas à lecture verticale Kompaßrose mit Frontablesung
rose des vents Windrose
rose réglable verstellbare (taktische) Kompaßrose
rosée Tau (meteorolog.)
rotor Kreisel
rotule d'attelage Ballbeschlag zum Ankuppeln (eines Trailers)
roue à aube, roue motrice Laufrad, Impeller
roue dentée Zahnrad
rouf Deckshaus
rouf de cabine Kajütaufbau
rouille Rost
rouiller rosten
roulement à aiguilles Nadellager
roulement à billes Kugellager
rouler bord sur bord rollen, schlingern
route au compas Kurs durchs Wasser (KdW)
route au près, route au plus près Amwindkurs
route combinée (sur le fond) Koppelkurs über Grund (KüGk)

route compas Magnetkompaßkurs (Sollkurs) (MgK)
route de collision Kollisionskurs
route de grand cercle Großkreiskurs
route estimé (sur le fond) Koppelkurs über Grund (KüGk)
route inverse, réciproque Gegenkurs
route magnétique mißweisender Kurs (mwK)
route normale, route correcte richtiger Kurs (im Rennen)
route projetée Kurslinie (in der Karte eingezeichneter geplanter Weg)
route sur le fond Kurs über Grund (KüG)
route sur le fond, route vraie beobachteter Kurs über Grund (KüGb)
route vraie rechtweisender Kurs (Sollkurs) (rwK)
route vraie, route sur le fond Kurs über Grund, wahrer Kurs
ruban adhésif Klebeband, Leukoplast
ruban d'électricien, ruban isolant Isolierband
ruban isolant Isolierband
ruisseau Strom, Strömung

S

s'amarrer à couple breitseits festmachen, sich breitseits festmachen
s'amonceler sich zusammenballen, eine Wolkenbank bilden
s'arracher d'une côte, se relever au vent d'une côte freikreuzen von einer Leeküste
s'écarter ausweichen, klar halten
s'échouer stranden
s'échouer, échouer auflaufen, festkommen, auf Grund geraten
s'éclaircir aufklaren, aufheitern des Wetters
s'éloigner abstoßen, absetzen, freihalten
s'emmêler, s'entortiller unklar kommen
s'user verschleißen, sich abnutzen
sable mouvant Treibsand, Mahlsand
sableuse Sandstrahler, Sandstrahlen
sablier Sanduhr
sablier Stundenglas
sablier de loch Logglas
sabord Öffnung, Pforte, Durchlaß
sabordé versenkt
saborder un navire, couler Schiff versenken (durch Öffnen der Seeventile)
sac à spi Spinnakersack
sac à voile Segelsack
sac de bord, sac de marin Seesack
sac de couchage Schlafsack
sac de flottabilité Auftriebskörper, Kenterschlauch

sac passe-partout, sac de bord Seesack
safran Ruderblatt
safran monté sur aileron Leitkopfruder
safran relevable klappbares Ruder
safran relevable Senkruder
saisine, amarrage, aiguillette Zurring
salissures de la coque Unterwasserbewuchs am Rumpf
salle à traçer Schnürboden
salle d'eau Waschraum
salle des gabarits de traçage Anzeichenwerkstatt, Schnürboden
saluer avec son pavillon dippen (der Flagge)
salut de pavillon Flaggengruß
sandow raidisseur, ramasse-mou Gummistroppspanner
sangle de rappel Ausreitgurt
sanitaire, W.C., toilettes Toilette, WC
sans équipage (Boot) ohne Mannschaft
sans frais kostenfrei
sasser durchschleusen
saumon, gueuse de plomb Lotkörper
saute de vent Umspringen des Windes
saute de vent Winddrehung
saute de vent horaire Recht(s)drehung des Windes
sautes de vent umspringender Wind
sauvegarde d'aviron Sicherungsbändsel am Riemen
sauver bergen
sauvetage Rettung (einer Person)
sauvetage, salvage Bergung
sauveteur Strandvogt, Berger von Wracks
savon Seife
schéma des connexions, schéma de câblage Schaltplan, Netzplan
scie Säge
scie à métaux Metallsäge
scie à ruban Bandsäge
scintillant Blitz (Leuchtfeuer)
scotch Tesafilm
scruter l'horizon Horizont absuchen, abtasten (mit Radar)
se border au vent schoten nach Luv
se braquer versteifen, verstreben, stützen
se corroder korrodieren, rosten
se décommettre aufdrehen (von Tauwerk)
se déhaler freiholen, flottmachen, abschleppen
se gâter schlechter werden, sich verschlechtern
se lever hochgehen, branden, wogen
se perdre totalement total verlorengehen
se rompre, casser teilen, trennen, zerreißen
se saborder das eigene Schiff versenken
se soulever tauchschwingen (eines Bootes)
seau Eimer, Wassereimer, Pütz
seau à incendie Feuerlöscheimer
seau à spi Spinnakerpütz
seau en toile Segeltuchpütz
seau plastique Pütz aus Kunststoff
sécheresse Trockenheit
second Erster Offizier
second substitut zweiter Hilfsstander
secourir, sauveter, rescaper retten
secteur Quadrant, Ruderquadrant
secteur chaud Warmsektor
secteur de gouvernail Ruderquadrant
secteur de visibilité Sichtbarkeitsbogen (eines Leuchtfeuers)
secteur de visibilité Sichtbereich
secteur denté Zahnrad(ruder)quadrant

section Schnitt, Schnittfläche, Abschnitt
section transversale Querschnitt
sécurité Sicherheit auf See
Sécurité! Sécurité! (wörtl. „Sicherheitsgefühl!“)
segment de piston Kolbenring
sel Salz
selon les bons usages maritimes mit guter Seemannschaft
semaine Woche
semaine de la voile Segelwoche, Regattawoche
semelle antidérapante rutschfeste Schuhsohle
semelle, plancher de cockpit Plichtboden
semi-ponté halbgedeckt
sensibilité, instabilité initiale Unstabilität, Rankheit
Séparatif! Pause! Funkstille! Unterbrechung!
série monotype Einheitsklasse
série, classe Klasse, Bootsklasse
serre Träger, Decksunterzug
serre, lisse de bouchain Kimmweger, Kimmknickleiste
serre-bauquière Balkweger
serre-câble Drahtklemme
serre-casserolle Topfhalter (auf dem Kocher)
serre-gouttière Nebenwassergang, Innenwassergang
serre-joint Schraubzwinge, Klemmschraube
serrer le vent hoch am Wind segeln
serrure, verrou Schloß, Verschluß, Riegel
serti eingezogen, eingewalzt
sertir drücken, einziehen
service après-vente Bedienung der Achtersegel, des Hintergeschirrs
service continu Dienstzeit rund um die Uhr
service de bac, service de ferry-boat Fährbootverkehr
service des cours d'eau Wasserstraßenamt
serviette Handtuch
siège de barreur Rudergängersitz
siège social Firmensitz, Werftbüro
signal acoustique de brume akustisches Nebelsignal
signal acoustique akustisches, hörfrequentes Signal
signal d'annulation Aufhebungssignal (einer Wettfahrt)
signal d'attention Ankündigungssignal
signal d'avertissement Vorbereitungssignal (Regatta)
signal d'identification Erkennungssignal
signal d'interruption et de nouveau départ Abbruch- und Wiederholungssignal
signal d'interruption, signal d'invalidation Abbruchsignal
signal d'urgence Dringlichkeitszeichen („Pan Pan“)
signal de danger Warnsignal, Gefahrensignal
signal de départ Startsignal
signal de détresse Seenotsignal
signal de parcours Kurssignal
signal fumigène Rauchsignal
signal fumigène de jour Tagesrauchsignal
signal radio de détresse Funknotsignal
signaux de brume Nebelsignale
signaux de marée Tidensignale
signes du temps Wetter(an)zeichen
silence Funkstille, Schweigen (Funk)

Silence détresse! Funkstille halten im Seenotfunkverkehr!
Silence mayday! Funkstille halten bei Funknotsignal!
sillage Sog, Kielwasser
sillage, houache Kielwasser, Wellenschlag
sisal Sisal
skippeur réclamant protestierender Skipper
skippeur visé Skipper als Protestgegner
skippeur-propriétaire, capitaine-propiétaire Skipper und Eigner (gleichzeitig)
slip Schlippwagen, Schlippanlage
slip de carénage Schlippanlage
slip de carénage Slipanlage (mit Schienen)
sloup Slup
sloup bermudien Slup mit Hochtakelung
socle insulaire Inselsockel
soixante-quarante Sechzig-Vierziger (übermotorisiert, untertakelt)
solénoide Elektromagnet
solstice d'hiver Wintersonnenwende
sombrer untergehen, sinken
son bref kurzer Ton
son continu Dauerton
son prolongé langer Ton, langes Sirenensignal
sonar ultrasonore Ultra-Sonar-Ortungssystem
sondage Loten, Lotung, Peilen (mit Lot)
sondage acoustique, échosondage Echolotung
sonde Kartenwassertiefe
sonde Lot, Senkblei
sonde à main Handlot
sondeur Peilstock, Tiefenmesser
sondeur acoustique Echolot
sondeur acoustique Echolot
sortie à la voile Segelfahrt, Segeltörn
sortie de drisse de mât Fallaustritt am Mast
sortir auslaufen, absegeln
sortir à la voile, sortir sous voile auslaufen unter Segeln
sortir avec le jusant auslaufen mit Ebbe (Ebbstrom)
sortir en culant, sortir en marche arrière zurücksetzen, achteraus fahren, davonlaufen
soucoupe Untertasse
soudabilité Schweißbarkeit
soudable schweißbar
soudage Schweißen, Schweißung (Arbeit)
souder schweißen
souffler blasen, stark wehen
souffler en rafales böig werden
soufflerie Windkanal
souffrir des avaries Havarie erleiden
souille Schlickhafenbett
soulager entlasten, die Belastung nehmen
soulager entlasten, leichtern, lockern
soulèvement schnelles Fallen und Steigen des Wasserstandes
soulèvement Tauchschwingen (des Bootes)
soupape Ventil, Schieber
soupape à clapet Klappventil
soupape d'admission Einlaßventil
soupape de retenue Rückschlagventil
sous le pont unter Deck
sous le vent leewärts, in Lee, nach Lee
sous le vent de in Lee von
sous le vent de, abrité de vent par in Lee von, im Schutz von
sous le vent, sur la panne vor dem Wind nach Lee (segeln)

sous voiles, à la voile unter Segeln
sous-barbe Wasserstag
sous-toilé, sous-voilé untertakelt, unterbesegelt
soute à filin, coffre à cordage Tauwerkslast
soute à voiles Segelkoje
soute, coffre à voile Segellast
souter tanken
speedomètre Fahrtmesser (in Knoten), Yachtlog
sphère céleste Himmelsraum, Himmelskugel
spi Spinnaker
spi coupé en étoile Spinnaker im Sternschnitt
spi léger Leichtwetter-Spinnaker
spinnaker de gros temps Sturmspinnaker
spinnaker triradial Triradial-Spinnaker
spinnaker, spi Spinnaker, Spi
spruce Spruce (Holz)
stabilité de forme Formstabilität
stabilité initiale, stabilité de forme Anfangsstabilität
stabilo, stabylo Ruckbremse, Stoßdämpfer, Ruckgummi
stade de finition Fertigungsstand, Stadium der Vollendung
station appelante rufende Funkstelle
station appelée angerufene Funkstelle
station côtière Küstenfunkstelle
station d'essence, pompe distributrice d'essence Tankstelle
station de chaîne Meßmarke, Umfangsmarke
station de navire Seefunkstelle (Fachwort für Bordstation)
station de sauvetage Seenotrettungsstation
station de vidangeage Entleerungsstelle (für Fäkalientank)
stoppeur à vis Kettenstopper, Leinenklemme
stoppeur d'écoute à came Schotstopper, Seilsperrung durch unrunde Scheiben
stratification du polyester à la main Handauftragen von Polyesterharz
stratifier Glasfasermaterial auflegen
stratifier à la coque anlaminieren an den Rumpf (einen Beschlag)
stratifier à la main Glasfaserschichten von Hand auflegen
stylo lance-fusée Leuchtpistole als Taschenstift
substance adhésive Klebstoff
suif Talg, Schmiermittel
suintement Sickern, leichte Leckage
suivre une voie de circulation Schiffahrtsweg (einem) folgen
superstructure, accastillage Aufbauten, Decksaufbau
support de hors-bord de youyou Motorbefestigung an einem Beiboot
support de toit d'automobile Autodachträger
sur l'arrière de mât achterlich vom Mast, zwischen Mast und Heck
sur l'arrière du maître-bau, sur l'arrière du travers achterlicher als querab, achterlicher als dwars
sur l'arrière, à l'arrière achtern, achteraus (Position)
sur l'autre amure auf dem anderen Bug
sur l'avant du maître-bau vorlicher als querab
sur l'avant du milieu vorlicher als querab

sur l'eau, sur mer, à flot, à l'eau, à la mer auf dem Wasser (nicht an Land)
sur la même amure, sur le même bord auf demselben Bug
sur le chemin de l'aller nach auswärts bestimmt, auf der Ausreise
sur le chemin du retour, sur le retour Heimreise, auf Heimatkurs, auf dem Rückweg
sur le cul, accroupi hecklastig, achterlastig
sur le nez, piquant du nez kopflastig
sur le pont auf Deck, über der Wasserlinie
sur le pont, ver le pont auf, über
sur un bord auf einem Bug
surbau d'écoutille Lukenquersüll
surbau, hiloire de rouf Kajütdecksüll
surcharger überlasten, überladen (Batterie)
surdimensionné überdimensioniert
surdimensionné, surpuissant hochbelastbar, überstark
surf, surfing Surfen, Segelsurfen
surface de rangement Stauraum
surface de voilure Segelfläche
surface mouillée benetzte Oberfläche
surface toilée Segelfläche
surfer wellenreiten, surfen
surfeur Wellenreiter
surfeur, surfeuse Surfer, Surferin, Segelsurfer
surlier takeln, betakeln
surliure Takling, Betakelung
surliure ordinaire, surliure à tour mort einfacher Takling
suroit Südwester
surtoilé, survoilé überbesegelt
surtoilé, survoilé übertakelt, überbesegelt
suspendre à la cardan, sur cardans kardanisch aufhängen
suspendu à la cardan, sur cardans kardanisch aufgehängt
symboles météorologiques Wettersymbole (international)
système cardinal Kardinalsystem
système cardinal de balisage System der Richtungsbezeichnung der Betonnung
système de prise de ris rapide Bindereffeinrichtung, Schlappreff, Schnellreff
système de refroidissement Kühlsystem
système dépressionaire Tiefdrucksystem
système latéral Lateralsystem

T

tabernacle de mât
Maststuhl, Mastkoker
table Tisch
table à carte format demi-aigle (55 cm x 75 cm) Kartentisch für Sportschiffahrtskarte (55 cm x 75 cm)
table à carte format grand aigle (110 cm x 75 cm) Kartentisch für große Seekarten (110 cm x 75 cm)
table à cartes Kartentisch
table à deux battants
Doppelklappentisch
table de cockpit
Tisch (in der Plicht)
table de déviation
Deviationstabelle, Steuertafel
table de point
Koppeltafel, Grad- und Strichtafel
table de roulis Schlingertisch
table des courants Stromtafel
table escamotable
zusammenlegbarer Tisch
table rabattable Klapptisch, Kajüttisch mit klappbaren Seitenteilen
table repliante Klapptisch, zusammenklappbarer Tisch
tableau Spiegel, Heckspiegel
tableau arrière Heckspiegel
tableau de commande
Instrumentenbrett
tableau de distribution
Instrumentenbrett
tableau inversé
negativer Spiegel, einfallender Spiegel
tables des marées, annuaire des marées
Gezeitentafel, Tidenkalender
tachymètre, compte-tours
Drehzahlmesser, Umdrehungsanzeiger
taie Bettbezug, Deckenbezug
taillemer
Vorkante des Vorstevens, Galion
tallboy, trinquette tallboy
Tallboy-Vorsegel
talonner auflaufen, auf Grund geraten
tambour, poupée de guindeau
Windenverholkopf
tangage Stampfen
tangon de foc
Fock-Ausbaumer, Luvbaum
tangon de spinnaker, tangon de spi
Spinnakerbaum
tangon débordeur Jockeybaum, Ausleger für Spi-Achterholer
tanguer stampfen, Stampfbewegungen machen
tape d'écubier Klüsendeckel
tapecul Treiber (Besansegel Yawl)
taquet Klampe, Belegklampe, Kneifklampe, Schotklemme
taquet coinceur
Schotklemme, Kneifklampe
taquet d'amarrage avant
Vorleinenklampe
taquet de hale-dehors Ausholerklampe
taquet de ris Reffklampe (am Baum)
taquet de tournage Belegklampe
taquet ouvert offene Klampe
taquet permettant le remorquage
Klampe zum Abschleppen
taquet, serre, crampion, serre-joint
Klampe, Klammer, Knebel
taraud Zapfhahn, Gewindebohrer
taraud finisseur Gewindebohrer
taraudage Gewindebohrer
tarière Drehmoment-Schraubenschlüssel

tasse Tasse
tâter le vent Wind fühlen, „riechen“
taud Bootspersenning
taud de cockpit Plichtpersenning
taximètre, pinnule
Peilscheibe, Peildiopter
teck Teak
teck de birmanie Teak aus Burma
teck massif Teakholz, massiv
télégraphier drahten, telegraphieren
télémètre Entfernungsmesser
téléphone Telefonnummer
télescopique ausziehbar
témoins ausgefranste Tampen
temperkote Mylar-Sandwich (-Segel)
tempête Windstärke 10
tempête, vent force 10
schwerer Sturm (Bft 10)
temps Wetter, Witterung
temps à averses Schauerwetter
temps bouché
dickes, unsichtiges Wetter
temps le permettant Wetter erlaubend
temps réel
gesegelte Zeit, abgelaufene Zeit
temps universel (TU) Weltzeit (UT)
temps universel, temps GMT
Weltzeit UTC
temps venteux windiges Wetter
tenailles à fil métallique Drahtkneifer
tendelet Bootszelt, Spritzkappe
tenir halten, fassen, festhalten
tenir compte du courant Stromvorhalt
tenir la mer beibehalten (Kurs), festhalten, durchhalten
tenir la route Kurs halten
tenir la route
Kurs halten, Weg erreichen
tenir le large
auf der freien See bleiben
tenir le large abhalten
tenir le plus près
Luv halten, möglichst hoch am Wind
tension de guindant Vorliekspannung
tente de cockpit Plichtzelt
tente, taud de soleil Sonnensegel
tenue d'une ancre, puissance de tenue
Haltekraft (eines Ankers)
tenue du fond
Haltefähigkeit des Grundes
tenue du fond d'un mouillage
Haltefähigkeit des Ankerplatzes
Tergal Diolen
Tergal Polyesterfaser (Trevira, Diolen)
terme maritime, terme nautique
seemännischer Ausdruck, nautisches Fachwort
terminaison Gewindeterminal
terminaison à boule Ballterminal
terminaison, embout
Endbeschlag, Endstück
Terminé! Ende! Beendigung! (Seefunk)
terminologie marine, maritime, nautique Seemannssprache
terminologie maritime
seemännische Fachsprache
Terre par tribord!
Land an Steuerbord!
testeur d'éléments d'accumulateurs
Batteriezellenprüfgerät
tête coinceuse, wincheur, couronne coinceuse selbstfassender Winschenaufsatz
tête de gouvernail Ruderkopf
tête de mât Masttopp, Topp
tête de poupée de winch
Winschentrommelkopf
têtière, planchette de tête
Kopfplatte, Kopfbrett
teugue erhöhtes Deck
thermomètre mouillée
Naßthermometer

Tiens bons! Fest! Stop! Aufhören!
Tiens-bon! Festhalten!
timonerie, abri de navigation Ruderhaus
timonerie, poste de pilotage Steuerstand, Fahrstand
tin Kielpalle, Kielstapelklotz
tirant Verbindungsstange
tirant d'air d'un mât Freiraum über einem Mast(topp)
tirant d'air, hauteur libre de pont Durchfahrtshöhe unter einer Brücke
tirant d'eau Tiefgang
tirant d'eau en charge Tiefgang des segelklaren Schiffes
tirant d'eau lège Tiefgang des leeren Schiffes
tire-bouchon Korkenzieher
tire-veille Steuerreep, Jochleine
tirer à terre, haler au sec aus dem Wasser holen, aufslippen
tirer des bords, louvoyer kreuzen, aufkreuzen
tirer, caler tiefgehen
tissé gewebt, geflochten
tissu de fibre de verre Glasseidengewebe
tissu de verre Chemiefaser(segel)tuch
tissu de verre Glasfasermatte
tissu imperméable wasserdichte Kleidung
titre de propriété, attestation de propriété Eigentumsnachweis
toile à prélart, toile goudronnée Teertuch, eingeöltes Gewebe, Persenning
toile à roulis Kojenbrett, Kojensegel
toile à voile Segeltuch, Persenningstoff
toile d'émeri Schmirgelpapier
toile métallique Drahtgewebe
toilette Toilette
toilette pleine hauteur, toilette hauteur d'homme Toilette mit Stehhöhe
toilette undépendante abgetrennte Toilette
toilette, sanitaire Wasserklosett
toit bimini Bimini-Verdeck, Sonnen-Klappverdeck
tôle Blech
tôle de ragage Schamfil(blech)platte
tolet Dolle, Riemengabel, Ruderpflock
toletière Dollbord, Rundselbord
tomber en panne sèche liegenbleiben wegen Kraftstoffmangels
tomber en travers unbeabsichtigt durch den Wind drehen, „Eulen fangen"
tomber par dessus bord über Bord fallen
tomber sous le vent leewärts absacken, vom Wind abfallen
tomber, baisser, accalmir abflauen, nachlassen
tomber, être jeté en travers querschlagen, sich breitseits legen
tonnage brut, jauge brut Bruttovermessung, Bruttotonnengehalt
tonnage net officiel Netto-Registertonne, NRT
tonnage net, jauge net Netto-Tonnengehalt
tonne d'encombrement Raumtonne
tonne de registre Registertonne
tonne forte Tonne (Verdrängung, Masse)
tonne métrique metrische Tonne
tonneau Registertonne, Raumtonne
tonture Strak, Decksprung
tonture inversée negativer Sprung, Sprung mit Bucht nach oben
top horaire Funkzeitsignal, Zeitzeichen über Funk
tornade Tornado, Wirbelsturm

tornade
Wirbelsturm, Wasserhose, Tornado
toron Litze, Tauwerkstrang
toron cablé, commis verseilte Litze
toron effiloché
durchgescheuertes Kardeel
tosser rütteln, stauchen
toucher le fond
Grund berühren, auf Grund stoßen
touer warpen
tour dans les chaînes
Ankerkettenverwindung
tour de barre
Ruderwache, Dienst am Ruder
tour de bitte
Kopfschlag, Törn um einen Poller
tour mort Rundtörn
tour mort et deux demi-clés
Rundtörn mit zwei halben Schlägen
tourbillon
Luftwirbel, Wirbel
tourbillon (d'air)
Wirbelwind, Windhose
tourbillon, remous
Wasserwirbel, Strudel
tourelle avec voyant, balise à voyant
Bake mit Toppzeichen
tourillon Zapfen, Drehzapfen
tourisme fluvial
Wasserwandern auf Binnengewässern
tourisme nautique
Tourensegeln, Bootstourismus
tourmentin Sturmfock
tourner
umspringen, drehen des Windes
tourner au taquet
Leine an einer Klampe belegen
tourner bout-par-bout
Leine in Gegenrichtung legen
tourner une manoeuvre
Leine (eine) belegen
tourner une manoeuvre aux bittes
Poller belegen, eine Leine an einem Poller festmachen
tournevis
Schraubenzieher, Schraubendreher
tours par minute
Umdrehungen in der Minute (U/1)
tout dessus alles stehend, seemännisch voll ausgerüstet
Tout en ordre! An Bord alles wohl!
tout le monde alle Mann
Tout le monde à bord!
Alle Mann an Bord!
Tout le monde en bas! Wahrschau von oben! Vorsicht an Deck! Deckung!
Tout le monde sur le pont!
Alle Mann an Deck!
Toutes les stations!
An alle Funkstellen!
traçage Mitkoppeln von Kursen
traçage de la route
Koppeln (eines Kurses)
traçage sur la carte
Mitkoppeln auf der Karte
tracé à l'estime
Zeichnung eines Koppelkurses
tracer la route Kurs (den) zeichnen
tracer un point estimé
gekoppelten Schiffsort einzeichnen
tracer une route Kurs absetzen (durch Einzeichnen in die Seekarte)
traceur de route
Kursschreiber, Kurszeichengerät
traditionnel, classique
herkömmlich, traditionell
train d'ondes Wellenzug
traîne (arrière d'une dépression)
Rückseite eines Tiefs, Rückseitenwetter
traînée Widerstand
traîner nachschleppen, (längsseits) mitschleifen

traîner une aussière
Leine nachschleppen
trait Morsestrich, Strich
trait de râblure Spannungslinie
trait intérieur de râblure
innere Strömungslinie
trait long langer Morsestrich
trame Schußfaden (eines Gewebes)
transfilage Reffleine, Reihleine
transistorisé, à circuit intégré
mit Transistoren ausgerüstet
transit Transit
transmission
Funkübertragung, Sendung
transmission en Z Z-Antrieb
transmission pour voilier
Segelbootantrieb
transpondeur
Antwortsender, Antwortbake
transport sur toit d'automobile
Autodachtransport
transporter sur toit d'automobile
(Boot) auf dem Autodach transportieren
transversal querschiffs (verlaufend)
transversal, en travers querschiffs
trappe de visite
Kontrollöffnung, Schauloch
travaux de calfatage Kalfaterarbeit
travaux de dragage Baggerarbeiten
travaux sur la carte
Kartenarbeit, Arbeit in der Seekarte
traveaux de bricolage sur le bateau
Reparaturarbeiten (außen) am Boot
traversée Überquerung, Überfahrt
traversée océanique Transozeanfahrt
traversée, passage Überfahrt, Reise
traversier
Querleine, Dwarsfestmacher, Beiholer
traversier arrière achtere Querleine
traversier du milieu
Mittschiffsfestmacher
traversier du milieu, amarre en belle
Querspring
traversin Ducht, Ruderbank
traversin arrière Achterducht
treillis métallique Drahtgitter
trématage interdit Überholen verboten
très ardent Luvgierigkeit, starke
Luvgierigkeit (eines Bootes)
très fort, grand frais, vent force 7
steifer Wind (Bft 7)
tres haute fréquence, VHF
Ultrakurzwelle, UKW
très léger, vent force 1 leiser Zug (Bft 1)
très lentement ganz langsam
très violent, vent force 9 Sturm (Bft 9)
trésillon Knebel, Drehknüppel
tressé geflochten
tresse carrée vierkantiger Platting
treuil à main Handwinde
triangle avant Vorsegeldreieck
triangulation Dreieckszerlegung
tribord Steuerbord
tribord amure
Steuerbordhalsen, Backbordbug
trimaran Trimaran
trimmeur Trimmklappe
tringle de quille
Kielreling (am Rettungsboot)
trinquette Vorstagsegel
trinquette bômée
Vorstagsegel mit Fußrah
trinquette de spi Spinnaker-Stagsegel
trinquette de spi
Spinnaker-Stagsegel
trinquette tallboy, trinquette à grand allongement Tallboy
trois-mâts carré Vollschiff
trois-mâts goélette
Schunerbark, Barkentine
trois-mâts goélette à hunier
Dreimast-Toppsegelschuner

trois-mâts goélette à voiles d'étai Dreimast-Stagsegelschuner
trois-quarts de tonne Dreivierteltonner
troisième substitut dritter Hilfsstander
trombe Wasserhose, Wolkenbruch
trop border (une voile) vertrimmen (ein Segel)
tropique Wendekreis (z. B. des Krebses)
trou d'homme Mannloch
trou de clavette Schlüsselloch
trou de godille Wriggrundsel
trough ou thalweg Tiefdrucktrog
trousse de réparation Ersatzteilkasten
trousse de voilier Segelmachersack, Reparaturbeutel
tulipage, dévers Seitenausfall der Bordwand am Bug
tumulus de pierres Steinbake
turbulence Böigkeit
tuyau d'aspiration Ansaugrohr
tuyau d'échappement Auspuffrohr
tuyau de débit Abflußrohr
tuyau de raccordement Verbindungsrohr
tuyau flexibel, boyau Schlauch
tuyau souple en métal biegsames Metallrohr
tyfon Signalhorn, Tyfon
type de yacht Schiffstyp
typhon Taifun, Wirbelsturm

U

Un navire droit devant! Schiff voraus!
Union Jack américain amerikanische Nationalflagge
Union Jack, pavillon britannique britische Nationalflagge
urgence en mer Notlage, Notfall auf See
usages de la plaisance Yachtseemannschaft
usages du port, droit d'habitude Hafengebräuche, Gewohnheitsrecht
user abnutzen, tragen
usure Verschleiß, Abnutzung

V

va-et-vient endlos geschorener Klappläufer
va-et-vient Wurfleine, Hievleine
vadrouille, faubert Dweil
vagabond de plage Strandräuber
vague de chaleur Hitzewelle
vague escarpée steil aufsteigende Welle (See)
vaguelette kleine Welle
vaigrage Deckenverkleidung, Decke
vaigre Wegerungsplanke
vaisselier Steingut, Töpfergeschirr
valve à pointeau Nadelventil
vanne Seeventil
vanne de mer, vanne à boisseau Seehahn, Seeventil
vannes de mer sur tous les passe-coques Seeventile an allen Bordwanddurchbrüchen
vapeur Dampfer, Dampfschiff
vapeur de cabotage Küstendampfer, Kümo
vapeur de charge Frachtdampfer
varangue Boden, Fußboden, Bodenwrange
varangue Bodenwrange
varech Windgewölk
variation annuelle de la déclinaison jährliche Änderung der Mißweisung
variation du compas Kompaßfehler, Fehlweisung
varier l'assiette Trimm (in Längsrichtung) ändern
varier, jouer, sauter umspringen, drehen
vase Schlamm, Schlick, Mudd
vaseline Vaseline
vaseux, -euse schlammig
vasière Schlammbank
vedette à moteur fixe Motorkreuzer mit Einbaumotor
vedette de croisière, vedette habitable Kajütkreuzer, Kreuzer
vedette de promenade Fahrtenkreuzer für Tagesfahrten
vedette du port Hafenbarkasse
vedette habitable, vedette de croisière Motorkreuzer
vedette, bateau à moteur Motorboot
veille d'ouragan Orkanwache, Hurrikanwache
veille radar Radarwache
veille radio Funkwache
veille visuelle et auditive Ausguck mit Augen und Ohren
veiller Ausguck halten
veiller wachen, beobachten, überwachen
veiller le mouillage Anker (den) beobachten
vélage Kalben (eines Eisbergs)
véliplanchiste Windsurfer
vendeur Verkäufer, Kaufmann, Geschäftsmann
Venez à portée de voix! Kommen Sie in Rufweite!
venir à bâbord nach Backbord drehen
venir à couple, venir bord à bord längsseits kommen
venir à tribord nach Steuerbord drehen
venir en vue in Sicht kommen
vents alizés, vents prédominants de l'est Passatwinde
vent apparent Bordwind, scheinbarer Wind
vent arrière achterlicher Wind

vent arrière vor dem Wind
vent arrière, vent portant raumer Wind, vor dem Wind
vent au sol Oberflächenwind
vent d'ouest Westwind
vent de gradient Gradientwind
vent de la hanche, largue Backstagsbrise
vent de terre, vent portant au large, vent d'amont ablandiger Wind, Landwind
vent de travers halber Wind
vent de vallée Talwind
vent debout Wind von vorn, gegen den Wind
vent dominant vorherrschender Wind
vent droit derrière Kurs platt vor dem Wind
vent du nord nördlicher Wind
vent fraîchissant auffrischender Wind
vent par la hanche Viertelwind, Vierungswind, Backstagswind
vent par le travers Dwarswind, halber Wind, raumer Wind
vent portant à terre, vent du large auflandiger Wind, Seewind
vent réel wahrer Wind
vent sud südlicher Wind
vente Verkauf
vente d'un navire Verkauf eines Bootes
ventilateur Lüfter, Lüftungsgebläse
ventilateur avec effet venturi Venturi-Lüfter
ventilateur, éventail Lüfter, Ventilator
vents dominants vorherrschende Winde
vents variables umlaufende Winde
ver de mer, taret Schiffsbohrwurm
verge Yard, Längenmaß (0,914 m)
verge d'ancre Ankerschaft
vergue Rah
vergue à signaux Signalrah
vérification Kontrolle, Überprüfung
Vérifiez! Bestätigen!
vérin, cric Hebebock
vernier Nonius
verre Glas
verre de pont, claire-voie Decksglas, Oberlicht
verre mort Einlegefenster, Decksglas
verrou Türdrücker, Klinkrad
verrou d'emplanture Mastspurhaltebolzen
verrou de coulisseaux Großsegelmastliekstopper
verrouillable verschließbar
vers l'arrière achterlich, achteraus, rückwärts (Bewegung)
vers le large seewärts
vers le milieu, en dedans nach innen, nach mittschiffs
version quille profonde, quille aileron ou quille fixe Flossenkiel-Version
vêtement de flottaison individuel eigene Rettungsweste
vêtements cirés, cirés Schlechtwetterkleidung
Veuillez accuser réception! Bestätigen Sie den Empfang!
vice-commodore Vizekommodore (eines Clubs)
victuals Nahrungsmittel
vidange de cockpit Plichtentwässerung
vidangeage Entleeren (eines Bordtankes)
vidanger lenzen, auspumpen, entleeren (einen Bordtank)
vidanger (une toilette marine) entleeren, auspumpen (eine Bordtoilette)
vidanger une toilette Toilette ausspülen
vide leer

videlle Nähen im Fischgrätenstil
videlle, point de videlle gestopftes Loch (im Segel)
vider, écoper Boot (ein) ausösen
vie de marin Seemannsleben
vieux cordage, tronçon Tauwerksabfälle
vieux loup de mer alter Seebär
vigie Ausguck(posten)
vilebrequin et mèches Kurbelbohrer mit Bohreinsätzen
violent, vent force 8 stürmischer Wind (Bft 8)
violente tempête Sturm ohne Regen
violon de beaupré Bugkopf mit Schneckenrundungen
violon de mer, fiche de roulis Schlingerleiste eines Tisches
virement de bord (vent devant) Wenden, Überstaggehen (Manöver)
virement de bord au portant Kreuzen vor dem Wind
virement du vent Drehen des Windes
virement du vent en sens contraire des aiguilles Drehen des Windes rückdrehend (gegen den Uhrzeiger)
virement du vent en sens des aiguilles d'une montre Drehen des Windes rechtdrehend (im Uhrzeigersinn)
virement lof pour lof Halsen
virer à pic kurzstag hieven
virer au vent, virer de bord vent devant über Stag gehen, wenden
virer au winch hochwinden, die Winsch drehen
virer de bord vent devant wenden, über Stag gehen
virer de bord vent devant Wenden, umlegen
virer de bord, virer de bord vent devant wenden
virer de l'arrière achteraus hieven (mit der Winsch), winden
virer des bords vent arrière vor dem Wind kreuzen
virer l'écoute Schot mit der Winsch bedienen
virer lof pour lof halsen
virer une marque Bahnmarke erreichen, runden
virer, contourner (une marque) runden (eine Bahnmarke)
virer, haler rechtdrehen (des Windes), ausschießen
vireur de bouées Dreiecksregattasegler
virure de carreau Schergang
virure de fargue Setzbord
virure de galbord Kielgang
vis Schraube
vis à métaux Maschinenschraube
vis à tôle Blechschraube
vis d'ajustage, vis de réglage Regulierschraube
vis de fixation, vis d'assemblage Gewindebolzen
vis de réglage Verstellschraube, Einstellschraube
vis de serrage, vis de blocage Feststellschraube
vis de vidange, robinet de purge Leckschraube, Ablaßschraube, Ablaßhahn
vis papillon Flügelmutter
vis purgeur Entlüftungsschraube
vis sans fin Schneckengetriebe
visa Visum
visée astro astronomische Beobachtung
visibilité Sicht (Sichtigkeitsgrad=Stgr.)
visibilité bonne gute Sicht (Stgr. 7)
visibilité excellente außergewöhnlich gute Sicht (Stgr. 9)
visibilité moyenne mäßige Sicht (Stgr. 6)

visibilité nulle
Unsichtigkeit, Sicht unter 50 m
visibilité réduite
schwach diesig (Stgr. 5)
visibilité très bonne
sehr gute Sicht (Stgr. 8)
visibilité très réduite diesig (Stgr. 4)
visière Sonnenblende, Schutzschirm
visiteur pour la nuit
Übernachtungsgast
visserie Schrauben (aller Art)
vit de mulet de bôme
Lümmel, Hakenbeschlag am Baum
vitesse critique
Rumpffahrt, Rumpfgeschwindigkeit
vitesse de croisière
Reisegeschwindigkeit, Marschfahrt
vitesse de houle
Wellengeschwindigkeit
vitesse de sillage
Geschwindigkeit des Kielwassers
vitesse de traîne
Schleppgeschwindigkeit
vivre à bord an Bord leben
vocabulaire marin, maritime, nautique
seemännisches Fachwörterverzeichnis
voie d'eau Leck unter der Wasserlinie
voie de circulation Schiffahrtsweg
voie maritime Seeweg, Schiffahrtslinie
voie navigable Wasserstraße, Fahrrinne
voie, canal Kanal (Seefunk), Sprechweg, Frequenzband
voile Segel
voile à bordure libre
baumloses Segel
voile à coupe Diagonalschnitt, Segel mit Diagonalschnitt
voile à coupe normale, horizontale
Segel mit Querbahnen im Normalschnitt
voile à coupe radiale, voile à coupe soleil
Strahlenschnitt eines Segels
voile à coupe verticale Segel aus vertikalen Bahnen, parallel zum Achterliek
voile à faux houari Steilgaffelsegel
voile à guindant libre freifliegendes Segel (mit losem Vorliek)
voile au tiers Luggersegel
voile au tiers, bourcet
dippendes, fierbares Luggersegel
voile aurique, voile à corne
Gaffelsegel
voile avant Klüver
voile bermudienne
Bermudasegel, Hochsegel
voile carrée Rahsegel
voile d'avant Vorsegel
voile d'avant bômée
Baumvorsegel, Vorsegel mit Fußrah
voile d'étai Stagsegel
voile d'étai d'artimon Besanstagsegel
voile d'étai de flèche
Fischermann-Stagsegel
voile de cape Sturmsegel
voile de cape, grand-voile de cape
Trysegel, Treisegel
voile de jonque Dschunkensegel
voile de lougre bômée, bourcet bômé
Balance-Luggersegel
voile de promenade Tagessegeln
voile établie sans draille
fliegend gesetztes Segel
voile gonflée
voll (mit Wind) gefülltes Segel
voile houarie Steilgaffelsegel
voile latine Lateinsegel
voile longitudinale Schratsegel
voile triangulaire, bermudienne
Hochsegel
voilerie Segelfertigung
voiles à l'unité
Segel für einen Einzelbau
voilier Segelmacher

voilier à gréement longitudinal Schuner, Gaffelschuner
voilier à moteur auxiliaire fixe Seekreuzer mit Einbaumotor
voilier à patins, voilier sur glace Segelschlitten
voilier à quille-dérive Kielschwertboot
voilier à rouf Kajütsegelboot, Kajütkreuzer
voilier bien protégé, bien défendu trockensegelndes Boot
voilier de course-croisière Fahrten- und Regattayacht
voilier de course-promenade Küstenkreuzer, kleine Rennyacht
voilier de croisière , croiseur Fahrtenkreuzer
voilier de croisière à moteur auxiliaire Seekreuzer mit Hilfsmotor
voilier de croisière côtière familiale à moteur familiengerechter Fahrtenkreuzer mit Hilfsmotor
voilier de croisière, croiseur Seekreuzer
voilier de promenade Tagessegelboot (ohne Schlafkajüte)
voilier de promenade familiale Familienboot ohne Kajüte
voilier mixte, cinquante-cinquante Motorsegler, 50 : 50
voilier remontant bien le vent, ... bien au près Segelyacht mit guten Kreuzeigenschaften
voilier, bateau à voile Segelboot, Segelyacht, Segelfahrzeug
voilier-vedette, cinquante-cinquante Motorsegler (halb und halb)
voiliers à vendre Kaufangebot für Segelboote
voilure de route Arbeitssegel, Fahrtensegel
voilure réduite gerefftes Segel
voilure réduite, voile rissé gerefftes Segel
voilure, surface de voilure Segelwerk, alle Segel eines Schiffes
voilure, surface vélique Segelfläche
volant, roue d'erre Schwungrad
voler stehlen
volet de départ, starter Starterklappe
voltmètre Voltmeter
volume de carène Verdrängung, Verdrängungsvolumen
voûte Gillung, Gilling
voyage Reise, Langfahrt unter Segeln
voyage aller Ausreise
voyage d'essai Probefahrt, Versuchsfahrt
voyageur, passager Fahrgast
voyant Toppzeichen
vrai rechtweisend
vrille Frittbohrer

W

winch Winde, Winsch
winch à manivelle (en tête) Winsch mit Kopfantrieb
winch à manivelle en pied de poupée Winsch mit Bodenantrieb
winch à manivelle, winch à manivelle en tête Winsch mit Antrieb oben (am Kopf der Trommel)
winch autoembraqueur deux vitesses selbstfassende (-holende) zweigängige Winsch
winch d'écoute Schotwinsch
winch de déhalage Verholwinde
winch débiteur d'écoute, auto-embraqueur selbstfassende selbstholende Schotwinsch
winch électrique elektrisch angetriebene Winsch
winch électro-hydraulique elektro-hydraulische Winsch
winch levier, à levier en pied de poupée Winsch mit Antrieb unten (am Fuß der Trommel)
winches montés en série Winschen, nebeneinander montiert und betrieben

Y

yacht à extérieur außenliegende Yacht (im Rennen)
yacht à l'intérieur innenliegende Yacht
yacht à moteur Motoryacht
yacht à voiles Segelyacht
yacht d'occasion à vendre gebrauchte Segelyacht zu verkaufen
yacht de course, coursier Rennyacht
yacht de haute mer, yacht de hauturier Hochseeyacht, Langfahrtyacht
yacht de tête führende Yacht (im Rennen)
yacht en course Yacht in einer Wettfahrt
yacht engagé überlappende Yacht
yacht hélé angerufene, angepreite Yacht
yacht notablement lésé wesentlich benachteiligte Yacht (Regatta)
yacht prioritaire, yacht privilégie Wegerechtsyacht
yacht qui a hélé rufende, preiende Yacht

yacht réclamant protestierende Yacht
yacht sur un bord Yacht auf einem Bug
yacht virant de bord wendende Yacht
yacht visé (par un réclamation) Protestgegner (Rennsegeln)
yacht, bateau de plaisance Yacht, Segelboot, Sportfahrzeug
yachting léger, yachting dériveur Jollensegelsport
yachting sur glace, voile sur glace Eissegeln
yachtman chevronné Mitsegler, erfahren und seefest
yachts sur des bords opposés Yachten auf entgegengesetztem Bug
yachts sur les mêmes bords Yachten auf gleichem Bug
yankee Klüver
yawl aurique, yawl franc gaffelgetakelte Yawl
yawl bermudien Yawl mit Hochtakelung
yawl, cotre à tape-cul Yawl (mit unterteiltem Vorsegeldreieck)
yawl, sloup à tape-cul Yawl (mit ungeteiltem Vorsegeldreieck)
yole Jolle, Segeljolle
youyou à voile Beiboot mit Segeln
youyou de voilier Beiboot einer Segelyacht
youyou de yacht Yachtbeiboot
youyou, dinghy, canot, annexe Beiboot, Dingi

Z

zénith Zenit
zéphyr Zephyr, milder Westwind
zéro Nullstellung
zéro des marées Normalnull
Zéro la barre! Ruder mittschiffs!
zigzaguer Zickzackkurs laufen
zinc Zink
zinguer, chouper galvanisieren, verzinken
zinguer, galvaniser verzinken
zone adjacente Anschlußzone
zone d'égale amplitude Leitstrahlsektor
zone d'évitage Raum zum Schwojen
zone de brisants Brandungszone
zone de danger Gefahrengebiet
zone de départ Startzone, Startvorfeld
zone de navigation côtière Küstenschiffahrtsweg
zone de pêche Fischereizone
zone de séparation Trennzone (Verkehrstrennungsgebiet)
zone de silence tote Zone (Funk)
zone de transition Übergangsgebiet
zone des vents d'est Passatgürtel
zone intercotidale Stillwasserbereich, Gebiet zwischen Ebbe und Flut

Notizen

Notizen